给以院士
建德尚未
贺教师节
科技兴国项目
成至至胜

季羡林

教育部哲学社会科学研究重大课题攻关项目

农民工子女教育问题研究

STUDY ON EDUCATION OF
CHILDREN OF MIGRANT WORKERS

袁振国 等著

经济科学出版社
Economic Science Press

图书在版编目（CIP）数据

农民工子女教育问题研究/袁振国、吴霓、田慧生等著.
—北京：经济科学出版社，2012.11
教育部哲学社会科学研究重大课题攻关项目
ISBN 978-7-5141-2474-3

Ⅰ.①农… Ⅱ.①袁… Ⅲ.①流动人口-教育-研究-中国　Ⅳ.①G52

中国版本图书馆 CIP 数据核字（2012）第 251329 号

责任编辑：李　喆
责任校对：杨晓莹
版式设计：代小卫
责任印制：邱　天

农民工子女教育问题研究
袁振国　等著

经济科学出版社出版、发行　新华书店经销
社址：北京市海淀区阜成路甲 28 号　邮编：100142
总编部电话：88191217　发行部电话：88191537
网址：www.esp.com.cn
电子邮件：esp@esp.com.cn
北京季蜂印刷有限公司印装
787×1092　16 开　28.5 印张　540000 字
2012 年 10 月第 1 版　2012 年 10 月第 1 次印刷
ISBN 978-7-5141-2474-3　定价：71.00 元
（图书出现印装问题，本社负责调换。电话：88191502）
（版权所有　翻印必究）

首席专家与课题组主要成员

首 席 专 家：姜沛民　朱小蔓　袁振国

课题组主要成员：吴　霓　段成荣　周　皓
　　　　　　　　雷万鹏　曾晓东　刘复兴

课题秘书长：田慧生　吴　霓

课 题 秘 书：朱富言　张宁娟

编审委员会成员

主 任 孔和平 罗志荣
委 员 郭兆旭 吕 萍 唐俊南 安 远
文远怀 张 虹 谢 锐 解 丹
刘 茜

总　序

哲学社会科学是人们认识世界、改造世界的重要工具，是推动历史发展和社会进步的重要力量。哲学社会科学的研究能力和成果，是综合国力的重要组成部分，哲学社会科学的发展水平，体现着一个国家和民族的思维能力、精神状态和文明素质。一个民族要屹立于世界民族之林，不能没有哲学社会科学的熏陶和滋养；一个国家要在国际综合国力竞争中赢得优势，不能没有包括哲学社会科学在内的"软实力"的强大和支撑。

近年来，党和国家高度重视哲学社会科学的繁荣发展。江泽民同志多次强调哲学社会科学在建设中国特色社会主义事业中的重要作用，提出哲学社会科学与自然科学"四个同样重要"、"五个高度重视"、"两个不可替代"等重要思想论断。党的"十六大"以来，以胡锦涛同志为总书记的党中央始终坚持把哲学社会科学放在十分重要的战略位置，就繁荣发展哲学社会科学做出了一系列重大部署，采取了一系列重大举措。2004年，中共中央下发《关于进一步繁荣发展哲学社会科学的意见》，明确了21世纪繁荣发展哲学社会科学的指导方针、总体目标和主要任务。党的"十七大"报告明确指出："繁荣发展哲学社会科学，推进学科体系、学术观点、科研方法创新，鼓励哲学社会科学界为党和人民事业发挥思想库作用，推动我国哲学社会科学优秀成果和优秀人才走向世界。"这是党中央在新的历史时期、新的历史阶段为全面建设小康社会，加快推进社会主义现代化建设，实现中华民族伟大复兴提出的重大战略目标和任务，为进一步繁荣发展哲学社会科学指明了方向，提供了根本保证和强大动力。

高校是我国哲学社会科学事业的主力军。改革开放以来，在党中央的坚强领导下，高校哲学社会科学抓住前所未有的发展机遇，紧紧围绕党和国家工作大局，坚持正确的政治方向，贯彻"双百"方针，以发展为主题，以改革为动力，以理论创新为主导，以方法创新为突破口，发扬理论联系实际学风，弘扬求真务实精神，立足创新、提高质量，高校哲学社会科学事业实现了跨越式发展，呈现空前繁荣的发展局面。广大高校哲学社会科学工作者以饱满的热情积极参与马克思主义理论研究和建设工程，大力推进具有中国特色、中国风格、中国气派的哲学社会科学学科体系和教材体系建设，为推进马克思主义中国化，推动理论创新，服务党和国家的政策决策，为弘扬优秀传统文化，培育民族精神，为培养社会主义合格建设者和可靠接班人，做出了不可磨灭的重要贡献。

自2003年始，教育部正式启动了哲学社会科学研究重大课题攻关项目计划。这是教育部促进高校哲学社会科学繁荣发展的一项重大举措，也是教育部实施"高校哲学社会科学繁荣计划"的一项重要内容。重大攻关项目采取招投标的组织方式，按照"公平竞争，择优立项，严格管理，铸造精品"的要求进行，每年评审立项约40个项目，每个项目资助30万~80万元。项目研究实行首席专家负责制，鼓励跨学科、跨学校、跨地区的联合研究，鼓励吸收国内外专家共同参加课题组研究工作。几年来，重大攻关项目以解决国家经济建设和社会发展过程中具有前瞻性、战略性、全局性的重大理论和实际问题为主攻方向，以提升为党和政府咨询决策服务能力和推动哲学社会科学发展为战略目标，集合高校优秀研究团队和顶尖人才，团结协作，联合攻关，产出了一批标志性研究成果，壮大了科研人才队伍，有效提升了高校哲学社会科学整体实力。国务委员刘延东同志为此做出重要批示，指出重大攻关项目有效调动各方面的积极性，产生了一批重要成果，影响广泛，成效显著；要总结经验，再接再厉，紧密服务国家需求，更好地优化资源，突出重点，多出精品，多出人才，为经济社会发展做出新的贡献。这个重要批示，既充分肯定了重大攻关项目取得的优异成绩，又对重大攻关项目提出了明确的指导意见和殷切希望。

作为教育部社科研究项目的重中之重，我们始终秉持以管理创新服务学术创新的理念，坚持科学管理、民主管理、依法管理，切实增强服务意识，不断创新管理模式，健全管理制度，加强对重大攻关项目的选题遴选、评审立项、组织开题、中期检查到最终成果鉴定的全过程管理，逐渐探索并形成一套成熟的、符合学术研究规律的管理办法，努力将重大攻关项目打造成学术精品工程。我们将项目最终成果汇编成"教育部哲学社会科学研究重大课题攻关项目成果文库"统一组织出版。经济科学出版社倾全社之力，精心组织编辑力量，努力铸造出版精品。国学大师季羡林先生欣然题词："经时济世　继往开来——贺教育部重大攻关项目成果出版"；欧阳中石先生题写了"教育部哲学社会科学研究重大课题攻关项目"的书名，充分体现了他们对繁荣发展高校哲学社会科学的深切勉励和由衷期望。

创新是哲学社会科学研究的灵魂，是推动高校哲学社会科学研究不断深化的不竭动力。我们正处在一个伟大的时代，建设有中国特色的哲学社会科学是历史的呼唤，时代的强音，是推进中国特色社会主义事业的迫切要求。我们要不断增强使命感和责任感，立足新实践，适应新要求，始终坚持以马克思主义为指导，深入贯彻落实科学发展观，以构建具有中国特色社会主义哲学社会科学为己任，振奋精神，开拓进取，以改革创新精神，大力推进高校哲学社会科学繁荣发展，为全面建设小康社会，构建社会主义和谐社会，促进社会主义文化大发展大繁荣贡献更大的力量。

教育部社会科学司

前 言

随着城市化进程的加快，大量的农村劳动力流动进入城市，据2010年"第六次全国人口普查"资料显示，流动人口的总量已达2.21亿，其中大部分为进城务工农民。这些进城务工农民工的家庭、子女也随之流动。农民工子女，这个包含了农民工随迁子女和农村留守儿童两个主体，据统计，处于义务教育阶段的农民工随迁子女和农村留守儿童分别达到近1 500万和3 000万。他们之间由于流动的性质，又成为互相转换的群体，是我国现阶段弱势群体之一，他们面临的教育问题，乃至社会问题，受到中央和各地政府的高度关注。

2006年，十届人大四次会议《政府工作报告》提出，"解决好进城务工农民的子女上学问题"。2007年，十届人大五次会议《政府工作报告》提出，"继续解决好农民工子女接受义务教育问题。"2007年，党的"十七大"报告指出，要保障"进城务工人员子女平等接受义务教育"。2008年10月，十七届三中全会《中共中央关于推进农村改革发展若干重大问题的决定》指出，"保障经济困难家庭儿童、留守儿童特别是女童平等就学、完成学业。"2008年，第十一届人大一次会议《政府工作报告》提出，要"认真落实保障经济困难家庭、进城务工人员子女平等接受义务教育的措施。"2009年，十一届全国人大二次会议《政府工作报告》指出，要"逐步解决农民工子女在输入地免费接受义务教育问题。"2010年7月，《国家中长期教育改革和发展规划纲要（2010～2020）》第二章第三条"战略目标"提出，"切实解决进城务工人员子女平等接受义务教育问题"。在第四章第八条中又进一步提出，"确保进城务工人员随迁子女平等接受义务教育，研究制定进城务工人员随迁子女接受义务教育后在当地参加升学考试的办法"。同时提出，"建立健全政府主导、社会参与的农村留守儿童关爱服务体系和动态监测机制。"2012年，国务院办公厅转发教育部等四部委《关于做好进城务工人员随迁子女接受义务教育后在当地参加升学考试工作的意见》，对处理农民工随迁子女义务教育后问题进行了布署。这充分说明，党和政府对农民工随迁子女和留守儿童教育问题给予了极大的关注，而且，如何解决这一群体所面临的问题，也成为一系列党和政府重要文件和规划中重点论及和安排的内容。

同时，学术界对农民工子女教育问题的研究，也在不断地展开和深入。2007年3月，在教育部领导的关心和支持下，以中国教育科学研究院为主体，国内相关具有较高研究水平的机构协同，共同承担了教育部哲学社会科学研究重大课题攻关项目"农民工子女教育问题研究"。

2007年3月27日上午，教育部基础教育司原司长姜沛民同志、国家统计局人口司司长冯乃林同志、教育部社科司原副司长袁振国同志、教育部基础教育司原副司长杨进同志、国务院农民工办公室处长刘玉根同志、教育部基础教育司原副巡视员王定华同志、中国教育科学研究院田慧生研究员、华中师范大学校长马敏教授以及来自北京、上海、广州、浙江、河北、河南、四川、新疆、辽宁、江苏、湖北、安徽、江西各省（自治区）教育厅（教委）相关负责人、北京师范大学、北京大学、中国人民大学、中国教育科学研究院、华中师范大学的部分专家齐聚北京西西友谊酒店，共同参与了"农民工子女教育问题研究"课题开题会。

时任教育部副部长陈小娅同志专程到会讲话，表达了教育部领导对农民工子女教育问题研究的高度重视、对课题组的高度信任与期望。

在后来的研究和交流中，我们发现，各地面临的问题既有相似之处，也存在一些不同。相似之处在于农民工子女问题解决的难易程度与当地经济发展呈正相关。当地经济越发展，农民工子女教育问题越复杂，解决的难度就越大。另一方面，农民工子女教育问题越突出，也说明了当地经济发展越迅速。不同之处在于各地解决问题的力度以及所遇到的困难也有差异。会后，成立了课题组织架构。之后，在教育部有关领导的建议下，课题研究增设了"农民工子女随迁与留守的决策机制研究"内容；同时，由于工作变动和加强研究领导力量，增补调任中国教育科学研究院院长的袁振国教授为课题组总负责人。课题研究设立秘书处，秘书处设在中国教育科学研究院教育政策研究中心，由吴霓研究员负责秘书处日常工作。

总课题组负责人

总课题组组长、首席专家：

姜沛民　教育部基础教育司原司长

朱小蔓（女）　中央教育科学研究所原所长、教授

袁振国　中国教育科学研究院院长、教授

总课题组副组长：

冯乃林　国家统计局人口司司长

杨　进　教育部基础教育司副司长

王定华　教育部基础教育司副巡视员

田慧生　中国教育科学研究院原副院长、研究员

马　敏　华中师范大学校长、教授

冯惠玲（女）　中国人民大学副校长、教授

马　戎　北京大学社会学系系主任、教授

刘复兴　北京师范大学教育学院副院长、教授

李克强　北京师范大学管理学院副院长、副教授

秘书长：

田慧生（兼）

吴　霓　中国教育科学研究院教育政策研究中心主任、研究员

各子课题组负责人、首席专家

1. "农民工子女人口学特征"子课题

（中国人民大学）负责人：冯惠玲　首席专家：段成荣

2. "随父母进城的农民子女教育问题、现状及相关对策研究"子课题

（中国教育科学研究院）负责人：田慧生　首席专家：吴　霓

3. "农村留守儿童义务教育现状、问题与对策"子课题

（华中师范大学）负责人：马敏　首席专家：雷万鹏

4."大中城市义务教育资源现有承载力及需求变化趋势研究"子课题

（北京师范大学）负责人：李克强　首席专家：曾晓东

5."农民工子女义务教育的理论问题与基本制度研究"子课题

（北京师范大学）负责人：刘复兴　首席专家：余雅风

6."二代移民教育问题国际比较研究"校内课题组成员情况

（北京大学）负责人：马戎　首席专家：周皓

在近4年的研究过程中，课题组力图从横向和纵深的角度，对农民工子女教育问题进行较为全方位的研究。这之中，对农民工子女的构成情况，"农民工子女人口学特征"课题组在基于人口统计的基础上，得出了较为可靠的数据，这是迄今为止，我国在此方面第一个人口学数据，并以此推动了教育部有关农民工随迁子女和农村留守儿童数据信息的建立；"农村留守儿童义务教育现状、问题与对策"课题组在实地调研的基础上，客观分析农村留守儿童的教育现状和问题，提出了具有操作性的政策建议；"随父母进城的农民子女教育问题、现状及相关对策研究"课题组开展了12个大中小型城市的调研，是目前针对农民工随迁子女教育开展的最为广泛的调研，具体就不同类型城市农民工随迁子女的教育政策与管理现状、学习现状、心理发展现状进行了全面了解，并对管理问题、学习问题、心理问题进行了分析，提出了未来解决问题的政策建议；"大中城市义务教育资源现有承载力及需求变化趋势研究"课题组从城市的产业结构、城市定位以及市民对外来人口的态度等角度分析了城市接纳农民工随迁子女入学的资源承载力，并根据这三种约束划分了城市承载能力类型；"农民工子女义务教育的理论问题与基本制度研究"课题组对农民工随迁子女接受义务教育的基本理论问题和制度问题进行了阐述，并就国家和地区层面的相关政策进行全面的梳理，分析了民办农民工子女学校设置标准的政策困境，对政策实施效果及存在的问题进行了探讨；"二代移民教育问题国际比较研究"和"农民工子女随迁与留守的决策机制研究"对印度伴随人口迁移流动而出现的教育政策变动情况进行了分析，并从家庭化人口迁移这一角度来探索我国农村儿童的迁移与留守问题，通过定量模型来分析家庭是否携带子女，以及携带哪类子女的影响因素中最为关键的变量。

本课题研究具有如下特点：

第一，对农民工子女教育问题进行了系统完整的研究。课题组对我国农民工子女教育问题进行了系统研究，既包括了农民工随迁子女，也涵盖了农村留守儿童，从研究对象的完整性和系统性上突破了现有研究的不足，保证了研究对象的系统性与完整性。同时，课题组将"农民工随迁子女和农村留守儿童的数据推算"、"城市接纳农民工随迁子女的承载力研究"分别作为研究的子课题，填补了以往研究内容上的空白。

第二，运用最新的全国抽样调查数据对农民工子女教育进行分析，保证了研究发现的及时性、准确性与权威性。以2005年全国1%人口抽样调查数据为基础，结合课题组在全国开展的大样本调查得到的第一手资料，为深入了解农民工子女教育问题提供了数据支持，对农民工随迁子女和农村留守儿童的规模、分布、性别年龄结构、受教育状况以及家庭成员信息等基础性问题进行了系统权威的分析与探索，可信度和针对性更强。

第三，运用定量研究方法对农民工子女教育问题中的焦点与热点问题进行了深刻分析，突破了以往仅仅停留在现状描述、问题陈述的局限。课题组从实证的角度分析了农民工随迁子女的教育绩效影响因素、心理发展状况，突破了现有研究对农民工随迁子女教育绩效影响因素与心理发展状况缺乏数据支撑的局限。

针对农民工随迁子女的学业成绩差异问题，运用多层线性模型探索性的分析了影响本地儿童、公立农民工随迁子女，以及农民工随迁子女这三类儿童的学业成绩差异的主要因素，并在此基础上讨论农民工随迁子女教育公平问题。

针对社会关注的农民工子女的心理问题，分别描述了农民工随迁子女和农村留守儿童在不同时点上的心理状况，并比较各个时点上的差异，讨论了农民工随迁子女的孤独感和抑郁感等方面的心理状况。

第四，对当前农民工子女教育政策进行了系统的、有针对性的分析与设计。针对当前农民工子女教育问题中的政策问题，课题组对国家和地区层面的政策进行全面的梳理和分析，对政策的实施效果及存在的问题进行探讨，提出了民办农民工子女学校设置标准的政策困境，并对此提出有针对性的政策设计与建议。更深入地探讨了问题的原因，并从政策设计上提出有针对性的干预措施。

课题组推算的农民工随迁子女数量和农村留守儿童数量作为权威数据被社会各界广泛引用与转载。课题研究形成多篇成果以学术论文、调研报告、建言建议等形式在《求是》、《教育研究》、《人口研究》等权威期刊杂志上发表。同时，中央电视台、《中国经济时报》、《第一财经日报》等主流新闻媒体也对课题组的相关成果多次报道，引起了社会的极大关注。尤其是向国务院提交的《当前农民工随迁子女教育问题的新特征及相关对策建议》，得到了国务院回良玉副总理的批示、张德江副总理的调阅，为高层决策提供了参考。

通过教育部哲学社会科学研究重大课题攻关项目"农民工子女教育问题研究"的实施，课题组形成了在秘书处协调下的较为固定的研究联盟，继续深入开展相关研究，将为中国城市化发展提供持续不断的研究成果供决策参考。

摘　要

改革开放以来，随着市场经济的深入与持续发展，农民工数量不断增多，农民工子女的数量也在不断大幅度增长。农民工子女通常可以分为两部分：一部分是跟随父母进入城市和城镇的农民工子女，即农民工随迁子女；另一部分是父母外出后仍然留在农村老家而不能与父母在一起共同生活的子女，即农村留守儿童。

无论是农民工随迁子女还是农村留守儿童，他们都处在成长和社会化的重要阶段，其生存状况将直接决定我国城乡发展战略的成败以及社会的持续稳定发展。两类儿童的增加也为城乡教育管理和服务提出新的要求。如何准确把握他们的基本状况和接受教育过程中出现的问题、动向及特征、规律，对于城乡教育公共产品的管理和供给都具有重大的实践和理论意义。在当前农民工子女问题上，一个重要的问题恰恰是，农民工子女的规模、分布、性别年龄结构、受教育状况以及家庭成员信息等基础性相关信息极度缺乏，对农民工子女教育问题中的政策设计、农民工子女的心理发展状况以及农民工随迁子女的教育绩效影响因素缺乏系统、深刻的研究，成为制约农民工子女公平、顺利接受教育的重要因素。

国务院在《关于解决农民工问题的若干意见》中明确要求要"保障农民工子女平等接受义务教育"。2006年修订的《义务教育法》规定："父母或者其他法定监护人在非户籍所在地工作或者居住的适龄儿童、少年，在其父母或者其他法定监护人工作或者居住地接受义务教育的，当地人民政府应当为其提供平等接受义务教育的条件。"为了贯彻落实国务院的指示精神，各地区各部门都在积极探索，努力解决农民工子女相关问题寻找思路、摸索经验。为此，通过系统、深入地研究，全面了解和深刻把握农民工子女教育的各种基础信息，成为当前一项十分重要和紧迫的任务。

据此，《农民工子女教育问题研究》全文共分四个部分，具体包括十六章：

第一部分，国内外农民工子女教育问题研究综述。

第一章，国内农民工子女教育问题研究综述和第二章，国外对随迁子女的相关研究综述分别从国内和外国的角度对农民工子女教育问题的相关研究进行了梳理分析，对农民工子女的有关概念、家庭教育、相关政策、随迁流动对学生的影响等进行了梳理，总结了现有研究成果的成就与不足，为本课题向纵深层面的研究提供方向指引。

第二部分，农民工随迁子女及其教育问题研究。

第三章，我国农民工随迁子女状况。本章以2005年全国1%人口抽样调查数据，概括和分析全国农民工随迁子女的各项特征，以期为农民工随迁子女各方面问题的解决提供基本的人口学依据。

第四章，12城市农民工随迁子女教育状况调查。本章对农民工子女义务教育状况进行了全面调查，具体就农民工随迁子女的教育政策与管理现状、学习现状、心理发展现状进行了全面了解，并对管理问题、学习问题、心理问题进行了分析。

第五章，农民工子女随迁与留守的决策机制研究。本章从家庭化人口迁移这一角度来探索我国农村儿童的迁移与留守问题，通过定量模型来分析家庭是否携带子女，以及携带哪类子女的影响因素中最为关键的变量。

第六章，对农民工随迁子女教育相关政策分析问题进行了阐述，并就国家和地区层面的相关政策进行全面的梳理，分析了民办农民工子女学校设置标准问题进行了阐述，并就国家和地区层面的相关政策进行全面的梳理，分析了民办农民工子女学校设置标准的政策困境，对政策实施效果及存在的问题进行了探讨。

第七章，农民工随迁子女的教育绩效及其影响因素分析和第八章，农民工随迁子女的心理发展状况，运用实证研究方法分别就农民工随迁子女的教育绩效和心理发展状况进行了分析。通过多层线性模型

(Hierarchical Linear Model，HLM) 分析，分析了本地儿童、公立学校农民工随迁子女以及打工子弟学校农民工随迁子女这三类儿童的学业成绩差异的主要因素。同时，通过描述农民工随迁子女在不同时点上的心理状况并比较各个时点上的差异，以反映农民工随迁子女心理发展的状况。

第九章，农民工随迁子女教育的国际比较。本章对印度伴随人口迁移流动而出现的教育政策变动情况进行了分析。

第十章，城市接纳农民工随迁子女入学的资源承载力分析。本章从城市的产业结构、城市定位以及市民对外来人口的态度等角度分析了城市接纳农民工随迁子女入学的资源承载力，并根据这三种约束划分了城市承载能力类型。

第三部分，农村留守儿童及其教育问题研究。

第十一章，我国农村留守儿童状况。本章利用2005年全国1%人口抽样调查数据，概括和分析全国农村留守儿童的规模、结构、分布、受教育状况等各项特征。

第十二章，我国农村留守女童状况研究。本章对农村留守儿童中的这一特殊群体的规模、地域分布、受教育状况等基本信息进行了阐述分析。

第十三章，我国大龄农村留守儿童现状。本章对15~17周岁大龄农村留守儿童这一特殊群体的基本信息进行了分析，重点阐述了大龄农村留守儿童的生活状况、受教育情况、家庭状况、就业状况等。

第十四章，中国五省农村留守儿童状况调查。本章对农村留守儿童人口总体特征和基本状况如何进行了全面了解，对农村留守儿童在学习和生活中面临的主要问题进行了阐述，并就社区支持、学校与教师的管理、法律体系建设等相关方面进行了分析。

第十五章，农村留守儿童心理发展与道德成长。本章从家庭教育、学校教育和社会关爱的角度分析了农村留守儿童心理发展问题的成因，并就如何促进其道德成长进行了阐述。

第四部分，研究结论与对策建议。

第十六章，简要研究结论与主要对策建议。基于上述的研成果，分别对农民工随迁子女和农村留守儿童作了结论总结，并提出了系统的、有针对性的政策建议。

Abstract

Since reform and opening, with the deepening of the market economy and sustainable development, numbers of rural migrant workers has been increasing, the number of children of rural migrant workers has also been greatly increased. Children of rural migrant workers often can be divided into two parts: one is to follow their parents into the cities and towns, that the children following with rural migrant workers; another part is still to stay in after their parents go out to his rural home and not living together with their parents, that rural children left behind.

Whether it is the children following with rural migrant workers or children left behind in rural areas, they are in an important growth and social stage, and will directly determine the living conditions of urban and rural development strategy and the success of sustainable and stable development of society. Following two type children increasing, it is the new demands about services, education and management. How to accurately grasp the situation and their basic education process problems, trends and characteristics of the law, it is of great practical and theoretical significance for the management of urban and rural education and the supply of public goods. In the current issue of rural migrant workers' children, an important question is that we are precisely absent information about the children of rural migrant workers of the scale, distribution, age structure, gender, educational status and family information. At the same time, because lacking of deep study basic information on their children's education problems of rural migrant workers policy design, rural migrant children's psychological development and education of children of rural migrant workers, it is an important constraint factor that the children of rural migrant workers are not fair to accept education.

State Department "on the issue of migrant workers to solve a number of opinions" clearly required to "protect the children of rural migrant workers equal access to compulsory education." Revised in 2006, "Compulsory Education Law" states: "Parents or other legal guardians in the non-domicile to work or live in school-age children, adolescents, their parents or other legal guardians work or residence to receive compulsory education, local governments should to provide equal conditions for compulsory education." In order to implement the State Council's instructions, all regions and departments are actively exploring efforts to resolve issues related to children of migrant workers looking for ideas, and explore the experience. Through the detaile, in-depth study, it becomes a very important and urgent task, with a comprehensive understanding and a deep grasp of a variety of education for children of rural migrant workers basic information.

Accordingly, the "education of children of rural migrant workers" is divided into four parts, including 16 specific chapters:

First part of the education of rural migrant children is Research description on home and abroad.

Chapter 1, domestic rural migrant children education research and Chapter 2, foreign research on children or wife, respectively, from the overview perspective of domestic and foreign education for children of migrant workers research of the sort of analysis, the children of migrant workers concept, family education, policy, or wife flow impact on students of the sort, summarized existing research achievements and shortcomings, issues-oriented research to the level of depth to provide direction guidance.

The second part of the children following with rural migrant workers and education.

Chapter 3, the situation of the children following with rural migrant workers. In this Chapter, to the 2005 National 1% Population Sample Survey data, summary and analysis the children following with rural migrant workers to solve various problems to provide basic demographic basis.

Chapter 4, 12 cities the children following with rural migrant workers in education survey. In this chapter, we survey the compulsory education for rural migrant children, specifically on the children following with rural migrant workers education policy and management status, learning situation, the psychological development of a comprehensive understanding of the status quo, and analysis management problems, learning problems and psychological issues.

Chapter 5, study on the decision making mechanism of the children following with rural migrant workers and rural children left behind. This chapter we survey from the family point of view of migration to explore the migration of rural children with problems left behind by the quantitative model to analyse whether the family carry their children, as well as the types of children carrying the most critical factors affecting the variables.

Chapter 6, policy analysis on children following with rural migrant workers. This chapter we describe the basic theoretical and institutional issues on the children following with rural migrant workers to receive compulsory education, and sort out the national and regional levels of relevant policies to analysis of private schools for children following with rural migrant workers, and discuss the standard policy dilemma for policy implementation results and problems.

Chapter 7, analysis the education effect and influencing factors on children of following with rural migrant workers. Chapter 8, discribe the children following with rural migrant workers's psychological development. During two chapter, the useing of empirical research methods were children's education of following with rural migrant workers and psychological development of performance analyzed. Through multi-linear model (Hierarchical Linear Model, HLM) analysis, analysis the major difference factor of the local children, public school children of following with rural migrant workers and children of following with rural migrant workers in academic performance of these three type children. At the same time, by describing the children of following with rural migrant workers at different points on the psychological status and compare the differences of each point in time, to reflect the psychological development of children of following with rural migrant workers condition.

Chapter 9, international comparison education for children of following with rural migrant workers. This chapter we analyse the changes of Indian population migration and mobility with the emergence of education policy.

Chapter 10, we analysis carrying capacity on accepting children of following with rural migrant workers in urban school. This chapter we analysis carrying capacity from the city's industrial structure, positioning the city as well as the public's attitude towards foreign population point of view of the city's migrant workers to accept their children to school, and constraints based on these three types of carrying capacity into the city.

The third part of the rural left-behind children and their education studies.

Chapter 11, the situation of China's rural children left behind. This chapter using the 2005 National 1% Population Sample Survey data, summary and analysis of rural children left behind in size, structure, distribution, educational status and other characteristics.

Chapter 12, the situation of rural girls left behind. This chapter of the rural children left behind in this particular group size, geographic distribution, educational status and other basic information are described analysis.

Chapter 13, the situation of China's older rural children left behind. In the chapter we analysis this special group 15 - 17 years older rural children left behind basic information, focusing on older living conditions of rural children left behind, education, family status, employment status.

Chapter14, the Chinese left-behind children in rural areas in five provinces survey. In this chapter we describe the population of rural children left behind the general characteristics and the basic status of a comprehensive understanding of the rural children left behind in the learning and the main problems faced in life, and analysis the community support, school management and teachers, and other related legal system aspects.

Chapter 15, left-behind children in rural areas of psychological development and moral growth. In the chapter we describe their the family education, school education core social care point of view of psychological development of children left behind in rural areas causes of the problem and how to promote their moral development.

The Fourth part about conclusions and policy proposals.

Chapter 16, a brief conclusion of the study and the main policy proposals. Based on the above research results, we make a concluding summary and propose a system of targeted policy recommendations.

目 录

第一篇
国内国外农民工子女教育问题研究综述　1

第一章 ▶ 国内农民工子女教育问题研究综述　3

一、农民工随迁子女研究　3

二、农村留守儿童教育问题研究　9

第二章 ▶ 国外对随迁子女的相关研究综述　16

一、美国对随迁子女的相关研究与制度安排　16

二、NGO 组织对中国农民工子女的相关研究　22

第二篇
农民工随迁子女及其教育问题研究　25

第三章 ▶ 我国农民工随迁子女状况
　　　　——基于 2005 年全国 1% 人口抽样调查数据的分析　27

一、资料来源和概念界定　28

二、农民工随迁子女的人口学特征　29

三、农民工随迁子女的迁移特征　34

四、农民工随迁子女的受教育状况　40

五、结论与对策建议　48

第四章 ▶ 12城市农民工随迁子女教育状况调查　　51

　　一、调研城市与时间　　51
　　二、12城市农民工随迁子女的教育现状　　52
　　三、农民工随迁子女教育存在的问题　　63
　　四、对策建议　　77

第五章 ▶ 农民工子女随迁与留守的决策机制研究　　82

　　一、背景及研究意义　　82
　　二、概念界定、研究综述与研究假设　　90
　　三、调查方案　　102
　　四、样本基本情况　　104
　　五、是否携带子女进城的原因分析　　116
　　六、决策机制的影响因素分析　　147

第六章 ▶ 农民工随迁子女教育相关政策分析　　160

　　一、农民工随迁子女接受义务教育的基本理论问题　　160
　　二、农民工随迁子女接受义务教育的基本制度问题　　164
　　三、农民工随迁子女教育问题的政策分析　　170
　　四、民办农民工子女学校设置标准的政策困境　　201
　　五、政策建议　　208

第七章 ▶ 农民工随迁子女的教育绩效及其影响因素分析　　215

　　一、文献综述　　216
　　二、研究方法、数据来源和研究关注点　　219
　　三、学习成绩的多层线性模型分析　　220
　　四、结论及讨论　　229

第八章 ▶ 农民工随迁子女的心理发展状况　　231

　　一、问题的提出　　231
　　二、调查数据说明　　233
　　三、农民工随迁子女心理状况及其变化　　234
　　四、结论与讨论　　240

第九章 ▶ 国外流动人口子女教育的个案分析——以印度为例　243

　　一、城市化进程的背景介绍　243
　　二、国家与地方政策相关　246
　　三、政策的具体措施　255
　　四、政策落实与效果　261
　　五、结论　265

第十章 ▶ 城市产业结构与人力资源配置状况分析　268

　　一、城市资源问题分析　268
　　二、城市产业状况分析　272
　　三、市民待遇提供状况分析　279
　　四、总结　300

第三篇

农村留守儿童及其教育问题研究　301

第十一章 ▶ 我国农村留守儿童状况　303

　　一、背景　303
　　二、资料来源、概念界定及研究方法　304
　　三、农村留守儿童的规模、结构和分布　307
　　四、农村留守儿童受教育状况　313
　　五、结论和建议　319

第十二章 ▶ 我国农村留守女童状况研究　322

　　一、概念界定和数据资料　322
　　二、规模和分布　324
　　三、家庭结构　326
　　四、受教育状况　328
　　五、大龄农村留守女童就业状况　331
　　六、对策建议　333

第十三章 ▶ 我国大龄农村留守儿童现状　335

　　一、概念界定和数据资料　336

二、大龄农村留守儿童的基本情况　338

三、我国大龄农村留守儿童受教育状况　339

四、大龄农村留守儿童的家庭状况　343

五、大龄农村留守儿童就业状况　346

六、对策建议　349

第十四章 ▶ 中国五省农村留守儿童状况调查　351

一、文献综述　351

二、样本描述　355

三、农村留守儿童现状　359

四、对农村留守儿童问题的基本判断　371

五、农村留守儿童发展中面临的问题　373

六、对策与建议　378

第十五章 ▶ 农村留守儿童心理发展与道德成长　382

一、农村留守儿童研究概况　382

二、农村留守儿童心理问题的成因　385

三、留守儿童的道德成长问题　386

四、对策与建议　391

第四篇

研究结论与对策建议　395

第十六章 ▶ 简要研究结论与主要对策建议　397

一、简要研究结论　397

二、主要对策建议　401

参考文献　407

后记　419

Contents

Part 1 Research Overview of Educational Problems on Children of Migrant Workers in Domestic and Foreign Countries 1

Chapter 1 Research of Children of Migrant Workers in China 3

  1. Research of Migrant Children Educational Problems 3
  2. Research of Rural Left-behind Children Educational Problems 9

Chapter 2 Research Overview of Migrant Children in Foreign Countries 16

  1. Research and Institutional Arrangements on Migrant Children in America 16
  2. Research for Chinese Children of Migrant Workers in Non-governmental Organization 22

Part 2 Research of Migrant Children and Their Educational Problems 25

Chapter 3 The Condition of Chinese Migrant Children 27

  1. Origins of Materials and Definitions of Concepts 28
  2. Demographic Characteristics of Migrant Children 29

3. Migranting Characteristics of Migrant Children   34
4. Educational Conditions of Migrant Children   40
5. Conclusions and Suggestions of Solving the Problems   48

Chapter 4 The Investigation of Educational Condition of Migrant Children in 12 Cities   51

1. Description of the Sample   51
2. Educational Conditions of Migrant Children in 12 Cities   52
3. Problems of Migrant Children in Education   63
4. Suggestions and Strategies of Solving the Problems   77

Chapter 5 Decision-making Mechanism Research on Migranting and Left-behinded Problems for Children of Migrant Workers   82

1. Background and Research Significance   82
2. Definition of Concepts, Research Overview, Research Hypothesis   90
3. Survey Plans   102
4. Basic Situation of the Sample   104
5. Analysis of the Reason for Migrant Workers Taking their children into the Cities   116
6. Analysis of the Influence Factors for the Decision-making Mechanism   147

Chapter 6 Policy Analysis of Educational Problems on Migrant Children   160

1. Basic Theoretic Problems on Migrant Children in Compulsory Education Phase   160
2. Basic Institutional Problems on Migrant Children in Compulsory Education Phase   164
3. Policy Analysis of Educational Problems on Migrant Children   170
4. Policy Dilemma on Founding the Criterias of the Private Migrant Children Schools   201
5. Policy Suggestions   208

Chapter 7 Educational Performance and Its Influence Factor Analysis of Migrant Children   215

1. Literature Review   216

2. Research Methods, Data Source, Research Attention　219

3. Hierarchical Linear Models Analysis of Learning Scores　220

4. Conclusions and Discussions　229

Chapter 8　Situation of the Psychological Development of Migrant Children　231

1. Proposing the Problems　231

2. Instructions of the Survey Datas　233

3. Situation of the Psychological Development of Migrant Children and Its Changes　234

4. Conclusions and Discussions　240

Chapter 9　International Comparisons on Migrant Children Education with India　243

1. Background about the Urbanization Process　243

2. National and Local Relative Policies　246

3. Specific Measures of the Policies　255

4. Implement and Effect of the Policies　261

5. Conclusions　265

Chapter 10　Resource Capacity Analysis of Urban Education for Migrant Children　268

1. Analysis of Urban Resource Problem　268

2. Analysis of Urban Industry Situation　272

3. Analysis of Civic Treatment Provision　279

4. Conclusions　300

Part 3　Research of Rural Left-behind Children and Their Educational Problems　301

Chapter 11　The Condition of Chinese Rural Left-behind Children　303

1. Background　303

2. Origins of Materials, Definition of Concepts, Research Methods　304

3. Scale, Structure, Distribution of Rural Left-behind Children　307

4. Educational Condition of Rural Left-behind Children　313

5. Conclusions and Suggestions　319

Chapter 12　Research of the Situation of Chinese Rural Left-behind Children　322

1. Definition of Concepts, Data Materials　322

2. Scale and Distribution　324

3. Structure of the Family　326

4. Educational Condition　328

5. Employment Condition of Older Rural Left-behind Girl　331

6. Suggestions and Strategies of Solving the Problems　333

Chapter 13　The Situation of Chinese Older Rural Left-behind Children　335

1. Definition of Concepts, Data Materials　336

2. Basic Situation of Older Rural Left-behind Children　338

3. Educational Condition of Older Rural Left-behind Children　339

4. Family Condition of Older Rural Left-behind Children　343

5. Employment Condition of Older Rural Left-behind Children　346

6. Suggestions and Strategies of Solving the Problems　349

Chapter 14　The Investigation of Condition of Chinese Rural Left-behind Children in 5 Provinces　351

1. Literature Review　351

2. Description of the Sample　355

3. Current Condition of Rural Left-behind Children　359

4. Basic Judgement on Rural Left-behind Children Problems　371

5. Problems in the Developing of Rural Left-behind Children　373

6. Suggestions and Strategies of Solving the Problems　378

Chapter 15　Pychological Development and Moral Maturity of Rural Left-behind Children　382

1. Summary of Research on Rural Left-behind Children　382

2. Reasons of Generating the Pychological Problems of Rural Left-behind Children   385

3. Problems of Moral Maturity of Rural Left-behind Children   386

4. Suggestions and Strategies of Solving the Problems   391

Part 4 Research Conclusions and Suggestions of Solving the Problems   395

Chapter 16 Simple Research Conclusions and Main Suggestions of Solving the Problems   397

1. Simple Research Conclusions   397

2. Main Suggestions of Solving the Problems   401

Reference   407

Postscript   419

第一篇

国内国外农民工子女教育问题研究综述

第一章

国内农民工子女教育问题研究综述

一、农民工随迁子女研究

在中国的教育研究领域中，对流动人口子女教育问题的探讨，已经不再是一个新颖的课题，而且已经呈现了大量的研究成果，并日趋成为一个专门的研究领域。大量的研究基本上是从国家颁发《流动儿童少年就学暂行办法》前后开始的。由于流动人口本身结构的变化和我国现行教育管理体制的制约等原因，流动人口问题逐渐从最初的经济学、社会学、人口学和管理学的问题，进一步扩展为教育问题。目前对农民工子女教育问题进行研究的人员集中在社会学界、教育界和新闻界，大多数研究集中在对进城农民工子女教育状况的区域性调查和对打工子弟学校的关注上，研究领域涉及农民工子女的规模、农民工子女的生存状况、教育状况及存在的问题、解决问题的对策等方面。

(一) 相关概念研究

对于进城务工就业人员子女的界定多达十余种，对他们的称谓也有好多，诸如流动儿童、流动人口子女、农民工子女、打工子弟、民工子女、进城务工就业农民子女等，而且经常把它们混淆使用。

在《流动人口子女及其教育：概念的辨析》一文中上海社会科学院青少年研究所的佘凌博士是这样定义流动儿童的："流动人口子女"就是指处于某种动机和目的，在一定时间内有着空间位移行为，但没有发生定居时间的移动人口的子女。她认为有时"流动人口子女"可以与农民工子女互相代替使用，可以在流动后面加一个（农民）。其实这已经是另外一个新概念了，应该有其专用的名词。

北京师范大学国际与比较教育研究所的王璐博士在《流动人口中适龄儿童义务教育的政策发展与实施——北京市个案研究》中使用的是"流动儿童"，这主要是因为北京市政府1998～2003年所出台的相关政策中都使用的是流动儿童这个称谓。这里指的是不分农业或非农业户口，全部的跟随父母从外地到北京的14岁以下的儿童。所以对于跟随父母在城市里生活和学习具有农业户口的这部分儿童并没有单列出来，也没有给予足够的认识。

华中师范大学中国农村问题研究中心的项继权教授在《农民工子女教育：政策选择与制度保障——关于农民工子女教育问题的调查分析与政策建议》一文中，他指出"农民工子女"应该包括进城务工农民工所有未成年的儿童和少年，不论是否进城生活，也就是说农民工子女应该包括"进城务工农民子女"和"留守儿童"。

对于那些已经跟随其农民工父母进城的那部分子女，国家也使用了不同的概念。2003年1月15日，国务院办公厅《关于做好农民进城务工就业管理和服务工作的通知》中所使用"农民工子女"概念。而在2003年9月国务院办公厅转发教育部、中央编办、公安部、发展改革委员、财政部、劳动保障部《意见》中使用了"进城务工就业农民子女"。项继权和我国政府所使用的"进城务工农民子女"与"进城务工就业农民子女"，其实这两个描述的是同一个概念，即指已经随父母进城生活的那部分儿童。但是，从语言学的角度来讲，"进城务工农民子女"或者"进城务工就业农民子女"中的进城修饰的农民而非子女，即是进城的农民工，而非专指进城的子女，仍然包括留守儿童。所以这两个概念还是未能够明确那些已经跟随其农民工父母进城的那部分子女。

中央教科所教育发展研究部主任吴霓博士多年致力于该项目研究，课题组对其进行操作性定义，认为：流动人口子女指所有的流动人口的0～14周岁的子女，包括暂住的其他城市人口子女、暂住的农民工子女、短期居住人员子女和流浪的儿童。

进城务工就业农民子女就是具有农业户口的并且到城市里工作的农民的所有6～14周岁的子女，包括"留守儿童"和随迁的进城农民工子女。

农民工随迁子女是指跟随父母或者一方一起到城市里去生活和学习的具有农村户籍的6～14周岁的儿童。农村留守儿童是指那些双亲或者其中一方离开农村到城市里去工作，而自己仍在村里生活或上学的6～14周岁的儿童。

（二）农民工随迁子女教育状况的调查研究

这方面的成果在农民工随迁子女教育问题的研究中占的比重最大。像周拥平的"北京市流动人口适龄儿童就学状况分析"、韩嘉玲的"北京市流动儿童义务教育状况调查报告"、黄志法和傅禄建的"上海市流动人口子女教育问题调查研究"、署名研究组的"天津市外来流动人口子女的义务教育问题调查研究"、赵娟的"南京市流动人口子女家庭教育的现状调查"、曾昭磐的"厦门市未成年流动人口现状及其对教育影响的分析"、署名课题组的"海口市流动人口子女教育问题的调查报告"、中央教育科学研究所教育发展研究部的"中国进城务工就业农民子女义务教育调查——基于天津、广东和四川三个地区的调查"，等等。2003年11月，国务院妇女儿童工作委员会办公室和中国儿童中心共同主持完成了"中国九城市流动儿童状况调查"（九城市包括北京、武汉、成都、深圳、吉林、咸阳、绍兴、株洲和伊宁），这是中国首次全面报告流动儿童生存状况的大型调查，该项研究根据2000年第五次全国人口普查结果和对九个城市的调查，提出了一系列具有权威性的数据，为农民工子女教育的深入研究提供了可供借鉴的资料。这些调查研究都是通过对几个省份、几个城市或城市中的某一个区范围内的进城农民工子女教育总体状况的调查研究，分解出存在的问题，提出相应的工作建议。

（三）关于农民工随迁子女学校（打工子弟学校）的调查

这类学校在各大中城市流动人口中受到普遍欢迎，但同时受到城市公办中小学校及其管理部门的排斥或忽视，所以一直是研究农民工子女教育的焦点问题。这方面的调查在已公开发表的文献中，记者的报道较多。但农业部农研中心吕绍青、张守礼的"城乡差别下的流动儿童教育——关于北京打工子弟学校的调查报告"和北京社科院韩嘉玲博士的"北京市流动儿童义务教育状况调查报告"等研究影响较大，他们估计，到2000年，北京市共有这种类型的学校300多所。另有资料显示，2004年北京市农民工子弟学校约有500所，其中仅有46所被正式承认。[①] 这类学校不仅数量增加很快，学校的规模扩张也十分迅速。早期的学校一般只有几十个学生，现在的学校许多都有300~400名学生，有的已经达到2 000名学生，有的还办了分校。研究认为，农民工子弟学校的出现是中国社会急剧变迁过程中，现行教育体制无法适应社会转型及变迁的结果，它们在一定程度上解决了低收入流动人口子女义务教育问题，发挥了对现行教育体制"补充"

---

① 杜弋鹏. 北京市放宽农民工子弟学校办学条件［N］. 光明日报，2004-10-23.

及"自救"的功能。虽然这些学校存在条件简陋、不太正规、缺乏规范、教育教学质量较低、屡被取缔等不足和困难，但由于收费低廉、办学灵活等特点而受到流动人口的欢迎，成为目前流动儿童就学的重要渠道。① 通过这些研究和报道，如何鼓励扶持、规范管理这类学校越来越引起有关部门的重视。

（四）对农民工随迁子女教育问题原因和解决策略的探讨

这是许多有关农民工子女教育问题的研究文献中经常涉及的问题。许多学者认为，除了通常提到的户籍制度和教育经费拨款制度的因素外，二元经济结构解体与二元社会结构、教育结构调整的滞后性之间的矛盾，是造成流动人口子女教育问题的重要原因，其中，城乡之间在教育资源的分配上存在的差异，是直接的原因。吕绍青等在研究中指出，之所以存在流动儿童教育严重匮乏，存在就学歧视、适龄儿童入学率低、辍学现象严重等问题，有三个基本的客观因素影响农民工子女接受教育：一是人口流动中家庭迁移的比重越来越大，大批学龄儿童跟随父母来到城市；二是城乡户籍壁垒的存在，造成流动到城市的农村人口子女在城市中无法得到与城市学生同样的受教育权利；三是农村流动人口恶劣的经济状况，使他们没有能力支付子女在城市公立学校受教育所额外增加的费用。流动儿童基础教育被排斥在城市和乡村的教育体制之外，处在边缘化状态，造成流动儿童教育权利的缺失。现在的农民工子女受教育现状完整的复制了中国城乡之间的不平等的关系，也损害了基础教育的义务性、公平性、完整性的原则。② 国务院体改办中国小城镇改革发展中心主任李铁认为，解决以上问题并不难，关键在于我们各级政府站在什么样的角度去认识农民工子女教育问题，是否能够从心理上把他们与城里人公平对待，并逐步从体制环节上来解决这些现实矛盾。

（五）对农民工随迁子女家庭教育状况的研究

有研究者根据南京市有关流动人口的问卷调查数据，分析了流动人口子女的家庭教育背景，指出流动人口家庭教育的基本特征是教育投入注重功利性、教养方式缺乏民主以及对孩子期望值较高等③。还有研究者用比较的方法对广州市流动人口子女与常住人口子女的道德认知水平与家庭环境进行了实证研究。④ 中南民族大学民族学与社会学院的李伟梁运用社会化理论，通过结构和过程两个视

---

①② 吕绍清，张守礼. 流动儿童——逐渐进入视野的研究课题 [J]. 战略与管理，2001，(4).
③ 赵娟. 城市流动人口子女教育的状况 [J]. 社会，2003，(9).
④ 李悠. 流动人口家庭环境对于子女道德认知发展影响的实证研究 [J]. 教育导刊，2003，(8).

角,对影响流动人口家庭教育的家庭内部环境、学校教育、社区环境、同龄群体和大众传媒等外部环境及社会制度等因素进行了分析和讨论。① 众多的研究流动人口子女家庭教育的学者基本上都是沿袭此思路进行研究的。

(六) 对农民工随迁子女相关政策的研究

从 1996 年 4 月教育部印发《城镇适龄流动儿童义务教育就学办法(试行)》开始,直到 2003 年 9 月 30 日,国务院办公厅转发的《意见》,我国政府相关部门出台了一系列的有关流动儿童,包括随迁的进城务工农民子女在内的针对性政策。这些政策的实施取得了成效,在一定程度上缓解了我国进城务工农民子女接受义务教育困难这个较为严峻的问题。也有一部分学者对这些政策进行了研究。主要有以下几种研究结果。

1. 对农民工随迁子女义务教育政策演变的研究

黑龙江教育学院的周佳总结了自 1996 年四月以来的所有有关农民工子女义务教育政策,主要运用了比较的方法对《意见》的优越之处进行了分析,她主要是从七个方面来探讨的。一是《意见》第一把政策对象指向"进城务工就业农民工子女",而且有国务院转发,说明农民工子女义务教育问题已经成为"我国城市化进程"的重大社会问题;二是用"流出地"代替"户籍所在地"弱化户籍带来的制度性障碍;三是流入地政府进城务工就业农民子女要一视同仁、公平对待;四是要求多方政府和社会团体对进城务工就业农民家庭给予支持;五是进城务工就业农民子女的就学方式从"借读"转变为"接收";六是对进城务工就业农民子女的收取的学杂费要统一标准,不再强调收取借读费;七是把简易学校纳入民办教育管理范畴,加以指导和扶持。②

2. 对打工子弟校相关政策的研究

蒋华在《农民工子女学校的政策变迁》一文中通过对农民工子女学校政策的变迁历史,分析出政策变化的主要原因是:政府角色的转变、政府对法律责任的选择性承担和政府之间的权责明晰这三个方面,并预测了农民工子弟校未来的发展趋势,认为其必将成为民办教育领域的一个特殊团体。他还认为政府将会逐渐将农民工子弟从私立学校转移到公办学校中来。这主要是从政策预测的角度来回顾打工子弟校的发展的。还有人对打工子弟校的存亡进行了分析指出,打工子弟校在社会转型和经济发展中,具有生存和发展的理由,但是要对其加以管理和

---

① 李伟梁.流动人口家庭子女教育问题的影响因素分析[J].宁波大学学报(教育科学版)2004,(3).

② 周佳."农民工子女义务教育"政策文本演变[J].中国教师,2005,(5).

指导，使其规范化，并使其合法化，共同为我国的义务教育服务。①

3. 对农民工随迁子女义务教育政策价值的分析

朱晓斌从选择性、合法性和有效性三个维度对流动人口子女的义务教育政策价值进行了分析和研究。他认为我国的流动人口子女义务教育政策针对了我国特殊的进城务工就业农民日趋增多并且给社会带来了一系列的社会问题，其目的是有价值的；再者流动人口子女义务教育政策主要涉及我国相关的教育法和一些普遍性规则（正当性、有益性和公平性）等，以及在社会范围内被承认、接受和遵守的程度；流动人口子女义务教育政策在调整教育资源配置、解决供求矛盾上取得了一定成效，有利于社会公平和效益的平衡。而且朱晓斌还从公平的角度出发肯定了政策应该像处境不利的儿童，如流动儿童倾斜，倡导补偿性社会政策和发展性社会政策相结合。②

4. 对进城务工就业农民子女义务教育政策进行全面分析，提出政策和制度建议

项继权通过对湖北及其他省市的调查研究，对目前农民工子女的数量规模、分布结构和教育状况进行评估和分析，认为农民工子女上学问题从根本上说是现行的户籍制度及城乡二元化政策的产物。解决农民工子女的教育必须立足于城乡平等和城乡统筹的原则，进一步完善现行的法律和制度，消除对进城务工农民子女歧视，建立城乡一体和公平的义务教育制度。他就进一步加强对农民工子女教育权益保护，完善相关法律和制度提出了一系列的建议：第一，放开城市公办学校，农民工子女根据居住地就近入学；第二，取消一切专门面向农民工子女的不合理的收费，平等的对待所有学生；第三，实行"中央与城市两为主"的方针，合理分摊农民工子女的教育成本；第四，降低民办学校的办学"门槛"，鼓励和支持民办学校发展；第五，改革政府教育投入机制，提高教育拨款的公平与效率；第六，加大农民义务教育的投入，加强农村寄宿制学校的建设；第七，修订涉及农民工子女上学的相关法规，制定统一的《流动儿童少年教育法》；第八，加快城乡户籍制度改革，为农民工子女上学扫清制度障碍。项继权教授只是根据"农民工子女"的规模和结构现状，针对问题及其存在的原因提出了这八条政策和制度建议，其目的只是分析问题提出建议，并不是针对某项政策的评估。

在对国内外的有关研究文献的分析中看到，关于进城农民工子女教育问题的研究，可以得出如下结论：首先，国内外研究的共同点是大家都比较关注农民工

---

① 王璐. 流动人口中适龄儿童义务教育的政策发展与实施 [J]. 教育学报, 2005, (7).
② 朱晓斌. 流动人口子女义务教育的价值分析 [J]. 教育评论, 2003, (2).

子女受教育过程中遇到的问题,以及是哪些因素影响了他们接受与同龄人同等的教育,国内外的学者关注的大多都是以"教育机会均等"为主题思想来研究农民工子女的受教育权问题的。其次,国外的学者都倾向于研究如何才能让农民工子女在学校教育中接受更多的、更有用的知识和能力,属于操作层面上的。再次,国内学者主要集中在对特定区域的调查分析、农民工子女义务教育现状的描述和对策研究,从整体和全局的高度进行的研究还很不够,尤其是对居于国家层面的政策的研究非常之少。而且他们对政策的研究大多停留在对政策内容的简单描述或者文本分析或者演变过程的介绍,国外的学者也存在这样的趋势。即使有对政策的深入研究也只是对其存在的问题进行探究,并没有明确地对某项专门政策的效果进行评估。进城农民工子女义务教育问题是所有国家城市化进程中出现的一个社会问题,涉及深层次的社会体制问题,尤其对我们国家而言,这更是一个涉及我们建设和谐社会的重要方面。虽然国家非常关注随迁的进城务工就业人员子女的义务教育,并出台了一系列有利于随迁的进城务工就业人员子女义务教育的政策,确定了解决随迁的进城务工就业人员子女义务教育问题的"两为主"方针,而且正在如火如荼的实施当中。但是如果不对政策实施的结果进行评估,就不能及时了解该项政策是否取得了一定的成效、实施过程中是否出现了一些不能应对的问题、应该如何解决这些问题,也就不能判定该项政策是否应该继续执行、中止或者终止。所以本论文就希望能通过个案的调查问卷和访谈得出相关的信息资料,对该政策的实施效果进行评估,从而为政策的改进提出相应的建议。

二、农村留守儿童教育问题研究

所谓"留守儿童",是指父母双方或一方流动到其他地区,孩子留在户籍所在地并因此不能和父母双方共同生活在一起的儿童。这一群体是自20世纪80年代以来,伴随着大量农民工涌入城市而出现的,但切实受到关注是在2002年以后。尤其是留守儿童的教育问题,更是受到国家、社区、学校等的关注,国家制定相应政策,试图改善留守儿童的教育现状。这一问题亦日渐受到学术界的关注,专家、学者、研究人员通过政策文本分析、实地调研等实证研究,以及教育工作者的实践经验,分别就留守儿童的心理问题、家庭教育、学校教育、德育,以及留守儿童教育存在问题和对策等方面都发表了相应论文。本文试图通过对这些研究成果的述评,梳理出留守儿童教育问题的研究现状,为更好地解决留守儿童教育问题略尽绵薄之力。

(一) 农村留守儿童的心理问题

心理健康是儿童健康成长的关键要素之一。留守儿童这一群体的出现，多是由于家庭较为贫困，父亲或者母亲，甚至父母双方外出务工，孩子相对缺少父母的关爱，导致大多数农村留守儿童有内心压力。对于留守儿童的心理问题，周宗奎教授认为：相当一部分孩子在父母外出时有失落感，在一段时间里不爱说话，不爱和别人交往，性格上变得自卑。这种心态在父母外出的女生身上有相当的代表性；卢利亚和秀涓等认为：胆小、懦弱、内向、自卑、孤僻等是留守儿童心理存在的主要问题；岳慧兰等通过心理健康诊断测验（MHT）的方法，对浙江省长兴县和德清县422名留守儿童进行测查，认为留守儿童心理问题主要表现在：有恐怖倾向、身体症状、对人焦虑、自责倾向、冲动倾向、学习焦虑、过敏倾向与孤独倾向；许方则认为价值偏差也是留守儿童心理问题的表现之一，并指出，部分留守孩子产生了厌学情绪，认为读书无用，自己父母也没读什么书，同样天南地北挣钱，部分学生开始把人生发展方向定位为打工挣钱，学习中不求上进，成绩普遍较差。湖北省广水市长岭镇中心小学2004年4月5日对全校681名学生进行过一次心理问卷调查，结果显示全校659名学生存在不同程度的心理问题，占总人数的96.7%；严重存在心理问题的258人，占37.89%；有自杀轻生、离家出走等严重心理障碍的学生33人，占总人数的4.84%。

面对这一系列严峻问题，研究者们则对其产生的原因进行了分析。周宗奎教授认为留守儿童存在心理问题的主要原因是，师资力量薄弱，班级过大，留守儿童在学校很难得到学习以外的关怀；农村学校某些教育措施和机制失当，影响了农村儿童的教育；学校外部条件差，留守儿童分散寄养多于在校寄宿，管护形成"空档"；郑哲认为，家庭亲情的缺失、临时监护人的责任不明确、教育能力不足，学校教育缺失，社区和政府部门对留守儿童心理问题关注不够等因素是留守儿童心理出现问题的主要原因。王益峰通过对台州农村留守儿童的实地调研，认为台州农村留守儿童心理问题形成的原因如下，隔代教育的影响、缺乏父母慈爱、不成熟的"自我认定"、台州新"读书无用论"的影响、代理监护人的心态的影响。

需要说明的是，周宗奎教授等通过问卷调查、教师访谈、留守儿童访谈，以及案例分析，得出这样的结论："从不同角度对留守儿童心理问题的评估是不一致的。从某些极端案例来看，农村留守儿童的心理问题是非常严重的；学校校长和教师一般认为留守儿童有比较多的心理问题，对他们的一般印象、学习、品行、情绪等方面的评价都较差；从学生自我报告结果来看，留守儿童的心理问题主要是在人际关系和自信心方面显著地不如父母都在家的儿童，而在孤独感、社交焦虑和学习适应方面与其他儿童没有显著差异。"

可见，留守儿童存在的心理问题是非常特殊和复杂的，如何通过实证方法考察留守儿童的心理问题，并很好地解决，还需要更深入地研究。

（二）农村留守儿童的家庭教育

中国自古以来就有重视家庭教育的传统，古人家有家规、家训等以此训诫、教育子孙，试图予以整齐门楣、提携后人。正如美国学者珀文所说："家庭是塑造儿童人格的第一所而且也是最重要的一所学校"。足见家庭教育对儿童成长起到至关重要的作用。然而，随着留守儿童这一特殊群体的出现，专家、学者、研究人员通过调查发现，留守儿童都面临着家庭教育缺失的严重问题，主要表现在，家庭教育职能弱化、亲子情感互动欠缺、隔代教养、亲朋监护、无人监护。赵新泉认为，其突出的表现就在于，留守儿童并没有和父母双方在一起生活，他们与父母之间的亲子交往表现为空间上的远距离、实践上的不确定和短暂、交往方式的非面对、内容上的简单重复和情感交流的缺失。周宗奎教授等人的实地调研则发现，当问及社会、政府、学校等能为他们（留守儿童）提供什么帮助时，大都回答不可能，认为父母是不可替代的。可见父母所组成的家庭教育是其他代理监护人所不能替代的。因此，家庭教育的缺失在留守儿童的教育过程中产生了不可忽视的负面影响。

中央教育科学研究所课题组认为，中小学生正处于身心迅速发展的时期，对自身变化、人际交往等方面有着自己的理解和认识，与此相关的也带来了一些成长的烦恼，这时，他们需要有倾诉的渠道，家人在这方面应该起到非常重要的引导作用，但由于留守儿童的监护人无暇顾及他们的情绪情感变化，使得留守儿童缺少了起码的与家人交流的机会，这对于儿童心理产生了不利的影响。莫艳清认为，亲子教育缺失、家庭环境恶化、亲密度较低导致留守儿童心理问题，导致留守儿童人生观、价值观的偏离，导致留守儿童越轨和犯罪现象严重，导致留守儿童的权益保护和安全问题。黄晓慧不仅从微观上认为家庭教育的缺失影响了留守儿童身心健康发展，而且从宏观的角度认为留守儿童家庭教育的缺失不仅延缓了农村教育的发展进程，而且也不利于进一步提高农村人均受教育年限，易造成城乡分化的社会结构。

有些学者从德育的角度，认为家庭教育的缺失还会导致留守儿童道德认识的混乱、道德情感偏差、道德意志薄弱、道德行为不良或行为失范。迟希新则认为，家庭教育的缺失与亲社会行为的弱化有一定的关系。留守儿童长期与父母分离，缺少可以模仿的清晰的榜样形象，加之没有父母及时地对亲社会行为的评价奖励和强化，留守儿童的亲社会行为难以转变为稳定的道德行为。当他们在复杂的道德情境下产生认识上的困惑和强烈的内心冲突时,当他们在日常生活和社会交往中面对复杂的道德判断难以取舍时,他们迫切需要得到一个道德知识的给予者,道德问题的咨询者,道德行为的示范者,而事实是,他们所面对的是与自己有着严重"代沟",观念陈旧,知识缺乏的祖辈代养者,道德榜样的人为剥夺致使正常的道德学习过程受阻,使他们在社会道德学习中无法形成正确的价值观念和道德判断。

这表明,家庭教育的缺失,不仅不利于留守儿童心理、品德等方面的成长,更不利于提高我国农村的整体教育水平。

(三) 农村留守儿童教育的对策与建议

对于如何改善留守儿童的教育状况,专家、学者通过实地调研与分析,从宏观上提出了一些切实可行的对策和建议。中央教育科学研究所课题组认为可以通过以下途径:第一,加快户籍制度改革,逐步消除城乡差距;第二,加强社会组织的建设,加大社会力量帮助儿童的力度;第三,建立农村社区少年儿童教育和监护体系;第四,加强农村寄宿制学校的建设,切实有效地对留守儿童进行教育和管理;第五,在农村学校教育中增设心理课程。试图从法律上、制度上,把留守儿童的教育问题纳入到社会经济发展总目标中加以解决,以此达到标本兼治的目的。周宗奎教授则建议:各级政府应制定相应的法律法规,强化农村父母在子女监护和教育方面的职责;学校工作要采取综合措施来帮助留守儿童克服面临的各种困难;大力加强农村学校的心理健康教育工作;组织"青年志愿者"等社会资源和大型活动,积极参与农村外出打工人员子女教育,在城市教育管理体制中充分考虑进城务工人员子女就学问题,采取积极措施鼓励务工人员携带子女进城上学,也将有助于解决农村留守儿童的教育问题。试图以法律法规强化父母的教育责任,并通过社会、学校等多方面的共同努力来解决留守儿童的教育问题。温铁军教授则建议:第一,要尽可能改变市场经济条件下农业三要素净流出的必然趋势,并坚决执行"新农村建设",使农民在"新农村建设"中获得较高的现金收入;第二,采取临时性、应对性措施,包括政府加大农村留守儿童集中地区的寄宿制学校的建设;社区和学校对留守儿童的监护人进行培训;各城市允许进城打工的农民工子女就近入学;学校、政府、社会组织都积极加入到关爱留守儿童的行动中等;第三,进一步从体制上解决这个问题,即在努力创造条件的情况下逐步消除城乡二元体制,包括取消对农民的歧视政策——推进户籍制度改革、城乡就业制度改革、教育制度改革、社会保障制度改革等。可以说,温教授的建议既有短期目标,又有长远规划。吴霓研究员建议:第一,国家在人口管理上要出台相应的措施,适应人口流动的发展趋势需要;第二,出台相关政策和措施,加强城市接受农民工子女教育的能力;第三,通过一系列教育活动提高农民工以及留守家庭的教育认识水平;第四,建立以农村社区教育为龙头的农村儿童教育和监护体系。希望通过综合治理,多管齐下,方能达到标本兼治的目的。姚云建议:第一,以教育部门为中心,对农村留守儿童问题做出全面、系统、客观的分析,以寻找事实基础;第二,总结已有解决农村留守儿童教育的经验,以剖解成败得失;第三,充分重视和发挥学校教育的优势,以展示教育的能力;第四,政府主动担负相应的责任,以实现社会关怀。期望以事实为依据,通过总结经验,发挥学校教育优势,强化政府责任来更好地解决留守儿童的教育问题。

可以说,以上专家、学者的建议多希望从改革户籍制度、加大法律法规建设力度、加强家庭、社区、学校等多方位的合作,切实解决留守儿童的教育问题。

此外,还有一些研究人员和一线教师从微观的角度,就某些具体问题的解决提出建议。迟希新就留守儿童的道德教育问题,建议开展和倡导以帮助农村留守儿童为主题的义务支教活动、开发以促进留守儿童道德成长为目的的特殊课程或校本课程。试图给予留守儿童及其监护人的道德教育和心理健康教育辅导,并有针对性、计划性地实施道德教育,来培养留守儿童的品德。李桃则从教师在留守儿童教育中的重要性的角度,建议教师做到如下几点:第一,师爱关怀,激发求知欲;第二,加强课外辅导,因材施教;第三,开展互助学习,促进个体共同发展;第四,加强家校联系,形成合力,共同促进学生提高。希望通过教师的关爱、辅导、沟通来改善留守儿童的学习状况,以使他们能够健康成长。申健强希望通过学校教育的主渠道作用,建议实施以下策略:第一,建立"留守儿童"档案和联系卡制度;第二,配备心理健康教师,设立"倾诉箱",开通心理咨询热线电话;第三,热情关怀,使"留守儿童"融入集体生活之中;第四,交流协作,加强对监护人的指导,做到"五必访"(即:"留守儿童"情绪不好必访;身体不佳必访;成绩下降必访;迟到早退旷课逃学必访;与同学争吵必访)。希望通过学校教育唤起全社会对留守儿童的关爱,从而形成学校、家庭、社会关心留守儿童的合力。

需要说明的是,周福林教授、段成荣教授还从调查研究的角度,提出留守儿童研究策略。他们认为:在留守儿童领域,当务之急是开展深入的调查研究,以便准确地掌握情况、了解问题,为制定对策提供必要的依据。第一,要首先明确留守儿童的概念及其内涵和外延;第二,要组织力量对留守儿童问题研究的视角、研究的主要内容进行深入研究;第三,要科学制定留守儿童问题研究的指标体系;第四,充分利用、深入开发2005年1%人口抽样调查资料,准确把握全国留守儿童总体状况;第五,整合分散的力量和资源,及早开展一次大型的具有全国代表性的留守儿童专题调查;第六,留守儿童分布的地区差异极大,全国性调查要针对留守儿童的这种分布特点进行。可以说，他们的建议，给研究者指出了一定的学术研究方向，只有整合资源、共同努力，才能更好地解决留守儿童的教育问题。

（四）农村留守儿童教育取得的成效

随着留守儿童日益受到关注，作为劳务输出的大省四川、安徽、湖北、江西等地，都出台相关政策，并积极发动学校、社区、社会等各方力量，采取联合行动，在改善留守儿童的教育中起到一定的作用。研究人员则通过实地考察，发表报道或文章，以推广各地在解决留守儿童的教育问题中所取得成效。

陆清华以重庆南川区为例简要介绍了留守儿童教育的有效模式："还原家庭教育"模式、"留守儿童之家"模式、"代理家长"模式、"社区联动"模式。并认为：西部农村留守儿童教育问题是社会转型和发展过程中的衍生问题，要想从根本上解决显然还任重道远。重庆市南川区4种典型模式的确行之有效，让我们看到了整个西部农村地区较好解决留守儿童教育问题的希望。

毕娟娟则对安徽歙县探索留守儿童的教育措施进行了如实报道。安徽歙县所采取的措施主要是：第一，家校联动，真情关怀，架设留守儿童与家校沟通的绿色通道，如为促进外出打工家长主动与孩子沟通，发放致远方家长的一封信、安装"亲情热线"电话、创新家长学校制度；第二，加强管理，倾心疏导，促进留守儿童身心健康成长；第三，建立寄宿制学校；第四，组建社会帮扶。经过半年多的实践，提高了当地政府职能部门对解决留守儿童教育的责任感、紧迫感，并确立了今后解决留守儿童教育问题的长效机制。

安徽肥东采取的"留守小队"模式也取得了一定的成效。"留守小队"一般由5~13名成员组成，开展的活动包括每周打一个亲情电话、写一篇周记、读一本好书、每月寄一次家信、同辅导员谈心；利用节假日组织留守队员参加家庭互访、兴趣学习、志愿服务；定期为留守队员举办有关学习、安全、维权、法律等方面的知识讲座；组织留守儿童和非留守儿童"手拉手"的互助活动；在学校建立"留守小队"信箱，帮助他们消除留守的烦恼。安徽肥东通过建立"留守小队"，引导留守儿童在少先队集体中互帮互学，体验真情，共同快乐成长，取得了一定的实效。

赵嘉骥等则对四川青神解决留守儿童的教育措施予以了解读。"青神模式"围绕"六个一"展开，即明确一个实施主体、落实一个牵头单位、抓住一条责任主线、围绕一个工作中心、搞好一个教育整合、构建一张关护网络。具体措施如下：建立留守儿童档案和联系卡制度，全面掌握留守儿童情况；实施关爱留守儿童帮扶制度，权益维护制度，建立留守儿童援助站；为留守儿童建立"亲情屋"、"心理咨询室"、"新语小屋"、"知心姐姐信箱"和"留守儿童谈心日"等；加强对留守儿童的心理健康指导和心理健康教育；建立关爱留守儿童的应急机制，针对代理监护人监护能力比较差的实际情况，专门举办代理监护人培训班；建立亲情卡，开展"电话传真情"、"书信化关爱"活动，加强学校、留守儿童与他们的监护人和代理监护人之间的交流与沟通；加强学校、老师，特别是班主任的职责，克服重重困难，为留守儿童创造寄宿条件，给留守学生更多关爱；为有特殊需要的留守儿童，建立留守儿童托管家庭、托管中心的试点；在村组和社区为留守儿童探索建立亲情活动场所；让全社会都动员起来，关注留守儿童。青神模式具有强烈的针对性和现实性，它的实施为解决四川青神留守儿童的教育问题起到较大的作用。

综此而言，专家、学者、研究人员通过采取实证研究的方法，试图使学术研究与现实问题紧密结合起来，以为政府制定相应的政策服务。我们相信，通过全社会的共同努力，留守儿童的教育问题必将能够很好地解决。

第二章

国外对随迁子女的相关研究综述

一、美国对随迁子女的相关研究与制度安排

在美国，流动学龄人口是一个规模庞大的人口群体。根据美国国家教育统计中心的统计，在1~8年级的学生中，有1/3的学生至少发生一次转校。2000年美国人口普查数据表明，在普查的前一年，全美有15%~18%的学龄人口发生了流动。[①] 针对这一事实，美国学者对流动儿童教育问题给予了高度的关注。与此同时，美国联邦和一些州政府也采取了许多切实有效的措施，以使流动儿童能够接受更好的教育。

（一）随迁子女教育问题的理论研究

在相关研究中，很多美国学者使用了"学生流动"（mobility of students）这一概念；也有一些学者使用了"转校"（school changes or school transfer）这一概念。[②] 实际上，二者的含义基本一样，都是指学生"非升学原因的学校变更"（non-promotional school change）。[③]

[①] Rumberger, R. *Student Mobility and Academic Achievement*. http://ericeece.org/pubs/digests/2002/rumberger02.pdf. 2005-2-21.

[②] 石人炳. 美国关于流动儿童教育问题的研究与实践[J]. 比较教育研究, 2005, (10).

[③] Rumberger. R, Larson, K., Ream, R., & Palardy, G. *The Educational Consequences of Mobility for California Students and Schools*. http://www.pace.berkeley.edu/pace_mobility.html. 2005-12-07.

1. 学龄人口随迁流动对学生自身的影响

(1) 随迁流动不利于学生的学业成功

通过比较流动学生和非流动学生的学习情况，一些研究表明，流动往往是学生学业成功的障碍。其表现主要有：第一，流动学生的成绩相对较差。流动学生中的41%为成绩差的学生，非流动的学生中成绩差的占26%，二者差别明显。流动学生的阅读成绩低于同年级学生的平均水平。学生流动越频繁，对他们学习构成的威胁越大。[①] 第二，流动学生往往更容易留级。在各收入组（家庭收入分组）中，频繁流动的学生比不流动的学生更可能留级。[②] 在6年中3次以上转校的学生，会比不流动的学生落后一个学年。[③] 第三，流动学生的辍学率很高。8年级以前转学3次以上的学生，辍学的可能性至少增加4倍。[④] 第四，流动对学生情绪和行为的影响。格洛里亚·辛普森（Gloria Simpson）和玛丽·福勒（Mary G. Fowler）在研究儿童流动与其情绪、行为的关系时，把在校儿童按流动次数分为三类：没有流动、流动1~2次、流动3次及以上。他们考察了儿童中的28个情绪和行为问题，包括"抑郁"、"反社会"、"冲动"、"任性"等。结果表明，流动3次以上的儿童出现情绪和行为问题的可能性大约是不流动儿童的2倍。[⑤]

尽管大量研究验证了学生流动对其学业的不良影响，但也有一些研究者认为，流动学生与非流动学生在其个人特征和家庭特征等方面存在差异。学生的流动可能是源于他们自己或家庭的特殊问题，相关的研究应当把流动前学生及家庭的特征考虑进去，才能确定流动本身对学生的影响。甚至有研究认为，尽管从表面上看，学生流动与考试成绩确实有负相关关系，但如果"控制"家庭因素和一年级的学习情况，流动学生与非流动学生之间学习上的差别就不明显了。[⑥] 因此流动学生一般来自贫困家庭，他们在流动之前就学业不佳。

另外有一些研究认为，流动对学生学习的影响只发生在那些与亲生父母分离的学生身上。图克（C. J. Tucker）等学者在加入了年龄、性别、种族、社会经济

[①] U. S. Government Accounting Office：*Elementary School Children：Mary Change Schools Frequently, Harming their Education.* Washington, DC：U. S. Government Printing Office, 1994. 08 - 21.

[②] Fowler-Finn. T：*Student Stability vs. Mobility.* School Administrator, 2001. 58（7）：pp. 36 - 40.

[③] Kerbow, D：*Patterns of Urban Student Mobility and Local School Reform.* Journal of Education for Students Placed At Risk, 1996. 1, pp. 147 - 169.

[④] U. S. Government Accounting Office：*Elementary School Children：Mary Change Schools Frequently, Harming their Education.* Washington, DC：U. S. Government Printing Office, 1994, pp. 8 - 21.

[⑤] Simpson, Gloria. ：*Mary Glenn Fowler. Geographic Mobility and Children's Emotional/Behavioral Adjustment and School Functioning.* Pediatrics, 1993（1）pp. 303 - 309.

[⑥] Alexander, K. L., Entwisle, D. R. & Dauber, S. L：*Children in Motion：School Transfers and Elementary School Performance.* Journal of Educational Research, 1996.（1）, pp. 3 - 12.

地位、家庭结构等变量后，对儿童流动与学习的关系进行多变量分析，结果发现，儿童流动与学习成绩的关系实际上比以往的研究更复杂。儿童流动即使在平均数以上，如果儿童的流动是与亲生父母一道进行的，流动本身并无明显的有害影响。但在其他家庭结构（只有母亲的家庭、有非亲生的父亲或母亲以及其他家庭）中，儿童的流动，即使流动比较少，对儿童的学校教育也会产生明显的不良影响。这是因为双亲家庭有更多的可以帮助减轻居住地变动带来的负面影响的"社会资本"（social capital）。①

值得注意的是，一些控制了家庭因素的纵向研究表明，学生的流动确实对其学习产生不良影响。有一项对孩子们从儿童早期到青年的跟踪研究发现，即使控制了各种家庭背景等因素，居住地变动会降低中学毕业的可能性。② 另有一些对全美 100 000 多名被调查对象的研究表明，即使控制了学生原有成绩和其他一些因素的影响，学生在 1~8 年级期间的流动仍会增加高中辍学的概率。③

（2）随迁流动对学生产生负面影响的原因

流动（特别是频繁的流动）为什么会对学生的学习产生有害的影响？学者们通过研究，认为主要原因在于：第一，频繁流动使有规律的上学中断；第二，上课内容的连续性中断；第三，与曾经相处的老师和同学们的关系中断；第四，频繁流动使学生获得基本技能的效果更差，长期的成绩落后导致辍学的可能性增加；第五，由于对学生的成绩不了解，流动学生在新学校中可能被安排到不恰当的班级中。④

有学者特别注意到流动对学生业已建立的各种社会关系的破坏，进而影响到学生的学习。詹姆斯·科尔曼（James S. Coleman）认为，之所以高流动率与学生的辍学率呈正相关关系，主要是因为儿童流动到新的环境，他们失去了以前的朋友，父母为找工作等原因和儿童在一起的时间减少。儿童要面对新的、不熟悉的邻居，他们往往害怕与新的同龄人交往。流动会打破已建立的家庭和社区关系网，而这种关系网对儿童的学习是一种支持和奖励的资源。所以，流动对儿童的学习有负面的影响。如果流动是因为家庭危机而引起的，如离婚、家庭成员死亡、再婚、失业等，这种流动对儿童的影响更大。不仅如此，35% 以上的频繁流

---

① Tucker, C. J., Marx, J. & Long, L: Moving on: Residential Mobility and Children's School Lives. Sociology of Education, 1998. (2), pp. 111 – 129.

② Haveman, R., Wolfe, B: Succeeding Generations: On the Effects of Investments in Children. New York: Russell Sage Foundation, 1994. P. 17.

③ Rumberger, R. W., Larson, K. A: Student Mobility and the Increased Risk of High School Dropout. American Journal of Education, 1998. 107 (1), pp. 1 – 35.

④ Biernat, L., Jax, C. Limiting Mobility and Improving Student Achievement [J]. Hamline Law Review, 2000. 23 (1), pp. 1 – 37.

动的学生可能留级，而不能跟他的同龄人一道升入与其年龄相适应的年级，这对建立同龄人之间的关系也是极为有害的。[1]

2. 学生随迁流动对学校和学区教育的影响

学生流动的影响是双向的，也就是说，它既给学生自身带来了影响，也冲击到了学校和学区的教育实践。通过大量的研究，一些学者认为，学生流动对学校和学区教育的影响主要表现为：第一，高流动率影响学校预算，特别是在小的传统的乡村学区，学生高流动率甚至使学校很难确定雇用教员的数量。第二，不断接受新的学生使教师把精力花在补习上而不是新课程上。[2] 由于学校不清楚学生的成绩记录，学校很难将学生安排在合适的班级。一些流动学生达70%的学校，学校的大量时间花在处理与转校有关的事务上，妨碍了教学。[3] 第三，高流动率的学校和更稳定的学校之间存在成绩差距，大量临时就读学生会使学校整体教学水平下降。[4] 第四，在高流动率的学校，班级教学更可能是复习，并且教学进度更慢。[5] 第五，高流动率的学校毕业率低。研究表明，至少两次转学的学生毕业率只有60%。[6]

（二）针对随迁子女教育问题的制度安排

1. 完善立法

在美国，流动儿童的教育问题很早就引起了社会的关注。早在1960年，美国就针对迁移学生（migrant students）的学习问题发起了"迁移者教育计划"（Migrant Education Program，MEP）。该计划旨在为迁移学生（主要指5~17岁迁移的农场工人的子女）提供补偿教育和服务支持，以降低迁移流动对学生的不利影响。[7] 1988年通过的《学校促进法案》（school improvement act）又将年龄范围调整到3~21岁。2002年1月，美国通过了《不让一个孩子掉队法案》（no child left behind act），其使命是保证美国的每一个学生受到成功的学校教育，消

---

[1] Coleman, James S. Foundations of Social Theory [M]. Cambridge, MA: Belknap Press of Harvard University Press, 1990. pp. 26 - 27.

[2] Stover, D: The Mobility Mess of Students Who Move [J]. The Education Digest, 2000. 66 (3), pp. 61 - 64.

[3] Fowler-Finn, T: Student Stability vs. Mobility. School Administrator, 2001. 58 (7), pp. 36 - 40.

[4] Kerbow, D: Patterns of Urban Student Mobility and Local School Reform. Journal of Education for Students Placed At Risk, 1996. 1 (2), pp. 147 - 169.

[5] Kerbow, D: Patterns of Urban Student Mobility and Local School Reform. Journal of Education for Students Placed At Risk, 1996. 1 (2), pp. 147 - 169.

[6] Rumberger, R., Larson, K., Ream, R. & Palardy, G: The Educational Consequences of Mobility for California Students and Schools. http://www.pace.berkeley.edu/pace_mobility.html. 2005 - 12 - 07.

[7] 石人炳. 美国关于流动儿童教育问题的研究与实践 [J]. 比较教育研究, 2005, (10).

除流动学生与非流动学生的差别。

2. 采取措施减少学生随迁

芝加哥的"保留在原处"运动，是为通过学校系统来减少流动和（必要时）改进转学而设计的。该计划被芝加哥教育董事会采纳，并努力做到：第一，使教育工作者、学生、家长知道学生流动的学习和社会后果；第二，促进建立以学校为基础的计划，学校提供寄宿服务以作为学生转学的另一种选择；第三，如果必须转学，确保转学过程顺利，减少学生学习和进步的中断。①

3. 利用网络传递随迁流动学生信息，保证流动学生学习的连续性

为了便于对迁移学生的跟踪服务，美国于1995年建立了"迁移学生记录传递系统"（Migrant Student Record Transfer System，MSRTS）。这是一个由计算机处理的系统，其中收集有迁移学生的相关信息，包括学生家庭、迁移前就读学校、学生已掌握的技能、考试成绩、基本健康状况甚至免疫记录等信息，并不断调整个案和更新记录。在1998～1999学年，美国符合《学校促进法案》规定的迁移学生共有783 867人。无论这些学生迁移的频率高低和距离远近，由于MSRTS系统能将学生的信息用通讯方式在学区间及时传递，这大大促进了迁移学生学习的连续性。②

4. 提前了解学生的随迁流动可能性

明尼阿波利斯公立学校（Minneapolis Public Schools）采取的"儿童流动计划"（The Kids Mobility Project），主要通过社区论坛、研讨会、印发宣传材料等方式，将有关信息送到家长手中；通过了解学生可能的流动情况，为每个学生制定上学目标。③ 此外，有的州还要求学校在年度执行报告中应纳入学生流动的内容，从而减少流动对教师、学生和学校的影响。④

5. 为随迁流动学生及其家庭提供多方面的帮助

得克萨斯州的维多利亚独立学区采取了一些特殊的措施，以保证无家可归的儿童和流动学生得到学习上的、社交和情绪上的支持。该学区开设了一个向所有父母开放的学区父母中心。并且，在安全且环境清洁的地方设立了临近流动儿童的家庭作业中心，由具有资格的助教在这里供职，并提供免费的快餐和小电脑

---

① Chicago Panel on School Policy. ：*Staying Put*：*A Multi - level Campaign to Increase Awareness about the Effects of Mobility on Student Achievement.* http：//www.chicagopanel.org/Chicago% 20Panel/stayingput. htm. 2005 - 04 - 22.

② Branz-Spall, A. M. , Roger Rosenthal；*Al Wright. Children of the Road*：*Migrant Students*，*our Nation's most Mobile Population.* The Journal of Negro Education. Washington：Winter, 2003. 72（1），pp. 55 - 62.

③ Biernat, L. , Jax, C. ：*Limiting Mobility and Improving Student Achievement.* Hamline Law Review，2000. 23（1），pp. 1 - 37.

④ Fowler-Finn, T；*Student Stability vs. Mobility.* School Administrator, 2001. 58（7），pp. 36 - 40.

室。此外，还在每个学校确定一名老师作为"学生父母联系人"（The parent liaison）。其主要职责包括：督促学生到校，确定无家可归者并提供帮助，举办家长培训研讨班，进行家访，把家长和学生推荐给社区的社区服务机构。这样，通过设立父母联系人，就可以将学生、教师、家长和社区联系起来。①

印第安纳州福特韦恩地区的社区学校，推出了"家庭帮助家庭"（Families Helping Families）计划。该计划的主要内容是：当一个家庭迁移到本学区时，让有孩子在本地学校上学至少两年的家庭和新家庭结成联谊，最好是两家的孩子在同一所学校上学。学校校长通过安排新生家长喝咖啡和新生参加的小组午餐等形式组织一些聚会，使新生能够平稳地融入新的校园文化。同时，为学生安排指导教师和家庭教师，使教师和学生建立联系。②

6. 其他有益的措施

桑德拉·佩克（Sandra Paik）曾通过大量的考察，对美国许多地方解决流动学生教育问题的一些有效举措进行了概括。③ 这些措施主要有：

学校职员的职业发展（Professional Development for School Staff）。学校职员应该根据高流动率的孩子的需求和情况接受培训。其目的是使职员对流动学生的需求和（背景）情况更加敏感和更能理解。

（欢迎）新来者项目（Newcomer Programs）。迎接新同学及其家庭的活动便于学生平稳地过渡；提供对学生学习情况了解和恰当编班的机会；形成学生、家庭和教师之间的积极的互动作用；帮助学生父母理解学校政策和目标；建立有利于学习的家庭支持系统；鼓励家庭参与学校决策；为家庭和学生提供有关学校和社区的有用信息。其中的一些活动，如"密友制度"（buddy systems），鼓励在校学生和新来者结成联谊，从而帮助后者了解新学校的进度安排和规章制度等。

支持性的考勤和纪律政策（Supportive Attendance and Disciplinary Policies）。惩罚性的考勤和纪律规定会增加失败的可能性。所谓支持性的考勤和纪律政策，就是指学生达到一定数量的缺课之后，启动学校和社会支持系统，或者鼓励在双方方便的时间与学生和家庭见面，了解缺课原因并达成一个促进出勤的计划。同时，支持性的纪律政策还要求实施一项评估，以确定学生是否需要学习和社会支持，并在需要的时候为其提供支持。

走出校门接触家长和家庭（outreach to parents and families）。走出校门计划

---

① Biernat. L., Jax, C: Limiting Mobility and Improving Student Achievement. Hamline Law Review, 2000. 23（1），pp. 1 – 37.

② Fowler – Finn, T: Student Stability vs. Mobility. School Administrator, 2001. 58（7），pp. 36 – 40.

③ Paik, Sandra: Student Mobility in Rural Communities: What Are the Implications for Student Achievement. Georgetown University Rebecca Philips, NCREL. 2002. pp. 10 – 12.

（outreach programs）包括家访计划。它能够帮助家长和家庭理解学校计划和政策以及对家庭有利的社区服务。同时，与社会服务计划建立伙伴关系，有利于学校和社会服务机构双方共享一些有用的信息。

二、NGO 组织对中国农民工子女的相关研究

中国进城务工就业农民子女义务教育问题日益成为社会关注的焦点问题，无论是政府还是学术团体和个人都从各个角度对其进行了全面、系统的分析。作为独立与政府和学术团体的国际的和国内的 NGO（non-governmental organization）各个组织，它们尤为关注弱势群体的权益和利益。他们也在这个问题上进行了立项研究，并且从非政府组织的角度、从平民的角度对这些问题作了进一步解析，提出相应的建议。

（一）相关 NGO 组织

参与该领域研究的 NGO 组织主要有以下几个：联合国儿童基金会、香港乐施会、福特基金会、中国儿童中心和北京师范大学"农民之子"等等。这些组织有的是单独进行立项研究，有的是与其他部门和组织进行合作研究，比如在联合国儿童基金会单独进行了"流动儿童状况调查"之后，又与国务院妇女儿童工作委员会办公室和中国儿童中心共同进行了"中国九城市流动儿童状况调查"。这些组织都汇集了全国研究进城务工就业农民子女义务教育的专家，对该问题进行了更为深入和细致的调查。

（二）主要研究项目

1. 2000 年，联合儿童基金会"流动儿童状况调查"；
2. 2002～2004 年，福特基金会"探索大城市中流动儿童入学模式"调查；
3. 2002～2003 年，北京市妇女儿童工作委员会"北京市流动人口中的儿童生活及权益保障状况"调查；
4. 2002～2003 年，国务院妇女儿童工作委员会办公室、中国儿童中心和联合国儿童基金会"中国九城市流动儿童状况调查"；
5. 2003 年，北京师范大学"农民之子"、"关于流动儿童生存状况的调查"；2004 年的"石景山黄冈学校打工子弟学校生存状况的研究"；
6. 2002～2005 年，香港乐施会"公立学校流动儿童中的儿童入学模式"研究。

（三）主要研究内容

（1）北京师范大学"农民之子"、"石景山黄冈学校打工子弟学校生存状况的研究"，这项研究主要侧重于对打工子弟目前状况和将来走向的调查和研究。本研究从打工子弟学校外部生存条件，包括社区、家庭、老师和家长的情况，全方位的作了调查，探讨出了一套能够适合打工子弟学校成长发展之路。

（2）国务院妇女儿童工作委员会办公室、中国儿童中心和联合国儿童基金会"中国九城市流动儿童状况调查"，对流动儿童健康及卫生保健状况、流动儿童教育问题、流动儿童权利保护状况和流动儿童相关政策进行了调查研究，为制定保护流动儿童权利的政策提供依据。在流动儿童的教育状况调查中，他们探讨了流动儿童的义务教育现状、当前流动儿童的义务教育需求以及影响流动儿童受教育状况的因素进行了探讨，并且得出了相应的结论提出了一系列的对策建议，要求全社会都要重视流动儿童教育问题，进行流动人口统计，中央政府和地方政府都应该负担起解决该问题的责任，不断完善收费和师资制度。为了探讨解决流动儿童问题的新思路，国务院妇女儿童工作委员会办公室与联合国儿童基金会合作，开展了保护流动儿童权利项目试点工作，探索出一套保护流动儿童权利的新模式，并于 2004 年召开了"全国流动儿童权利保护经验交流暨研讨会"。

（3）北京市妇女儿童工作委员会"北京市流动人口中的儿童生活及权益保障状况"调查了 494 对在北京居住时间较长、居住和工作较稳定的外来人全家庭及其子女在北京生活、权益状况，发现了流动儿童在生活和学习方面的诸多问题，其中进城务工就业农民子女的教育问题尤为突出。主要表现在：一是家庭教育负担重，公立学校收费标准不统一，普遍存在违规收费现象；二是流动儿童的学习环境差，课余活动单一。他们提出要从户籍管理制度以及流动人口管理制度入手，充分重视流动儿童问题，要求学校应该构建平等、无差别、无歧视的教育环境，政府应该支持和管理打工子弟学校。

从 NGO 组织的这些相关研究成果我们可以发现，关于进城务工就业农民子女义务教育的研究，大多集中在对于农民子女义务教育过程的现状和面临的问题的调查、打工子弟学校现状调查，以及提出相应的对策建议。而且关于流动儿童权利的保护模式已经有所探讨，但是进城务工就业农民子女义务教育模式的探讨还没有组织和个人涉及，这还是该领域研究的一片空白。

第二篇

农民工随迁子女及其教育问题研究

第三篇

第三章

我国农民工随迁子女状况

——基于2005年全国1%人口抽样调查数据的分析

近年来,随着农民工数量的不断增多,农民工子女的数量也在不断大幅度增长,农民工子女所面临的各种问题也越来越受到关注和重视。国务院在《关于全面加强人口和计划生育工作统筹解决人口问题的决定》中明确提出要解决流动人口子女入学入托方面的实际困难。国务院在《关于解决农民工问题的若干意见》中明确要求要"保障农民工子女平等接受义务教育"。2006年修订的《义务教育法》规定:"父母或者其他法定监护人在非户籍所在地工作或者居住的适龄儿童、少年,在其父母或者其他法定监护人工作或者居住地接受义务教育的,当地人民政府应当为其提供平等接受义务教育的条件。"

为了贯彻落实国务院的指示精神,各地区各部门都在积极探索,努力解决农民工子女相关问题寻找思路、摸索经验。

众所周知,制定社会政策,开展社会工作的基本前提是对工作对象有一个清晰的认识和了解。而在当前农民工子女问题上,一个重要的问题恰恰是,农民工子女的各种相关信息极度缺乏。没有人能够清楚地知道农民工子女的人数有多少,他们的性别年龄构成如何,他们生活在何处,他们按要求入学读书了吗?对这些基础信息缺乏了解,无疑是有效解决农民工子女相关问题的严重障碍。

为此,通过系统、深入的研究,了解和把握农民工子女的各种基础信息,是一项十分重要和紧迫的任务。

农民工子女通常可以分为两部分:一部分是跟随父母进入城市和城镇的农民工子女,即农民工随迁子女;另一部分是父母外出后仍然留在农村老家而不能与父母在一起共同生活的子女，即农村留守儿童。本文的研究对象是农民工随迁子女。农村留守儿童将另文进行专门研究。

本书利用 2005 年全国 1% 人口抽样调查数据，概括和分析全国农民工随迁子女的各项特征，以期为农民工随迁子女各方面问题的解决提供基本的人口学依据。

一、资料来源和概念界定

（一）资料来源

本书关于农民工随迁子女最新状况的描述和分析，以 2005 年全国 1% 人口抽样调查的数据为依据，我们从该次调查的原始数据中抽取了一个人数为 2 585 481 人的子样本。如无特别说明，本文以下分析结果及所推算数据，均根据该子样本数据。

（二）概念界定

农民工随迁子女是流动人口中的一部分。要界定农民工及其随迁子女，需要首先界定流动人口。在我国，一般将流动人口理解为户籍不在"本地"但在"本地"已居住相当长时间的人口。但是，这些离开户口登记地异地居住的人实际上包含了至少两类情况差别十分悬殊的人，一类是远离家乡到"外地"经营、就业或学习等的人；另一类则是在一个城市的市区范围内因为搬迁等原因而形成居住地与户口登记地相分离的人。前一类人口在很大程度上与人们在日常生活中所说的流动人口接近，后一类人口则被称为城市内部人户分离人口（简称市内人户分离人口）。

流动人口与市内人户分离人口在年龄结构、教育、婚姻、就业、迁移原因等诸多方面都存在明显的差别（段成荣，孙玉晶，2006）。因此，在进行统计和分析研究时很有必要将流动人口与市内人户分离人口区分开。

综合上述考虑，结合 2005 年全国 1% 人口抽样调查的数据结构，我们可以把流动人口定义为："调查时点居住地"（调查项目 R7）在本调查小区，但"户口登记地情况"（调查项目 R6）为本乡（镇、街道）以外的人口，但不包括这些人口中在一个城市市区范围以内居住地和户口登记地相分离的人口。据此，流动人口界定的主要依据是"户口登记地情况"（R6）。具体地讲，调查项目 R6 共有以下答案选项：（1）本乡（镇、街道）；（2）本县（市、区）其他乡（镇、街道）；(3) 其他县（市、区）。对于选择答案 3 的被调查者，还要进一步填报户口所在的省、市（地）及县（市、区）。根据该项目特点以及前文所述原则，我们将常住人口中 R6 选择答案 1 的人定为人户一致人口，选择答案 2 或答案 3 的人进一步分为流动人口和市内人户分离人口两类。详细分类信息参见图 3-1。

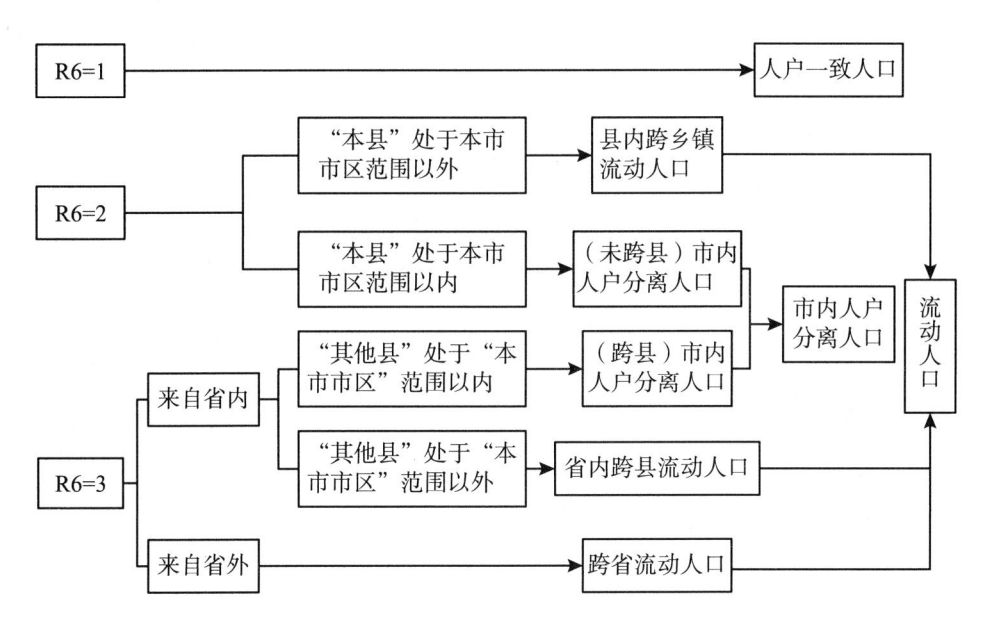

图 3-1 依据 2005 年 1% 人口抽样调查数据划分的人户一致人口、市内人户分离人口和流动人口

相应地，将流动儿童定义为流动人口中 14 周岁及以下的儿童人口。按照户口性质，流动儿童可以分为两部分，一部分是农业户口者，另一部分为非农业户口者。本书将农民工随迁子女定义为"户口性质"（调查项目 R11）是"农业户口"的流动儿童。为了行文方便，我们将流动儿童中户口性质为非农业户口者称为流动儿童中的非农民工子女。

本书将对我国农民工随迁子女的基本状况包括人口学特征、迁移特征和受教育状况等进行全面的描述和分析。

二、农民工随迁子女的人口学特征

（一）农民工随迁子女的规模

根据 2005 年全国 1% 人口抽样调查样本数据，14 周岁及以下流动儿童占全部流动人口的比例为 12.44%。根据这一比例和全国流动人口总量（1.4735亿人）推算，全国14周岁及以下流动儿童规模达到1833万人。

在 0~14 岁的全部流动儿童中，户口类型为农业户口的占 71.7%，据此估计，全国农民工子女数量达到 1314 万人。

（二）农民工随迁子女的性别与年龄结构

从农民工随迁子女的性别结构看，男女各占 53.06% 和 46.94%，男孩明显多于女孩，性别比为 113.02。从他们的性别年龄结构上看（见表 3-1 和图 3-2），各年龄组的男孩数均多于女孩数（各年龄上的性别比均高于100）。各年龄组的农民工随迁子女基本呈均匀分布，大约占全部农民工随迁子女的 6%，0 岁组儿童比例略低，其比例是 4.41%。

6~14 周岁学龄儿童占全部农民工随迁子女的 62.11%。

表 3-1　　全国农民工随迁子女的性别年龄构成（%）

年龄	男	女	男女合计	性别比
0	2.24	2.17	4.41	103.06
1	3.55	3.20	6.75	111.00
2	3.26	2.87	6.13	113.41
3	3.61	2.84	6.45	127.30
4	3.76	3.22	6.98	116.99
5	3.79	3.38	7.17	112.10
学龄前儿童合计	20.21	17.68	37.89	114.33
6	3.38	2.99	6.37	112.86
7	3.66	3.30	6.95	110.81
8	3.66	3.13	6.79	116.69
9	3.78	3.41	7.19	111.02
10	4.37	3.74	8.11	116.77
11	3.50	3.10	6.60	113.21
12	3.66	3.28	6.95	111.43
13	3.31	3.07	6.38	107.74
14	3.53	3.24	6.76	108.96
学龄儿童合计	32.84	29.26	62.11	112.23
合计	53.06	46.94	100.00	113.02

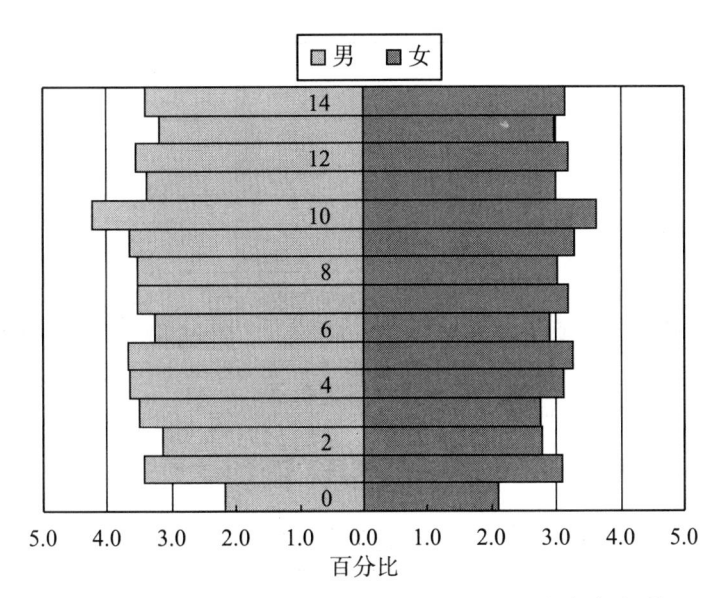

图 3-2 全国农民工随迁子女性别年龄结构金字塔

资料来源：根据 2005 年全国 1% 抽样调查原始数据计算。如无特别说明，本文以下图表同此。

（三）农民工随迁子女的地区分布

广东、浙江、江苏、福建四省的农民工随迁子女占全国总量的 36.8%，数量高达 484 万人。

从图 3-3 中可以看到，农民工随迁子女的分布集中于少数地区。广东省的农民工随迁子女规模最大，占全国总量的 14.81%，人数高达 194.68 万人，远远高于其他省份。浙江省的农民工随迁子女也超过 100 万人，占全国总量的 9.04%，达到 118.86 万人。农民工随迁子女数量较多的省还有江苏和福建省，这两个省的农民工随迁子女数量分别为 88.82 万人和 81.20 万人。四川省和上海市的农民工随迁子女数量也比较多，分别达到 65.14 万人和 50.22 万人。前述 6 个省（市）的农民工随迁子女占全国农民工随迁子女总数的 45.57%。各地区农民工随迁子女的数量详见表 3-2。

表 3-2 数据也反映出，安徽、江西、河南、湖北、湖南等省也同样接收了相当大规模的农民工随迁子女，而这些地区同时也大规模向其他省（市、区）输送流动人口，这几个省的农民工随迁子女数量都在 30 万人以上。这意味着，虽然农民工随迁子女主要流动到东南发达地区，如广东、江苏、浙江等发达省份，但其他许多地区的农民工随迁子女问题，也应受到相应的重视。

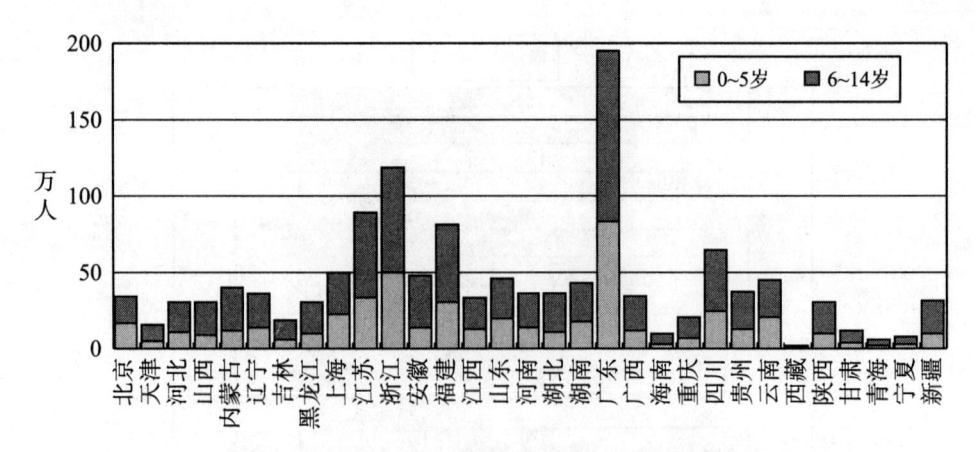

图3-3　各省市、区农民工随迁子女的数量

表3-2　各省市、区农民工随迁子女人数及在全国总量中所占百分比

地区	百分比	人数（万人）	地区	百分比	人数（万人）
北京	2.59	34.04	湖北	2.73	35.85
天津	1.21	15.86	湖南	3.29	43.22
河北	2.32	30.54	广东	14.81	194.68
山西	2.31	30.35	广西	2.61	34.29
内蒙古	3.03	39.85	海南	0.77	10.06
辽宁	2.76	36.29	重庆	1.60	21.05
吉林	1.45	19.05	四川	4.96	65.14
黑龙江	2.28	29.92	贵州	2.84	37.35
上海	3.82	50.22	云南	3.43	45.03
江苏	6.76	88.82	西藏	0.16	2.06
浙江	9.04	118.86	陕西	2.31	30.42
安徽	3.66	48.09	甘肃	0.89	11.68
福建	6.18	81.20	青海	0.47	6.12
江西	2.51	32.98	宁夏	0.62	8.18
山东	3.51	46.09	新疆	2.35	30.92
河南	2.73	35.91	全国	100.00	1 314.13

（四）农民工随迁子女数量在占当地儿童的比重

其中，上海市每四个儿童中就有一个是农民工随迁子女。日常生活中，当提到农民工随迁子女问题时，人们首先想到的是上海和北京等主要城市。从表3-2数据看，上海、北京等城市的农民工随迁子女规模并不特别"突出"。当然，这只是从农民工随迁子女的绝对规模上考察的结果。因为和广东等省相比，上海、北京

的总人口规模毕竟有限，因而其农民工随迁子女绝对规模相对较小也是合理的。

如果我们从农民工随迁子女在各地全部儿童总量中所占的相对份额来看，则北京、上海等城市的农民工随迁子女就十分"突出"了。

从全国总的情况来看，农民工随迁子女在儿童总量中所占比例为4.11%，并不算高。但这个比例在不同地区之间存在着较大差异。在上海市，农民工随迁子女在全体儿童中所占比例高达24.67%，每4个儿童中就有一个是农民工随迁子女。这一比例较高的地区还有北京（17.28%）、浙江（12.58%）、福建（9.90%）和天津（9.54%）等地。

由于农民工随迁子女主要是从农村流动到城市和城镇，因而在流入地的城镇儿童中农民工随迁子女所占比例更高。全国城镇儿童中的农民工随迁子女比例为8.73%，每12个城镇儿童中就有一个是农民工随迁子女。上海、北京、浙江、福建、天津、广东等地城镇儿童中农民工随迁子女所占比例则分别达到24.62%、19.16%、18.99%、18.68%、13.66%和12.83%。

在中西部的内蒙古、贵州、云南、宁夏、青海和新疆等地，农民工随迁子女在当地城镇儿童总量中所占比例也比较高，都接近10%左右。在这些地区，城镇地区的农民工随迁子女问题也应该引起重视（见表3-3）。

表3-3　各省市、区0~14周岁农民工随迁子女占当地儿童总数的比率（%）

地区	农民工随迁子女占当地常住儿童总数	流入城镇的农民工随迁子女占城镇儿童总数	地区	农民工随迁子女占当地常住儿童总数	流入城镇的农民工随迁子女占城镇儿童总数
北京	17.28	19.16	湖北	2.61	5.70
天津	9.54	13.66	湖南	2.95	7.31
河北	2.00	4.45	广东	7.32	12.83
山西	3.39	6.25	广西	2.58	8.07
内蒙古	7.70	11.68	海南	3.95	7.93
辽宁	4.86	6.76	重庆	2.89	6.14
吉林	3.83	5.78	四川	2.82	6.37
黑龙江	4.23	5.92	贵州	2.83	8.91
上海	24.67	24.62	云南	3.23	9.68
江苏	6.10	9.81	西藏	1.81	4.85
浙江	12.58	18.99	陕西	3.32	7.45
安徽	2.44	5.94	甘肃	1.46	4.85
福建	9.90	18.68	青海	3.79	10.25
江西	2.43	5.20	宁夏	4.17	10.52
山东	2.49	4.85	新疆	5.24	9.80
河南	1.43	4.30	全国	4.11	8.73

（五）农民工随迁子女的家庭结构

在农民工随迁子女中独生子女占一半左右，43.17%的农民工随迁子女是独生子女。43.48%的农民工随迁子女有一个兄弟姐妹，两者相加为86.6%。与此同时，10.32%的农民工随迁子女有两个兄弟姐妹，3.03%的农民工随迁子女有三个及以上的兄弟姐妹。

三、农民工随迁子女的迁移特征

（一）农民工随迁子女的流动距离类型

从流动所跨区域来看，农民工随迁子女可以分为跨省流动、省内跨县流动和县内流动三种类型。从表3-4可以看到，在全国农民工随迁子女中，跨省农民工随迁子女占全部农民工随迁子女的38.09%，省内跨县农民工随迁子女占32.11%，县内农民工随迁子女占29.80%，远距离流动的农民工随迁子女多于近距离流动者。

表3-4　全国及各地不同类别农民工随迁子女构成（%）

地区	各类农民工随迁子女所占百分比			总计
	县内跨乡镇	省内跨县	跨省	
北京	1.83	0.55	97.61	100.00
天津	4.33	0.39	95.28	100.00
河北	53.67	14.08	32.24	100.00
山西	53.70	19.14	27.16	100.00
内蒙古	45.84	24.80	29.36	100.00
辽宁	30.64	35.11	34.25	100.00
吉林	35.20	39.47	25.33	100.00
黑龙江	25.89	60.75	13.36	100.00
上海	0.75	2.49	96.76	100.00
江苏	15.19	29.25	55.56	100.00
浙江	26.96	15.82	57.23	100.00
安徽	52.08	40.13	7.79	100.00
福建	30.46	32.38	37.15	100.00
江西	59.85	27.46	12.69	100.00
山东	42.55	36.72	20.73	100.00

续表

地区	各类农民工随迁子女所占百分比			总计
	县内跨乡镇	省内跨县	跨省	
河南	41.11	49.13	9.76	100.00
湖北	27.18	50.52	22.30	100.00
湖南	46.39	46.68	6.94	100.00
广东	14.28	40.17	45.56	100.00
广西	38.32	44.89	16.79	100.00
海南	18.75	34.38	46.88	100.00
重庆	51.34	24.04	24.63	100.00
四川	49.90	38.10	12.00	100.00
贵州	33.72	47.58	18.70	100.00
云南	20.42	42.36	37.22	100.00
西藏	42.42	33.33	24.24	100.00
陕西	43.12	37.99	18.89	100.00
甘肃	35.29	44.92	19.79	100.00
青海	32.65	31.63	35.71	100.00
宁夏	32.06	35.11	32.82	100.00
新疆	11.34	11.94	76.72	100.00
全国	29.80	32.11	38.09	100.00

如果从6~14周岁学龄农民工随迁子女的类别构成来看，则跨省农民工随迁子女的比例相对较低。在全部学龄农民工随迁子女中，跨省农民工随迁子女占34.1%，省内跨县农民工随迁子女占32.8%，县内农民工随迁子女占33.0%。

（二）各地农民工随迁子女的类别构成

北京、天津、上海、新疆、浙江、江苏等地的跨省农民工随迁子女比例较高，而安徽、河南、湖南等地的省内农民工随迁子女比例高达90%以上。

各个地区的农民工随迁子女类别构成明显不同。从各类农民工随迁子女的比例来看，大都市的跨省农民工随迁子女比例比较大，北京、上海、天津的跨省农民工随迁子女所占百分比最高，比例分别为97.61%、96.76%和95.28%。值得一提的是，新疆的跨省农民工随迁子女比例为76.72%，这跟新疆吸收农民工的模式有关。浙江、江苏、广东、海南等地的跨省农民工随迁子女比例也在50%左右，分别为57.23%、55.56%、45.56%和46.88%。

另一些省份的省内农民工随迁子女比例则更高，湖南、安徽、河南的省内农民工随迁子女在当地全部农民工随迁子女中均占90%以上。省内农民工随迁子女比例比较高的还有四川、江西和黑龙江。

在省内农民工随迁子女较多的省份，又可以进一步分为两种情况：一种情况是省内跨县农民工随迁子女明显多于县内农民工随迁子女，这样的省份比较多，包括辽宁、吉林、黑龙江、河南、湖北、广西、云南、贵州、甘肃和宁夏等。

另一种情况是县内农民工随迁子女明显居多的地区，主要包括河北、山西、内蒙古、安徽、江西、山东、重庆、四川和陕西等地。

（三）跨省农民工随迁子女的分布状况

从跨省农民工随迁子女的流入地分布看（见表3-5），远距离的跨省农民工随迁子女主要流动到东部发达地区。广东是接收跨省农民工随迁子女最多的省，占全部跨省农民工随迁子女的17.73%。其次还有浙江省，接受了全国13.59%的跨省农民工随迁子女。另外，江苏、上海、北京等省（市）的跨省农民工随迁子女也比较多，以上五省（市）接收的跨省农民工随迁子女占全国跨省农民工随迁子女总数的57.52%。

表3-5　　跨省农民工随迁子女的来源地和流入地分布（%）

地区	来源地	流入地	地区	来源地	流入地
北京	0.04	6.64	湖北	3.78	1.60
天津	0.01	3.02	湖南	7.03	0.60
河北	2.93	1.97	广东	1.44	17.73
山西	0.74	1.65	广西	3.41	1.15
内蒙古	1.37	2.33	海南	0.15	0.94
辽宁	0.64	2.48	重庆	6.60	1.04
吉林	0.97	0.96	四川	13.40	1.56
黑龙江	2.60	0.80	贵州	5.43	1.40
上海	0.00	9.70	云南	1.37	3.35
江苏	2.63	9.86	西藏	0.02	0.10
浙江	3.46	13.59	陕西	2.00	1.15
安徽	16.08	0.75	甘肃	1.80	0.46
福建	2.93	6.03	青海	0.11	0.44
江西	6.22	0.84	宁夏	0.11	0.54
山东	3.21	1.91	新疆	0.09	4.73
河南	9.44	0.70	全国	100.00	100.00

(四) 跨省农民工随迁子女的来源地状况

安徽、四川、河南、湖南、重庆、江西和贵州七省（市）输送了全国64.2%的跨省农民工随迁子女。

从表3-5可知，跨省农民工随迁子女的来源地十分集中，多来自于人口多、经济欠发达的地区。来自安徽的跨省农民工随迁子女最多，占全部跨省农民工随迁子女的16.08%。其次是四川和河南，全国13.40%和9.44%的跨省农民工随迁子女来自四川、河南。另外，来自湖南、重庆、江西和贵州的跨省农民工随迁子女也比较多。来自这七个省份的跨省农民工随迁子女占全部跨省农民工随迁子女的64.2%。

(五) 农民工随迁子女的流动时间

通常大家认为，农民工随迁子女的主要特点是"流"或者是"动"。他们在流入地的停留是短暂的，会很快结束他们的流动过程并最终返回老家。然而，事实上，许多农民工在有了一定的物质基础之后，往往携带子女或其他家属较长时间留在流入地。

2005年1%人口抽样调查收集了流动人口的"离开户口登记地时间"信息。根据这一信息，可以计算农民工随迁子女在户口登记地以外地区流动的时间。分析发现，在0~1岁的农民工随迁子女中，半数农民工随迁子女的流动时间等于他们的年龄，也就是说，半数年龄较小的儿童，他们生命历程中的时间是在"流动"中度过的。2~4岁的农民工随迁子女中，超过20%的农民工随迁子女的流动时间等于他们的年龄。而在7~14岁的农民工随迁子女中，接近1/3的人的流动时间超过了6年。

农民工随迁子女离开户口所在地在外流动的平均时间为3.52年。各年龄组农民工随迁子女的平均流动时间是随着年龄增长的，其中6~8岁的农民工随迁子女的平均流动时间为3~4年，而9~11岁的农民工随迁子女的平均流动时间达到4~5年，12~14岁的农民工随迁子女的平均流动时间都是5年以上。

上述信息表明，农民工随迁子女在户口登记地以外地区的流动是长期的，并不像人们假设的那样是暂时的。

然而，与流入地的"户籍儿童"不同的是，由于没有当地户口，这些农民工随迁子女的很多权利无法得到充分保障，这对他们身心的健康成长必将产生深远的影响。因此，各地的有关政府部门必须及早做好农民工随迁子女今后长期滞留的物质和思想上的准备，包括为他们提供良好的卫生保健服务和接受教育机会，以保证我国第二代移民的健康成长。

表 3-6　　　　分年龄的农民工随迁子女流动时间
构成%和平均流动时间（年）

年龄	半年以下①	半年至一年②	一年至二年③	二年至三年④	三年至四年⑤	四年至五年⑥	五年至六年⑦	六年以上⑧	合计	平均流动时间*
0	49.35	50.65							100.00	0.50
1		52.25	47.75						100.00	1.11
2	0.16	27.25	45.11	27.48					100.00	1.57
3	0.07	26.53	21.52	29.70	22.18				100.00	2.04
4	0.20	22.79	17.96	15.03	22.45	21.56			100.00	2.57
5	0.33	20.45	18.79	13.15	13.48	17.66	16.14		100.00	2.92
6	0.22	20.52	16.94	13.28	10.60	7.16	14.55	16.72	100.00	3.32
7	0.27	17.90	16.60	13.05	9.02	7.65	6.97	28.55	100.00	3.75
8	0.21	15.69	18.07	14.71	7.98	8.26	6.30	28.78	100.00	3.91
9		17.39	16.47	14.81	10.19	6.75	5.09	29.30	100.00	4.18
10	0.18	17.22	16.81	12.83	10.49	6.27	5.04	31.17	100.00	4.59
11	0.14	15.99	15.78	14.12	8.29	7.20	6.77	31.70	100.00	4.87
12	0.07	15.27	16.71	13.36	8.70	6.23	5.14	34.52	100.00	5.19
13	0.15	16.23	16.83	13.33	9.83	5.21	5.14	33.28	100.00	5.23
14	0.35	19.87	15.73	13.76	8.15	6.53	4.49	31.11	100.00	5.29
总计	2.34	22.96	20.32	14.09	9.72	7.00	5.21	18.36	100.00	3.52

注：*平均流动时间的计算方法如下：

第①至⑦列的组中值分别取 0.25 年、0.75 年、1.5 年、2.5 年、3.5 年、4.5 年、5.5 年。

第⑧列所对应的是"六年以上"组，其组中值比较复杂，流动儿童的流动时间受其年龄的影响。0~5 岁的流动儿童的流动时间不可能为六年以上；6 岁儿童的流动时间若为"六年以上"，则必然是六年；7~14 岁流动儿童的"六年以上"组的组中值参照"中国人民大学 2005 年北京市 1% 流动人口调查"有关数据。该调查获取了流动儿童确切的流动时间数据，对于调查到的流动儿童中流动时间为六年以上的儿童，其分年龄的流动时间均值如下：

年龄	7	8	9	10	11	12	13	14	总计
流动时间均值	7.00	7.82	8.77	9.50	10.35	10.00	11.18	12.13	9.41

因此，组中值依据上表的均值进行修正得到。

最终，表 3-6 中平均流动时间的计算公式为：

平均流动时间 = (①×0.25 + ②×0.75 + ③×1.5 + ④×2.5 + ⑤×3.5 + ⑥×4.5 + ⑦×5.5 + ⑧×Y)/100

Y 为上表中的流动时间均值。

不同类别的农民工随迁子女的流动时间有所差异，省内跨县的农民工随迁子女流动时间最长，平均为 3.92 年，其次是跨省农民工随迁子女，其平均流动时间为 3.34 年，县内跨乡镇的农民工随迁子女的流动时间最短，其平均流动时间为 3.31 年。

表 3－7　分流动类别的农民工随迁子女流动时间构成
百分比和平均流动时间

分类	半年以下	半年至一年	一年至二年	二年至三年	三年至四年	四年至五年	五年至六年	六年以上	合计	平均流动时间
县内跨乡镇	1.93	27.03	20.58	13.50	9.49	6.24	4.28	16.95	100	3.31
省内跨县	2.00	20.09	18.02	13.92	10.14	7.83	5.46	22.54	100	3.92
跨省	2.97	22.19	22.07	14.69	9.54	6.89	5.73	15.93	100	3.34
总计	2.35	22.96	20.33	14.09	9.72	7.00	5.21	18.35	100	3.52

注：平均流动时间的计算方法同表 3－6。

（六）农民工随迁子女的迁移原因

人口迁移理论认为，人们迁移和流动的重要原因之一是为了更好地实现就业和增加经济收入，然而，儿童尚缺乏自立能力，他们的流动迁移应该属于"随迁"或"投靠"。在 0～14 岁农民工随迁子女中，59.44% 是"随迁家属"，21.97% 的迁移原因是"投亲靠友"，二者合计占 81.41%，可见，农民工随迁子女大多能得到亲友的照顾；另有 2.29% 和 7.57% 的农民工随迁子女分别因"拆迁搬家"和"学习培训"而到流入地。

不同类型的农民工随迁子女的流动原因有所差异。县内跨乡镇农民工随迁子女中有 14.28% 的流动原因是"学习培训"，这远远大于其他类型的农民工随迁子女。而跨省农民工随迁子女中因"随迁家属"和"投亲靠友"的比例比较大。

表 3－8　农民工随迁子女的流动原因构成（%）

流动原因	不同类型农民工随迁子女的流动原因所占百分比			全部农民工随迁子女
	县内跨乡镇	省内跨县	跨省	
学习培训	14.28	5.84	3.78	7.57
拆迁搬家	4.36	2.07	0.85	2.29
随迁家属	52.13	61.41	63.49	59.44
投亲靠友	17.42	22.13	25.40	21.97
寄挂户口	2.06	1.39	0.67	1.32
其他	9.75	7.16	5.80	7.42
总计	100.00	100.00	100.00	100.00

四、农民工随迁子女的受教育状况

根据我国义务教育法规，适龄儿童接受相应的学校教育是儿童的基本权利，同时保证适龄儿童接受相应的学校教育也是家庭、学校乃至全社会的责任和义务。依据2005年1%人口抽样调查数据，在全部农民工随迁子女中，6~14周岁义务教育适龄儿童占62.11%。据此估计，全国适龄农民工随迁子女人数为816.13万人。

根据《义务教育法》儿童6周岁入学的规定，我们将6~14周岁的适龄儿童又分为6~11周岁小学适龄儿童和12~14周岁初中适龄儿童。全国农民工随迁子女中共有552.08万6~11周岁小学适龄儿童和264.05万12~14周岁初中适龄儿童。这两组儿童在各省的分布如表3-9所示。

表3-9　分省6~11岁和12~14岁的农民工随迁子女人数（万人）

地区	6~11岁	12~14岁	6~14岁
北京	13.19	4.25	17.44
天津	6.87	3.81	10.68
河北	11.55	7.93	19.48
山西	14.21	6.98	21.19
内蒙古	17.77	10.29	28.05
辽宁	14.00	8.90	22.90
吉林	8.03	5.14	13.18
黑龙江	12.75	7.53	20.28
上海	20.30	7.06	27.36
江苏	35.83	19.20	55.03
浙江	49.20	19.92	69.12
安徽	22.03	12.17	34.20
福建	33.99	17.02	51.01
江西	13.84	6.36	20.20
山东	18.90	7.95	26.84
河南	13.85	8.56	22.41
湖北	14.55	10.43	24.98
湖南	17.09	8.85	25.94
广东	79.29	31.74	111.04
广西	15.17	7.34	22.51
海南	4.66	2.14	6.80
重庆	9.63	4.75	14.39

续表

地区	6~11 岁	12~14 岁	6~14 岁
四川	29.44	10.85	40.29
贵州	17.49	7.47	24.96
云南	18.37	5.98	24.35
西藏	0.84	0.72	1.56
陕西	13.54	7.52	21.06
甘肃	5.10	2.90	8.00
青海	3.05	1.43	4.49
宁夏	3.38	2.27	5.65
新疆	14.17	6.58	20.75
全国	552.08	264.05	816.13

那么，这些农民工随迁子女的受教育状况如何呢？

（一）农民工随迁子女的及时入学状况

这一比例比流动儿童中的非农民工随迁子女对应比例高1.5个百分点。2005年1%人口抽样调查数据除了提供了学龄儿童"未上学"和"辍学"的信息外，还可以提供以下两个信息：在适龄儿童中仅小学毕业但目前已终止学业者所占比例，和仅小学肄业但目前已终止学业者所占比例，后两者也是未能按规定接受义务教育的情况。我们将上述4种情况合在一起，称为未按要求完成义务教育的情况。2005年，在适龄农民工随迁子女中，仅小学毕业但目前已终止学业者占1.15%，仅小学肄业但目前已终止学业者占0.11%，未上过学的占2.76%，辍学的占0.57%，四项共计4.59%。也就是说，目前，全国适龄农民工随迁子女中未按要求接受义务教育的比例为4.59%，情况不太乐观。

在全部流动儿童中，农民工随迁子女和非农民工随迁子女是两个差异很大的群体，农民工随迁子女会面临更多的生存难题。从表3-10可以看出，这两个群体的就学情况存在较大差异。非农民工随迁子女的"未上学"、"辍学"、"仅小学毕业"、"仅小学肄业"的比例都比农民工子女低，非农民工随迁子女的"未按规定接受义务教育"的比例为3.03%，比农民工随迁子女低1.5个百分点。

当我们考察年龄稍大的农民工随迁子女时，可以更深刻地感受到农民工随迁子女义务教育问题的严重程度。根据2005年1%人口抽样调查数据，在15~17岁农民工随迁子女中，未上过学者占0.5%，辍学者占3.2%，仅小学毕业就终止学业者占5.8%，仅小学毕业就终止学业者占0.3%。上述各项合计比例达到9.8%。也就是说，在刚刚超过义务教育年龄段的15~17岁农民工随迁子女中，有9.8%的人没有能够按规定完成义务教育①。

表3-10　　6~14周岁流动儿童的就学状况构成（%）

就学状况	农民工随迁子女	流动儿童中的非农民工随迁子女
未上学	2.76	1.95
在校	94.69	96.29
初中毕业	0.57	0.56
初中肄业	0.08	0.04
辍学	0.57	0.19
仅小学毕业	1.15	0.83
仅小学肄业	0.11	0.06
其他	0.07	0.08
合计	100.00	100.00
未按规定接受义务教育	4.59	3.03

（二）各地区不同学段农民工随迁子女净入学率

下面用常见的教育评价指标来看农民工随迁子女的学校教育问题，这两个指标是小学适龄儿童净入学率和初中毛入学率。全国农民工随迁子女的小学适龄儿童净入学率为95.29%，初中毛入学率93.66%。分地区来看，各地农民工随迁子女的小学入学情况都比较好，但一些省份农民工随迁子女的初中入学率偏低。各省农民工随迁子女的小学适龄儿童净入学率均在90%以上，最高为北京，达到98.58%，安徽、河北、贵州、湖北、广东、河南和青海的这一比例也都在97%以上（见表3-11）。而各省农民工随迁子女的初中毛入学率差异很大，其中最高的是山东（127.60），最低的是西藏自治区（42.39）。

表3-11　　分地区农民工随迁子女的小学适龄儿童
净入学率和初中毛入学率（%）

地区	小学净入学率	初中毛入学率
北京	98.58	80.98
天津	93.69	97.24
河北	93.55	98.89
山西	96.49	111.65
内蒙古	93.66	97.61

---

① 当然，在这些人中，有的人是在停止学业之后才离开户口登记地而外出流动的。他们的教育问题并不必然是由流动造成的。

续表

地区	小学净入学率	初中毛入学率
辽宁	96.88	84.11
吉林	92.13	97.77
黑龙江	96.57	104.72
上海	95.69	100.57
江苏	96.86	88.13
浙江	93.77	70.92
安徽	97.73	110.83
福建	94.49	79.58
江西	97.74	89.04
山东	93.40	127.60
河南	98.20	89.72
湖北	96.14	112.27
湖南	97.44	117.65
广东	94.33	86.44
广西	95.47	108.47
海南	97.30	109.89
重庆	96.75	87.98
四川	93.86	91.08
贵州	95.36	95.46
云南	93.56	80.87
西藏	91.67	42.39
陕西	98.16	112.67
甘肃	96.39	99.41
青海	91.67	58.74
宁夏	98.11	80.98
新疆	92.95	79.63
全国	95.29	93.66

(三) 不同类型农民工随迁子女的受教育状况

表3-12显示，不同类型农民工随迁子女的受教育状况不一样，这可能意味着不同类型农民工随迁子女的受教育机会不同。跨省农民工随迁子女接受义务教育的情况比较差，其未按规定接收义务教育者所占比例为5.81%，明显高于县内跨乡镇农民工随迁子女和省内跨县农民工随迁子女的对应比例（分别为3.29%和4.66%）。

表3-12　不同类型农民工随迁子女的受教育状况构成（%）

就学状况	县内跨乡镇	省内跨县	跨省
未上过学	2.11	2.82	3.34
在校	96.11	94.69	93.27
初中毕业	0.42	0.47	0.83
初中肄业	0.05	0.12	0.09
辍学	0.39	0.44	0.90
仅小学毕业	0.79	1.17	1.48
仅小学肄业	0.00	0.23	0.09
其他	0.14	0.07	0.00
合计	100.00	100.00	100.00
未按规定接受义务教育	3.29	4.66	5.81

（四）不同年龄农民工随迁子女面临的义务教育问题

从整个6~14岁来看，6周岁儿童未按规定接受义务教育的比例最高，为19.31%，7周岁的这一比例下降到3.28%；在8~12周岁年龄段，在校比例都很高，未按规定接受义务教育者所占比例都很低，在1.5%~2.5%左右；未按规定接受义务教育者所占比例在13岁组上升到3.58%，14岁组达到7.38%。

农民工随迁子女的义务教育问题是多方面的，包括不能按时上学、辍学、仅小学毕业终止学业等，不同年龄农民工随迁子女面临的义务教育问题是不同的。从表3-13可知，各年龄未按规定接受义务教育的比例差异相当大，6岁和14岁农民工随迁子女的未按规定接受义务教育的比例分别为19.31%和7.38%。但其严重程度却不一定以比例高低而定。6岁农民工随迁子女的义务教育问题是未及时上学，这一问题到7岁就迅速得到缓解了，未上学的比例从19.09%降到2.67%。而14岁农民工随迁子女的义务教育问题是仅小学毕业终止学业和辍学，仅小学毕业终止学业的比例从12岁的1.23%上升到14岁的3.73%，辍学的比例从12岁的0.55%上升到14岁的3.02%。

将农民工随迁子女分为6~11岁（小学适龄儿童）和12~14岁（初中适龄儿童）来看。6~11岁的农民工随迁子女中，未按规定接受义务教育的比例为4.64%（见表3-13），主要原因是未及时上学。而在12~14岁的农民工随迁子女中，未按规定接受义务教育的比例为4.56%，但主要原因转变为辍学或仅小学毕业就终止学业。相比起来，较高年龄组农民工随迁子女面临的是不能完成义务教育的问题，显得更加紧迫。

表 3-13　　分年龄农民工随迁子女受教育状况构成（%）

年龄	未上学	在校	初中毕业	初中肄业	辍学	仅小学毕业	仅小学肄业	其他	总计	未按规定接受义务教育
6	19.09	80.69				0.22			100	19.31
7	2.67	96.72			0.07	0.41	0.14		100	3.28
8	0.91	98.11	0.07		0.00	0.84		0.07	100	1.75
9	0.59	98.68			0.40	0.26	0.07	0.00	100	1.32
10	0.65	98.18			0.18	0.88	0.06	0.06	100	1.76
11	0.87	97.84	0.22		0.14	0.79	0.07	0.07	100	1.87
12	0.41	96.85	0.41		0.55	1.23	0.27	0.27	100	2.46
13	0.67	95.38	0.97	0.07	0.82	2.01	0.07		100	3.58
14	0.42	88.19	3.66	0.70	3.02	3.73	0.21		100	7.38
6~11	3.85	95.29	0.05	0.00	0.15	0.58	0.06	0.03	100	4.64
12~14	0.52	93.42	1.68	0.21	1.51	2.34	0.19	0.12	100	4.56

（五）农民工随迁子女教育问题的归因

从上文可知，农民工随迁子女接受义务教育的状况不甚乐观，但其原因可能是"流动"，也可能是城乡差距在流入地的反映，不能直接将农民工随迁子女在教育上面临的问题都归因于"流动"，而应作具体分析。

首先，考察"流动"对儿童接受义务教育带来的影响，即比较农业户口儿童中的流动儿童与非流动儿童的义务教育接受情况。

农业户口的儿童包括流动儿童和非流动儿童，农业户口的流动儿童即农民工随迁子女。可以发现，6 周岁农民工随迁子女的未按规定接受义务教育者所占比例（19.31%）高于农业户口的非流动儿童（17.87%），在 7~13 周岁年龄段，农民工随迁子女与农业户口的非流动儿童的受教育状况十分相近，两组儿童的"分年龄未按规定接受义务教育者所占比例"曲线几乎重合（见图 3-4）。农民工随迁子女与农业户口的非流动儿童在接受义务教育状况上的差异，主要表现在 14 周岁儿童身上。农民工随迁子女的未按规定接受义务教育者所占比例比农业户口的非流动儿童高出近 2.5 个百分点。

若比较非农业户口儿童中的流动儿童和非流动儿童的义务教育接受情况，其差异状况和农业户口儿童十分接近。以上信息告诉我们，当前，我国儿童接受义务教育所面临的主要问题是能否按规定完整地完成九年制义务教育的问题，在这一问题上，流动儿童比非流动儿童更严重。

其次，考察流动儿童接受义务教育情况的"城乡差距"，即比较流动儿童中的农业户口儿童（农民工随迁子女）和非农业户口儿童的接受义务教育情况。

流动儿童包括农业户口的流动儿童（农民工随迁子女）和非农业户口的流动儿童。从图3-4可知，流动儿童中，农业户口儿童的受教育状况几乎在各个年龄组都差于非农业户口儿童。在6周岁的流动儿童中，农业户口儿童的未按规定接受义务教育比例比非农业户口儿童的这一比例大6个百分点，而在13～14周岁的流动儿童中，农业户口和非农业户口儿童的未按规定接受义务教育比例相差7个百分点。以上可知，农民工随迁子女的接受义务教育情况比非农业户口流动儿童差很多。流动儿童接受义务教育状况的"城乡差距"表现显著。

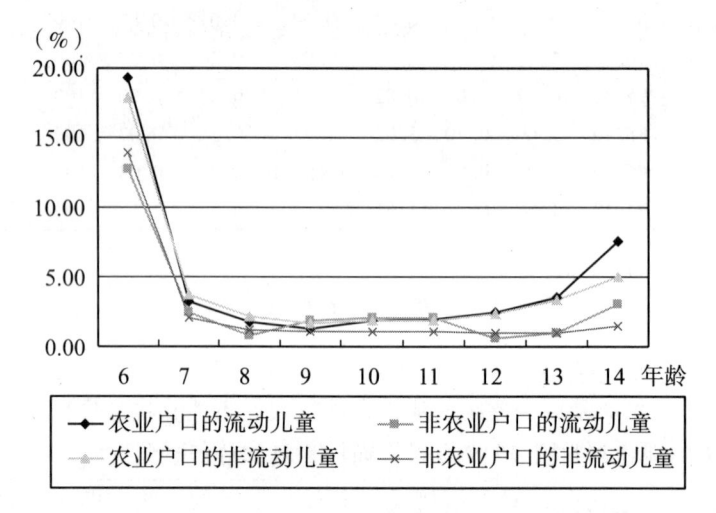

图3-4　分年龄流动儿童与非流动儿童未按规定接受义务教育者的比例

若比较非流动儿童中农业户口和非农业户口儿童的接受义务教育状况，也可发现其差异状况和流动儿童十分相似。

这四类儿童的比较可知，农村儿童（户口性质为农业户口者）不论流动与否都有其独立的受教育模式，城镇儿童（非农业户口者）不论流动与否也有其独立的受教育模式。农村与城镇之间存在明显的差异，总起来讲，农村儿童未按规定接受义务教育的比例在各个年龄组都基本高于城镇儿童（但9、10、11三个年龄组例外。在这三个组，非农业户口流动儿童的曲线比农业户口儿童的曲线更高）。

与此同时，不论在农村内部，还是在城镇内部，流动儿童与非流动儿童之间的差别，也基本符合图3-4所示的差异模式，即流动儿童与非流动儿童的受教育状况在13岁以前大致相同（城镇9、10、11三个年龄组除外），但在14岁组存在较大差异。

如果我们对14岁组农业户口流动儿童未按规定接受义务教育者所占比例（7.51%）与非农业户口非流动儿童的对应比例（1.44%）之间的差异

(6.07%) 进行分解的话，该差异由如下三个部分组成：（1）农村儿童内部流动与非流动的差异，占全部差异的 42%；（2）城镇内部流动儿童与非流动儿童之间的差异，占全部差异的 27%；（3）农村儿童与城镇儿童之间的差异，占全部差异的 31%。换句话说，流动与非流动的差异（69%）大于城乡之间的差异（31%）。

（六）各地区农民工随迁子女就学的差异

各地区农民工随迁子女接受义务教育的情况差异较大。从表 3-14 可以看到，6~14 周岁农民工随迁子女中未按规定接受义务教育者所占比例，在各地区之间有较大差异，从最低的 1.48% 到最高的 16.00%，相差 14 个百分点。

从上文可知，北京、上海、广东等省（市）是农民工随迁子女聚集的地区，因此，人们常常会认为这些地区是农民工随迁子女问题比较突出的地区。但实际上，从表 3-14 可以看到，北京、上海等城市农民工随迁子女未按规定接受义务教育者的比例并不高。相反，西藏、新疆、青海、云南、内蒙古、吉林、浙江、四川等地的这一比例则明显更高。尽管这些地区的农民工随迁子女没有北京、上海等大城市"显眼"，这些数据表明，对这些地区的农民工随迁子女义务教育问题，也需要给予更多的关注。

表 3-14　分省 6~14 岁农民工随迁子女受教育状况构成（%）

地区	未上学	在校	初中毕业	初中肄业	辍学	仅小学毕业	仅小学肄业	其他	总计	未按规定接受义务教育
北京	1.08	96.77	0.36		0.36	1.43			100	2.87
天津	2.92	93.57	1.17		0.58	1.75	0.00	0.00	100	5.26
河北	3.19	95.53			0.64	0.64			100	4.47
山西	1.47	95.31	0.88	0.29	0.59	1.47			100	3.52
内蒙古	3.79	94.21	0.22		0.67	1.11			100	5.57
辽宁	2.17	95.11	0.82		1.09	0.82			100	4.08
吉林	3.79	91.00	0.95		0.95	3.32			100	8.06
黑龙江	2.45	92.33	1.23	0.31	1.23	1.23		1.23		4.91
上海	3.20	94.75	0.68	0.00	0.23	1.14			100	4.57
江苏	1.36	95.35	1.36		0.79	1.14			100	3.29
浙江	4.34	93.03	0.63	0.09	1.09	0.63	0.09	0.09	100	6.15
安徽	0.91	97.81			0.36	0.91			100	2.19
福建	3.06	94.12	0.12		1.10	1.59			100	5.76
江西	0.93	97.53	0.93		0.31	0.31			100	1.54
山东	3.95	93.49	1.16			1.40			100	5.35
河南	0.56	97.21	0.56			0.56	1.11		100	2.23

续表

地区	未上学	在校	初中毕业	初中肄业	辍学	仅小学毕业	仅小学肄业	其他	总计	未按规定接受义务教育
湖北	1.00	93.73	1.25	0.25	0.50	2.51	0.25	0.50	100	4.26
湖南	1.20	97.59	0.72			0.24	0.24		100	1.69
广东	3.55	94.09	0.56	0.11	0.39	1.13	0.11	0.06	100	5.18
广西	2.78	95.83				1.39			100	4.17
海南	0.92	97.25				1.83			100	2.75
重庆	2.16	96.10	0.87		0.87				100	3.03
四川	4.64	92.88	0.31	0.46	0.31	1.08	0.31		100	6.35
贵州	3.01	95.99			0.50	0.25	0.25		100	4.01
云南	3.85	92.05	0.51		1.54	2.05			100	7.44
西藏	12.00	84.00	0.00			4.00			100	16.00
陕西	0.30	98.22	0.30		0.30	0.89			100	1.48
甘肃	1.55	94.57	1.55		0.78	0.78		0.78	100	3.10
青海	5.56	91.67			0.00	2.78			100	8.33
宁夏	1.11	97.78			1.11	0.00			100	2.22
新疆	4.52	92.47	0.30		0.60	1.81	0.30		100	7.23
全国	2.76	94.68	0.59	0.07	0.59	1.14	0.10	0.07	100	4.59

五、结论与对策建议

(一) 主要研究结论

1. 全国14周岁及以下流动儿童规模达到1 833万人。其中，农业户口的流动儿童占71.7%，全国农民工随迁子女数量达到1 314万人。

2. 农民工随迁子女年龄分布均匀，男女各占51.31%和45.40%，性别比为113.02。6~14周岁义务教育适龄儿童占60.06%，数量为789.2万人。

3. 农民工随迁子女地区分布高度集中，广东、浙江、江苏、福建四省的农民工随迁子女总和占36.8%，数量高达484万人。上海、北京、浙江、福建和天津等地区的农民工随迁子女在当地儿童总量中所占比例很大，其中，上海市每四个儿童中就有一个是农民工随迁子女。

4. 远距离流动的农民工随迁子女多于近距离流动者。各省（市）农民工随迁子女的类别构成差异巨大。北京、天津、上海、新疆、浙江等地的跨省农民工随迁子女比例较高，而安徽、河南、湖南等地的省内农民工随迁子女比例高达90%以上。

5. 农民工随迁子女的来源地分布和流入地分布都很集中。就流入地来讲，广东、浙江、江苏、上海、北京五省（市）接收了全国57.52%的跨省农民工随迁子女。就来源地来讲，安徽、四川、河南、湖南、重庆、江西和贵州七省（市）输送了一半以上的跨省农民工随迁子女。

6. 农民工随迁子女并非"短期滞留"，多属长期流动，农民工随迁子女离开户口所在地在外流动的平均时间为3.52年。而在7～14岁的农民工随迁子女中，接近1/3的人的流动时间超过了6年。

7. 农民工随迁子女未按要求入学接受义务教育的比例为4.59%，义务教育状况不甚乐观。

8. 不同类型农民工随迁子女的受教育状况不同，跨省农民工随迁子女的未按规定接受义务教育的比例最高。不同年龄的农民工随迁子女面临的义务教育问题不同，较高年龄组农民工随迁子女如何能够完成义务教育的问题更加紧迫。

9. 农民工随迁子女的义务教育问题，既有"流动"所带来的问题，也有农村儿童义务教育所面临的问题。

10. 各地区农民工随迁子女就学状况差异较大，中西部部分省份农民工随迁子女的未按规定接受义务教育者的比例也比较高，需要给予更多的关注。

（二）对策建议

针对农民工随迁子女少年的现状，特别是他们在接受义务教育过程中面临的问题，本报告提出对策建议如下：

1. 农民工随迁子女规模高达1 300万人，他们是一个巨大且需要特殊关注的社会群体。因此，全社会要提高对农民工随迁子女问题的认识和重视程度，要关心支持农民工随迁子女生存和发展，要发动各种社会力量，为农民工随迁子女提供各种帮助。

2. 农民工随迁子女的分布比较集中，主要集中在经济发达地区，进而使这个问题更加复杂和艰巨。因此，这些地区要强化政府领导，要在认真地贯彻和执行中央政府所制定的法律、法规的同时，结合本地区的特点制定出切合实际需求的方针政策，解决农民工随迁子女的教育、卫生保健等方面的问题。

3. 农民工随迁子女大多是"长期居住"而非"短期滞留"，各级政府要立足长远看待流动人口以及农民工随迁子女问题。在政策的制定和流动人口的管理上，要高瞻远瞩。要在流动人口集中的地方，增设办事机构，发挥乡镇、街道、社区在流动人口管理中的作用，健全农民工随迁子女登记制度和管理规定，制定解决农民工随迁子女教育、卫生保健的具体实施办法。

4. 值得指出的是，虽然农民工随迁子女主要流动到发达地区，如广东、江苏、浙江等发达省份，但在四川、安徽、江西、河南、湖北、湖南等大规模向其他省（市）输送流动人口的地区，也同样接收了相当大规模的农民工随迁子女，这几个省的农民工随迁子女数量都在30万人以上。对这些地区的农民工随迁子女问题，也应该给予相应的重视。与此同时，在中西部的湖南、广西、贵州、云南、宁夏、青海和新疆等地，农民工随迁子女在当地城镇儿童总量中所占比例也比较高，都超过10%。在这些地区，城镇地区的农民工随迁子女问题也应该引起重视。

5. 各地农民工随迁子女类别构成差异巨大。北京、天津、上海、新疆、浙江等地的农民工随迁子女以跨省农民工随迁子女为主体；而安徽、江西等地则以省内农民工随迁子女为主体。为了更好地调动各方面力量在解决农民工随迁子女问题过程中的积极性，各级政府应该分别着重解决不同类别农民工随迁子女的有关问题。我们建议，中央政府更多地承担起解决跨省农民工随迁子女的教育等问题的职责；省级政府更主要地承担解决省内跨县农民工随迁子女相关问题的职责；县级政府承担解决县内农民工随迁子女相关问题的职责。各级政府在分配相关资源时，也要以实际的农民工随迁子女分布数据为依据。

6. 在部分中西部地区，尽管农民工随迁子女问题并不"显眼"，但这些地区的农民工随迁子女在义务教育方面面临的问题也不容忽视，应给予更多的关注。

第四章

12城市农民工随迁子女教育状况调查

党的"十七大"报告指出：教育是民族振兴的基石，教育公平是社会公平的重要基础。面对农民工大规模流入城市，保障其子女平等接受义务教育成为实现教育公平的重要组成部分，也是实现社会公平的重要保障。目前，国家"两为主"政策已在各地得到深入贯彻，新修订的《义务教育法》也为保障农民工子女在流入地接受教育作了明确的规定。在这一大背景下，农民工随迁子女是否能"进得来、留得住、学得好"，正成为政府和社会各界日益关注的问题。为此，调研组在12城市开展大规模典型调研，对农民工子女义务教育状况进行了较为全面、深入的研究。

一、调研城市与时间

（一）样本描述

1. 调研城市

本次将所调研的城市划分为以下三类：

A类城市（义务教育段农民工随迁子女人数30万人以上），包括北京、上海、广州；

B类城市（义务教育段农民工随迁子女人数10万~30万人），包括杭州、无锡、成都；

C类城市（义务教育段农民工随迁子女人数10万人以下），包括郑州、顺德、义乌、沈阳、石家庄、乌鲁木齐。

2. 调研时间

2007 年 9～10 月。

(二) 样本状况

1. 学校数量

本次共调研 66 所中小学。其中公办学校 39 所 (小学 22 所、初中 17 所)，获准打工子弟学校 20 所 (小学 13 所、初中 7 所)，未获准打工子弟学校 7 所① (小学 6 所、初中 1 所)。

2. 样本量

(1) 学生基本情况问卷：发放问卷 5 806 份，回收率为 100%。有效样本 5 682 份，有效率为 97.9%。其中，有效样本中农民工随迁子女学生有 4 242 名，比例为 74.7%。

(2) 学生心理问卷：发放问卷 5 806 份，回收率为 100%。有效样本 5 709 份，有效率为 98.3%。其中，有效样本中农民工随迁子女学生有 4 275 名，比例为 74.9%。

(3) 家长问卷：发放问卷 5 806 份，回收率为 89.6%。有效样本 5 221 份，有效率为 97.9%。其中，有效样本中农民工随迁子女家长有 3 845 名，比例为 74.1%。

(4) 教师问卷：发放问卷 2 477 份，回收率为 100%。有效样本 2 382 份，有效率为 96.2%。其中，有效样本中打工子弟学校教师有 801 名，比例为 33.6%。

(5) 学校问卷：发放问卷 83 份，回收问卷 82 份，回收率为 98.8%。

(6) 访谈数量：84 名学校负责人、132 名学生和 12 城市政府主管领导和教育主管部门领导接受了访谈。

二、12 城市农民工随迁子女的教育现状

(一) 农民工随迁子女的规模与结构

1. 12 城市农民工随迁子女数量庞大，基本占当地义务教育阶段学生比例的 20% 以上

北京、上海和广州义务教育段农民工随迁子女总数接近 40 万人；成都、杭州、无锡、郑州和石家庄农民工随迁子女的数量已超过 10 万人 (见表 4-2)。

---

① 未获准打工子弟学校数量少的原因是中小城市基本上都没有该类学校。

2007 年 11 城市义务教育段农民工随迁子女占当地义务段学生总数的比例由高到低依次为：义乌（52.0%）、石家庄（45.6%）、北京（35.9%）、乌鲁木齐（32.7%）、成都（31.6%）、广州（31.1%）、无锡（29.0%）、顺德（23.2%）、杭州（20.4%）、郑州（14.7%）、沈阳（6.14%）。2006 年统计，上海市该比例为 29.69%（见表 4－1）。

表 4－1　　　　11 城市 2007 年已有义务教育段农民工随迁子女数占总学生数的比例（%）

北京	广州	成都	杭州	无锡	郑州	沈阳	义乌	顺德	石家庄	乌鲁木齐
35.9	31.1	31.6	20.4	29.0	14.7	6.14	52.0	23.2	45.6	32.7

2. 农民工随迁子女在中等规模城市递增态势明显

2007 年增长速度最快的 6 城市依次为：石家庄（79.69%）、郑州（39.80%）、义乌（22.98%）、杭州（18.10%）、成都（13.72%）、沈阳（13.16%），主要集中在 B 类、C 类中等规模城市。而 A 类城市农民工随迁子女数的增长速度相对缓慢，北京还出现了负增长。

表 4－2　　　12 城市 2005～2007 年已有义务教育段农民工随迁子女数

城市	2005 年	2006 年	2007 年	2006 年增长率（%）	2007 年增长率（%）
北京	—	400 372	397 493	—	－0.72
上海	381 757	385 703	—	1.03	
广州	320 000	381 500	400 000	19.2	4.85
成都	81 800	102 886	117 000	25.8	13.72
杭州	99 500	120 000	141 714	20.60	18.10
无锡	—	140 000	143 618		2.58
郑州	74 232	82 600	115 474	11.27	39.80
沈阳	—	38 000	43 000		13.16
义乌	21 982	28 000	34 434	27.38	22.98
顺德	32 852	46 327	51 604	40.02	11.39
石家庄	58 000	59 601	107 100	2.76	79.69
乌鲁木齐	61 530	67 797	74 263	10.19	9.54

注：1. 原始数据均来自于 12 城市教育行政部门提供的数据，"—"表示数据尚在回收或统计之中；2. 其中上海与广州的数据为流动人口数据。

3. 除石家庄和沈阳，其他城市均存在打工子弟学校，且北京、上海数量庞大，未获准打工子弟学校最多

农民工随迁子女数量的递增，伴随而来的是当地各类打工子弟学校的快速发展。调查发现，在 12 城市中，只有石家庄和沈阳两个城市不存在打工子弟学校，当地的农民工随迁子女完全由公办学校接收。获准打工子弟学校和未获准打工子弟学校同时存在的城市有北京、上海、成都、无锡和义乌。其中，上海和北京未获准打工子弟学校最多。郑州的打工子弟学校全部属于非法办学；而在广州、杭州、顺德、乌鲁木齐 4 城市不存在未获准打工子弟学校，打工子弟学校全部都已审批。

表 4-3　　　　　　　12 城市义务教育段打工子弟学校数

城市	获准打工子弟学校	未获准打工子弟学校	城市	获准打工子弟学校	未获准打工子弟学校
北京	63	205	郑州	0	14
上海	7	270	沈阳	0	0
广州	293	0	义乌	15	8
成都	31	11	顺德	3	0
杭州	40	0	石家庄	0	0
无锡	20	4	乌鲁木齐	36	0

注：数据来源同表 4-2。

4. 12 城市农民工随迁子女主要集中在小学阶段

在有数据统计的 10 城市中，小学阶段农民工随迁子女在校生数都远远高于初中阶段在校生数。

表 4-4　　　　　　　12 城市义务教育各学段农民工随迁子女数

城市	小学	初中	城市	小学	初中
北京	33 1848	68 524	郑州	83 752	31 722
上海	290 914	85 830	沈阳	—	—
广州	319 631	61 869	义乌	30 400	4 034
成都	—	—	顺德	45 213	6 391
杭州	113 577	28 137	石家庄	68 100	39 000
无锡	115 000	28 000	乌鲁木齐	55 518	18 745

注：数据来源同表 4-2。

5. 除广州和义乌，其他城市公办学校接收农民工随迁子女的比例均超过 50%

除广州、义乌市外，其他 10 城市公办学校接收农民工随迁子女的比例均超过 50%，其中，郑州、无锡、顺德市的比例达 80% 以上，而沈阳、石家庄市的比例达到 100%，有效落实了"以公办学校接收为主"的政策。

表 4-5 12 城市公办学校接受义务教育段农民工随迁子女总数和比例

城市	人数	比例（%）	城市	人数	比例（%）
北京	250 118	63.0	郑州	97 379	84.3
上海	207 814	53.88	沈阳	43 000	100
广州	109 200	28.0	义乌	13 008	37.78
成都	59 904	58.2	顺德	47 050	91.2
杭州	96 869	68.4	石家庄	107 100	100
无锡	129 256	90.0	乌鲁木齐	71 239	86.28

注：数据来源同表 4-2。

6. 在北京、上海、广州等流入地出生的农民工随迁子女的比例达 21.6%

在被调查的 12 城市中，北京、上海、广州等 A 类城市在本地出生的农民工随迁子女比例高于 B 类城市和 C 类城市，达 21.6%，见图 4-1。

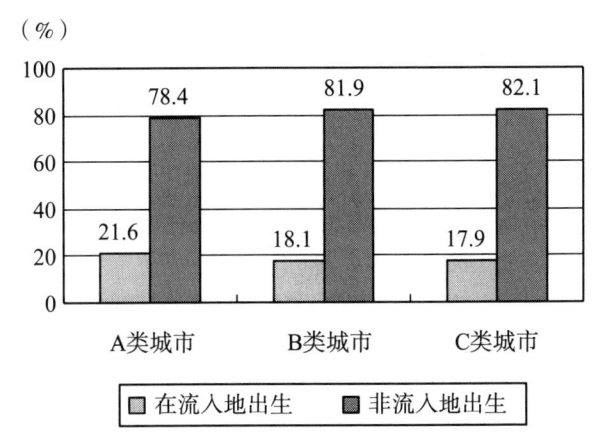

图 4-1 三类城市农民工随迁子女是否在流入地出生的情况

（二）农民工随迁子女的教育政策与管理现状

1. 中央提出的"两为主"政策得到了较好的贯彻和落实

根据中央提出的"两为主"政策精神，各地均结合实际，出台了一系列与农民工随迁子女教育工作相关的政策。其中，除广州、顺德、石家庄外，其他 9 城市还专门制定了农民工随迁子女教育政策，均提出在农民工随迁子女的教育教学和管理上实行"一视同仁"原则，并对有学习困难和家庭经济困难的农民工随迁子女给予特殊的帮助。具体的政策文本名称，见表 4-6。

表 4-6　12 城市农民工随迁子女教育政策文本名称

城市	出台时间	文件名称
北京	2004 年	《北京市关于进一步做好进城务工就业农民子女义务教育工作的意见》
上海	2004 年	《上海市关于切实做好进城务工就业农民子女义务教育工作的意见》
广州	—	没有专门出台政策文件，具体工作参照《广东省人民政府办公厅转发、国务院办公厅转发教育部等部门关于进一步做好进城务工就业农民子女义务教育工作意见的通知》（2004 年）的规定执行
无锡	2004 年	《关于无锡市区进城务工就业流动人口子女接受义务教育的若干意见》及《补充意见》
杭州	2004 年	《杭州市外来务工人员子女在杭就学的暂行管理办法（试行）》
成都	2004 年	《成都市关于成都市进城务工就业农民子女接受义务教育实施意见（试行）》
郑州	2003 年	《郑州市关于进一步做好进城务工就业农民子女义务教育工作的意见》
乌鲁木齐	2006 年	《乌鲁木齐市关于进一步做好进城务工就业农民工随迁子女接受义务教育工作的实施意见》
石家庄	—	没有专门出台政策文件，具体工作参照《河北省人民政府贯彻国务院关于进一步加强农村教育工作的决定的实施意见》（2003 年）、《河北省人民政府办公厅关于做好农民工进城务工就业管理和服务工作的通知》（2003 年）、《河北省人民政府关于进一步解决好人民群众子女上学问题的意见》（2007 年）的规定执行
顺德	—	没有专门出台政策文件，具体工作参照《广东省人民政府办公厅转发、国务院办公厅转发教育部等部门关于进一步做好进城务工就业农民子女义务教育工作意见的通知》（2004 年）的规定执行
沈阳	2006 年	《沈阳市关于进一步做好农民工随迁子女就学工作的若干意见》
义乌	2006 年	《义乌市关于进一步做好流动儿童少年义务教育工作的意见》

2. 12 城市公办学校均设置了一定的入学门槛

（1）入学门槛设立条件最多的是上海，设立条件最少的是沈阳

通过分析发现，目前在农民工随迁子女进入公办学校的准入条件上，设立条件最多的城市为上海市，分别需要提供：暂住证、实际居住证明、就业证明、流出地出具的进城务工证明、监护人身份证、养老保险、户籍所在地出具的当地监护条件证明 7 项证明；设立条件最少的城市为沈阳市，仅要求出具监护人的身份证 1 项证明。

（2）就业证明、暂住证、实际居住证明是 12 城市基本一致的准入条件。

调研统计发现，共有 11 城市要求出具就业证明，占所有城市的 92%，出现频率最高；其次为暂住证和实际居住证明，分别占 75% 和 58%；出现频率最少

的准入条件分别为暂住地街道提供的借读证明、免疫接种证明、户籍所在地出具的允许证明、非起始年级学籍证明、养老保险、户籍所在地出具的当地监护条件证明，分别占17%。

表4-7　　12城市公办学校接收农民工随迁子女入学的准入条件

城市＼条件	暂住证	户籍证明	实际居住证明	就业证明	流出地进城务工证明	暂住地街道提供的借读证明	监护人身份证	计划免疫接种证	户籍所在地出具的允许证明	非起始年级学籍证明	养老保险	户籍地出具的当地监护条件证明	流动人口婚育证明
郑州		√	√	√			√	√	√				
乌鲁木齐	√		√	√						√			
石家庄	√			√									
杭州		√		√							√		
义乌	√			√									√
沈阳						√							
上海	√			√							√	√	
成都	√	√		√				√					
北京	√	√	√	√			√						
广州	√	√		√					√				√
顺德	√	√	√	√									
无锡	√			√									
所占比例	75%	42%	58%	92%	25%	17%	50%	17%	17%	17%	17%	17%	33%

注：暂住证：暂住户口或暂住证；实际居住证明：房屋产权证或房屋租赁登记备案表；就业证明：如劳动合同、受聘合同、营业执照。

3. 有一半的城市明确提出了公办学校免收借读费的政策

北京、无锡、杭州、成都、乌鲁木齐、沈阳6城市明确提出了公办学校免收借读费的政策。

4. 有4城市明确提出应按学生实际人数向接收农民工随迁子女的公办学校拨付生均公用经费

北京、无锡、杭州、沈阳4城市明确提出应按学生实际人数向接收农民工随迁子女的公办学校拨付生均公用经费。

5. 对于农民工子女人数 10 万人以下的中小城市而言，农民工随迁子女教育问题在近两年开始凸显

在 C 类城市的农民工随迁子女中，进城 2 年以下的高达 39.3%，而进城 9 年以上的农民工随迁子女比例低于 A 类和 B 类城市，见图 4-2。

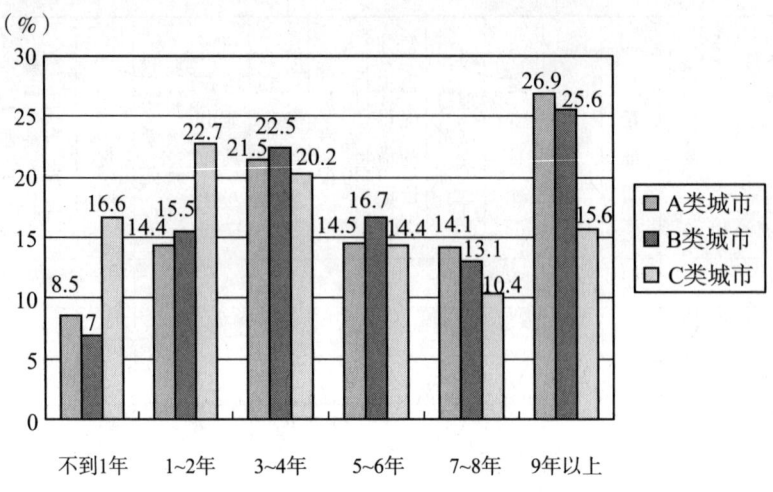

图 4-2 三类城市农民工随迁子女的进城年限

6. 公办学校师资水平和待遇明显好于打工子弟学校，且中等规模城市的师资水平相对较好

调查发现，在 12 城市中，A 类城市拥有本科学历的教师比例最高；同时，与获准打工子弟学校相比，公办学校拥有本科学历的教师人数也最多。

对不同类型学校教师流失情况的调查发现，公办学校近三年每所学校平均流失教师 2 人；获准打工子弟学校约 20 人；未获准打工子弟学校约 10 人。这说明，公办学校教师队伍相对稳定。

表 4-8　　　　近三年不同类型学校教师流失的人数

	学校总数	教师流失总数	平均流失教师数
公办学校	36	73	2.03
获准打工子弟学校	20	404	20.2
未获准打工子弟学校	6	61	10.2
总计	62	538	8.68

比较三类城市发现，B 类城市在教师的稳定性、来源、福利待遇方面好于 A 类、C 类城市。不同学校类型之间，教师的待遇也体现出一定的差异。

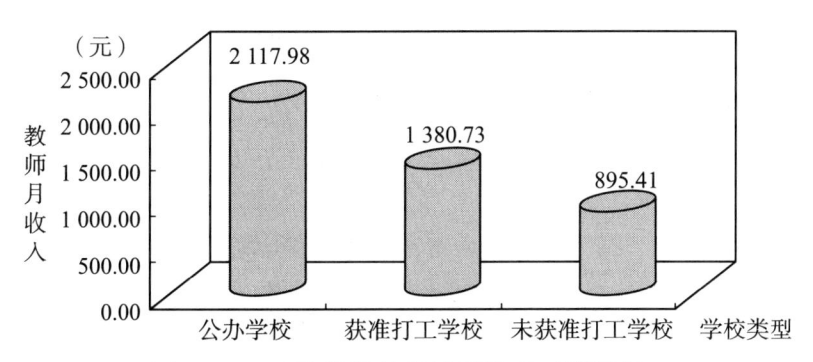

图 4-3　三类学校教师的平均月工资情况

7. 与接收农民工随迁子女的公办学校相比，打工子弟学校在教师人机比、学生人机比、生均图书等方面明显较差

调研发现，公办学校教师人机比为 1.14∶1，获准打工子弟学校教师人机比为 3.92∶1，未获准打工子弟学校教师人机比为 1.78∶1。也就是说，在公办学校教师几乎可以实现一人一机，而在获准打工子弟学校近 4 名教师用 1 台电脑，而未获准打工子弟学校与获准打工子弟相比，情况稍微好一点，至少可以做到 2 名教师用 1 台电脑。

在学生人机比方面，公办学校、获准打工子弟学校和未获准打工子弟学校的比例分别为 11.6∶1、21.7∶1 和 34.3∶1。这一组数据显示，公办学校在生均拥有计算机方面明显的好于打工子弟学校。而在打工子弟学校中，获准打工子弟学校好于未获准打工子弟学校。

公办学校、获准打工子弟学校和未获准打工子弟学校生均图书分别为 23.8 册、13.6 册和 3.3 册。这说明公办学校学生生均拥有学校图书量远远多于获准打工子弟学校，而获准打工子弟学校又明显的多于未获准打工子弟学校。

8. 与接收农民工随迁子女的公办学校相比，打工子弟学校在教学设备、图书的经费投入上明显较差，未获准打工子弟学校最差

在近三年公办学校、获准打工子弟学校和未获准打工子弟学校平均每所学校在教学设备经费投入上存在显著差异。公办学校平均每所学校投入经费 94 万元，获准打工子弟学校为 11.3 万所，未获准打工子弟学校为 6.6 万所。

在图书购置的经费投入上，公办学校平均每所学校投入经费 7.89 万元，获准打工子弟学校为 3.83 万元，未获准打工子弟学校为 0.36 万元。

(三) 农民工随迁子女的学习现状

通过调研发现，在公办学校就读的农民工子女与本地学生的差异不大，而且他们在整体学习状况上要好于打工子弟学校的学生。这说明农民工子女在公办学校就读的质量得到了较为充分的保障。

1. 公办学校的农民工随迁子女在学习成绩的自我评价方面，与当地学生无显著差异

表4-9　　　　　公办学校中农民工随迁子女与当地学生
自我评价的 t 检验：平均数（标准差）

	农民工随迁子女	当地学生	t
学习成绩自我评价	3.54（0.92）	3.53（0.95）	0.17

注：表中的平均值越高表明学生的自我评价越好，满分为5分。

2. 公办学校的农民工随迁子女在对学习成绩的自我评价上比打工子弟学校的农民工随迁子女高

表4-10　　　公办学校与打工子弟学校中农民工随迁子女自我评价
t 检验：平均数（标准差）

	公办学校	打工子弟学校	t
学习成绩自我评价	3.54（0.92）	3.45（0.86）	3.216***

注：表中的平均值越高表明学生的自我评价越好，满分为5分。* 表示在0.05水平上差异显著，** 表示在0.01水平上差异显著，*** 表示在0.001水平上差异显著。下同

3. 公办学校的农民工随迁子女在学习态度上（如按时完成作业、到图书馆读书频率、按时上学等），与当地学生无显著差异

表4-11　　　公办学校中农民工随迁子女与当地学生学习
态度的 t 检验：平均数（标准差）

	农民工随迁子女	当地学生	t
作业完成情况	3.78（0.49）	3.79（0.07）	-0.55
到图书馆读书情况	2.45（1.13）	2.41（1.10）	1.23
上学迟到	3.58（0.66）	3.62（0.65）	-1.73

注：表中的平均值越高表明学生的表现情况越好，满分为4分。

4. 公办学校的农民工随迁子女在教师对待学生的态度上，与当地学生无显著差异

图中数据：
- 老师对我很好：86.5 / 85.4
- 老师不喜欢我：3.1 / 3.1
- 老师对我不公平：2.3 / 3.2
- 老师从不关注我：4.3 / 3.8
- 老师经常批评我：3.8 / 4.5

图例：农民工随迁子女　　当地学生

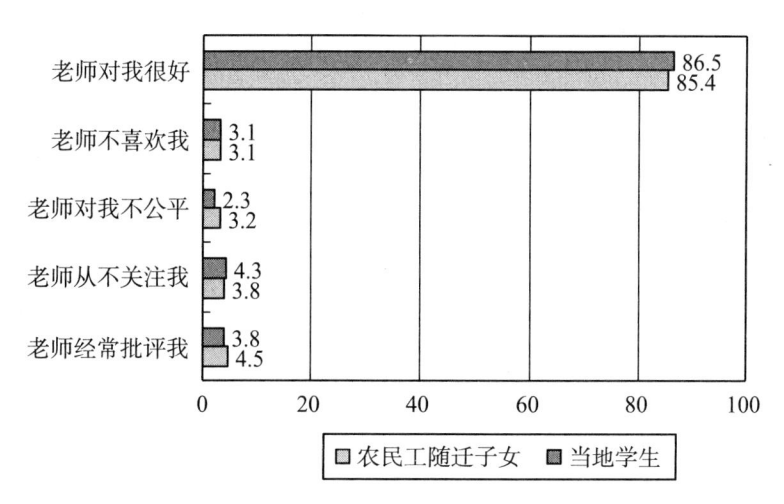

图 4-4　教师对待学生的态度

5. 公办学校的农民工随迁子女在教师辅导、教师谈心方面，与同校的当地学生无显著差异。而在教师鼓励思考、帮助改正作业错误、提供发言机会等方面，教师对农民工随迁子女的关注要多于当地学生

表 4-12　公办学校中教师对农民工随迁子女与当地学生态度与方法的 t 检验：平均数（标准差）

	农民工随迁子女	当地学生	t
教师辅导	3.40 (0.78)	3.36 (0.79)	1.33
教师谈心	2.51 (0.10)	2.51 (0.10)	-0.18
教师鼓励思考	3.42 (0.82)	3.32 (0.89)	3.39**
教师帮助改正作业错误	3.61 (0.68)	3.54 (0.70)	2.81**
教师提供发言的机会	3.38 (0.70)	3.33 (0.72)	2.16*

注：表中的平均值越高表明教师对学生的教学越好，满分为 4 分。

6. 公办学校教师在辅导、谈心、鼓励思考、帮助改正作业错误、提供发言机会等方面，比打工子弟学校表现要好

7. 获准打工子弟学校教师在谈心、鼓励思考、纠正作业错误等方面，比未获准打工子弟学校表现要好（见表 4-13）

表 4-13　不同学校就读的农民工子女的教师教学情况方差分析：平均数（标准差）

	公办学校	获准打工子弟学校	未获准打工子弟学校	组间自由度	组内自由度	F
教师辅导	3.41 (0.79)	3.21 (0.85)	3.14 (0.87)	2	4207	37.555***
教师谈心	2.51 (1.00)	2.36 (0.93)	2.14 (0.96)	2	4214	35.556***
教师鼓励	3.42 (0.82)	3.16 (0.92)	2.93 (0.99)	2	4219	86.023***
教师纠正作业错误	3.61 (0.68)	3.42 (0.78)	3.27 (0.87)	2	4203	55.123***
教师提供发言机会	3.39 (0.71)	3.14 (0.80)	3.07 (0.81)	2	4204	63.769***

注：表中的平均值越高表明教师对学生的关注越多，满分为 4 分。

8. 在对子女学习的关注度上，公办学校农民工家长的关注程度最高，未获准打工子弟学校农民工家长的关注程度最低

表 4-14　不同学校就读的农民工子女家长在关注孩子学习方面的方差分析：平均数（标准差）

	公办学校	获准打工子弟学校	未获准打工子弟学校	组间自由度	组内自由度	F
父母谈心	2.77 (1.01)	2.63 (1.01)	2.51 (1.05)	2	4166	17.019***
父母辅导	2.71 (1.04)	2.66 (1.01)	2.59 (1.02)	2	4150	3.166*
陪孩子去培养学习兴趣场所	2.52 (1.05)	2.34 (1.04)	2.08 (1.03)	2	4103	41.798***

注：表中的平均值越高表明父母对孩子的学习越关心，满分为 4 分。

(四) 农民工随迁子女的心理发展现状

通过心理问卷调研发现，公办学校中的农民工随迁子女在流入地的融入程度较好。他们比较容易能适应城市生活和学习。

公办学校中农民工随迁子女和当地学生在情绪调控能力、行为问题（不良行为）、人际交往问题、自尊水平等方面没有差异。说明进入公办学校的农民工随迁子女融入程度较好。

1. 在情绪调控能力上，公办学校农民工随迁子女与当地学生无显著差异。

通过两因素方差分析可以得出：公办学校农民工随迁子女的情绪调控能力与当地学生无显著差异（$F=0.481$，$p=0.488$）。

2. 在行为问题（不良行为）上，公办学校农民工随迁子女与当地学生无显著差异。

通过两因素方差分析可知：公办学校内农民工随迁子女的行为问题和当地学生差异不显著（$F=1.359$，$p=0.244$）。

3. 在人际交往问题上，公办学校农民工随迁子女与当地学生无显著差异。

通过两因素方差分析可知：公办学校内农民工随迁子女的人际交往问题和当地学生差异不显著（$F=0.188$，$p=0.665$）。

4. 在自尊上，公办学校农民工随迁子女与当地学生无显著差异。

通过两因素方差分析可知：公办学校内农民工随迁子女的自尊水平和当地学生差异不显著（$F=3.367$，$p=0.067$）。

三、农民工随迁子女教育存在的问题

(一) 管理问题

1. 农民工随迁子女学籍管理混乱

由于农民工随迁子女流动频繁、随意，很难建立一套持续、常规的学籍档案，致使不能清楚掌握农民工随迁子女流动去向，学籍管理混乱。访谈发现，接收农民工随迁子女的学校一般都为其建立了临时学籍或流动学籍，但因各地、各类学校之间没有对应的学籍转入转出系统，某一学校的学籍管理只能随着该校农民工随迁子女的流出而中断。在访谈中，无论公办学校还是打工子弟学校校长，他们都认为目前的这种学籍管理模式，效果不佳。

2. 打工子弟学校教师来源复杂、学历偏低，流动频繁

调查显示，与打工子弟学校相比，公办学校教师之前从事过其他职业的比例最低，为4.2%，而获准打工子弟学校和未获准打工子弟学校的比例分别为11.1%和13%。这说明打工子弟学校教师来源复杂，尤其是未获准打工子弟学校，其教师之前从事最多的行业是商业服务业，比例为47.7%。这也从另一个侧面反映出打工子弟学校师资力量薄弱的现状。

分析打工子弟学校教师学历发现，获准打工子弟学校拥有本科学历的教师比例为42%，而获准打工子弟学校仅为9.3%，均远远低于公办学校的68.6%。

考察教师的流动频率发现，公办学校教师平均教龄为13.24年，其工作过的学校数平均为1.95，这说明，公办学校多数教师13年间不曾换过学校，非常稳定。相比之下，获准打工子弟学校和未获准打工子弟学校教师平均教龄分别为8.81年和4.77年，但其平均工作的学校数分别为2.22和2.13，也就是说获准打工子弟学校教师平均4年多换一所学校，而未获准打工子弟学校教师流动更加频繁，平均2年多就换一所学校，教师队伍非常不稳定。

分析教师对工作现状的满意度发现，公办学校教师的满意度最高，未获准打工子弟学校教师的满意度最低。分城市类型比较，A类、B类城市教师对工作的满意度要低于C类城市。由此说明，A类城市未获准打工子弟学校教师对现状的满意度最低。

3. 与接收农民工随迁子女的公办学校相比，在学校管理者专业素质和必要的设施设备方面，打工子弟学校存在明显不足

通过对校长学历调查发现，在公办学校，具备硕士及以上学历的校长占公办学校校长总数的14.7%；在获准打工子弟学校，具备硕士及以上学历的校长仅占4%；而在未获准打工子弟学校，没有校长具备硕士及以上学历。与此同时，在打工子弟学校校长中，尚存在中专及以下学历，获准与未获准的比例分别为4%和28.6%。这说明打工子弟学校尤其是未获准打工子弟学校管理者的教育教学及管理素质普遍偏低。

以学校有无操场统计，在未获准打工子弟学校中，有28.6%的学校没有操场，相比而言，获准打工子弟学校情况较好，基本都有用于学生课外活动和进行体育教学的活动空间。如前调研发现，打工子弟学校与公办学校在师机比、生机比、生均图书量等必备的教育教学设施方面也存在明显的差异。

4. 打工子弟学校审批标准过高，造成未获准打工子弟学校数量多，且监管困难

打工子弟学校是在城市公办学校拒收或农民工随迁子女家长无法交纳赞助费的前提下，起初由农民工自己创办的专门接收农民工随迁子女的学校，也称"简易学校"。因此，大多数打工子弟学校根本无法达到民办学校审批标准的要求，常常处于非法办学的境地。通过访谈发现，多数未获准打工子弟学校校长对现有民办学校审批条件中注册资金100万元和占地面积30亩的规定意见强烈，一些初具规模的未获准打工子弟学校校长建议降低要求，出台专门针对打工子弟学校实际的审批标准。与此同时，在安全、卫生、饮食等基本办学条件不达标的一些未获准打工子弟学校，往往因陋就简、游击经营，给当地教育行政部门的统一监管带来了困难。目前在调研的 12 城市中，仅有上海、杭州 2 城市制定了打工子弟学校的设置标准和审批办法。

5. 公办学校入学门槛的标准难以制定

在问及农民工家长带子女进城的原因时，有 62.7% 的家长认为"孩子在城里能接受更好的教育"；在入学意愿上，有 69.4% 的农民工家长希望子女进入公办学校学习；在进入公办学校的难易程度上，有 32.7% 的农民工家长认为进入公办学校很难，40% 的家长认为比较难，仅有 9.2% 的家长认为不难；在问及学生家长关于子女进入公办学校较难的原因时，32.6% 的家长认为进入公办学校的手续太复杂；关于农民工随迁子女进入公办学校所需提交的各种证明材料中，23.3% 的家长认为房屋居住证明难以办理，其次为无人监护证明，占 13.3%。

从以上数据中可以得出如下几点结论：（1）追求城市优质教育，是农民工带子女进城的重要原因；（2）绝大多数农民工家长希望其子女进入公办学校学习；（3）进入公办学校对农民工随迁子女来说仍然比较困难；（4）入学手续复杂、信息缺乏是农民工随迁子女入学难的主要原因；（5）在入学所需提交的各种证明中，房屋居住证明最难办理。之所以出现上述情况，主要是由于公办教育资源紧缺，而农民工随迁子女人数不断增长，因此设置一定的门槛是必需的。但是，门槛过高，阻碍农民工随迁子女的正常入学；门槛过低，流入地政府又会担心农民工随迁子女过度涌入，对当地教育承载力造成更大的冲击。

6. 由于信息不畅，流入地政府难以预测农民工随迁子女的流动趋势，在接纳上很难制订出合适的招生计划

目前，在调研的 12 城市中，绝大多数城市公办学校的接收能力已近饱和，无法再接纳更多的农民工随迁子女。面对农民工随迁子女数量的不断增长，新建公办学校是一种解决方案，它可以从根本上扩充公办教育容量，从而接收更多的农民工随迁子女进入公办学校学习。但是，农民工随迁子女的增长趋势又带有不可预测性，一旦部分学生返回流出地或去往他处，就会造成教育资源的严重浪费。目前，调研的许多城市都面临着这种矛盾。

7. 教育规划缺乏前瞻性，城市教育布局不够合理

一段时期以来，我国城市教育规划是以本市户籍学生数为基础而制定，因此一旦农民工随迁子女大量涌入，就会造成公办学校不堪重负。同时，由于农民工随迁子女多聚居在城乡结合部，而这些地区公办教育资源相对缺乏，为就近入学，一部分农民工随迁子女只能被迫选择在打工子弟学校、甚至是未获准的打工子弟学校学习。

8. 流出地政府在农民工随迁子女教育问题上责任不明确、不具体

根据"两为主"政策精神，农民工随迁子女教育以流入地政府管理为主。但是，要真正做好农民工随迁子女教育工作，离不开流出地政府的管理和配合。目前对流出地政府责任的规定不明确、不具体，尤其是对流出农民工随迁子女的控制和统计、回流农民工随迁子女的统计及其信息的及时传达等工作上很不到位，给流入地政府的管理工作带来了很多的困扰。

（二）学习问题

1. 与公办学校相比，打工子弟学校的教育教学质量相对较差，其中未获准打工子弟学校的教育教学质量更差

通过前面的分析发现，公办学校就读的农民工随迁子女，在学习成绩的自我评价和学习态度方面与同校的当地学生相比均无显著差异，没有遇到显著的学习困难。这表明，公办学校学习环境良好，教师在教育教学方面公平对待，这些都有益于农民工随迁子女在学习上取得进步。但是，与公办学校就读的农民工随迁子女相比，打工子弟学校的农民工随迁子女在学习成绩的自我评价和学习态度方面均处于落后的水平，同时教师的教育教学也不理想。其中，未获准打工子女学校在以上各方面均处于最低水平。这表明，打工子弟学校，尤其是未获准打工子弟学校的教育教学质量存在很大的问题。

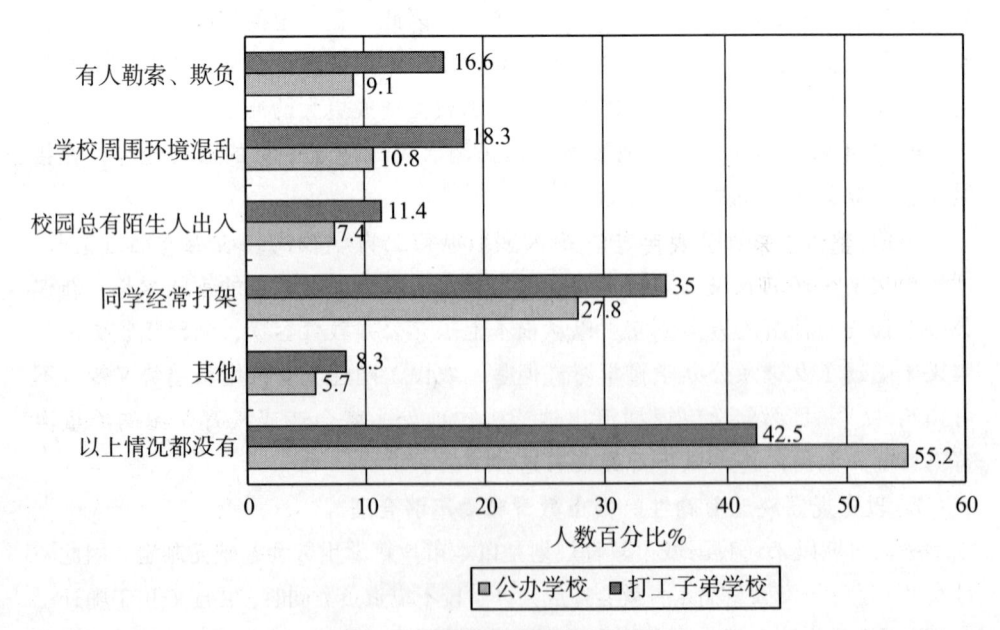

因素	公办学校	打工子弟学校
有人勒索、欺负	16.6	9.1
学校周围环境混乱	18.3	10.8
校园总有陌生人出入	11.4	7.4
同学经常打架	35	27.8
其他	8.3	5.7
以上情况都没有	42.5	55.2

图 4-5 影响校园环境的因素

2. 与公办学校相比，打工子弟学校的日常管理存在较多问题，校园环境较差

通过调查发现，在学校日常管理的一些环节中，打工子弟学校的各项不安定指标均高于公办学校，其中"同学经常打架"所占比例最高。这说明打工子弟学校的校园环境问题更值得关注，日常管理水平亟待提高。

3. 有转学意愿的农民工随迁子女比例在未获准打工子弟学校最高，在公办学校最低

通过调查发现，关于在不同学校类型就读的农民工随迁子女的转学意愿，未获准打工子弟学校高于获准打工子弟学校，而获准打工子弟学校又高于公办学校。这一发现也在不同程度上验证了上述两项结论。同时，未获准打工子弟学校的教育教学和管理问题更加值得关注。

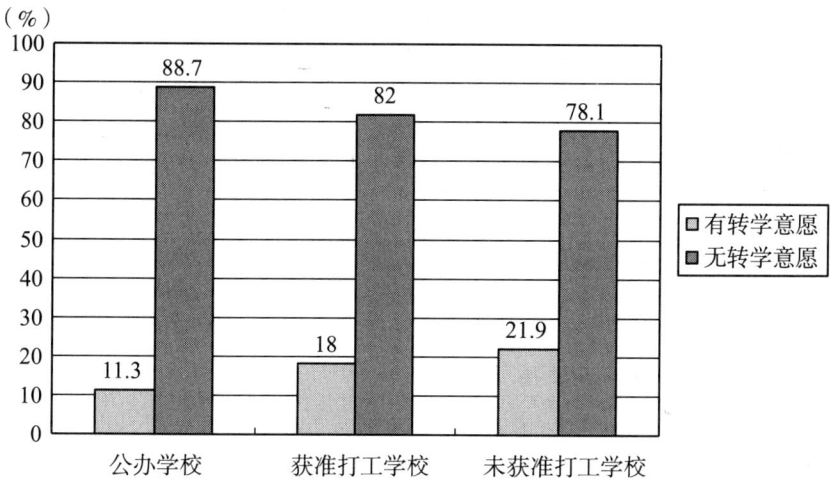

图 4-6 三类学校农民工随迁子女的转学意愿

4. 从整体上来看，农民工随迁子女的家庭学习环境不如当地学生

通过调查发现，无论在哪一类型学校就读的农民工随迁子女，其家庭学习环境与当地学生相比均相对较差。究其原因，主要与农民工家长的经济收入水平、受教育程度等因素有关。

5. 从整体上来看，农民工家长对子女学习的关注度和家庭教育均不如当地学生家长

通过调查发现，无论在哪一类型学校就读的农民工随迁子女，其在所受家庭教育方面与当地学生相比均相对较差。究其原因，主要与家长的受教育程度、收入、对子女的学习期望等因素有关。

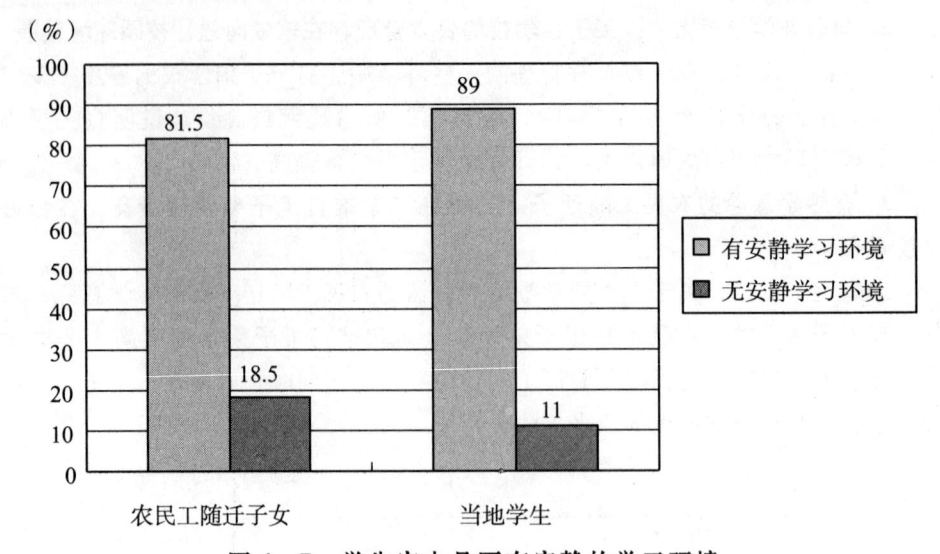

图 4-7 学生家中是否有安静的学习环境

表 4-15 农民工随迁子女与当地学生 t 检验的综合列表

	比较的项目	农民工随迁子女	当地学生
家庭生活	与父母一起的时间	-	+
	父母谈心	-	+
	父母辅导	-	+
	陪孩子去培养学习兴趣的场所	-	+
	对家庭生活的满意度	-	+

注:"+"代表强或情况较好;"-"代表弱或情况较差。

6. 与其他城市相比较,北京、上海、广州等城市农民工家长对子女学习的关注度和家庭教育最为薄弱

(1) 在父母与子女谈心方面,A 类城市农民工家长的表现最不理想;从农民工家长与当地学生家长的表现差异上来看,B 类城市的差距最小。

(2) 在父母对子女学习的辅导方面,A 类城市农民工家长的表现最不理想;从农民工家长与当地学生家长的表现差异上来看,B 类城市的差距最小。

(3) 在父母培养子女学习兴趣方面,A 类城市农民工家长的表现最不理想;从农民工家长与当地学生家长的表现差异上来看,B 类城市的差距最小。

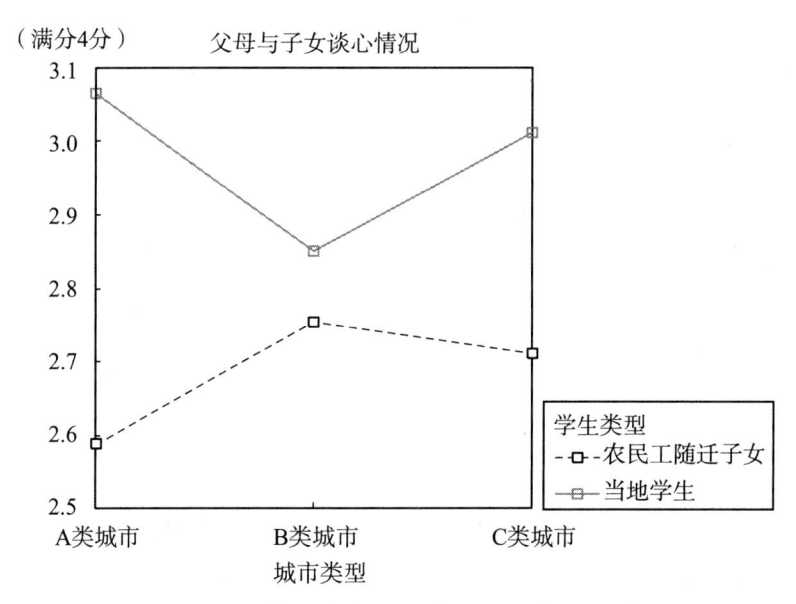

图 4-8　三类城市农民工家长与子女谈心情况

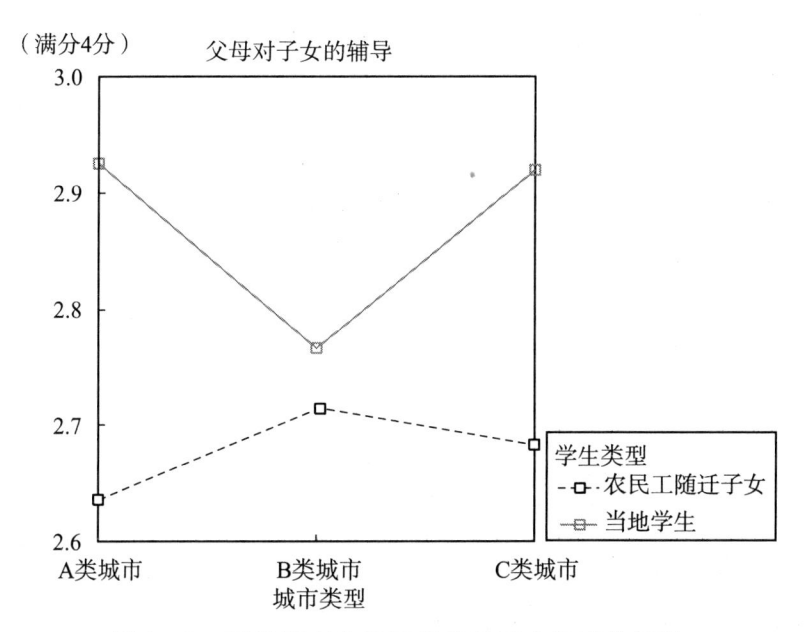

图 4-9　三类城市农民工家长对子女学习的辅导

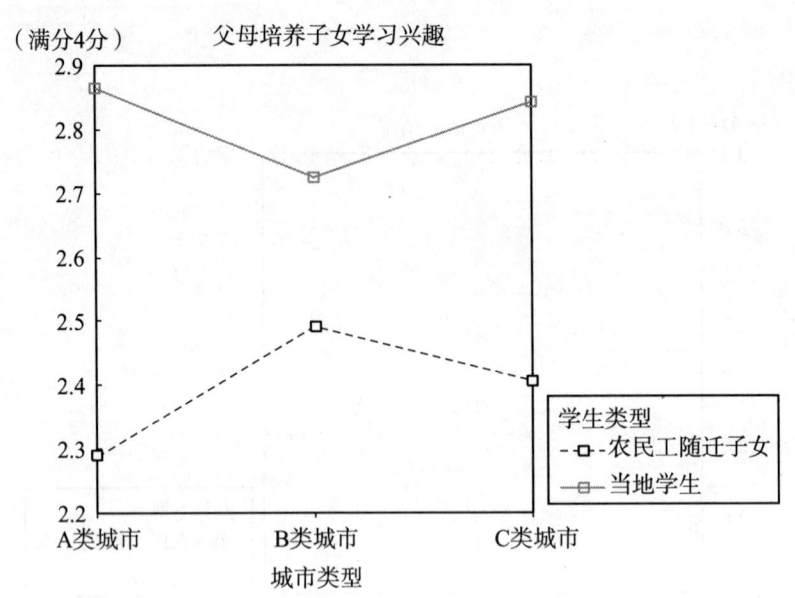

图 4-10 三类城市农民工家长培养子女学习兴趣情况

7. 农民工随迁子女接受义务后教育的意愿与现行政策相矛盾

通过调查发现，有相当一部分农民工家长希望其子女初中毕业后继续在流入地读高中，其中，在公办学校中，首先农民工家长的这种愿望最为强烈，占58.25%；其次为获准打工子弟学校的农民工家长，占42.94%；最后为未获准打工子弟学校的家长，占30.18%。这表明，由于公办学校教育教学质量更好，农民工家长更希望其子女继续在流入地高中学习，享受城市优质教育。然而，农民工家长的这种愿望与现行的高考制度以及考试改革是互为矛盾的。在调研中也发现，流入地也很难向农民工随迁子女开放普通高中教育。

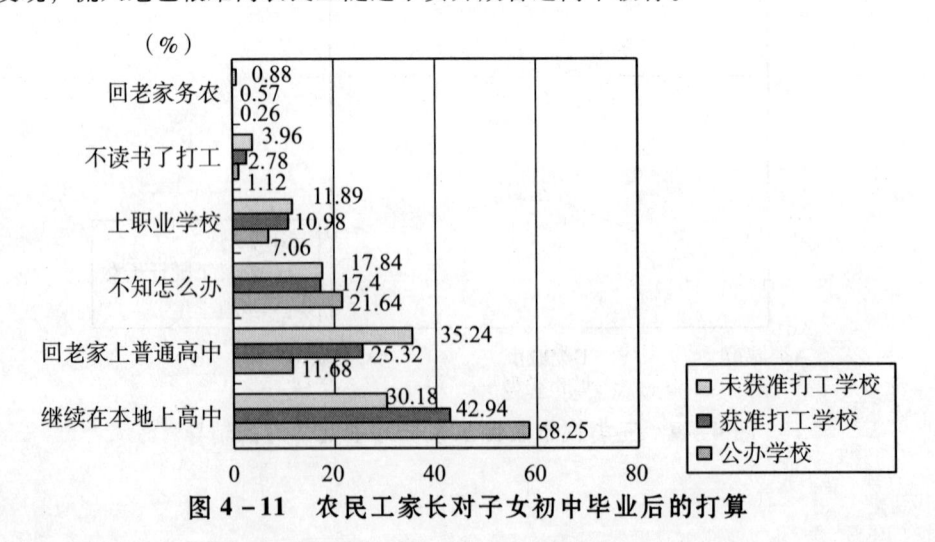

图 4-11 农民工家长对子女初中毕业后的打算

(三) 心理问题

1. 打工子弟学校农民工随迁子女心理问题比公办学校农民工随迁子女多

主要表现在：打工子弟学校农民工随迁子女主观感受到的幸福程度较低，出现了较多的情绪问题、行为问题和人际交往问题，自我调控情绪的能力、自尊水平和对社会支持的利用程度较低。

（1）打工子弟学校农民工随迁子女感受到的幸福低于公办学校农民工随迁子女。

表4-16　　在公办、打工子弟学校两类学校中农民工
　　　　　　　随迁子女幸福感指数的方差分析

	平方和	自由度	均方	F值	显著性水平
学校类型	2 388.739	1	2 388.739	68.876	0.000
误差	141 882.478	4 091	34.682		
和	146 707.872	4 096			

学校类型主效应极其显著（$F = 68.876$，$p = 0.000$），打工子弟学校农民工随迁子女幸福感指数低于公办学校农民工随迁子女。

（2）打工子弟学校农民工随迁子女的情绪问题多于公办学校农民工随迁子女。

表4-17　　在公办、打工子弟学校两类学校中农民工
　　　　　　　随迁子女情绪问题的方差分析

	平方和	自由度	均方	F值	显著性水平
学校类型	24.761	1	24.761	62.970	0.000
误差	1 624.803	4 132	0.393		
和	1 666.276	4 137			

学校类型主效应极其显著（$F = 62.970$，$p = 0.000$），打工子弟学校的农民工随迁子女的情绪问题多于公办学校的农民工随迁子女。

（3）打工子弟学校农民工随迁子女的行为问题多于公办学校农民工随迁子女。

表 4-18　　在公办、打工子弟学校两类学校中农民工
　　　　　　随迁子女行为问题的方差分析

	平方和	自由度	均方	F 值	显著性水平
学校类型	2.891	1	2.891	12.429	0.000
误差	971.650	4 177	0.233		
和	978.158	4 182			

学校类型主效应显著（F = 12.429，p = 0.000），打工子弟学校农民工随迁子女的行为问题多于公办学校农民工随迁子女。

（4）打工子弟学校农民工随迁子女的人际交往问题多于公办学校农民工随迁子女。

表 4-19　　在公办、打工子弟学校两类学校中农民工
　　　　　　随迁子女害怕否定评价的方差分析

	平方和	自由度	均方	F 值	显著性水平
学校类型	3.749	1	3.749	5.846	0.016
误差	2 652.340	4 136	0.641		
和	2 668.963	4 141			

学生类型主效应显著（F = 5.846，p = 0.016），打工子弟学校农民工随迁子女的人际交往问题多于公办学校农民工随迁子女。

表 4-20　　在公办、打工子弟学校两类学校中农民工
　　　　　　随迁子女社交回避及苦恼的方差分析

	平方和	自由度	均方	F 值	显著性水平
学校类型	32.369	1	32.369	54.048	0.000
误差	2 484.814	4 149	0.599		
和	2 535.071	4 154			

学校类型主效应极其显著（F = 54.048，p = 0.000），公办学校的农民工随迁子女社交回避和苦恼的问题少于打工子弟学校的农民工随迁子女。

（5）打工子弟学校农民工随迁子女情绪调控能力低于公办学校农民工随迁子女。

表 4-21　　在公办、打工子弟学校两类学校中农民工
　　　　　随迁子女情绪调控的方差分析

	平方和	自由度	均方	F 值	显著性水平
学校类型	45.554	1	45.554	97.399	0.000
误差	1 925.547	4 117	0.468		
和	1 990.331	4 122			

学校类型主效应极其显著（F = 97.399，p = 0.000），打工子弟学校农民工随迁子女情绪调控能力低于公办学校农民工随迁子女。

（6）打工子弟学校农民工随迁子女的自尊水平低于公办学校农民工随迁子女。

表 4-22　　在公办、打工子弟学校两类学校中农民工
　　　　　随迁子女自尊的方差分析

	平方和	自由度	均方	F 值	显著性水平
学校类型	22.998	1	22.998	60.732	0.000
误差	1545.790	4082	0.379		
和	1 585.378	4 087			

学校类型主效应极其显著（F = 60.732，p = 0.000），打工子弟学校农民工随迁子女的自尊水平低于公办学校农民工随迁子女。

（7）打工子弟学校农民工随迁子女对社会支持的利用度也低于公办学校农民工随迁子女。

表 4-23　　在公办、打工子弟学校两类学校中农民工
　　　　　随迁子女对支持的利用度的方差分析

	平方和	自由度	均方	F 值	显著性水平
学校类型	100.277	1	100.277	21.004	0.000
误差	19 588.075	4 103	4.774		
和	20 007.245	4 108			

学校类型主效应极其显著（F = 21.004，p = 0.000），打工子弟学校农民工随迁子女对社会支持的利用度也低于公办学校农民工随迁子女。

2. 未获准打工子弟学校农民工随迁子女心理问题又比获准打工子弟学校多

主要表现在：未获准打工子弟学校农民工随迁子女主观感受到的幸福程度较

低,出现了较多的情绪问题和人际交往问题,自尊水平和对社会支持的利用程度明显较低。

(1) 未获准打工子弟学校的农民工随迁子女的幸福感比获准打工子弟学校农民工随迁子女更低。

表 4-24　　　　城市与学校类型被试方差检验:幸福感指数

	自由度	均方	F 值	显著性水平
学校类型	1	315.338	9.640**	0.002
误差	2 220	32.710		
和	2 225			

注：* 表示显著性水平小于或等于 0.05 为差异显著，** 表示小于或等于 0.01 为差异非常显著，*** 表示小于或等于 0.001 为差异极其显著。下同

由上表可知,在幸福感指数上学校类型的主效应非常显著,获准打工子弟学校农民工随迁子女幸福感指数更高。

(2) 未获准打工子弟学校农民工随迁子女的情绪问题比获准打工子弟学校要多。

表 4-25　　　　城市与学校类型被试方差检验:情绪问题

	自由度	均方	F 值	显著性水平
学校类型	1	3.711	9.801**	0.002
误差	2 251	0.379		
和	2 256			

由上表可知,在情绪问题上学校类型的主效应非常显著,未获准打工子弟学校高于获准打工子弟学校,情绪问题更多。

(3) 与获准打工子弟学校农民工随迁子女相比,未获准打工子弟学校农民工随迁子女在社交上的回避及苦恼多。

表 4-26　　　　城市与学校类型被试方差检验:社交回避及苦恼

	自由度	均方	F 值	显著性水平
学校类型	1	3.805	6.271*	0.012
误差	2 273	0.607		
和	2 278			

通过两因素方差分析发现，在社交回避及苦恼上学校类型主效应显著，未获准打工子弟学校农民工随迁子女在社交上的回避及苦恼多于获准打工子弟学校农民工随迁子女。

（4）未获准打工子弟学校农民工随迁子女自尊水平显著低于获准打工子弟学校农民工随迁子女。

表4-27　　　　　城市与学校类型被试间方差检验：自尊

	自由度	均方	F值	显著性水平
学校类型	1	3.993	11.779***	0.001
误差	2 228	0.339		
和	2 233			

通过两因素方差分析发现，在自尊上学校类型的主效应极其显著，未获准打工子弟学校农民工随迁子女自尊得分低于获准打工子弟学校农民工随迁子女自尊得分，自尊更低。

（5）未获准打工子弟学校农民工随迁子女对外来支持的利用度显著低于获准打工子弟学校。

表4-28　　　　城市与学校类型被试间方差检验：对支持的利用度

	自由度	均方	F值	显著性水平
学校类型	1	182.394	37.733***	0.000
误差	2 236	4.834		
和	2 241			

通过两因素方差分析发现，在对支持的利用度上学校类型主效应极其显著。未获准打工子弟学校低于获准打工子弟学校得分，未获准打工子弟学校农民工随迁子女对支持的利用度低于获准打工子弟学校。

3. 中等规模城市的农民工子女融入程度较高，较大规模和较小规模城市农民工随迁子女融入度较低

主要表现为较大和较小规模城市农民工随迁子女主观感受到的幸福程度较低、情绪调控能力较差、人际交往中的问题和苦恼多。

（1）从幸福感方面来看，A类城市和C类城市中，农民工随迁子女和当地学生幸福感指数得分的差距大于B类城市中两类学生的差异，表现出明显的城市差异。如下图所示。

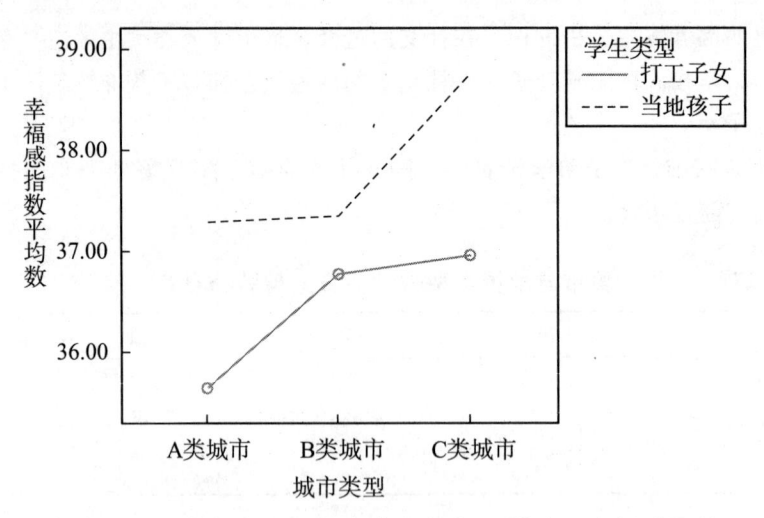

图 4-12　学生类型与城市类型的相互影响：幸福感指数

（2）情绪调控方面，在 A 类城市和 C 类城市中，农民工随迁子女的情绪调控得分都远远低于当地学生，差异极其显著，即农民工随迁子女对自己的情绪调控远远不如当地学生。而在 B 类城市中，农民工随迁子女的情绪调控与当地学生没有差异。

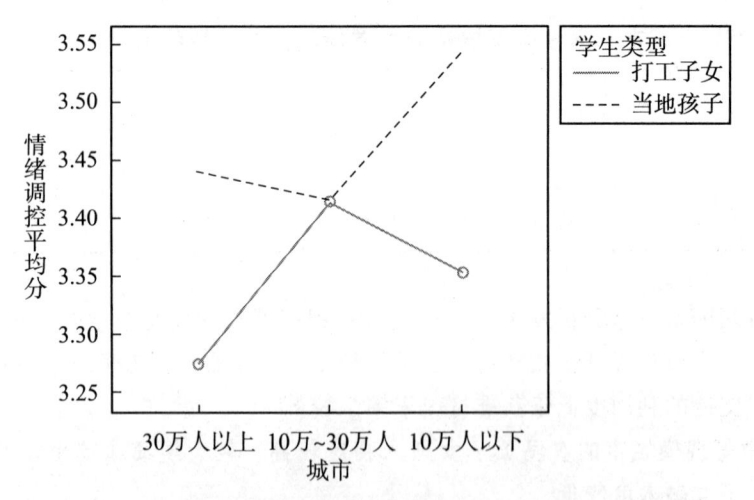

图 4-13　学生类型与城市类型的交互作用：行为问题

（3）从行为问题上看，无论在哪类城市，农民工随迁子女得分明显高于当地学生在行为问题上的得分，即农民工随迁子女的不良行为比当地学生多很多。相比而言，还是 B 类城市略好一些。

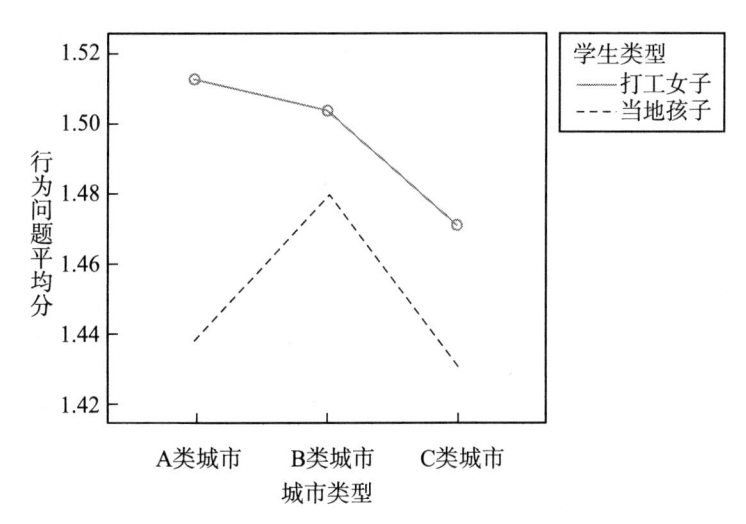

图 4-14　学生类型与城市类型的交互作用：情绪调控

（4）人际交往中的社交回避及苦恼方面，在 A 类城市、C 类城市中，打工子女的社交回避及苦恼得分都高于当地学生，但是在 B 类城市中，二者得分相近。

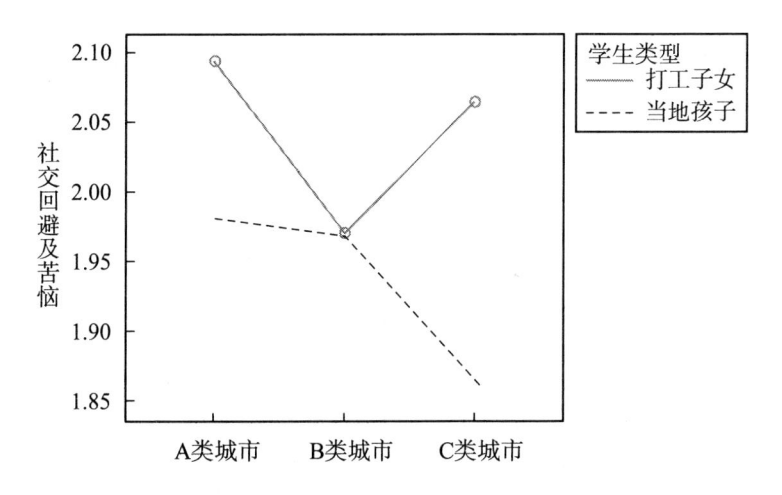

图 4-15　学生类型与城市类型的交互作用：社交回避及苦恼

四、对策建议

农民工随迁子女教育问题伴随中国现代化、城镇化进程而出现，它直接冲击着我国传统的户籍管理模式以及城乡二元结构的格局。因此，解决农民工随迁子女教育问题不仅需要社会各个部门的密切配合，同时也是一个长期过程，需要稳步进行。

（一）中央设立农民工随迁子女教育专项资金，落实农民工子女教育经费的国家责任

经费投入和保障问题是解决农民工随迁子女义务教育问题的核心所在。要从根本上建立经费筹措保障机制，将农民工随迁子女义务教育经费列入流入地预算内教育经费，并按实际在校生人数向接收农民工随迁子女的公办学校核拨生均公用教育经费，维护学校的正常运转，是最为根本的解决途径。为此，中央应设立农民工随迁子女教育专项资金，以流入地农民工随迁子女的规模为依据，划拨相应的教育经费、公用经费，分担流入地政府财政压力。各级政府要将公办中小学接收的农民工随迁子女计入学校在校学生数，核定学校的教职工编制。

（二）探索实施教育券制度，保障农民工子女在流动过程中的政府经费支付到位

探索实施教育券制度，可缓解农民工随迁子女学籍管理和财政拨付中的困难。教育券制度的主要特点是"钱随人走"。与传统的面向学校的财政拨款制度相比，教育券的实施有利于学校之间的竞争。"教育券"的经费来源可采用中央财政拨一点、流出地政府出一点、流入地政府补一点的"三位一体"的方法来解决。农民工随迁子女最大的特点是流向不定，无论是国家拨付还是地方政府拨付的经费，都难以固定在特定的学校和地区。中央和地方政府对农民工随迁子女教育的投入采用教育券的方式实施，可以校正户籍制对学生自由流动的不利影响。当学校凭学生缴纳的教育券在当地政府兑换时，教育经费的分配与流动学生规模相匹配。它也有利于不同学校之间为争夺生源（教育券）的竞争，从而提高教育资源的配置效率。

（三）建立全国性的电子学籍管理系统，对农民工子女进行全口径的统一动态学籍管理

由于相关部门难以准确掌握义务教育阶段适龄农民工随迁子女的具体数字，因而给学校正常的教育教学管理带来了很大的困难。更为不利的是，学校或教育行政部门难以有效监控这类学生的受教育状况。因此，需要建立电子学籍制度，加紧规范电子学籍管理系统，建立全国统一标准的电子学籍管理系统，实现全国

电子学籍管理系统联网，尽快为农民工随迁子女入学、转学、升学提供"一条龙"服务。全国各省建立统一的学籍管理系统，将有助于全程跟踪每个学生的发展水平、学习情况、辍学情况，保证农民工随迁子女受教育的权利。与此同时，也有助于流动人口的统计与管理。

（四）强化流出地政府责任，尤其应做好农民工随迁子女的信息登记与传达工作，为流入地提供准确、及时的学生流动信息

流出地政府能否对外流学生的统计、跟踪管理、回流等环节上尽职尽责，在很大程度上影响着流入地政府农民工随迁子女义务教育工作的效率。因此，流出地教育行政部门必须尽职尽责，做好农民工随迁子女的信息登记工作，并及时传达给流入地教育行政部门，做好配合工作。

（五）制定科学、合理的入学门槛，简化入学手续，提高效率

为确定农民工随迁子女的身份，各地均在其入学问题上设置了一定的入学门槛。从规范管理的角度来说，这种举措有着一定的合理性和必要性。但从另一个方面来看，这又不可避免地对农民工随迁子女的入学带来了较大的阻碍。因此，为保证农民工随迁子女及时地、顺利地在流入地就学，流入地政府应进一步降低其入学门槛。具体来说，降低入学门槛应从两个方面入手：一是降低农民工随迁子女的入学条件，减少需要提交的证明材料的种类，尤其是不易办理的证明材料；二是简化农民工随迁子女的入学手续，提高办理各种证明的效率。

（六）继续挖掘现有公办学校潜力，扩大公办学校接收规模，保障农民工子女接受教育的质量

由于进城务工就业农民的数量呈持续增长之势，伴随而来的是农民工随迁子女的数量也在不断增长，这给流入地的教育供给带来了巨大的压力。因此，应继续加大投入扩建公办中小学校，积极挖掘现有公办学校潜力，使绝大部分农民工随迁子女进入公办学校就读。一段时期以来，原有的教育布局规划没能对未来社会经济的发展变化形势作出前瞻性、预测性的安排，当经济快速发展并伴随着农民工的大量涌入，公办教育资源的承载力已不堪重负。因此，要规定将农民工随迁子女学校建设列入城乡建设规划，根据实际需要预留教育发展用地，新建扩建中小学校。同时，公办学校布局调整中闲置的校舍要优先用于举办农民工随迁子女学校。此外，还应进一步简化农民工随迁子女的就学程序，合情、合理、合法地规定农民工随迁子女的入学条件，尽可能地降低农民工随迁子女的入学门槛。

（七）推广打工子弟学校"国有民办"的办学模式，提倡政府与社会共同解决农民工子女教育问题，杜绝自发的、低水平打工子弟学校的出现

目前在杭州市批准的打工子弟学校中，"国有民办"是一种主要的运作模式，其特点为：政府主导，民间运作。"国有民办"的具体运作方式分：政府投资，校长由教育局指派或从公办学校中选举，工资由财政统发；教师一部分为事业编制，另一部分为社会招聘。学校全部招收农民工随迁子女，收取的费用主要用于支付社会招聘教师的工资及福利待遇。此外，政府按照学校实际在校生人数拨付生均公用经费。由政府主导的"国有民办"打工子弟学校，直接受教育局领导，教师工资福利待遇较好，师资也比较稳定。杭州市创建的"国有民办"学校，在学校办学条件、教育教学质量上明显优于纯民办性质的打工子弟学校，这种做法值得借鉴与推广。

（八）鼓励各地积极探讨对现存的打工子弟学校的有效监管措施，以确保对打工子弟学校的管理

鼓励各地成立专门的工作小组，专人负责摸清打工子弟学校的数量、规模以及办学水平，寻求各方支持，积极探索打工子弟学校的监管措施。同时，建立有效的奖罚制度，以防止各地对打工子弟学校的消极管理。如，在调研中，个别城市为最大程度降低政府责任，而对打工子弟学校一律不予批准。

（九）鼓励各地给予现存的打工子弟学校在经费、校舍、师资等方面的支持，以改善打工子弟学校的办学条件和水平，提高教育质量

第一，建议政府对打工子弟学校给予经费支持，提高打工子弟学校的生均公用经费。

第二，建议中央政府尽快将"两免一补"政策推及到打工子弟学校，使教育优惠政策真正能够与农民工随迁子女共享。

第三，鼓励各地政府统筹规划，合理利用教育资源，向获准打工子弟学校甚至是未获准打工子弟学校提供布局调整后闲置的校舍，以改善打工子弟学校的教育环境。

第四，采取各种形式，加强对打工子弟学校师资的培训，以改善打工子弟学校的师资水平。政府应号召社会各界志愿向打工子弟学校输送智力资源，鼓励名师

和教育专家义务为打工子弟学校教师开办讲座；同时，政府可以指定一定数量的公办学校、高等院校与打工子弟学校结对子，建立良好的人力资本互动协助关系。

（十）创新义务教育后招生制度，拓宽农民工随迁子女"初中后"教育出路，有效解决农民工随迁子女义务教育后问题

鼓励流入地城市向农民工随迁子女开放中等职业教育，并使进入中等职业学校的贫困农民工随迁子女平等享受职教助学金，增加农民工随迁子女"初中后"的选择机会。与此同时，充分发挥流入地城市所属成人教育组织的作用，根据城市发展需求和农民工随迁子女的特点，有目的、有层次、有计划地开发教育资源，招收农民工随迁子女就学，保证这部分农民工随迁子女利用成人教育组织进行中等教育，为初中毕业后选择就业的农民工随迁子女继续学习开辟一条通道。

（十一）充分认识心理辅导的重要作用，确保获准打工子弟学校开设、开足心理课程，配备专业心理辅导教师，重点加强未获准打工子弟学校农民工随迁子女的心理辅导

政府必须提高对打工子弟学校农民工随迁子女开设心理课程、进行心理辅导的认识，刚性规定获准打工子弟学校开设、开足心理课程，并为其配备一定数量的专业的心理辅导教师，以缓解农民工随迁子女在融入城市生活过程中的心理问题。与此同时，政府应鼓励未获准打工子弟学校教师注重对学生心理发展的观察、心理问题的解决，并定期为未获准打工子弟学校教师提供形式多样的心理专业知识讲座与辅导，以提高教师解答学生心理疑惑、心理问题的能力。

（十二）组织家长培训，提高农民工家长素质，改善农民工随迁子女家庭教育环境

建议各地在门槛设定中，适当强调农民工随迁子女家长的义务与责任，将参加家长培训作为公办学校接收农民工随迁子女就读的一个基本条件。在每学期开学前夕，组织农民工随迁子女家长参加免费培训，培训结束后免费发放培训证书，孩子报名只需出示培训证明，否则公办学校不予接收。通过对家长的培训，以减少学校在学籍管理、与家长沟通等方面的困难，改善公办学校的管理现状，并初步提高农民工家长进行家庭教育的意识与能力。

第五章

农民工子女随迁与留守的决策机制研究

一、背景及研究意义

改革开放以来,随着市场经济的深入与持续发展,我国农村劳动力迁移与流动的规模不断扩大,曾经迁移过和正在迁移的人口数量不断增加[①]。流动规模扩大的同时,流动人口的构成及流动方式都在发生一定的变化。一方面,家庭式迁移不断增加,同一家庭中有两个及以上成员结伴迁移的比例不断增加。(周皓,2004)已有研究显示,这类迁移家庭中有一定比例将未成年少年儿童子女带在身边,即使没有将子女带在身边,夫妇结伴迁移的家庭在将来也更有可能将子女携带进城。人口迁移的这种家庭化倾向,使得城市流动儿童的数量不断增加。

另一方面,由于举家迁移成本高、风险大,加上我国城乡管理制度的分割,外来人口进城后很难获得平等的市民待遇,举家迁移难以成为我国人口迁移的主流,不断加入到外出潮流中的家庭选择了部分成员(主要是健壮劳动力)外出打工,部分成员留守老家(主要是妇女和负担人口,包括儿童、老人)的方式。这种环境下,加入到迁移行列的家庭越多,也就意味着在空间上分裂的家庭越

[①] 因为我国特殊的国情,既有人口迁移,又有人口流动,从居住地空间变化及变化的时间上看可能并没有什么区别,但从是否发生了户籍变动来看,通常迁移人口发生了户籍变动,而流动人口是没有发生户籍变动的人口迁移。(段成荣、孙玉晶,我国流动人口统计口径的历史变动,人口研究,第30卷第4期2006年7月)在本书中我们所研究的是没有发生户籍变动的人口的空间变化。后文的人口迁移也好,人口流动也好,主要指这类迁移。

多，外出劳力的增加意味着留守人口的增加，留守儿童作为留守人口的主要组成部分之一，其规模也在不断扩大。

无论是城市流动儿童还是农村留守儿童，他们都处在成长和社会化的重要阶段，其生存状况将直接决定我国城乡发展战略的成败以及社会的持续稳定发展。两类儿童的增加也为城乡教育管理和服务提出新的要求。如何准确把握他们的动向和迁移规律，对城乡公共产品的管理和供给都具有重大的实践和理论意义。

而我们知道，未成年儿童少年作为家庭的一员，其迁移还是留守往往是家庭决策的结果，即使其在决策中充当重要角色。因此，要想把握流动（留守）儿童的规模和变化趋势，就必须了解家庭迁移决策的过程及决定因素，把握人口迁移的家庭化趋势。本书正是从家庭化人口迁移这一角度来探索我国农村儿童的迁移与留守问题。希望能够为我国城乡管理提供更具指导意义的意见和建议。

（一）流动人口规模不断扩大

市场化改革后，我国流动人口规模不断扩大。计划经济时代，我国人口的流动和迁移受到行政管理的严格控制，并形成以户籍制度为基础的一系列城乡二元福利及社会保障制度。改革开放后，虽然户籍迁移仍然控制严格，但对人口流动和迁移的限制逐步放宽，市场成为调控人口流动的重要机制，大量劳动力跟随资本向城市及其他发达地区集中，人口流动和迁移的规模不断扩大。根据1982年人口普查及当时对流动人口的定义——居住地和户籍所在地"跨县"，且离开户籍地"一年以上"——1982年年中全国有流动人口657万人。1990年第四次全国人口普查承袭1982年的"户口状况和性质"分类方法，调查结果表明当年"已在本县、市常住一年以上"以及"在本县、市居住不满一年，但已离开常住户口登记地一年以上"的流动人口共为21 353 623人，占全国总人口的1.89%（国家统计局，1990）①。这两次人口普查对流动人口的定义过于严格，使大量的事实性的流动人口排除在分析之外，但流动人口规模扩大的趋势不容否认。1995年1%人口抽样调查对流动人口的定义做了修订，判定人口迁移和流动的空间边界缩小为乡镇和街道，而迁移的时间标准也降低为半年。结果显示1995年全国共有流动人口（离开户籍所在地半年以上人口）7 073万人，较1990年扩大了2.5倍。这一规模的剧增，部分原因在于判断标准的发迹；但同时也不可否认，流动人口规模的急剧扩大。依据1995年关于流动人口的定义，到2000年11月1

---

① 国家统计局，关于1990年人口普查主要数据的公报（第一号），国家统计局，1990年10月30日。

日第 5 次全国人口普查时，我国共有流动人口 13 800 万人①，五年间迁移人口规模扩大了近 1 倍。在全部流动人口中，县和市内的跨乡镇街道的流动占 45.5%，省内跨县（市）的流动占 25.2%，省际间的流动占 29.4%（乔晓春，2003）②。从 1990 年到 2000 年间，人口总量增长最快的四个省（区、市）依次为广东省、北京市、新疆维吾尔自治区和上海市，人口增长分别为 37.5%、27.7%、27.0% 和 25.5%。这种高速的增长主要不是来自自然增长，因为除了新疆和广东的自然增长率稍高之外，其他有的地区自然增长都很低甚至为负数，因此可以推知增长的人口很大部分来自人口迁入③。而根据 2005 年全国 1% 人口抽样调查数据，我国 2005 年的流动人口数量达到 14 735 万人④，比 2000 年增加了 296 万人。⑤ 虽然流动人口的定义发生了调整，无法对不同定义下的流动人口变化情况进行直观的比较，但在定义一致的阶段，1982～1990 年，1995～2005 年这两个十年中，流动人口的规模不断扩大是不争的事实。

---

① 2000 年人口普查将"户口登记状况"（调查项目 R61）分为五类：居住本乡（镇、街道），户口在本乡（镇、街道）（以下简称第一款人）；居住本乡（镇、街道）半年以上，户口在外乡（镇、街道）（以下简称第二款人）；在本乡（镇、街道）居住不满半年，离开户口登记地半年以上（以下简称第三款人）；居住本乡（镇、街道），户口待定（以下简称第四款人）；原住本乡（镇、街道），现在国外工作学习，暂无户口（以下简称第五款人）。对于第二款人和第三款人，2000 年人口普查进一步收集了他们的户口登记地信息（调查项目 R62），包括：本县（市）其他乡；本县（市）其他镇；本县（市）其他街道；本市区其他乡；本市区其他镇；本市区其他街道；本省其他县（市）、市区；省外。根据 2000 年普查的调查项目 R61 和 R62，可以将全部第二款人和第三款人（如果按照 1982 年、1990 年普查的流动人口定义口径，这些人将全部被定义为流动人口）分为如下类型：(1) 城市内部人户分离人口，(2) 县（市）内流动人口，(3) 省内跨县（市）流动人口，(4) 跨省流动人口。后三者统称流动人口。市区内人户分离人口，主要是在城区范围内，因城市改造拆迁搬家、择校入学、婚嫁等原因居住在一个街道而户口寄挂在其他街道的人，这种人，并不是真正意义上的流动人口。根据这种划分方法得到的 2000 年全国城市市区范围内的市内人户分离人口规模为 3 600 万人，流动人口 10 175 万人。在全部 10 175 万人流动人口中，县（市）内流动人口 3 100 万人，省内跨县流动人口 3 375 万人，跨省流动人口 3 700 万人（翟振武，跨世纪的中国人口迁移与流动，中国人口出版社，2006）（段成荣、孙玉晶，我国流动人口统计口径的历史变动，人口研究，第 30 卷第 4 期 2006 年 7 月）。

② 也有人认为，全国流动人口为 14 439 万人，扣除市内人户分离人口外，还有 12 107 万人，这与此后国家发布的统计公报一致。乔晓春. 从"五普"数据分析城市外来人口状况 [J]. 社会学研究，2003，(1).

③ 据 1999 年全国人口变动抽样调查结果显示，上海市人口自然增长率为 -1.10%，北京市这一指标也已降至较低水平，为 0.90%。http://www.popinfo.gov.cn/popinfo/pop_docrkxx.nsf/v_rkbl/615034E3A285204F48256B82003066A2。

④ 2005 年人口抽样关于流动人口的定义还不是很明确，但应该扣除了市内人户分离人口。

⑤ 中华人民共和国国家统计局 2005 年全国 1% 人口抽样调查主要数据公报，2006 年 3 月 16 日，http://www.stats.gov.cn/tjgb/rkpcgb/qgrkpcgb/t20060316_402310923.htm。

（二）人口迁移的家庭化趋势日益明显

在流动人口总体规模不断扩大的同时，流动人口的结构和流动方式都发生了一些变化。这里我们尤其关注"人口迁移的家庭化趋势"。因为这种趋势的发展状况与城市流动儿童的数量及农村留守儿童的数量都密切相关。儿童迁移是被动迁移，其随迁还是留守是家庭决策的结果，已有研究显示家庭式迁移可以提高子女随迁的概率。因此，对家庭式迁移的考察非常必要。

所谓的家庭迁移是指一个家庭中有两人及以上成员结伴进行的迁移[①]。关于人口迁移家庭化的研究已经有一定的成果（蔡昉，1997；陈贤寿，孙丽华，1996；郭志刚，2003；周皓，2001，2003，2004；洪小良，2007），这些研究成果表明，我国人口迁移的家庭化趋势明显。迁移人口在外地居住有三种方式，第一种居住在迁入地的常住家庭；第二种迁移家庭在常住地独立居住（其可能租住在当地家庭，但调查时作为不同的家庭户）；第三种是居住在迁入地的集体户中。周皓研究表明，在1990年第3次人口普查时，迁移人口主要寄住在迁入地当地的家庭，其比例占近60%，但在2000年，这一比例则仅为18.74%，相当于1990年时的1/4。与此同时，居住在纯粹外来人口家庭中的迁移人口比例由1990年时的7.44%，上升到了2000年时的46.06%，几乎提高到了6倍。这意味着从1990年，外来人口更多地在迁入地成家庭形态，而不是单独寄居在本地人家庭（周皓，2004）。中国人民大学人口研究所进行的"2006年北京市流动人口家庭户调查"显示，在北京的农民工迁移家庭以2人户、3人户为主，家庭结构类型以夫妇携子女、夫妇二人家庭为主，举家迁移比例高。可以说，家庭化迁移的趋势非常明显。人口迁移的家庭化趋势使得城市流动儿童数量不断增加。上述"2006年北京市流动人口家庭户调查"显示，流动儿童子女在京出生、上学的比例高，增长快。被访流动人口家庭的所有0～14岁未成年子女中，有21.9%出生在北京；在其所有6～14岁的子女中，在京上学的比例达46.6%，已超过在原籍上学的比例（45.8%）。

家庭式的迁移（尤其是夫妇双方同时参与的迁移流动）能够带动子女随迁，因为：首先，家庭式迁移可能提供足够的人力物力来照顾随迁的未成年儿童少年。除儿童外如果还有两个及以上家庭成员结伴迁移，这些家庭成员就可能分出部分精力和劳力对之进行照顾。如果父母中只有一人迁移，迁出的家长不仅需要工作维持家庭收入，还要照顾子女，相对收入太小，而相对负担太重。因此，没

---

① 周皓认为，只有迁移家庭户中直系亲属如配偶、子女等占据了绝对的比例，才能真正称这个家庭户为"迁移的家庭户"，或者称之为"家庭式的迁移"。

有特别的原因，如为了子女接受更好的教育，或者夫妻离婚而家中无人照顾，单独迁移的父母通常不会携带子女进城。其次，家庭劳动力大量迁出后，老家照顾小孩的留守人员的数量和"质量"有限，出于亲情以及子女发展等方面的考虑，不得不将携带子女进行迁移。到底携带还是不携带，不仅受外出夫妻的工作收入稳定性、迁入地教育、居住成本及便捷性有关，还与老家有无合适的"照顾人"有关。总的来说，我国家庭规模不大，家庭结构以核心家庭为主，如果一个家庭已有两个及以上的人口发生迁移，剩余家庭成员随迁的可能性将极大提高[①]。（周皓，2004）

根据结伴成员的构成情况，家庭化迁移又包括夫妇两人迁移，夫妇加子女（部分或全部子女）的迁移，夫妻一方带着子女进行的迁移，除了核心家庭成员外，上述每种类型还可以带来其他家庭成员，构成其他的家庭迁移类型，如夫妇加子女以外的其他家庭成员（父母等其他亲属）的迁移类型。这里我们主要考虑核心家庭成员情况，尤其是家庭中未成年儿童少年跟随父母迁移的情况。儿童可能跟随父母一方、父母双方、其他亲属一起进行迁移或者留守在老家（包括亲戚家）。

在流动儿童方面，已有调查表明，多数流动儿童都是与父母双方一起结伴迁移，单亲家长携带未成年子女迁移的情况非常少。段成荣等（2004）依据2000年五普数据测算，65.4%的流动儿童是"随迁家属"，17.6%的迁移原因是"投亲靠友"，二者合计占83.0%。[②] 2006年周皓在北京市石景山区进行的流动儿童调查数据现实超过90%的流动儿童与父母居住在一起。中国人民大学人口研究所进行的"2006年北京市流动人口家庭户调查"显示，被调查且有信息的1 339个有子女的家庭中，709人在老家有子女，占53%，在北京有子女的至少有729户，占54.4%（因为"其他"中可能存在单人携带子女的情况，所以在京有子女的比例可能比54.4%要高）。携带子女的方式主要是夫妇携带子女。即使"其他"都是儿童与单亲或其他亲属居住的情况，流动儿童由父母携带进城的比例也高达85.6%。[③] 这些数据表明，从已经发生迁移的情况来看，儿童的迁移主要跟随父母进行的迁移，迁移方式的家庭化无疑也就意味着更多小孩可能加入到流动人口行列。

---

① 《2000年第五次全国人口普查主要数据公报》：全国总计城镇户均人口规模为3.1人，农村平均户均人口规模为3.65人。
② 段成荣，梁宏．我国流动儿童状况［J］．人口研究，2004，(1)．
③ 这一调查以北京市常住人口登记记录作为抽样框，会存在一定的偏差，低估非家庭迁移人口及居住稳定性较差迁移家庭的比例，不过用来考察家庭式迁移内部的构成情况仍然非常有价值。

(三) 流动儿童、留守儿童规模巨大且不断增长

人口迁移的家庭化趋势与流动儿童的增加有密切关系，但并不完全相同。迁移家庭中可能并没有小孩，或者没有带上小孩。即使一个小孩的父母结伴迁出了，他仍然可能被放在老家的寄宿学校或者与祖父母等其他家属一起生活。另外，流动儿童的规模扩大并不意味着留守儿童的规模减小。由于举家迁移的成本高、风险大，携带子女进行迁移家庭毕竟只占一定比例，其他大量的家庭只有夫妻双方外出，或者夫妻中的一方外出。因此，流动人口规模扩大的同时，流动儿童及留守儿童的规模都有可能不断扩大。先来看看我国流动儿童的规模、分布及特点；然后对留守儿童的规模及状况有所了解。

1. 流动儿童方面

根据五普资料推算，2000年11月1日我国流动人口总量为102 297 890人，其中14周岁及以下流动儿童为14 096 842人，占全部流动人口的13.78%。其中，跨省流动儿童3 386 316人，占全部流动儿童的24.02%，省内跨地区流动儿童4 928 421人，占全部流动儿童的34.96%；县（市）内流动儿童为5 782 105人，占全部流动儿童的41.02%。此外，这三种类型的流动儿童占相应类型流动人口的比例分别为9.01%、14.57%和18.72%，流入地与流出地之间的距离越远，低年龄人口发生流动的可能性相对越小。[①]

从来源地来看，大陆31个省份均向外输出流动儿童，但分布比较集中，主要集中在以下省份：广东（9.18%）、四川（7.18%）、河南（5.68%）、安徽（5.35%）、浙江（4.90%），来自这五个省份的流动儿童占全部流动儿童的32.29%。跨省流动儿童的来源地分布更为集中，比例较高的省份，有四川（12.0%）、安徽（10.7%）、浙江（6.03%）、湖南（5.97%）、江西（5.19%）等，来自这五个省份的跨省流动儿童占其总量的40%。

从分布地来看，流动儿童分布于31个省、自治区和直辖市。相对集中于广东（占全部流动儿童的11.8%）、江苏（5.3%）、山东（4.8%）、四川（4.7%）、浙江（4.6%）、新疆（4.4%）和湖北（4.2%）。

省内跨地区流动儿童更多地集中在广东（17.6%）、江苏（4.5%）、湖北（4.4%）、河南（4.3%）、黑龙江（4.3%），这五个省合计达35.1%。

跨省流动儿童的分布也比较集中（标准差2.974%），并且主要集中在广东（13.1%）、上海（9.7%）、新疆（9.3%）、江苏（6.7%）等经济发达和流动人口相对较多的地区，这四个省占总量的近40%。

[①] 段成荣，梁宏. 我国流动儿童状况 [J]. 人口研究，2004，(1).

总体而言，流动儿童到处都有，但远距离的跨省流动儿童则主要流向发达地区，如广东、上海、江苏等地，北京、上海、江苏、广东、新疆是流动儿童的聚集中心。① 这些儿童很多处于学龄阶段，给各地的教育系统带来的新的负担和问题。政府职能部门的统计数据显示，北京市 2001 学年度接受外地来京务工家庭儿童 10.3 万人，2002 学年 14.1 万人，2003 年已经达到了 17.8 万人。到 2006 年年底，外地来京流动人口适龄子女共 400 372 人，其中在公立学校就读的为 250 118 人，约占总数的 63%，在民办中小学就读的为 46 667 人，约占总数的 11%，在未经批准专门接受流动人口的子女民工子弟学校的为 103 587 人，约占总数的 26%。

上海 2006 年接受义务教育的外来人口子女为 385 703 人，比 2005 年增长 1.03%，其中民工子女 316 187 人，增长率与外来人口子女一样。这些学生 79.47% 集中小学阶段，略低于 2005 年的 82.79%。这些学生中在公立和民办学校就读的为 207 814 人，占公立和民办学校在校生的 21.41%，只有流动人口子女总数的 53.88%；超过 45% 的外来务工家庭的适龄子女在全市 277 所流动儿童学校就读。

乌鲁木齐市截至 2006 年年底义务教育阶段共有进城务工就业农民工子女 67 871 人，其中小学生 52 203 人，占小学在校生的 34.69%；初中进城务工就业农民子女 15 668 人，占初中在校生总数的 24.47%。此外，全市小学还有其他流动人口 7 954 人，初中 3 450 人。

辽宁省截至 2006 年年底，1 887 所城市中学校接受进城务工就业农民子女 14.3 万人。郑州市截至 2006 年 9 月，义务教育阶段接受进城务工农民工子女 82 593 人，其中在公立学校就读 72 748 人，占 88.08%；民工子弟学校学生 4 570 人，占 5.5%，其他民办学校 5 275 人。②

居留特征方面，流动儿童并非暂时人口，长期留驻的比例高，留驻时间长。段成荣，周福林根据五普数据估计，2000 年普查时大约有四百多万流动儿童是在流入地出生并成长起来的，而在外地出生来"本乡镇街道"居住的流动儿童中，还有 30.1% 的人是五年前流入，一半以上是 4 年或 4 年以前流入的，75% 的人是 2 年或 2 年以前流入的。规模不断扩大，而且长期留驻，流动儿童向城市教育及其他社会服务提供提出了新的要求。

2. 留守儿童方面

所谓"留守儿童"，是指父母双方或一方流动到其他地区，孩子留在户籍所在地并因此不能和父母双方共同生活在一起的儿童③。他们根据第五次全国人口

---

① 段成荣，梁宏. 我国流动儿童状况 [J]. 人口研究，2004，(1).
② 以上数据均来自教育部流动儿童问题课题评审时各省代表发放的文件。
③ 段成荣，周福林. 我国留守儿童状况研究 [J]. 人口研究，2005，(1).

普查0.95%的长表抽样数据计算出留守儿童在全体儿童中所占比例为8.05%。2000年人口普查得到14岁及以下儿童总量为28 452.76万人。依次推算，全国留守儿童数量在2 290.45万人。留守儿童在各地之间的分布很不均衡。留守儿童主要分布在四川、重庆、江西、安徽、湖南等经济比较落后的农业地区，广东省和海南省也是留守儿童比较多的地区。四川、广东、江西、安徽、湖南和海南6个省的留守儿童在全国留守儿童总量中所占比例超过半数，达到55.2%。这些省份既是人口流出大省，流出的流动儿童多，同时留守儿童也多。

今年距2000年人口普查又有八年的时间，流动人口的规模和留守儿童规模又有增长。合肥市妇联对留守流动儿童状况2008年开展的调研显示，合肥市三县四区共有18岁以下儿童968 249人，其中留守儿童171 937人，占总数的17.8%；流动儿童10 854人，占总数的1.1%。在留守儿童中，学龄前儿童占留守儿童总数的27%，小学生、初中生和高中生分别占总数的32%、28.1%和12.9%。留守儿童父母双方有一方在外打工86 511人，约占留守儿童总数的50.3%；父母双方均在外打工85 420人，约占留守儿童总数的49.7%。留守儿童主要和祖辈生活在一起的约占42.7%，和其他亲戚生活在一起的约占5.7%，寄养在朋友家里的约占1.2%。① 留守儿童虽然没有进城，但是与父母进城有关。城市生活成本过高、教育等保障及权利政策不够公平开放是出现儿童留守的重要原因。

（四）本研究的意义

作为"农民工子女教育问题研究"的子课题，本研究的主要着眼点在于了解流动人口在子女随迁与否，即已婚、有子女的流动人口是携带子女一起"流动"，还是"留守"农村这一问题上的决策机制。即本研究希望回答：到底是什么原因使流动人口携带子女进入城市，或者将子女留守农村？在进行这种决策机制过程中，流动人口所关注的是哪些方面的因素？政府在引导流动人口进行这种决策过程中，又应该如何引导或干预？而政府的引导或干预行为则是本研究的最终研究目的。

自20世纪90年代末期以来，流动儿童问题引起了社会各界的广泛关注；而21世纪初期以来，农村中不断增长的被外出打工父母留在家乡的留守儿童群体也逐步引起社会的密切关注。这些留守儿童是农村社会转型时期和农村大规模劳动力到城市就业后出现的一个特殊的社会群体，他们的父母单方或者双方在城市打工。留守儿童这个群体存在的问题，是我国经济社会发展中出现的一个不容忽视的新问题。

---

① http://www.women.org.cn/allnews/02/2168.html.

农村"留守儿童"问题是一个集中地体现着城乡文明一体化这一社会转型中多种矛盾和冲突的、综合性的未成年人义务教育问题，它一方面反映了我国城市发展与乡村发展、经济发展与社会发展不协调的现状，另一方面也反映了当前义务教育政策在解决"流动儿童"与"留守儿童"教育方面仍然存在着需要改进的空间。

本子课题的重要意义就在于其实践意义，即通过探讨影响留守儿童父母在子女随迁或留守的决策过程中的主要影响因素，为更有效地解决"流动儿童"或"留守儿童"问题提供现实依据意义。具体的研究意义在于：

其一，目前，国内学术界及部分省、市教育部门虽已关注到流动人口子女随迁与否的问题，并已做了各种各样或某些单方面的研究，但总的来说，已有的研究存在着多方面的问题。有的研究仅仅是通过小规模的几个区县的调查，或者是通过定性的个案访谈的结果来推论；更多的研究则主要是着眼于"为什么留守"的问题而进行，并没有分析其决策机制。因此，在流动人口子女是否随迁问题上的研究，迫切急需具有代表性的大规模调查支撑的充实数据来说明其根本原因与动机；其研究结果不仅仅可以作为政府解决农民工子女教育问题的政策制定依据，更重要的还在于其政策干预的措施与实施过程。

其二，留守儿童不是问题儿童，这一群体的问题的有效解决，不仅关系着这些孩子的健康成长，还关系着这些家庭的幸福和稳定，甚至关系着社会主义新农村建设与和谐社会的建立。因此，解决好"流动儿童"与"留守儿童"问题这一人口城市化、劳动力转移过程中出现的社会问题，已成为一项紧迫任务。而探究农民工子女是否随迁的原因，可以为提出解决农民工子女教育问题的具体措施提供基础。

其三，对农民工子女是否随迁的研究不仅可以提供上述内容的实践意义，而且更可以为研究核心家庭的迁移与流动的决策机制及其后果研究提供翔实的数据基础，为系统分析个体迁移与家庭迁移的决策过程、实施过程及其后果等提供理论基础。

二、概念界定、研究综述与研究假设

目前已有的大量有关人口迁移理论的文献，大多来自国外的人口迁移和国际人口迁移经验，尽管为我们进行新的研究提供了较好的理论基础，但在中国的适用性如何，仍然有待于进一步的验证。同时，鉴于对我国人口迁移研究的进程，本研究不再特别针对个体迁移，而将关注的焦点放在了家庭迁移与子女随迁的决策因素。本部分的具体内容包括：(1) 概念界定；(2) 理论综述与因素提取与相互比较（如个体与家庭特征、收入、社区、宏观经济、制度等因素）；(3) 个体迁移决策机制、家庭迁移决策机制、子女随迁决策机制的总结、假设与讨论。

（一）概念界定

在进行理论回顾之前有必要对几个基本的概念进行界定。首先，个体迁移与家庭迁移。这两个概念的区分是与人口流动的发展和研究的深入紧密相关。在改革开放初期，农村人口的流动往往是家庭中个别劳动力的流动，外出的目的在于从村外争取更多的收入和资源。但随着时间推移，对于家庭生活的需要等原因，投靠亲友及随迁的人口增加，出现同一家庭有两个及两个以上的成员一起迁移、甚至举家迁移共同生活的情况，也即是说人口迁移出现了"家庭化"的趋势，因此越来越多的研究开始关注"家庭迁移"。

对"家庭迁移"的界定还存在一定的分歧。周皓认为，只有户主与配偶均为迁移人口时，该家庭户才算是迁移/流动的家庭户；此外，还应该确认，在该家庭户中，直系亲属如配偶、子女等占据了绝对的比例，才能真正称这个家庭户为"迁移的家庭户"，或者称之为"家庭式的迁移"。也就是说家庭迁移至少包括一个婚姻单位（一对夫妇）在其中，且直系亲属占迁移户的绝对比例（周皓，2004）。洪小良认为家庭迁移发端于追随先行迁移者的第二个家庭成员的迁移行为。因此，他将家庭迁移操作化为涉及两个以上家庭成员的迁移，而未对这些成员之间的关系进行限定，只要他们原来属于同一家庭户（洪小良，2007）。

因为本文研究的是子女随迁问题，为了更好界定家庭迁移问题，我们先列举一下子女与其他家庭成员组合迁移的方式。

表 5-1　子女随迁与其他家庭成员组合迁移的方式

个人迁移	已婚单人迁移、未婚单人迁移
家庭迁移	A. 夫妇二人
	B. 夫妇 + 子女（全部或部分子女）
	C. 夫妇 + 子女 + 其他家庭成员
	D. 夫妇 + 除子女以外的其他家庭成员
	E. 单亲 + 子女
	F. 单亲 + 子女 + 其他家庭成员
其他组合迁移	G. 未婚兄弟姐妹组合迁移、子女 + 其他亲属的迁移等等

表 5-1 中 A~F 六种类型都可以被认定为家庭迁移。总结这六种类型的家庭成员构成情况，我们发现，只有当结伴迁出的家庭成员间至少包括一对夫妇，

或者至少包括一对亲子关系时这样的迁移才称得上是家庭迁移。逻辑上分析，有一部分未成年儿童少年可能跟随双亲以外的人员外出流动，这些儿童同样属于流动儿童（与流动人口的定义一致，只是年龄属于未成年儿童少年而已），但统计表明，这类流动儿童所占比例非常小。此外，跟随父母一方迁移的未成年儿童也非常少，绝大多数流动儿童都属于家庭式随迁，并且与父母双方同住。

留守儿童则是指父母双方或一方流动到其他地区，孩子留在户籍所在地并因此不能和父母双方共同生活在一起的儿童[①]。留守儿童的主要类型包括[②]：

表5-2　　　　　　　　留守儿童的主要类型

父母迁移方式	儿童留守方式
父母都外出迁移	儿童单身留守
	与父母以外的家人（包括叔伯姑姨、祖父母、外祖父母等广大家庭成员）在一起
父母有一人迁移	与父亲＋（其他家庭成员）
	与母亲＋（其他家庭成员）

父母外迁使得留守儿童都暂时无法与父母双方团圆，对亲子交流以及子女的教育成长都可能造成不良的影响，尤其是父母双方都外出的情况更是如此。

（二）理论综述

国外人口迁移理论大致经历了如下发展过程：从关注个体迁移到关注家庭迁移（R. Paul Duncan and Carolyn Cummings Perrucci, 1976[③]; SeongWoo Lee and Curtis C. Roseman, 1999[④]）从关注国际移民（international immigration）到关注国内流动（Alden Speare et al, 1982[⑤]; Gordon L. Clark, 1984[⑥]），从关注男性迁

[①] 杨菊华，段成荣. 农村地区流动儿童、留守儿童和其他儿童教育机会比较研究[J]. 人口研究，2008，(1).

[②] 未考虑单亲家庭的情况。

[③] R. Paul Duncan and Carolyn Cummings Perrucci: *Dual Occupation Families and Migration*. American Sociological Review, 1976 (2), pp. 252–261.

[④] SeongWoo Lee and Curtis C. Roseman: *Migration Determinants and Employment Consequences of White and Black Families*, 1985–1990. Economic Geography, 1999 (2), pp. 109–133.

[⑤] Alden Speare, Jr., Frances Kobrin, Ward Kingkade: *The Influence of Socioeconomic Bonds and Satisfaction on Interstate Migration*. Social Forces, 1982 (2), pp. 551–574.

[⑥] Gordon L. Clark: *Dynamics of Interstate Labor Migration*. Annals of the Association of American Geographers, 1982 (3), pp. 297–313.

移关注女性迁移（Marcela Cerrutti and Douglas S. Massey，2001[1]；Xiushi Yang and Fei Guo，1999[2]），从关注白人迁移到关注黑人迁移（SeongWoo Lee and Curtis C. Roseman，1999）从关注发达国家的人口迁移到关注发展中国家的人口迁移（Brenda Davis Root and Gordon F. De Jong，1991[3]；Graeme J. Hugo，1982[4]；Zai Liang and Michael J. White，1996[5]；Ma. Reinaruth D. Carlos，2002[6]），从关注人口迁移的经济因素到关注非经济的心理、社会文化因素，从关注迁移事实到关注迁移倾向、迁移决策、迁移过程、迁移影响整个一系列的过程和机制。

这种发展以个体迁移的新古典经济学模型为起点的。该理论模型认为：从宏观层面上来讲，不同地区资本与劳动力的相对稀缺性差异是劳动力流动的根本原因，人口迁移是从劳动力相对剩余的地区前往劳动力稀缺的地区，因为在后一类地区，劳动力的相对价格较高。从微观层面上来看，迁移是个体的基于成本——收益计算作出的理性决策。在一定的人力资本条件下，个体会努力使自己的人力资本"卖"一个好价钱，包括通过迁移来实现这一目标。当个体能够在其他地方获得更高的回报和收入时，个体就会进行迁移，当然这需要扣除旅费成本、寻找新工作和适应新环境、断绝或维护旧有关系的成本（Sjaastad，1962[7]；Marcela Cerrutti and Douglas S. Massey，2001）。

这一理论模型的精简假设抓住了人口迁移的基本原因。但这一模型仍然存在不足（SeongWoo et al，1999；Douglas S. Massey et al，1993[8]），主要有如下几个问题：首先，人口迁移并不都以个人为单位，即使是个人迁移也并不一定完全是个体独立决策的结果，其他家庭或家族成员扮演了重要角色，由此发展出来的理

---

[1] Marcela Cerrutti and Douglas S．Massey On the Auspices of Female Migration from Mexico to the United States. Demography，2001（2），pp. 187 – 200.

[2] Xiushi Yang and Fei Guo：Gender Differences in Determinants of Temporary Labor Migration in China：A Multilevel Analysis. International Migration Review，1999（4），pp. 929 – 953.

[3] Brenda Davis Root and Gordon F. De Jong：Family Migration in a Developing Country. Population Studies，1991（2），pp. 221 – 233.

[4] Graeme J. Hugo：Circular Migration in Indonesia. Population and Development Review，1982，（1），pp. 59 – 83.

[5] Zai Liang and Michael J. White：Internal Migration in China.，1950 – 1988. Demography，1996（3），pp. 375 – 384.

[6] Ma. Reinaruth D. Carlos：On the Determinants of International Migration in the Philippines：An Empirical Analysis. International Migration Review，2002（1），pp. 81 – 102.

[7] Sjaastad，L. A.：1962. The Costs and Returns of Human Migration. Journal of Political Economy 70S.

[8] Douglas S. Massey，Joaquin Arango，Graeme Hugo，Ali Kouaouci，Adela Pellegrino，J. Edward Taylor：Theories of International Migration：A Review and Appraisal. Population and Development Review，1993（3），pp. 431 – 466.

论可以被归为家庭迁移或者人口迁移的家庭视角（Jacob Mincer[①]；Taylor 1986[②]，1987[③]）；其次，人口迁移并非完全由经济理性计算决定，心理、社会文化等因素扮演着重要角色，如满足感、社会联系、相对剥夺感等，由此发展出来的理论可以被称为人口迁移的非经济模型理论（Robert L. Bach and Joel Smith，1977[④]；William Kandel and Douglas S. Massey，2002[⑤]）；再次，人口迁移并不等于迁移决定，也不等于迁移结果。一个人出现在另一个地方不是突然出现的，而是经历了一个过程，包括迁移倾向，决策，迁移过程，迁移策略等，由此发展出来的理论可以被称为是人口迁移过程理论，强调人口迁移过程中的网络资源利用，以及人口迁移的人类学研究（Alden Speare，等，1982[⑥]；Alberto Palloni，Douglas S. Massey 等，2001[⑦]；Curtis C. Roseman，1971[⑧]）；最后，也有不少理论希望能够整合各种理论模型，既考虑到不同地理空间上的宏观因素的差异，又考虑到微观层面的家庭——个体行为决策等（Douglas S. Massey 等，1993[⑨]；G. Hyman and D. Gleave，1978[⑩]）。

总体来说，迁移受到不同层面不同因素的影响：（1）来自个体层面的因素，如个人的基本特征如性别、年龄、受教育或技术水平等；（2）还有个体与其他因素之间的关系或者对其他层面的因素的看法，如在原住地的满意度，与原住地的社会联系，与潜在迁入地的联系等；这可以归结为社区层面；（3）还有来自家庭层面的因素，如家庭的生命周期、家族结构（如家庭中劳动力数量，非劳

[①] Jacob Mincer：*Family Migration Decisions*. The Journal of Political Economy，1978（5），pp. 749－773.

[②] Taylor，J. E：Differential Migration，Networks，Information and Risk. in Migration Theory，Human Capital and Development，edited by O. Stark. Greenwich，CT：JAI.，1986，pp. 147－171.

[③] Taylor，J. E：*Undocumented Mexico － U. S. Migration and the Returns to Households in Rural Mexico*. American Journal of Agricultural Economics，1987，pp. 626－638.

[④] Robert L. Bach and Joel Smith：*Community Satisfaction，Expectations of Movin，and Migration*. Demography，1977（2），pp. 147－167.

[⑤] William Kandel and Douglas S. Massey：*The Culture of Mexican Migration：A Theoretical and Empirical Analysis*. Social Forces，2002（3），pp. 981－1004.

[⑥] Alden Speare，Jr.，Frances Kobrin，Ward Kingkade：*The Influence of Socioeconomic Bonds and Satisfaction on Interstate Migration*. Social Forces，1982（2），pp. 551－574.

[⑦] Alberto Palloni，Douglas S. Massey，Miguel Ceballos，Kristin Espinosa，Michael Spittel：*Social Capital and International Migration：A Test Using Information on Family Net*. The American Journal of Sociology，2001（5），pp. 1262－1298.

[⑧] Curtis C. Roseman：*Migration as a Spatial and Temporal Process*. Annals of the Association of American Geographers，1971（3），pp. 589－598.

[⑨] Douglas S. Massey，Joaquin Arango，Graeme Hugo，Ali Kouaouci，Adela Pellegrino，J. Edward Taylor：*Theories of International Migration：A Review and Appraisal*. Population and Development Review，1993（3），pp. 431－466.

[⑩] G. Hyman and D. Gleave：*A Reasonable Theory of Migration，Transactions of the Institute of British Geographers*. New Series，1978（2），pp. 179－201.

动力（或被抚养人口、数量等），家庭内部的迁移压力，家庭整体人力资本、社会资本状况，原来的收入状况等；（4）也有国家（地区）层面的，如教育资源的分布、就业率、平均工资、消费水平、治安状况、公共资源状况、环境、天气等；（5）还有国家（地区）间的因素，例如交通、信息等（Douglas S. Massey et al，1993①）。

携带子女随迁问题在国外的移民研究也只是到了 20 世纪末 21 世纪初才得到西方学者的关注和集中研究（Marjorie Faulstich Orellana et al，2001）。②

上述关于个体迁移的理论模型及影响因素的总结无疑对于家庭迁移的研究都有基础意义。但，个体迁移虽然同样受到家庭因素的影响，甚至个体迁移的决策都是家庭集体决策的结果，但个体迁移毕竟不同于家庭迁移。因此，有必要对个体迁移及家庭迁移的区别以及后者的决定因素及影响进行一定的了解。

1. 个体迁移与家庭迁移的异同

个体迁移与家庭迁移的不同首先是迁移单位的差异，这种差异带来了迁移决策机制、迁移过程及迁移影响等各方面的不同。家庭作为迁移单位，包括多个劳动力以及非劳力成员（未成年子女），迁移成本较高，所面临的风险较大，对家庭劳动力成员在迁入地的收入的水平及稳定性都存在一定的要求。相对于羁绊较少的个人，整个家庭迁移的可能性较低，随着家庭成员的增加迁移可能带来的回报也可能会不足以抵销迁移成本（Jacob Mincer，1978③）。尤其是劳动能力不强的妇女以及未成年子女的加入，将增加迁移的负担和开销。

家庭迁移的步骤与过程可能与个体迁移不同。家庭迁移中虽然也有部分是一次完成的，即家庭成员同时迁移，但通常的家庭迁移采取逐步迁移法，个别家庭成员先迁移，待工作生活稳定或安排妥当之后再将剩余的家庭成员接过去。在我国城市流动儿童中有一部分是在城市出生的，这应该也算是逐步迁移的结果，父母在外工作生活多年，多数应该是在较适应和稳定的情况下才生小孩的。而小孩成长到一定的年龄需要上学，为了保证教育的稳定性，父母更换职业及居住地时的考虑会要多一些，因而，迁移家庭相对比较稳定，迁移的频率比个人迁移要低。

家庭迁移带来的影响也是不一样的。家庭是社会稳定的基础，对于迁移的人

---

① Douglas S. Massey, Joaquin Arango, Graeme Hugo, Ali Kouaouci, Adela Pellegrino, J. Edward Taylor: *Theories of International Migration: A Review and Appraisal.* Population and Development Review, 1993（3），pp. 431–466.

② Marjorie Faulstich Orellana, Barrie Thorne, Anna Chee, Wan Shun, Eva Lam: *Transnational Childhoods: The Participation of Children in Processes of Family Migration Social Problems.* Special Issue on Globalization and Social Problems, 2001（4），pp. 572–591.

③ Jacob Mincer: *Family Migration Decisions.* Political Economy, 1978（5），pp. 749–773.

来说家庭式的迁移能够很大程度上改变迁移人口在外的漂泊之感。而对于留守人口来讲，家庭迁移意味着更多的家庭成员离开老家，可能对老家成员的经济、情感等各个方面产生复杂的影响①。此外，家庭式的迁移长期在外定居的可能性较大，有可能带出更多的迁移人口。

2. 有关家庭迁移的研究

国外有关家庭迁移的研究同样是从理性经济模型开始的，只是算计的单位不是单独的个体，而是一起迁移的多个劳动力总的情况。此外，在计算收益和成本时，非经济的家庭情感成本被纳入作为重要的因素。Minser 对家庭迁移决策进行了理性分析，他分析指出，在有多个居住地选择时，夫妻双劳力可供选择的迁移决定有如下几种：两人结伴迁往，一个迁移一个留守，两人分开单独迁移，只有在结伴迁移时才算家庭迁移②。而两人是否结伴迁移取决于两个人分开迁移得到的收获与从婚姻得到的收获之间的关系：当两人从婚姻中得到的收获加上两个人共同迁移的收入之和超出两人分离（不管是一个留守一个迁移，还是两个人分开迁移）时的收入之和时，夫妻双方才会选择结伴迁移。（Jacob Mincer③）其实个体迁移时也有所谓的感情成本问题，但初期关于个人迁移的研究，将未婚青年作为迁移的典型代表。实际上已婚者的迁移现象从来就存在，并且占一定比例。在各类迁移中，家庭生活的需要是促使随迁现象越来越多的重要原因（郭志刚，2003；周皓，2004）。

这种理性选择理论同样为我们理解家庭迁移提供了很好的基础，但即便每个家庭的迁移都完全受到收益和成本算计的影响，我们也还要追问，什么样的家庭更有可能实际发生家庭式迁移呢。也即是说，哪种环境和条件下的家庭共同迁移的相对收入较高。Brenda 等研究发现家庭与迁移系统的联系、家庭在原住地的社会纽带、家庭迁移压力、家庭结构、家庭社会经济资源、家庭成员以往的迁移经历等因素等都会对家庭迁移产生影响（Brenda Davis Root and Gordon F. De Jong, 1991）④ 为了进行归纳和总结，我们从以下几个层次对已有研究进行梳理：

（1）从家庭内部的特征来看。首先，家庭所具备的"能力"，如人力资本、社会资本、经济资本等资本构成情况，包括先迁移者或户主的性别、年龄、受教育水平、职业技能（经验）、关系网络、原有迁移经历等。

在以往的研究中，对于家庭所具备的适应能力的测量，主要以先迁出者或户

---

① 邹建立：《村民外出打工对留守家人的影响：一份来自鲁西南 H 村的田野报告》，青年研究，2007 年。

② 为了模型的简洁性，他将未成年子女对于迁移的影响排除在分析之外。

③ Jacob Mincer：*Family Migration Decisions*. Political Economy，1978（5），pp. 749 – 773.

④ Brenda Davis Root and Gordon F. De Jong：*Family Migration in a Developing Country*. Population Studies，1991（2），pp. 221 – 233.

主的特征为代表。先迁出者（或户主）的能力越强（在迁入地劳动力市场越具有相对优势），在迁入地打下的基础越好，实现家庭迁移的能力越大而所冒的风险越小，家庭迁移的可能性越大。国内外大量研究都强调了这方面因素的重要性[①]，为了更切合中国的情况，这方面我们主要借鉴国内的研究情况。洪小良（2007）认为"在影响家庭迁移的个人特征方面，女性比男性，已婚者比未婚者，年龄较大者比年龄较小者，受教育程度较低者比受教育程度较高者，迁入时间较短者比迁入时间较长者，更可能带动家庭人口迁移。"朱明芳（2007）则认为，"农民工职业的区域流动带来的亲情缺失是农民工家庭人口迁移的根本动因，农民工职业的行业流动与工种流动所带来的农民工自身经济实力增强和社会地位提升是农民工家庭迁移的经济与社会动因。实现了职业在区域间、行业间、工种间流动的农民工，其迁移家庭人口的比率明显高于被调查总体，更高于职业未发生此类流动的农民工。其中，农民工职业流动半径越大，迁移其家庭人口的可能性越大；农民职业流动的行业越好，迁移其家庭人口的可能性越大；农民职业流动的工种越好，迁移其家庭人口的可能性越大。"[②] 周皓（2004）的研究也表明在家庭迁移中户主的个人特征发挥了重要的作用，户主的年龄、教育水平、户口性质以及迁移经历对是否发生家庭迁移影响很大。"户主的个人特征对于家庭迁移的影响作用更为明显。即在家庭迁移过程中，户主的个人特征在某种程度上决定着家庭是否能够举家迁移。"但"这时的户主个人特征已经不再被看成仅仅是户主个人的特征了，而应该被看成是一个家庭户的标志性特征"。

其次，家庭规模、家庭结构、家庭的生命周期、家庭内部的权力及情感关系等都是影响因素。家庭规模指家庭户中人口的数量，在目前农村就业机会有限的情况下，家庭人数越多人口迁移的推力可能越大，但家庭规模越大举家迁移的成本越高，因此出现家庭迁移的可能性较小。家庭结构包括家庭人口中劳动力人口的或负担人口（老人、小孩）的数量和比例（在儿童是否迁移的研究中，我们尤其关注儿童的祖父母（作为重要的照顾者）是不是住在一起，即家庭为主干家庭结构）。家庭的生命周期与家庭的结构不是同一回事，但家庭结构的变化能够一定程度上反映家庭生命周期的变化，此外也可以通过家长或小孩的年龄来测量家庭所处的生命阶段。家庭内部的权力和情感关系在以往的研究中强调很少。与家庭的结构和生命周期因素一样，这一因素同样会影响到家庭迁移的能力、成本与决策问题，家庭内部的情感

[①] Ernst P. Goss and Chris Paul：*Age and Work Experience in the Decision to Migrate*，The Journal of Human Resources，1986（3），pp. 397–405.

[②] 朱明芳. 农民工职业流动带动家庭人口迁移的实证分析——以杭州为例 [N]. 中共杭州市委党校校报，2007.

越密切，家庭生活占据的地位越高，选择进行家庭迁移而不是个人迁移的可能性应该越大。对家庭规模、家庭结构因素的强调，国内也比较多。周皓研究认为，家庭户规模对于个体的人口迁移行为是正向的刺激作用，但对于家庭迁移则是负向作用，家庭规模越大，发生家庭迁移的可能性越小。家庭结构（包括核心家庭所处的联合家庭的结构）也会对家庭迁移产生影响，老人和小孩的存在使得家庭迁移的成本有所提高，家庭内部老人和小孩等非劳动力人口越多，发生家庭迁移的可能性越小（周皓，2004；洪小良，2007）。家庭的生命周期对家庭迁移的影响重大，户主的年龄既能反映家庭的生命周期，同时也是人力资本的重要测量之一，年轻体壮的 25~40 岁的中青年在劳动力市场上往往比较容易找到工作，因此处于这一阶段家庭更容易发生家庭迁移。Long（1975）研究发现家庭的规模对家庭迁移的影响并不像想象的大，不过学龄儿童的确可以阻碍家庭迁移，但学龄前儿童却能增加家庭迁移的可能性。

（2）从家庭与原居住生活社区的关系来看，家庭在原居住地的生活满意度、社会经济状况（家庭劳动力原就业情况、收入水平、社会联系、社会声望）等因素是影响个体及家庭迁移的重要变量。对这方面因素的强调国内较少，国外强调较多[①]（Oded Stark 等，1989[②]）。通常在原住地生活越满意、社会联系越紧密、社会经济状况越好的家庭进行迁移的可能性较低。我国城乡差异的存在，在社会经济状况最好的农村人在原住地的满意度并不一定高，其中部分人更是进城最早最积极的人。

（3）家庭与潜在迁入地或者说迁移网络的关系来看，家庭与潜在迁移地之间的距离、信息联系、社会关系网络资源、是否有部分家庭成员在潜在迁移地生活工作的经历等可以反映家庭对潜在迁移地的了解及适应能力的因素对家庭迁移的发生有着重要的影响（Douglas S. Massey，1990[③]）。洪小良研究表明迁入地家庭收入越高，往原籍的汇款越少，发生家庭迁移的可能性越大，原籍家庭人均耕地面积、迁入地亲戚人数的影响不显著。

（4）从地区相对差异来看，地区之间社会经济发展水平、公共产品供求（教育、医疗、交通等）情况、劳动力就业机会和工资水平等方面的差异都是影响家庭迁移的重要变量。大量有关省际人口迁移的宏观人口迁移或劳动力市场理

[①] Robert L. Bach and Joel Smith: Community Satisfaction, Expectations of Moving, and Migration, Demography, Vol. 14, No. 2, (May, 1977), pp. 147-167.

[②] Oded Stark and J. Edward Taylor: *Relative Deprivation and International Migration*. Demography, 1989 (1), pp. 1-14.

[③] Douglas S. Massey: *Social Structure, Household Strategies, and the Cumulative Causation of Migration*. Population Index, 1990 (1), pp. 3-26.

论关注了这些因素的影响（Ian Gordon，1995①）。其中个体主义的研究或者以家庭为研究单位很难将这种宏观层次的变量纳入到研究模型中（虽然有人发展了多层次的模型），研究者通常只能以前面（2）、（3）层面的测量来反映地区之间的差异，例如通过个体或家庭在不同地区的收入情况和满意度情况来测量这种地区差异。在我们的研究中虽然会提到地区差异，但由于数据的原因，不会对这方面的因素作太多的讨论，但这些因素是影响人口和家庭迁移的重要变量，在结论和建议部分我们将讨论这些公共政策和制度对于人口的影响，并提供必要的选择和建议。

（三）本研究的假设

各种不同的人口迁移理论都是以推拉理论为基础，同时又是对人口迁移理论的有益补充。因此，无论是个人迁移还是家庭迁移，都是在比较迁出地与迁入地之间的各种结构和关系、权衡各种利弊之后做出的理性选择的结果。而子女是否随其父母亲迁移，同样也是父母亲根据家庭与子女的各种状况所作出的理性选择。但是其中的影响因素则可以通过分层模型的思路来考虑。即，建立在分层分析模型的基础上，影响子女随迁的决定因素来自于不同层次的不同因素。而这种分层模型的解释将有助于我们全面地了解子女随迁决策的决定因素。这些不同的层次可以归结为三个方面：（1）宏观的教育政策及其实施情况；（2）家庭情况；（3）子女的个体特征。

家庭迁移即强调个体迁移时的各种特点，同样也强调个体在家庭内部的角色与位置，并进一步强调个体决策与家庭发展战略之间的协调与统一。因此，首先需要强调的是，子女是否随迁，必然首先受到家庭决策的影响。

而家庭决策过程中同样会考虑儿童的自身特征，及其今后的发展。儿童的个体特征尽管是不变的，但是从父母亲的期望与要求会随着子女的特征而发生变化。因此，儿童个体特征同样也是家庭决策过程的重要因素。

而子女今后的发展状况则是父母亲更为关心的问题。其中发展的状况，不仅仅涉及子女的生活照料问题，而且更为重要的是涉及到了子女的教育结果、心理状况、社会发展等的各个方面，生活照料与教育仅是其中的一个部分。因此，在考虑儿童的教育状况时，就必然会考虑到迁入地有关的教育政策；也会考虑到儿童所就读的学校；也会考虑到儿童在学校中的公平公正的待遇等。因此，对于迁入地的教育政策、教育资源等的了解情况同样也将影响到子女随迁

---

① Ian Gordon：Migration in a Segmented Labour Market，Transactions of the Institute of British Geographers. New Series，1995（2），pp. 139–155.

的决策机制。

正如推拉理论所建构的框架,影响子女是否随迁的三个方面重要影响因素同样需要从迁入地与迁出地的对比来进行。因为最终的决策是这三个不同层次的影响因素的综合评价结果。

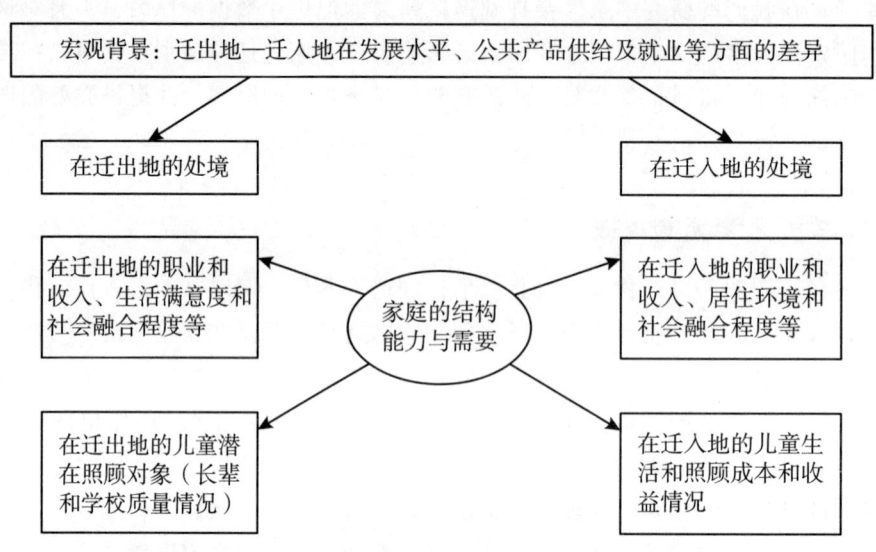

图 5-1 是否携带子女的影响因素示意图

1. 从家庭层面看,父母在迁入地的适应能力越强、适应状态越好,越有可能将子女带在身边

在开放的人口迁移政策和市场制度下,要实现家庭迁移并将子女带在身边,父母需要解决系列的需要和问题。其解决这些需要和问题的能力越强,在本地长期生存和发展下去的可能性越大。父母在迁入地的适应能力主要表现在:在一定的劳动力市场中获得好的就业机会,争取高收入的能力,以及在一定的社区环境下建立社会关系、获得价廉物美的消费资料(包括住房、伙食以及教育和医疗等消费资料)的能力。根据这一命题可以得出如下子命题:

(1)父母的受教育水平越高,其在劳动力市场的竞争力越强,适应状态可能越好,从而越有可能将子女带在身边。

(2)父母结伴迁移比父母单方面迁移的家庭支持要强,在外适应可能越好,从而越有可能将子女带在身边。

(3)父母在迁移地居住的时间越长,对迁入地越适应,将子女带在身边的可能性越大。

(4)父母在迁入地的收入水平越高,越有可能将子女带在身边。

(5)父母在迁入地的职业越稳定和体面,越有可能将子女带在身边。

2. 从家庭在老家的境况来看，迁移家庭在老家的相对条件越差、留守人员照顾能力越弱，父母越有可能将子女带在身边

在自由选择的情况下，要不要迁移，是个人迁移还是结伴迁移不仅需要考虑在迁入地的收入和生活情况，也会评估在老家的发展环境。对于迁入地的适应需要一个过程，在迁移初期，迁移者或家庭在迁入地可能并不特别适应，需要采取逐步迁移的方式，将一部分成员留在老家。理性考虑，如果老家的环境更适合小孩的照顾和学习，以及家庭收入的提高的话，迁移父母携带子女离乡的可能性较小。老家环境与小孩紧密相关的方面是，小孩在老家是否有人照顾，照顾人的用心程度如何；老家的学校质量如何（这一条我们放在教育因素中讨论）；老家整体的社会经济发展状况如何，这将很大程度上决定地方的风气、治安和家庭的长远打算；迁移家庭在迁出前的职业状况，这能一定程度上衡量家庭在原居住地适应情况和联系。由此我们推出如下子命题：

（1）从迁出地类型看，由于城乡不同，不同迁出地的家庭携带子女的情况会存在一定的差异。

（2）父母迁移前等经济状况越差，对家庭而言迁出地条件越差，父母将子女带在身边的可能性越大。

（3）留守在老家的核心家庭成员越少，父母将子女带在身边的可能性越大。

3. 从小孩自身特征来看，不同年龄和性别的小孩所需的照顾以及在父母心目中的地位可能存在一定的差异，因此被携带进城的可能性不同

对家庭生活需要的测量是一件比较麻烦的事情，只有考察子女自身的特征对被携带与否的影响。大体而言我们尝试着作出如下有待检验的子命题：

（1）家庭的子女数量越少，子女在父母心目中的地位越高，越有可能将子女带在身边。

（2）子女年龄小，父母对其情感倾注越大，越有可能带在身边。

（3）如果重男轻女的观念还存在，在有多个子女的情况下，男孩也许更有可能被打在身边。

4. 从教育因素来看，父母对迁入地学校的教育评价越高，越有可能将子女带在身边

（1）在教育城乡不平等格局下，对子女教育预期越高父母越有可能将子女带在身边。

（2）父母对前入戏学校的评价越高，越有动力将子女带在身边。

（3）在一定的教育制度下，将子女带在身边的父母对本地教育政策越了解，而将子女放在老家的父母对老家的教育政策较了解。

（4）在一定的教育预期、教育制度安排下，家长对外地户籍的小孩进入本地公立学校的难度的估计越难，其携带子女在身边的可能性越小。

（5）由于父母普遍对子女的受教育水平和职业预期都较高，因此这些类预期差异带来的决策影响可能并不大。

以上都只是一些简单的假设，是根据已有的认识和逻辑推倒出来的，现实中并不一定就是这样。因此，通过数据来对这些假设或命题进行检验非常重要。下面部分我们将利用本经验收集的数据对这些命题进行一一检验。这些检验并不能"证实"这些假设或命题就一定成立，而只是说我们没有能够证明这些命题是错误的，这可能因为我们的数据的问题，因为资金的限制我们的数据只是从少数几个城市收集的，而且并非严格的随机抽样样本。同样这些检验也无法确定某个假设就一定是错误的，在其他的未被调查到的迁移家庭身上，这些假设同样可能成立。由于数据的限制，我们只能谨慎地将所得的结论限于本调查的样本范围。只能算作探索性的机制解释，要对这些机制进行更加科学和研究的检验，还需要更多的投入和分析。但是，这并不意味着我们的尝试是没有价值的。下面我们先来看看本研究的方法设计和数据收集情况。

三、调查方案

为了能够反映流动人口子女随迁的决策机制，应该利用随机抽样的方式来进行。但限于经费与时间的问题，我们仍然只能进行小规模的抽样调查。此处的抽样方案的设计与原先的设计已经完全不同。因此，在此需要说明的是：本数据的所有结果尽管具有一定的参考意义，仅针对本数据有效，而无法推断到总体。在推断总体时请切记！

本次调查共选择了北京、上海、广州、深圳、武汉共五个城市，分别代表发达地区、中部城市。① 由于本研究的目的在于比较携带子女与未携带子女的流动人口家庭的差异，从而找到携带子女的原因和决策机制，而不是要推论总体的情况。因此，这种缩减应该不会带来很大的问题。

抽样方案如下：在选定的五个城市中，每个城市将分别抽取 5 个区（县），在每个区（县）中抽取 1 个社区（或居委会）；每个居委会至少抽取 30 户以上的迁移与流动人口家庭户；每个家庭户的问卷由户主或主事的人来回答完成。因此，每个城市共计 150 户左右。总样本量共计 780 户左右（其中深圳包括了 6 个区）。

（一）样本城市的调查区（县）

1. 北京市抽取的区县有：朝阳区、丰台区、海淀区、西城区、通州区，这

---

① 原计划中还包括成都，以作为西部城市的代表，但因为客观原因而无法进行调查。

五个区（县）。

2. 上海市抽取的是：徐汇区、静安区、闸北区、闵行区、青浦区，这五个区（县）。

3. 广州：从化市、海珠区、黄埔区、南沙区、越秀区，共五个区（县）。

4. 武汉：江岸区、硚口区、青山区、东西湖区、江夏区，共五个区（县）。

5. 深圳：因为只有6个区，全部抽取。

（二）在选取具体的调查户时要求

由于在调查过程中，可能由于有许多流动人口而存在无法选择的问题。因此，在调查实施以前，课题组对样本家庭户的特征也作了要求，以便于在社区居委会中进行抽样。

1. 夫妻一方（或同时）为流动人口（户口不在本市）；
2. 已生育有小孩；
3. 小孩随父母与小孩不随父母的家庭各占一半；
4. 小孩不随父母的一半家庭户中，夫妻双方同时在本地（调查地）为10户；
5. 所调查的每一人代表一个家庭户（即由每户的户主/或主事的人来回答问卷）。

但这种按照样本规模来定额的抽样设计，我们无法从总体的角度去了解与估计流动人口（或进城务工人员）中，子女随父母迁出的比例到底是多少。实际上对流动人口规模的估计需要大得多的样本，并且需要国家职能部门在日常服务和管理中收集。

由于经过调查公司严格的检查，本次调查回收得到的有效问卷共793份。

表5-3　　　　　　　　各城市的样本情况

城市	家庭户数			儿童人数		
	未带子女	带子女	总计	留守儿童	随迁儿童	总计
北京	62（40）	93（60）	155（100）	89（42.18）	122（57.82）	220[1]（100）
上海	75（49.02）	78（50.98）	153（100）	88（51.76）	82（48.24）	170（100）
深圳	93（50.27）	92（49.73）	185（100）	129（53.31）	113（46.69）	242（100）
广州	74（50.34）	73（49.66）	147（100）	106（52.48）	96（47.52）	202（100）
武汉	76（49.67）	77（50.33）	153（100）	88（49.72）	89（50.28）	177（100）
总计	380（47.92）	413（52.08）	793（100）	500（49.9）	502（50.1）	1 011（100）

---

[1] 北京市调查户中有9个小孩的居住地缺失，无法确定。

四、样本基本情况

在进行深入的数据分析之前有必要对样本的基本情况进行描述，以明确所获数据与以往研究数据之间的异同，更好地定位所获样本在迁移群体中的位置。本调查数据以家庭为单位，因此，本部分将主要描述受访家庭的规模和结构、子女随迁状况及户主特征、子女特征等方面，以交待本次调查数据的基本情况。

（一）家庭规模和家庭结构

1. 家庭结构以核心家庭为主

随着社会经济的发展，我国家庭规模不断缩小，主要以核心家庭为主。在本调查中，我们将"没有分家，有经济关系，同吃同住、有抚养或赡养关系的人"都界定为家庭成员。这种家庭成员定义将迁移家庭留守在老家的成员也包括在内。根据这些家庭成员的现居地，我们能够将家庭成员分为总家庭成员数和现居地家庭成员数。根据我们的调查，接受调查的家庭总成员的平均规模为3.88人，多数家庭的总人数为3~5人。在调查地的家庭成员很少超过3人，以一人户、两人户、三人户为主。由于我们的调查是配额抽样，我们无法确切估计实际中各规模层次的家庭在所有家庭中所占比例。但从调查得到的数据来看，小规模的核心家庭是迁移家庭的主要结构类型。通过对家庭内部成员构成的分析能够进一步确定这一点。事实上，普查数据的结果也证明了这一点（周皓，2004）。

从接受调查家庭在迁入地的家庭结构来看，这些家庭的结构以夫妻一方，夫妻两人以及夫妻携带子女这三种结构为主，除户主、配偶及子女外，家庭中还有其他家庭成员的情况非常少，只有不到2.5%的被调查家庭存在这种情况。此外，当户主和配偶中只有一人在本地时，迁移者携带子女的比例非常小，在这类家庭中只占12%（18/148）。实际中这一比例可能会更低，因为我们在选择受访者时特别强调了携带子女的家庭应该占有一定比例，从而会给未携带子女的家庭更小的权重，因此单独迁移者在样本中的比重较实际中的比例小。也就是说，如果随机抽样的话，样本中仅配偶或户主在调查地的人数可能扩大。相信这一点可以通过普查数据来获得验证。

表 5 - 4　　　　　　　　　被调查家庭的规模情况

家庭人数	户数	百分比	在调查地的家人数	户数	百分比
2	17	2.14	1	131	16.52
3	366	46.15	2	259	32.66
4	161	20.3	3	313	39.47
5	199	25.09	4	73	9.21
6	44	5.55	5	13	1.64
7	5	0.63	6	4	0.5
8	1	0.13			
总计	793	100	总计	793	100

表 5 - 5　　　　　　　被调查家庭的在调查地的家庭结构

户主和配偶的居住情况	未携带子女		携带子女	
	无其他亲属	有其他亲属	无其他亲属	有其他亲属
户主及配偶都在调查地	242	1	380	15
仅配偶在调查地	30		3	2
仅户主在调查地	100		12	1

中国是一个地域差异很大的国家，不同地区有着不同的经济发展水平、不同的地域文化，甚至于不同的公共政策。本次调查表明，不同城市的迁移家庭的平均规模和子女人数也存在一定的差异。从表 5 - 7 可以看到广州家庭的平均规模最大，达到了 5 人以上，武汉的样本家庭的规模排在第二位，达到 4.5 人。这两个城市的迁移人口主要来自中南部省区。不过，同处广东省的深圳外来家庭的平均规模并不大，这可能与深圳城市年轻人口较多有一定关系，其家庭平均规模与北京市外来家庭的平均规模相似。上海的受调查家庭平均规模最小，刚刚超过 3 个人。不同城市的迁移家庭的平均规模（家庭总人数，而不是在迁移地的家庭成员数）所呈现出的特征在已有的文献中也曾涉及。本课题的另一个子课题也应该能够提供更为详细的不同地域的迁移家庭的平均规模。在此不再对此赘述。

2. 原家庭子女数和平均携带子女数

从接受调查的家庭的成员构成情况来看，这些家庭的子女数适中，除夫妻和子女外，其他家庭成员很少。先来看子女数量。分析表明，793 个受调查家庭共有1 011[①]名子女。所有家庭中超过70%的家庭是独生子女家庭,有两个子女的家庭占所调查家庭的23.7%,3个及以上子女的家庭总共不到2.3%。总体而言,子女数并不多,平均每个家庭1.27个子女。虽然接受调查的很多家庭还没有完全生育完,但60%受调查户主年龄已在35岁以上,这些子女数量规模并不大。子女数量不大与我国现行计划生育政策以及社会经济发展、抚养成本的提高等非计划生育因素紧密相关。在这种家庭结构下,子女成为父母的"掌上明珠"而受到格外重视。父母外出时,可能更倾向于将子女带在身边。而且一旦携带子女,就意味着将"所有"(其实多数也是"唯一")的子女带在身边。

表5-6　　　　　　　　被调查家庭的子女数

子女数	户数	百分比	随迁子女数	户数	百分比
0	7	0.88	无	373	47.04
1	584	73.64	1	329	41.49
2	184	23.2	2	75	9.46
3	17	2.14	3	9	1.13
4	1	0.13	缺失值	7	0.88
总计	793	100	总计	793	100

3. 不同地域的家庭规模与子女数不同

表5-7　　　　不同城市受调查家庭的规模和子女数情况

城市	平均家庭人数	现居地人数	平均子女数		
			带子女家庭	未带子女家庭	总计
北京	3.46	2.63	1.34	1.43	1.42
上海	3.08	2.35	1.09	1.14	1.11
深圳	3.43	2.48	1.34	1.27	1.31
广州	5.07	2.56	1.42	1.3	1.37
武汉	4.51	2.41	1.17	1.16	1.16
Total	3.88	2.48	1.27	1.27	1.27

---

① 子女数的计算是根据家庭成员基本信息表中的数据来确定的。如果表中家庭成员的性别及受教育水平两个选择题都为缺失值,那么就判定这个家庭成员不存在。在数据整理中,将家庭为单位的数据转换为以小孩为单位的数据时,产生了1 011个子女案例。这可能因为调查是有些父母没有填写充分子女的信息造成,因为根据抽样设计,接受调查的家庭已经生育有子女,所以表5-6中,子女数为0的家庭应该不会都是7户。

从现居地的家庭成员人数来看，各个城市的差别并不大，都在2.5人左右。这一平均规模可能比实际的大，因为现实生活中单人迁移的所占比例很大，但在本调查中，我们有意识地将单人迁移比重控制在1/6左右（携带子女与未携带子女各占一半，而未携带子女的家庭中，有1/3左右案例要求夫妻中只有一人外出），而这些案例携带其他家庭成员的情况非常少，从而造成整体的平均值偏低。如果只看父母一起迁移的家庭，现居地的家庭平均规模将有所变大，但各个城市之间的差距并不大。北京样本家庭现居地的平均规模为2.95，在几个城市中最大。其他几个城市父母一起迁移的家庭的在该市的平均家庭人数为上海2.66人，深圳2.78人，广州2.83人，武汉2.69人。此外，不同城市的流动人口家庭的子女数存在一定的差异。北京的流动人口家庭的子女偏多，上海和武汉的流动人口家庭的子女偏少，广州和深圳的处于中间。

总体而言，从家庭规模和家庭结构上来看，虽然本研究并没有采取随机抽样的方法，但与以往研究所表明结果一致，迁移家庭规模与城市家庭规模相比要稍大，但同样以3~5人组成的家庭为主，多数家庭为独生子女家庭，部分家庭生有第二胎和第三胎。这些家庭在迁入地的家庭成员数更少，平均不到三人，很多家庭只是部分成员迁出，在迁入地并不呈现家庭完整的家庭形态。除此之外，迁移家庭中非亲子关系的家庭成员非常少，在迁入地的家庭结构以夫妻单方、夫妻两人及夫妻两人加子女三种形式为主。

（二）家庭迁移及子女随迁情况

流动儿童研究者，通常将这类儿童的家庭称为"流动儿童家庭"，这一概念具有很强的迷惑性，似乎这类儿童处于频繁的迁移中，又如美国季节性的农业工人的子女。实际上，我国流动儿童流动性并不大，之所以被称为流动儿童，主要因为是他们的户籍地和居住地不一致，与我国的流动人口的定义相对应。由于我国特有的发展路径，在农村实行家庭联产承包责任制，城市在单位制解体之后，实行了城市社会保障制度。无论是城市家庭还是农村家庭，在其户籍所在地（通常也是出生地）享有某种天然的权利。初期的人口迁移是家庭为了争取更大的收入、分散家庭风险所做出的选择。个体如果在外很难立足或者迁移不定，一般不会贸然将其他的家庭成员一起迁出。也就是说，如果家庭在迁移过于频繁，其一般不会将子女带在身边。中国的大量的青壮年建筑工人外出务工时，通常不会将配偶和子女带在身边。因此，可以推定子女的随迁情况，应该和家庭的迁移或者说迁居稳定状况紧密相关。在了解被调查家庭的子女随迁情况之前，我们先来看看这些家庭的迁居情况。

1. 居住时间长度

从被调查家庭在迁入地的居住年限来看，这些外来家庭并不是"流动"家庭，其居住稳定性非常高。调查中在本地目前的住房内居住时间平均达到 4.67 年，有超过 43% 的家庭在本地的居住时间达到 5 年及以上，70% 的家庭在目前住房的居住年数在 2 年及以上，不到一年的家庭只占到 10% 左右。不过，各个城市的样本的平均居住年数存在一定差异，北京和上海的外来家庭居住平均时间最长，都在 5 年半以上，深圳的外来家庭在现有住房内的平均居住时间最短，不到 3.7 年；武汉市稍长，为 4.05 年；广州市与总体的平均水平相差不大。如果是夫妻一起迁移，他们在目前住房的居住平均时间在 4.75 年左右，在北京受调查的夫妻一起迁移的家庭在目前住房的平均居住年数更达到 5.89 年[①]，上海也达到 5.57 年。因此，这些迁移人口家庭并不是临时居住在迁入地或者频繁迁移，而是相对长久地居住在一个地方。这种长期居住有利于在新的生活地建立社会关系，更好地适应所在地环境，同时也表明他们确实找到了得以立足的机会和空间，这为携带子女准备了必要的条件。

表 5-8　　　　　受调查家庭在调查地现住房的居住年数

在现住宅居住年数（793 户）	户数	百分比
1 年以下	81	10.21
1	46	5.8
2	101	12.74
3	124	15.64
4	98	12.36
5	139	17.53
6～10 年	155	19.55
11 年及以上	49	6.18

本数据所显示的居住时间长度说明，本次调查存在着样本较偏的情况，即本数据中的样本均为长期居住在迁入地的"流动人口"，而并不能完全反映流动人口的实际情况。所以，在运用本数据分析时，这些结论只能局限于本数据，而不能作出完全的推断。这一点尤其需要注意。

但这种情况可以从另一个方面说明居住时间较长的流动人口的情况。如果说，居住时间较长的流动人口都未能携带子女（当然其中的原因有很多），那么，所可

[①] 删除了案例中有一个居住年数为 53 年的案例。

能面临的问题是，会有一大批相同类型的流动人口家庭亦不会携带子女。

2. 随迁子女的情况

那么这些家庭的子女携带情况到底如何呢？调查数显示，所调查的793户家庭中，有子女随迁的家庭413户，占全部被调查家庭的52.08%；随迁子女的总数为506人，占这些家庭的全部子女数的50.1%。没有随迁子女的家庭373户，占全部被调查家庭的47.04%。携带子女的家庭与未携带子女的家庭所占的比例与研究设计要求的"一半对一半"基本一致。这些家庭的子女中，第一个子女随迁的比例是50.63%（399/788），第二个子女随迁的比例是43.6%（92/211），第三个子女随迁的比例是60%（12/20），孩次与随迁比例有一定关系，但并不明显。（如何检验？）

与居住时间长相一致，在受调查家庭中，有部分子女就是在迁入地出生的。在所有被调查家庭的小孩中，出生地与户主出生地不同的（也即意味着这些小孩出生在外地）至少有107人。而在这107人中，出生在我们调查城市的情况分别为：在北京出生的12人，占北京样本随迁儿童数的10%；出生在上海的26人，占上海样本中随迁儿童的32%；出生在深圳的20人，占该市随迁儿童的18%；出生在广州的11人，占该市随迁儿童样本的11%；出生在武汉的9人，占该市随迁儿童的10%。虽然我们的样本无法确切估计随迁儿童中这类儿童的所占比重，但可以推定随迁儿童中有相当一部分出生在城市。这群儿童随迁的可能性非常大，而且对老家观念单薄，对出生地城市认同度高，长期留在城市的可能性非常大，也必然对城市教育系统提出进一步的要求。更为确切的数据可以通过学校的档案材料中的出生地进行估计。

表5-9　各城市受调查家庭的居住稳定情况及随迁子女数

城市	在目前房子里的平均居住年数	夫妻同迁的家庭在目前房子里的平均居住年数	携带子女家庭平均携带的子女	
			人数	所占百分比（%）
北京	5.53	5.89	1.31	98
上海	5.60	5.57	1.05	96
深圳	3.69	3.74	1.23	92
广州	4.66	4.83	1.32	93
武汉	4.05	3.94	1.16	99
Total	4.67	4.75	1.22	96

携带子女的家庭所携带的子女占其所有子女的90%以上，不过，不同城市之间存在一定的差异。从表5-9右侧数据可以看出，北京和武汉携带子女家庭

的携带的子女比例最高,达到98%~99%;深圳和广州最低,只有92%~93%,同时从表5-9中可以看到广州和深圳两市携带子女的家庭的子女数相对较多。也就是说,广州和深圳两市携带子女进城的家庭的子女较多,并且只将部分子女携带在身边。

总体上而言,样本中携带子女的家庭和未携带子女的家庭一半对一半,符合我们的抽样设计要求。这些家庭在现居地的居住时间都比较长,居住比较稳定。携带子女的家庭平均携带的子女数在1.22人,这类家庭中有90%的子女被携带出来。也就是说,一旦携带的话,家庭就会将几乎全部的子女带在身边。这与独生子女家庭在家庭类型中占绝大多数有很大关系。此外值得注意的是,这些随迁儿童中已经有相当一部分是在迁入地出生的。

(三) 户主特征

户主特征是定位一个家庭的社会经济状况的重要指标。因为调查中我们并不只要求户主作答,也可询问户主的配偶(376户)及其子女(只有6户)。从受访者的特征来看,女性占57.5%,男性占42.5%。这一比例应该能够较好地代表不同性别的家长对迁移及子女情况的认识。结果显示,本调查所访问到的迁移家庭的户主主要为中年男性户主,年龄集中在30~40多岁,正常情况下正是学龄子女家庭。实际调查中对这一群体进行鉴别相对容易,多数都已结婚生孩子,现实中进行家庭式迁移的也主要是这个群体。从婚姻情况来看,我国家庭的婚姻比较稳定,受调查家庭中92.5%的是初婚家庭,再婚有配偶家庭占6%左右,其他完整家庭所占比例很小。

表5-10　　　　　　　受调查户主的基本信息

基本特征	人数	百分比	基本特征	人数	百分比
户主年龄(790户)			户主婚姻状况(787户)		
29岁及以下	141	17.85	初婚有配偶	728	92.5
30~34岁	204	25.82	再婚有配偶	47	5.97
35~39岁	186	23.54	离异	10	1.27
40~44岁	130	16.46	丧偶	2	0.25
45岁及以上	129	16.33			
户主性别			受访者性别(793户)		
女	86	10.89	女	456	57.5
男	704	89.11	男	337	42.5

从出生地看，户主的出生地分布较为分散，其中出生农村的占不到41%，来自城市和县城的家庭占到45%，也就是说，城市外来家庭并不一定是农村人，有相当一部分本来就是城里人，只是从一个城市迁到另一个城市。城市出生的居民对于城市生活更为熟悉和了解，在老家也许除了住房之外，不会像农民一样有土地资源，加上单位制的解体，社会福利的削减，因此，其迁移更多考虑迁移带来的收入变化问题，而在子女携带方面，将子女带在身边的可能性比较大。在政策制定和形势判断方面不能忽视这一迁移全体的存在。

表5-11 户主的出生地情况

户主出生地	人数	百分比
城市	216	27.55
县城	144	18.37
乡镇	103	13.14
农村	321	40.94
总计	793	100

从教育水平看，受调查户主学历以初中及以上水平为主，初中生比例为38%，高中生比例为39.5%，专科生比例为10.7%。可以看出本调查中流动人口学历水平比以往调查得高，这可能与我们的调查给予携带子女家庭较大权重有关。不过，后面的分析表明，携带子女与否与学历水平并没有太大关系，因此，原因可能在别的方面。上面的描述现实，本调查中出生在城镇的户主比例较以往研究都要大，这可能是户主学历水平偏高的重要原因。

表5-12 户主的受教育水平

户主受教育水平	人数	百分比
未上过学	4	0.51
小学	40	5.11
初中	301	38.44
高中/中专	336	42.91
专科	84	10.73
本科及以上	18	2.3
总计	783	100

从职业上看，迁移之前，户主主要为产业工人、农民以及学生（被归为无

业者），三类人分别占到22.6%、32%和16.6%；而目前的职业看，户主主要为个体户、产业工人和普通职员，所占比例分别达到39.0%、23.0%和16.8%。迁移前后职业结构发生了重要重大变化，绝大多数农业生产者都转变为非农业生产者（可能因为抽样区县还不够偏僻，样本中没有目前从事农业生产的迁移人口，实际中肯定有），个体户和商业经营者的比例大大提高，此外，还有部分迁移人员迁移前为失业、待业或者学校刚刚必要的情况，甚至没有职业经历。这里非常值得一提的是，产业工业在迁移前后始终占有一定比例，而个体户的比例大大增加。我国简单劳动力资源丰富，改革开放后加工制造业飞速发展，中国成为世界工厂。在国有企业下岗失业的同时，更多人走上了产业工人岗位。这也就是为什么迁移前产业工人即占一定比例，而迁移后仍然占相当比例原因。个体经商户之所以能够在迁移家庭中占如此大的比例，和我国市场经济制度的发展、城市消费市场的扩展以及这类职业的特征有很大关系。这类职业需要一定的开业经验和成本，通常工作时间长，需要一个以上的劳力，能够为两个甚至以上劳力提供就业机会，适合家庭式的经营，是家庭式迁移人口的优先选择之一。

表5–13　　　　　　　　　　户主的职业状况

职业类型	户主第一次迁移前职业		户主目前的职业	
	人数	百分比	人数	百分比
产业工人	204	26.39	175	23.0
服务员	11	1.42	49	6.44
个体户	50	6.47	297	39.03
管理人员	3	0.39	28	3.68
技术工人	25	3.23	55	7.23
农民	255	32.99	—	—
普通职员	46	5.95	128	16.82
无业	169	21.86	5	0.66
专业人员	10	1.29	24	3.15
总计	773	100	761	100

地域的发展差异能够从受访家庭户主的职业构成看出一二，虽然这种差异很有可能因为抽样偏差造成。从各个城市的职业类型分布来看，本调查中北京样本中个体户占到72%以上，所占比例格外大，远远超过其他城市，其他城市个体户案例所占比例都在25%~35%之间。这些个体户主要包括各类餐饮、日杂、水果、维修、电子器件店面和摊点。应该说北京个体户以及小摊小贩数量确实非

常大，但在流动家庭中是否真占到如此大的比例？这其中应该存在一定的抽样偏差。因为摊贩是社区和街道上最明显和容易接触的人群，我们的调查员可能在进行调查是无意之中过多选择了这类案例，从而使得其在该市的样本中所占比例过高。除此之外，各个城市的产业工人、服务员、技术工人和普通职员的比例也存在一定差异。北京市的样本以个体户、技术工人和产业工人为主；上海个体户、产业工人、普通职员和服务员较多；而深圳样本个体户、服务员、产业工人较少，而普通职员及技术工人较多；广州和武汉的样本都主要分布在个体户、产业工人和普通职员三大类别中，其他各类职业的人数都非常少。从户主特征方面来说，总体而言，本研究访问到的受调查对象是流动人口，而不是进城农民工，调查中存在相当比例城镇流出的居民。这些从城镇迁出的家庭人口以前很多并不务农，而主要是产业工人，其学历水平通常比农村迁出的农民工较高，并且具有较好的工业和商业锻炼和熏陶。只是因为地区发展不平衡，很多中西部地区的产业倒闭或者改制，就业机会减少，下岗现象普遍，他们也不得不前往东部、南部的大城市和新兴工业地带。在城市，他们不一定在充当产业工人，而可能转行做个体户或者普通职员。与农村家庭相比，这些城镇家庭人口可能更少，因而对家庭成员的团聚更为重视。与城市社区的社会、权利联系少，"乡土"观念可能更为淡薄，只要条件允许，他们往往比农村家庭更愿意在新城市安家立业。此外，他们本来就属于城镇人口，对城市生活形态和规则更为熟悉和了解。因此，客观估计迁移家庭中城镇家庭的比例对流动人口政策的制定同样具有重要意义。

表 5-14　　　　　　　不同城市受访户主的职业分布情况

职业类型	北京	上海	深圳	广州	武汉	Total
产业工人	9 (6.21)	38 (26.39)	35 (19.23)	48 (34.53)	45 (29.8)	175 (23)
服务员	4 (2.76)	19 (13.19)	12 (6.59)	5 (3.6)	9 (5.96)	49 (6.44)
个体户	105 (72.41)	45 (31.25)	47 (25.82)	47 (33.81)	53 (35.1)	297 (39.03)
管理人员	2 (1.38)	7 (4.86)	10 (5.49)	4 (2.88)	5 (3.31)	28 (3.68)
技术工人	16 (11.03)	8 (5.56)	23 (12.64)	4 (2.88)	4 (2.65)	55 (7.23)
普通职员	7 (4.83)	20 (13.89)	40 (21.98)	30 (21.58)	31 (20.53)	128 (16.82)
无业	1 (0.69)	2 (1.39)	0 (0)	1 (0.72)	1 (0.66)	5 (0.66)
专业人员	1 (0.69)	5 (3.47)	15 (8.24)	0 (0)	3 (1.99)	24 (3.15)
总计	145 (100)	144 (100)	182 (100)	139 (100)	151 (100)	761 (100)

从户主特征方面来说，总体而言，本研究访问到的受调查对象是流动人口，而不是进城农民工，调查中存在相当比例城镇流出的居民。这些从城镇迁出的家

庭人口以前很多并不务农，而主要是产业工人，其学历水平通常比农村迁出的农民工较高，并且具有较好的工业和商业锻炼和熏陶。只是因为地区发展不平衡，很多中西部地区的产业倒闭或者改制，就业机会减少，下岗现象普遍，他们也不得不前往东部、南部的大城市和新兴工业地带。在城市，他们不一定在充当产业工人，而可能转行做个体户或者普通职员。与农村家庭相比，这些城镇家庭人口可能更少，因而对家庭成员的团聚更为重视。与城市社区的社会、权利联系少，"乡土"观念可能更为淡薄，只要条件允许，他们往往比农村家庭更愿意在新城市安家立业。此外，他们本来就属于城镇人口，对城市生活形态和规则更为熟悉和了解。因此，客观估计迁移家庭中城镇家庭的比例对流动人口政策的制定同样具有重要意义。

（四）子女基本特征

除了家庭户及其户主的特征外，这些家庭的子女情况也是应该关注的内容。正如前面所言，如果家庭迁移很大程度上受到户主及其配偶在不同居住地的相对收入影响的话，儿童的迁移与流动则取决于儿童自身的特征及父母和他们的关系，其中主要包括年龄、性别、出生排序、所在年级等。

由表5-15中的数据显示，样本中外来家庭子女的年龄多在17岁以下，处于义务教育阶段的占50%。为了对这些儿童的年龄情况进行描述，我们将他们年龄进行了分组。考虑到我国儿童的入学年龄和年级设置，我们探索了年级与年龄之间的关系。发现受调查儿童多数在6岁时开始上1年级，13岁开始上初中，17岁以上在校生一般处于高中阶段。

表5-15　　　　　　　　　子女的基本特征

特征	人数	百分比	特征	人数	百分比
全部子女年龄分组（1 010人）			全部子女性别（1 010人）		
5岁及以下	277	27.43	女	404	40
6~12岁	366	36.24	男	606	60
13~16岁	140	13.86	6~16岁学龄子女性别（505人）		
17岁及以上	227	22.48	女	196	38.95
总计	1 010	100	男	309	61.05

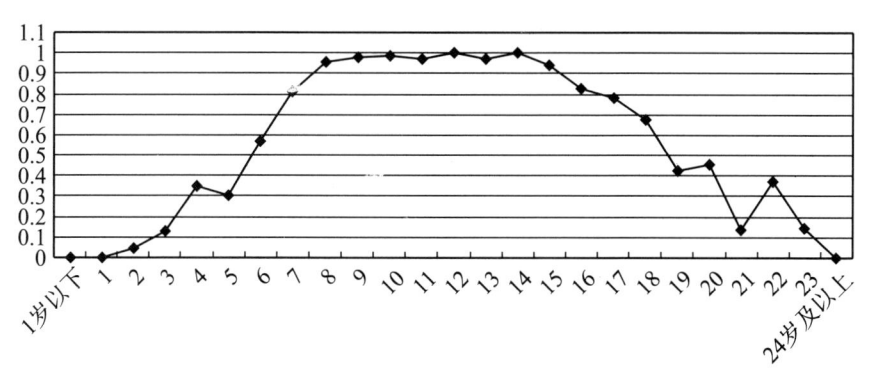

图 5-2 不同年龄的小孩的在校率

可以看出，迁移家庭的子女开始入学的年龄存在较大差异，有的家庭孩子两岁就已经放到学校里面，而有的家庭子女到了7岁还没有上学。8岁到14岁几乎所有的孩子都在学校，入学率达到97%以上。15岁开始有部分小孩辍学，到19岁时，有60%小孩不再上学，这大概相当于高中、职高、中专毕业后不再继续深造。

从性别上看，这些家庭的子女的性别比为150，这一比例虽然不算太大，但与正常的性别比仍然有较大差别。这与家庭迁出地的生育文化有关，而应该与迁入地的状况无关。而且由于本数据存在抽样偏差，因此，这一性别比并不能推断到流动人口的总体。

这些子女中，6~16岁处于义务教育阶段的儿童年级分布情况如表5-16所示。年级分布比较分散，各个年级都占到一定比例。其中，六年级和初三两个年级学生的比例较小，可能因为样本分布造成，因为这两个年级的学生都面临考学，有些家长为了子女能够考上老家的好学校，而全部或者其中一方暂时回家照顾子女。

表 5-16 学龄在校子女的年级分布情况

6~16岁在校子女的年级分布（506人）	人数	百分比
幼儿园或学前班	10	1.98
一年级	63	12.45
二年级	66	13.04
三年级	59	11.66
四年级	47	9.29
五年级	39	7.71
六年级	35	6.92

续表

6~16岁在校子女的年级分布（506人）	人数	百分比
初中一年级（7年级）	42	8.3
初中二年级（8年级）	44	8.7
初中三年级（9年级）	28	5.53
初中以上	17	3.36
在上学但不知道年级	10	1.98
不在学校（部分缺失）	46	9.09

从子女的基本特征来看，受访者家庭子女多处在学龄阶段，符合本研究的设计和要求。义务教育阶段子女在校比例高，年级分布比较分散，应该能够反映各年级的情况。值得注意的是，这些家庭的子女的性别比似乎有点失衡，值得注意。

五、是否携带子女进城的原因分析

本部分将讨论携带子女的家庭和未携带子女的家庭各方面的差异，依此推论到影响家庭是否携带子女的因素和机制。吕绍清等（2006）[①] 通过个案访谈的方式，讨论了家庭携带子女与否的原因或决定性因素主要包括收入原因、职业原因、城市打工子弟学校教学质量原因和城乡二元教育体制原因等。这些原因是通过询问受访的父母或者儿童得到的，可以说是受访者的主观归因。这种主观归因为我们理解携带子女决策的内部逻辑提供了基础。不过仅仅通过这种受访者的主观归因并不能全面把握这一问题的全部原因，因为受访者并不能完全认识到自己所处的环境和背景，意识到自己的动机和能力水平。因此，本部分将首先描述被访者自己陈述的主要原因，然后再通过类型比较的方法来讨论是否携带子女与各种变量之间的相互关系，并在一定的条件下探索、推断其中的因果关系。

（一）被访者自己陈述的主要原因

携带子女进城还是将他们留在老家是一个决策和选择过程，需要充分权衡不同选择的成本和收益，即使这种权衡通常是在信息不充分的情况下做出的。受访的家长对自己最终携带或者不携带子女在身边的原因陈述主要分布在哪些方面呢？本次调查中所访问了563位在校学生（其中47位上幼儿园）。在本地上学

---

① 吕邵清. 农村儿童：留守生活的挑战——150个访谈个案分析报告 [J]. 中国农村经济，2006年。

的 269 人，在老家或外地上学的 294 人。针对这些学生的父母，我们询问了他们将子女带到本地或者未带到本地的原因。所得结果表明，外来家庭携带子女到迁入地的主要原因是：家庭团聚的需要、接受更好的教育和老家没有照顾。这些原因既有主动的追求，也有被动的选择，甚至还有部分家长将子女带在身边是为了让他们早点适应城市环境。家庭生活的需要是人口迁移呈现家庭化趋势的重要动力。各类原因的分布情况如表 5-17 所示。

表 5-17　　　　　　　　携带子女进城的原因

带子女来本地的原因	人数	百分比
家人团聚	120	44.61
接受更好的教育	84	31.23
老家无人照看	31	11.52
享受生活	7	2.6
早点适应城市环境	17	6.32
其他	10	3.72
总计	269	100

将部分家庭成员留在老家，部分人员外出，使得家庭暂时（甚至长期）处于不完整状态，可能不利于家庭内小孩的成长，这是留守儿童备受关注的原因之一。教育是影响家庭是否携带子女的进城的重要原因，父母心中已经有这种明确的理性考虑。

那么，那些将小孩留在老家的家长又是出于什么原因没有将子女带出来呢？294 位在老家有子女的家长回答了这个问题，数据结果如表 5-18 所示。从表中可以看到，未将小孩带在身边的主要原因按比例由高到低的排序依次是：工作太忙无法照顾、老家更适宜小孩成长、我家在城市生活水平还较低，以及政策限制无法在本地继续升学。由此可以看到，其中的主要原因既有家庭经济条件、职业特征的原因，也有政策的原因。

表 5-18　　　　　　　未将小孩携带在身边的原因

小孩没有来本地的原因	人数	百分比
年龄太小	11	3.74
我家在城市生活水平还较低	55	18.71
老家更适宜小孩成长	60	20.41

续表

小孩没有来本地的原因	人数	百分比
子女不想	10	3.4
在外迁移不定	24	8.16
工作太忙无法照顾	69	23.47
找不到合适的学校	18	6.12
政策限制，无法在本地继续升学	37	12.59
其他	10	3.4
总计	294	100

这些被留在老家或外地的小孩是否想与父母住在一起呢？将近80%的受访者选择想，不想的约占20%，仅极个别的选择无所谓（见表5-19）。这说明了儿童迁移的被动性，虽然他们想和父母在一起，而且父母也知道他们想，但由于家庭的社会经济状况以及政策的限制等，不得不留守在老家。由此也可以推知，政策的开放和迁移家庭经济状况的改善将会使随迁儿童的规模进一步扩大。

表5-19　　　　　　　　留守在家的小孩是否愿意随迁

小孩是否想跟过来	人数	百分比
想	229	78.69
不想	58	19.93
无所谓	4	1.37
总计	291	100.00

通过受访者主观归因的分析，我们可以看出，影响父母是否携带子女的因素主要包括家庭的社会经济地位等体现出来的家庭在迁入地社会的生存和发展能力，子女自身特征以及政策因素（如是否能升学等）等等，下面我们将更加深入地分析。

（二）家庭能力与移居经验

从上面的分析可以看出，家长将未携带子女进城的原因主要归结为家庭的职业和社会经济处境（工作太忙无法照顾、老家更适宜小孩成长、我家在城市生活水平还较低）。我们知道，家庭是家庭迁移的基本单位，同时也是生产和消费的基本单位。在市场制度下，是否能够携带子女进城很大程度上取决于家庭的能力，以及家庭在迁出地和迁入地的相对状况。家庭的能力有很多方面，在这里主要是指家庭在一定的劳动力市场中获得好的就业机会争取高收入的能力以及在一定的社区环境下建立社会关系、找到价廉物美的消费资料（包括住房、伙食以及教育和医疗等消费子女缘）的能力。在这里我们从父母的受教育水平、收入水平和职业、迁移经历、在本地居住时间的长短、夫妇是否结伴迁移这样几个方面来衡量家庭的能力。

通常在一个人力资本回报率高的社会，拥有较高教育水平的人，能力较强。收入水平和职业更是直接表现一个人的综合能力的重要指标，收入水平越高、职业越体面其承担子女城市生活成本的能力相对较强。迁移经历同样是家庭适应新环境的重要凭借之一，有过迁移经历的家庭能够更快地适应新的环境。当然，并不是迁移越频繁越好，过度的频繁说明家庭难以在新的迁居地立足或融入进去。相反，在一个新地方居住的时间越长越能够在很大程度上反映一个家庭在迁入地的适应能力较强，而且随着时间的推移，其对迁入地社会更为了解和融入。夫妇是否结伴迁移是家庭在迁入地的适应能力的重要决定因素，两个正常的家庭劳力结伴迁移，既能够互相照顾，满足家庭生活的需要；又能互相合作，更好地从外界获取家庭生活所需的资源。

1. 父母亲的受教育水平

受教育水平是衡量家庭人力资本和家长能力的重要方面。不仅仅因为在一定的劳动力市场下受教育水平是找工作的重要筹码，而且父母亲的受教育水平能够从一个方面反映家长的智力、性格和努力程度，以及对子女的教育方式、教育观念、对教育的重视程度等。因此，父母亲的受教育水平不仅是家庭能力的重要体现，而且也会对子女教育起到重要的作用。从父母亲受教育水平上看，携带子女的家庭与未携带子女的家庭存在一定的差异。相对于未携带子女迁移家庭中的父亲，携带着子女迁移的家庭的父亲的初中学历的比重较大，高中的比例较小，其他各教育等级的比例相差都在一个百分点以内。

表 5-20　　　　　　　三类家庭的父亲的受教育水平情况

父亲的教育	父母单独迁移未携子女	父亲一起迁移未携子女	父母一起迁移携带子女	总计
未上过学	0	0.4	0.76	4（0.52）
小学	7.2	4.84	4.83	40（5.22）
初中	34.4	36.29	39.69	289（37.73）
高中/中专	44.8	45.16	40.2	326（42.56）
专科	12.8	10.08	11.96	88（11.49）
本科及以上	0.8	3.23	2.54	19（2.48）
总计（人数）	125	248	393	766（100）

三类家庭的母亲的受教育水平的分布类似,未携带子女的家庭母亲高中或中专学历所占的比例较大,而初中所占比例较小,也即说初中水平的父母携带子女进城的倾向可能更大。另外,在较高的教育水平,例如本科及以上的教育水平,父母携带子女进城的倾向要大一些。

总体而言,携带子女和未携带子女的家长的在受教育水平上并没有太大的差异。根据我们的假设,在一个人力资本回报高的社会,受教育水平越高代表个人的能力越强。如果说携带子女在身边的家庭相对于未携带子女在身边的家庭,能力更强的话,那么携带子女的家长的受教育水平的分布应该偏向较高的一端才对。那么为什么我们的调查并不支持这样的推论呢?

表5-21 三类家庭的母亲的受教育水平情况

母亲的教育	父母单独迁移 未携子女	母亲一起迁移 未携子女	父母一起迁移 携带子女	总计
未上过学	0	0.81	1.53	8 (1.05)
小学	10.74	7.69	8.18	64 (8.43)
初中	38.02	41.7	45.27	326 (42.95)
高中/中专	45.45	39.68	36.06	294 (38.74)
专科	5.79	8.91	7.42	58 (7.64)
本科及以上	0	1.21	1.53	9 (1.19)
总计(人数)	121	247	391	759 (100)

这种矛盾的出现说明下面这两个说法中至少有一个有问题:(1)相对于没有携带子女的家庭,携带子女的家庭的能力较强;(2)受教育水平较高的人能力较强。如果第一个有问题,那就是携带子女与否与家庭的能力没有关系,不管能力强还是弱,想带子女的都会带子女。如果第二出了问题,那就是受教育水平高的人,能力不一定强,尤其是在迁入地获得更好的收入、职业和居住生活条件的能力强。也许,这两种情况都存在,一方面想带子女的家庭不管能力如何都会将子女带在身边,因为在这类家长看来,家庭比什么都重要。另一方面,在我国国情下,能否挣到钱可能与教育无关,而与个人学校毕业之后的社会经验、在工作中的勤奋程度有关。考虑到流动家庭中大量个体工商户的存在及大多数迁移家长的受教育水平集中在初中高中的情况,这种情况存在的可能性很大。因此,携带子女和未携带子女的家长的在受教育水平上并没有太大的差异并非反常,也并非不可理解。

2. 职业状况

如果说家长的受教育水平不是一个很好的反映家庭在迁入的适应能力的指标

的话，那么家长的职业状况应该会是一个更好的指标。本次调查询问了户主及其配偶的具体职业。考虑到这个群体的职业的特殊性，我们在对这些职业进行分类和编码时，希望既能考虑到我国通行的统计制度也结合考虑了他们的独特性。

我国通行的统计制度中将职业分为如下几种类型：

（1）国家机关、党群组织、企业、事业单位负责人

（2）专业技术人员

（3）办事人员和有关人员

（4）商业、服务业人员

（5）农、林、牧、渔、水利业生产人员

（6）生产、运输设备操作人员及有关人员

（7）不便分类的其他劳动者

这种分类方式中的第一类人在迁移家庭中很少出现，第四类人员没有区分自雇者和受雇者，整体上而言，划分是没有注意这些职业之间的等级关系。不利于对家庭能力的测量。国外的中国研究者在对城市工作进行研究时，划分了如下20种职业：科学家、法律从业者、销售和市场经理、行政办事员、厨师、医生、护士、司机、会计、警务人员、工程师、小学教员、中学教师、大专和大学教师、产业工人、政府官员、政党和民众组织领导、企业和公共组织领导、男女服务员、家政工人等。大致归结为如下几个类别：

（1）大老板（Large business owners）：这些行业的从业者，是经营私营企业且雇用8个以上付薪劳动力的大宗资本资产所有者。

（2）个体户和自雇业者（Small business owners/self-employed）：这些行业的从业者，包括不雇用其他人的自己经营的服务经营者或者作坊经营者，和一些持有较少资本资产同时也雇用少于8个员工的家庭商业所有者。大多数被称为"个体户"。

（3）企业经理（Enterprise manager）：这些行业的从业者在产业或者盈利型企业中占据科长以上的监管职位。

（4）管理职员（Administrative staff）：这些行业的从业者包括办公室职员和从事普通白领工作的人。

（5）专业人员（Professionals）：这些行业的从业者包括从事职业中学或者中学以上工作的人和从事非普通白领工作但管理等级不高于科长的人。

（6）服务员（Service jobs）：该行业的从业者是提供直接服务的非技术或者半技术人员，例如，售货员、修理工、厨师、看门人和司机。

（7）产业工人（Production jobs）：这些行业的从业者包括在工厂中工作的蓝领体力工人。

(8) 党政机关领导人（Government or party officials）：这些行业的从业者在党政机关中占据科长以上的监管职位。

这种职业划分较好地描述了城市的职业状况，不过并未包括农林牧副渔业生产者。但是在我们的受调查者中大老板人数非常少，党政机关的领导人也非常少，但技术人员（不一定是白领工作，而是工厂的技术人员）和普通的蓝领工人在收入和地位上不一样。大致上而言分为如下几个类别比较合适。这几种类型能够较好地将职业的等级关系区分出来，同时将流动人口很少占据的高层职业归为一类，简化分类。

(1) 农、林、牧、渔、水利业生产人员（农民）
(2) 技术工人（设计、工程师、厨师、美发师）
(3) 产业工人（工厂工人、员工、建筑工人）
(4) 服务员（服务业人员、售货员、餐饮服务员、保安、美容美发服务员）
(5) 普通职员（政府企事业单位办公室文秘、职员、警务人员、村干部、工厂领班）
(6) 专业人员（教师、医生、律师等）
(7) 管理人员（企事业单位经理人员，以及党政单位干部）
(8) 个体工商户和自雇者（个体户、作坊主、摊贩、出租或货运司机）
(9) 无业或待业人员（包括学生和军人）

本调查的情况如表5-22，表5-23所示。

可以看出，迁移家庭的父亲目前的职业以产业工人、个体工商户和普通职员为主，三者合计占到有效数据的80%左右。服务员、管理人员、技术工人、专业人员和农业生产者很少，甚至没有。因此，这些家庭的户主职业等级地位并不高，是市场经济兴起后在制造业、私人及个体企业的重要劳动队伍。

与未携带子女家庭相比，携带子女家庭的父亲是个体户、普通职员和专业人员的比例较高，而这类家庭中产业工人的比例远远低于未携带子女的家庭。也就是说，产业工人携带子女的情况较少，而父亲是个体户、普通职员或专业人员的小孩更有可能被家长带在身边。

表5-22　　三类家庭的父亲的目前职业分布情况

父亲目前的职业	父母单独迁移 未携带子女	父亲一起迁移 未携带子女	父母一起迁移 携带子女	总计
产业工人	27.72	32.24	17.85	175 (24.07)
服务员	7.92	4.08	5.25	38 (5.23)
个体户	27.72	35.51	43.83	282 (38.79)

续表

父亲目前的职业	父母单独迁移未携带子女	父亲一起迁移未携带子女	父母一起迁移携带子女	总计
管理人员	5.94	4.08	2.62	26（3.58）
技术工人	13.86	5.71	7.87	58（7.98）
普通职员	13.86	16.33	18.64	125（17.19）
无业	0	0.82	0.79	5（0.69）
专业人员	2.97	1.22	3.15	18（2.48）
总计（人数）	101	245	381	727（100）

表 5-23　　三类家庭的母亲的目前职业分布情况

母亲目前的职业	父母单独迁移未携带子女	母亲一起迁移未携带子女	父母一起迁移携带子女	总计
产业工人	30	26.78	17.98	142（21.98）
服务员	15	23.43	18.8	131（20.28）
个体户	17.5	27.2	34.88	200（30.96）
管理人员	0	2.09	1.09	9（1.39）
技术工人	12.5	2.09	2.18	18（2.79）
普通职员	5	10.88	9.81	64（9.91）
无业	12.5	5.02	13.35	66（10.22）
专业人员	7.5	2.51	1.91	16（2.48）
总计（人数）	40	239	367	646（100）

从表 5-23 中的数据可以看出，母亲的职业情况与父亲的存在较大差异，其职业以个体户、产业工人、服务员为主，无业在家的比重大，四种情况合计占到有效案例的 83% 以上；管理人员、技术工人和专业人员非常少。数据显示，携带子女的家庭的母亲，如果就业的话，只有个体户这一职业所占的比例相对于未携带子女的家庭较大，其他各职业所占比例都相对较小。而且，携带子女的家庭的母亲未就业者所占的比例较大。也就是说，母亲就业（除个体户外）对携带子女进城并不存在强化作用。

父母职业不同携带子女的情况不同，与父母亲在家庭内部的角色分工以及各个职业的收入水平及工作特点有很大关系。父亲是家庭收入的主要来源，收入越高、职业越体面和稳定，家庭在迁入地生存和发展的能力越强，携带配偶和子女进城的可能性也越大，且妻子挣钱养家的压力较小，能够将更多的时间放在家庭和子女上，甚至在家做家庭主妇。母亲的角色不同，她们是子女的主要照顾者，普通的工作将占用大量的时间，不利于子女的照顾。相反，无业在家的家庭主妇或者上班时间更为灵活的个体户母亲有更多、更灵活的时间打理家务、照顾小孩。个体户家庭携带子女进城的可能性大，是因为这类职业能够较好整合父母亲的角色。这类职业通常需要一个以上劳动力的分工协作，而且常常工作时间长，节假日少，恰好能够为夫妻双方提供就业机会，甚至是"充分"的就业机会，即使没有什么技术和经验的配偶也能配合着"打下手"。此外，这类职业工作时间安排相对自由，适合照顾小孩的学习和生活。更为重要的是，这类职业进入成本低；不需要"忍受"老板的剥削，"挣多少是多少"；虽然单位时间挣钱不多，但可以通过自由延时加班等方式挣得更多的收入等；虽然不稳定，但相对于有上限，做一辈子也"翻不了身"的正式就业，这类个体户让迁移人口觉得"有奔头"①。因此，这类职业尤其受迁移家庭青睐，夫妻结伴迁移的家庭中从事个体户的家庭所占比重要远远高于夫妻中只有一个人在现居地的家庭。与此相反，普通的产业工人工作时间比较固定，灵活性差，而且加班时间长，收入有限，社会流动机会少。

此外，职业的不同，意味着家庭在社会经济方面与城市的融入程度的差异。产业工人更可能分布在离市中心较远区县的工业园，工厂为工人提供的集体宿舍空间小，设施不全，不适宜家庭式的居住。而周边社区教育等公共设施不成熟，外来家庭因此更愿意将子女带到这样的社区。相反，个体户则通常会选择经济较为发达、外来人口居住比较密集，租房市场和其他消费和服务市场发展更全面的城中村，甚至城市的正规社区和街道。在这样的地区，一方面能够保证有比较稳定的收入，而且能够通过比较成熟的外来人口消费市场获得廉价的生活资料和公共服务，如医疗和教育服务。在这种环境下，外来家庭携带子女的倾向会高很多。普通职员及管理人员的工作、居住社区可能更好，不过，这些人收入水平并不高，且其消费水平偏高，导致家庭相对的适应能力较差，携带子女的倾向并不强烈。当然，这些都是探索性的解释，更为确切的原因还有待进一步的深入研究。

不仅城市内部存在这种差异，各个城市的发展特色和定位，也会造成外来人口的职业构成差异。由于不同职业携带子女的倾向不同，因此，可以尝试根据一个地方的外来人口的职业构成情况来估计其中携带子女规模大小。像北京、上海这类产业工人较少，服务业（餐饮、零售、理发等）更发达的城市携带子女的

---

① 万向东. 农民工非正式就业的进入动机、条件与效果——广州市非正式就业农民工调查[C]. 中山大学农民工会议论文集, 2006.

人口可能更多。

3. 收入水平

职业是测量家庭能力的重要指标，并且容易辨别，能够测量一些工作特征，如工作时间的长短和灵活性等。不过职业在测量家庭的适应能力时也有一些问题，首先职业内部差异大。

同样是个体户，有的规模大，有的规模小。同样是普通职员，有的在竞争激烈的行业，有的在悠闲的政府部门，有的收入高，有的收入低。直接以收入为指标能更为准确地测量家庭的"购买能力"——在市场环境下，这是家庭在迁入地生存和发展的至关重要的指标。调查中我们询问了户主及其配偶在本地的年收入，不过配偶年收入回答率较低。因此我们先看父亲的收入情况，然后通过必要的编码处理技术来估计家庭的年收入状况，以求从多个方面估计家庭收入对携带子女与否的影响。

从两类家庭父亲的收入分布情况（见表5-24）来看，规律非常明显：携带子女的家庭中收入较低的父亲所占比例较小，而收入较高的比重较大；未携带子女的家庭收入较低父亲所占比例较大，而收入较高的比例较小，以20 000～30 000元为分界线。携带子女的家庭的父亲收入在20 000元及以下各水平上的比例比未携带子女的家庭的比例都小（除10 000元以下，这部分家庭在城市），年收入20 000元以上的情况恰好颠倒过来，携带子女的家庭的这部分比例都相对较大。也就是说，携带子女的父亲收入分布偏向高端，未携带子女的父亲收入分布偏低端，反过来说，收入越高的家庭携带子女的可能性越大。

表5-24　　　　　　　三类家庭父亲的年收入情况

父亲年收入水平	父母单独迁移 未携带子女	父亲一起迁移 未携带子女	父母一起迁移 携带子女	总计
缺失	22.48	2.41	4.3	52（6.73）
10 000元以下	0.78	2.41	3.29	20（2.59）
10 000/15 000	13.18	19.68	15.44	127（16.43）
15 001/20 000	16.28	23.69	17.47	149（19.28）
20 001/30 000	20.93	21.69	23.29	173（22.38）
30 001/40 000	10.85	14.06	13.92	104（13.45）
40 001/50 000	8.53	6.83	8.35	61（7.89）
50 001/60 000	3.1	4.02	5.32	35（4.53）
60 000元以上	3.88	5.22	8.61	52（6.73）
总计（人数）	129	249	395	773（100）

父亲收入只是家庭收入的一部分,是否携带子女是有家庭的综合能力决定的,母亲的职业和收入情况同样非常重要。不过,由于调查中配偶的收入的缺失值比较多(占全部案例的27.5%),计算家庭收入不太容易。为了能够保证个案的数量,我们将未填写收入的配偶的收入编码为0或1(有些明确标示为没有收入,有些不愿意填写),这种编码方式会将一部分配偶的收入低估,但能够将大多数(70%)的受访家庭的配偶收入纳入分析。我们将配偶的年收入和户主的年收入相加得到家庭收入。这两类家庭的家庭收入分布情况如下表(见表5-25)所示。

表5-25　　　　　　　三类家庭的家庭年收入情况对比

家庭收入水平	父母单独迁移 未携带子女	父亲一起迁移 未携带子女	父母一起迁移 携带子女	总计
缺失	2.29	0.8	1.52	11（1.42）
10 000元以下	1.53	1.2	0.76	8（1.03）
10 001/20 000	21.37	9.24	10.89	94（12.13）
20 001/30 000	28.24	18.07	16.46	147（18.97）
30 001/40 000	24.43	23.29	15.95	153（19.74）
40 001/50 000	8.4	12.85	15.95	106（13.68）
50 001/60 000	8.4	10.04	11.65	82（10.58）
60 001/70 000	0.76	9.64	4.56	43（5.55）
70 001/80 000	0.76	2.41	8.35	40（5.16）
80 000元以上	3.82	12.45	13.92	91（11.74）
总计（人数）	131	249	395	775（100）

从表5-25中可以看出,家庭收入与是否携带子女之间高度相关,关系比上文分析的携带子女与户主收入的关系更为明显。家庭年收入在40 000元及以下且携带子女的家庭在所有携带子女的家庭中的比重,比家庭年收入在40 000元及以下且未携带子女的家庭在所有未携带子女的家庭中所占比重都要小;而在40 000元以上情况恰好颠倒过来。再一次说明携带子女的家庭的年收入分布偏向高端。总体上而言,家庭收入越高,携带子女的可能性越大。家庭收入低于10 000元的家庭在流动家庭中所占比例非常少,多数受访者家庭年收入在2万元以上。携带子女的家庭平均收入每年在58 598元,而未携带子女的家庭年均收入要低10 000元。

4. 户主的迁移经历

从户主的迁移经历上看，多数家庭的迁移次数并不多，在713个填写了最近一次迁移资料的家庭中有596个家庭最近一次迁移即是第一次迁移。根据前面的分析，目前这次迁移在调查地的平均居住时间都非常长。不过从表5-26仍可以看出，两类家庭的户主迁移经历并没有十分明显的差异。

表5-26　　　　两类家庭的户主的迁移经历情况

户主生活工作过的城市数	该家庭是否携带子女		
	未携带子女	携带子女	总计
0个	20（5.39）	5（1.22）	25（3.20）
1个	280（76.55）	333（81.22）	617（79.00）
2个及以上	66（18.06）	72（17.56）	139（17.80）
总计	373（100.0）	413（100.0）	793（100.0）

在家庭迁移的过程中存在一定的路径依赖。家庭在进行迁移时，往往会选择家庭成员曾经工作或者生活的城市。因为其对这些曾经生活工作过的城市更为熟悉，甚至还会有一定的社会资源。实际的迁移选择过程可能并不像理论假设的那样能够在各个城市间进行自由的比较。流动人口第一次外出的工作生活的选择城市可能受到众多有很大的随意性或者偶然因素的影响。但这些偶然因素造成的后果促成的选择可能会决定一个迁移者今后真正长期工作生活的地点。在今后的迁移选择中，迁移者仍然会自觉不自觉地选择第一次迁移的城市，因为他已经花费了一定的成本和时间学习和适应这个城市的生活，这相对于贸然闯入其他城市来说，成本更低、风险更小。虽然居住生活过的城市数能一定程度上代表个体的城市生活经验，但是各个城市之间的差异很大，一个城市的经验在另一个城市不一定管用。相对于一些共性的城市规则和生活方式，与具体城市联系在一起的独特社区文化、社会关系网络资源以及城市地理空间和功能系统的了解对城市生活的适应可能帮助更大。真正的适应能力不是走马观花式的游览所能得到的，而需要花费时间扎进去慢慢习得。因此，相对于迁移频率和生活过的城市数，在一个地方居住生活累积时间是反映城市居住经验的更好指标。

5. 在迁入地居住的时间

根据上面的推定，携带子女的家庭在迁入地的居住时间应该相对比较长。调查数据印证了我们的推论：携带子女的家庭中在现居地目前住房内的平均居住时间为5.26年，而未携带子女的家庭为4.14年，相差一年多，且统计检验显示这种差异并不是随机误差造成的。其中,携带子女的家庭在本地的居住年数达到6年以上的比例远远高于未携带子女的家庭,居留时间5年以下的情况恰好颠倒过来。总体而言,迁移家庭在本地的居住比较稳定,居住时间长,而携带子女的家庭在本地的居住时间分布更偏向高端。

表5-27   三类家庭在调查的居住年数分布情况

年数	父母单独迁移 未携带子女	父亲一起迁移 未携带子女	父母一起迁移 携带子女	总计
1年及以下	16.03	17.67	15.44	126 (16.26)
2~3年	36.64	29.72	25.57	223 (28.77)
4~5年	31.3	30.12	28.86	230 (29.68)
6年及以上	16.03	22.49	30.13	196 (25.29)
总计	131	249	395	775 (100)

6. 父母亲是否同时在迁入地

除了受教育水平、出生地、迁移经历、职业和收入等反映家庭适应能力的方面外,夫妻双方是否结伴迁移既是反映家庭适应能力的重要变量也是影响家庭适应能力的重要变量。夫妻结伴迁移使得迁移者在迁入地能够有更好的家庭支持和照应,能够进行分工合作更好地照顾子女的生活和学习。在前面的数据基本状况中我们以对迁移地的家庭类型进行过讨论,此处特别将户主及其配偶是否结伴迁移与子女携带情况单列出来进行比较,具体情况如表5-28所示。可以看到携带子女的家庭将近96%的都是夫妻结伴迁移的家庭,这一比例远远高于未携带子女的家庭中夫妻结伴迁移的比例。从而一定程度上印证了我们在理论部分讨论的家庭迁移能够带动子女随迁问题假设。

表5-28   两类家庭的父母结伴迁移情况

父母是否结伴迁移	未携带子女	携带子女	总计
父母都在调查地	249 (65.53)	395 (95.64)	644 (81.21)
父母中仅一人在调查地	131 (34.48)	18 (4.36)	149 (18.79)
总计	380	413	793

7. 小结

以上我们从家庭的适应能力和家庭结构方面讨论了携带子女的家庭和未携带子女的家庭的差异。总体而言,除教育水平外和迁移经历外,其两类家庭在其他各个方面都存在较大的差异,携带子女的家庭的职业状况更好,收入水平更高,在迁入地的稳定居住的时间较长,并且通常是夫妻结伴迁移。

教育水平在两类家庭中差异不大,与迁移人口教育水平分散性不大有关。样本中户主的受教育水平有关。此外,在我国目前的社会制度下,教育资本的回报率本来不高,教育水平很难反映个人的能力,尤其是争取收入、适应城市生活的能力,因此,这种不相关也在情理之中。

职业上,工人和个体商贩、技术工人以及普通职员是样本的主体,也是携带子女家庭的主要对象。但是不同的职业携带子女的能力和倾向存在一定的差异。携带子女家庭户主的主要职业,但个体商贩携带子女的能力和倾向都更大,工人由于收入有限携带子女的情况比较少。之所以出现这种差异与各个职业所能提供的收入、业余时间以及居住的生活环境息息有关。

从收入上看,携带子女的家庭收入较高。在市场制度下,收入越高在城市的生存适应能力越强,这与理论预期一致。从家庭结构上看,携带子女的家庭绝大部分是夫妻结伴迁移,单独迁移的父母亲携带子女的情况非常少,既限于个人收入的原因,也由于单人的时间精力不足,负担过重等原因。

迁移经历与子女携带之间有适度的相关,但相关关系并不格外明显。适度的迁移经历有利于子女的携带,缺少迁移经历或者过于频繁的迁移都不利于子女的携带。但迁居的城市数可能不是一个很好的测量迁移经验的指标,多数户主只在一个城市居住生活过,迁移的路径依赖非常大。采用有更好的现居地居住时间作为指标,表明携带子女的家庭在现居地居住的时间相对较长,有关迁移经验的讨论,在今后研究中可以进一步尝试。

最后,和以往的调查研究结果一致,携带子女的家庭通常都是夫妻结伴迁移的家庭,夫妻双人迁移能够带动子女的随迁。

(三) 老家境况的差异

如果说迁移家庭在现居地的生存和发展的能力强和经验丰富是促进子女携带的一种拉力的话,那么这些家庭在老家境况越好则可能成为子女随迁的一种阻力。是否携带子女外出,是父母综合考虑子女在迁入地和迁出地的生活成本、生活和发展环境、受照顾质量以及家庭团圆需要等各方面的结果。如果老家有亲密得力的照顾人,良好的公共教育系统,经济发展水平高等,那么这些家庭可能更愿意将小孩留在老家,甚至家庭的长远规划并不是外出发展。

从迁入地和迁出地社会经济发展水平差异来看,实际的情况与我们的推论并不一致。老家的社会经济状况较好的家庭携带子女的比例更高,而社会经济情况一般或较差的地区迁出的家庭携带子女的情况并不更高。出现这种情况的原因,可能还在于社会经济发展水平较高的地方的外出家庭可能在老家的社会经济地位并不高,相对剥夺感较强,更倾向于迁出;另一方面,他们来自这些更好的地区,和来自较落后地区的迁移人口相比,能力方面更强。当然,这只是一种推测,各个家庭的原因可能不一样,具体的原因还有待进一步的研究。

表 5-29　　　　　　老家的社会经济发展水平与本地相比

老家社会经济状况和本地经济相比	未携带子女	携带子女	总计
较好	20（40.0）	30（60.0）	50（100）
一般	74（49.66）	75（50.34）	149（100）
较差	285（48.14）	307（51.86）	592（100）
总计	379（47.91）	412（52.09）	791（100）

1. 城乡差异

让受访者评价迁入地和迁出地的社会经济发展水平存在一定的主观性。另一种方法是利用比较客观的指标来测量这种差异。在我国不同等级城市之间存在较大差异,而城市和农村之间的差异也非常大。那么老家的城乡背景与携带子女之间是否有关系呢?根据了解到的 778 个家庭的户籍登记地在户主出生地,其与携带子女之间的关系如表 5-30 所示:

表 5-30　　　　　　两类家庭的户主的出生地差异

	夫妻结伴迁移家庭			夫妻未结伴迁移家庭		
	未携带子女	携带子女	人数	未携带子女	携带子女	人数
城市	43.43	56.57	175	85.37	14.63	41
县城	35.04	64.96	117	92.59	7.41	27
乡镇	25.84	74.16	89	92.86	7.14	14
农村	41.09	58.91	258	88.89	11.11	63
总计	38.5	61.5	639	88.97	11.03	145

从表 5-30 中可以看出,相对于没有携带子女的家庭,携带子女的家庭中来自乡镇的比例比较大,来自农村和城市的比例比较小;来自县城和乡镇的家庭带着子女随迁的比例比较大。这种情况的出现可能因为,一方面,来自县城和乡镇的家庭在城市的适应能力相对较强;另一方面,乡镇所处的教育系统等公共设施比较落后或者这些家庭在老家的相对地位较差。家庭在迁入地的适应能力强,加上在迁入地和迁出地的对比度大,因此这些家庭将子女带在身边的

可能性更大。

虽然来自城市的迁移家庭有可能更容易适应其他城市的生活,但这些家庭老家的公共服务系统和迁入地差距更小,而且这些户籍在城市的家庭通常在老家还享有一定的社会福利和保障,例如将子女送进老家较好的公立学校的权利等。因此城市的父母在将子女带在身边还是留守方面并没有更强的倾向性。

2. 土地资源

虽然农村家庭携带子女的情况并不是格外明显,但其内部的差异同样值得关注。其中一个重要的方面就是老家的土地资源情况。

虽然很多农村地区,农业收入已经不再是家庭收入的主要部分,但土地仍然是农民与乡土的重要联系纽带,在老家有土地的家庭更有可能在老家留有一部分家庭成员,比方说配偶和父母。在老家有土地的家庭在举家迁移还要考虑是否放弃土地的问题,牵绊相对较大,携带子女的可能性较低。而在老家没有土地的农村人口,即使有一定的社会福利,也没有必要留下部分家庭成员在老家照看土地,劳力结伴迁移的可能性更大,同时也会增加非劳动人口(如儿童)的随迁可能。表5-31是出生地是农村的户主家庭的耕地面积状况和子女携带的交互表。从表5-31可以看出,携带子女的农村家庭中,在老家没有土地的比例较高,而土地面积较大的家庭所占比例相对较小。也就是说,的确老家土地面积较小的家庭更倾向于携带子女进城。

表5-31　　　　　　　两类家庭在老家的土地面积差异

老家土地面积	未携带子女	携带子女	总计
没有土地	37(22.84)	56(35.67)	93(29.15)
0~2亩	57(35.19)	44(28.03)	101(31.66)
2~4亩	33(20.37)	33(21.02)	66(20.69)
4亩以上	35(21.6)	24(15.29)	59(18.5)
总计	162	157	319

目前我国失地人口越来越多,随着城市化的发展和基础建设的加快,城市的增加和城市面积的扩大,将会有更多的农民失去土地。这些失地农民中有不少会加入到迁移人口行列。失地农民的出路和迁移情况应该成为政策的关注之一。

3. 首次迁移前职业

除了上面这些描述迁出地和迁入地差异的方面外,户主在迁出地的职业是衡量家庭在迁出前在老家的处境的重要指标。从下表可以看到,这些迁移家庭的户主在迁出前职业以产业工人、农民和学生为主,其他职业所占比重都不大。可以看出，携带子女的家庭中产业工人比重相对于未携带子女的家庭较小，而技术工人及学生比重较大，原来职业是个体户和农民的户主在两类家庭中所占比例都差不多。也就是说，原来职业是产业工人的户主携带子女迁移的情况比较少，而原来职业是技术工人或者学校刚刚毕业的学生、无业人员携带子女的情况相对较多。原来即是技术工人的迁移者在迁入地的收入可能相对较高，从能力上讲较强。而迁移前属于学生的迁移人口，通常年龄都比较轻，属于新一代农民工，在城市生活和工作时间长，对城市生活比较适应，更为认同城市文化，自身的迁移意愿更强，携带子女的可能性更大。如果子女年龄比较小的话，携带在身边的可能性就更大了。

表 5-32　　两类家庭的户主在首次迁移前的职业差异

首次迁移前职业	未携带子女	携带子女	总计
产业工人	109（30.03）	95（23.17）	204（26.39）
服务员	6（1.65）	5（1.22）	11（1.42）
个体户	22（6.06）	28（6.83）	50（6.47）
管理人员	1（0.28）	2（0.49）	3（0.39）
技术工人	8（2.2）	17（4.15）	25（3.23）
农民	121（33.33）	134（32.68）	255（32.99）
普通职员	22（6.06）	24（5.85）	46（5.95）
无业	16（4.41）	25（6.1）	41（5.3）
学生	54（14.88）	74（18.05）	128（16.56）
专业人员	4（1.1）	6（1.46）	10（1.29）
总计	363（100）	410（100）	773（100）

4. 老家有无祖父母

除了老家的地区发展情况外，家庭在老家的留守人员的情况同样是家庭决定是否携带子女进城的重要原因。前面我们分析了夫妻双方有一人留守老家的情况下，外出者携带子女的情况非常少。那么在夫妻一起迁移的情况下，如果老家还留有关键性的儿童照顾者如祖父母的情况下，父母将子女留在老家的倾向是不是真的更大呢？下面的数据显示，确实如此，当老家有未分家的祖父母时，夫妻一起迁移的家庭携带子女的情况所占比例较小。随着我国社会经济水平的发展、人民身体健康的提高、人均寿命延长，在农村劳动生产越来越宽松的情况下，祖父母在孙辈的照顾中发挥着重要的作用。不过由此带来的隔代照顾甚至"反向照顾"问题引起了部分学者的兴趣。

表 5-33　　　　　　　三类家庭老家的祖父母情况

老家的祖父母情况	分离未携带	一起未携带	一起携带	总计
在老家没有未分家的祖父母	75.57	61.45	68.35	522（67.35）
在老家有未分家的祖父母	24.43	38.55	31.65	253（32.65）
总计（人数）	131	249	395	755（100）

5. 小结

上面关于老家境况的分析表明，并非老家境况最差的家庭携带子女倾向就一定强。而是那些在老家相对境况较差的家庭携带子女的可能性更大一些。从城乡背景上看，来自县城和小镇的迁移家庭中携带子女的比例较高，从职业上看，技术工人、学生携带子女的比例较大。不过在老家绝对境况很差的家庭携带子女的倾向可能同样比较大，例如，没有土地的农民和以前没有工作的无业者，对于他们来讲进入大城市相对于留守在老家总是一种更好的选择，在老家没有必要的保障和社会关系的情况下，其长期驻留城市的倾向非常大，哪怕是在城市的生活境况并不怎么好。

（四）子女自身的差异

子女迁移是被动迁移，迁移与否受到成年人的决定和影响，但儿童自身的特征和意愿同样起到重要作用。受调查数据的限制，我们只能描述流动儿童和留守儿童之间的差异，这种差异可能是造成迁移还是留守的原因；而另一方面则可能是迁移与否造成的后果。即这种因果关系的推论很难判定。因此，在探究随迁子女与留守子女的差异与迁移还是留守的关系时应该持有比较慎重的态度。

1. 年龄

从年龄上看，本调查中的留守儿童和随迁儿童的年龄分布如表 5-34 所示。从表中可以看到，随迁儿童的年龄分布偏向低龄一段，而留守儿童的分布偏向年龄较高的一段。以 9~12 岁为界限，随迁儿童中 9 岁以下儿童所占的比例比留守儿童中 9 岁以下儿童所占的比例要大；相反在 12 岁以上的各个年龄阶段，随迁儿童在各个年龄段的比例比留守儿童在各个段的比例都小。这种年龄分布与小学升初中的教育政策有关。由于流动儿童在小学毕业以后很难直接升入迁入地的初中就读，因此，一大部分的流动儿童选择了返回老家。

这里我们所谓的留守儿童是"非随迁儿童"，即目前没有与受访者居住在一起的儿童，有些年龄较大的子女可能是单独迁移，并不一定留守在老家，但这主要是成年的子女。8 岁及以下的儿童大部分没有入学或者刚刚进入小学，一方面更需要照顾；另一方面还没有受到入学（幼儿园不属于义务教育，在各地都能上）和升学（升初中和高中、大学时有竞争性的考试，对前期学习有成绩要求）问题困扰。因此更有可能被携带在身边。从表 5-34 可以看到受调查的随迁儿童 68% 以上在 12 岁及以下，其中 4 岁及以下的儿童在随迁儿童中就占到了 1/4。

表 5-34　　　　　　　两类小孩的年龄分布情况

子女年龄	留守儿童	随迁儿童	总计
5 岁及以下	125（24.95）	151（30.08）	276（27.52）
6~12 岁	172（34.33）	191（38.05）	363（36.19）
13~16	84（16.77）	56（11.16）	140（13.96）
17 岁及以上	120（23.95）	104（20.72）	224（22.33）
总计	501（100）	502（100）	1 003（100）

根据更为具体的年龄我们画出了随迁儿童在各年龄水平上所占比重（请见图 5-3）。从中可以看到一岁以下的子女中有 80% 跟随父母居住在迁入地，其余则与母亲留守在老家（这批人更有可能的是母亲会留在老家，而只是父亲一人外出）。1~7 岁小孩中随迁的比例虽然有一定的波动，但始终与抽样设计要求一致，即携带子女的家庭与未携带子女的家庭一半对一半，及大体上相当于留守儿童与随迁儿童一半对一半。8 岁以上儿童中随迁儿童的比例随着年龄增长而减少，直到 16 岁。这个年龄恰好是小学—初中阶段，不少儿童被迫留在老家上学，尤其到了初中阶段。初中结束后，由于部分学生升高中不成功，但又未成年，无法单独迁移，所以我们看到 17~19 岁的随迁儿童的比例又有所回升，他们回到外出父母的身边。

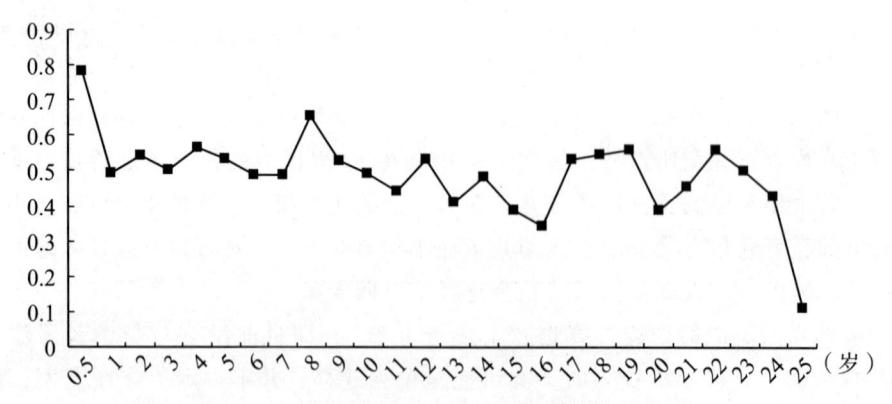

图 5-3　不同年龄的小孩的随迁百分比

2. 性别

从性别上看，随迁儿童的性别构成与留守儿童的性别构成并没有太大的差异，即使在控制胎次的情况下，留守儿童与随迁儿童的性别比情况也没有呈现出明显的趋势。大致而言，留守儿童的男女性别比随迁儿童的高，只是到了第三胎，随迁儿童的男女性别比才高很多，当然这种情况有可能与样本规模太小而导致数据不稳定有关。总体而言，性别对儿童的迁移与留守影响不大。通常认为中国人有重男轻女的倾向，因此，在有男孩和女孩时，更倾向于将男孩带在身边。不过，由于我国计划生育政策的实施以及其他原因造成的生育率下降，独生子女家庭占大多数，家长都会尽量将唯一的子女带在身边。因此，随迁儿童和留守儿童的性别比并不存在差异。

表 5-35　　　　　　　　两类儿童的性别及胎次关系

子女排序	留守儿童			随迁儿童		
	女	男	男女性别比	女	男	男女性别比
第一	152	232	153	162	236	146
第二	40	69	173	42	51	121
第三	3	4	133	3	8	267
第四	1		0	—	—	—
总计	196	305	156	207	295	143

3. 就学状况

儿童是否上学会不会影响其随迁或留守情况，或者迁移或留守会不会影响到其上学情况呢？从下表可以看出，样本中随迁儿童和流动儿童的不在校比例并无多大差异。也就是说，留守儿童和随迁儿童在上学与否上不存在差异。没有上学的子女包括两部分，一部分是年龄很小的小孩，另一部分是年龄很大的子女。上面的年龄分析表明，随迁儿童中年龄很小的比例大，而留守儿童中年龄过大的比例大，两者都没有在校，抵消之后就与中间状态差不多。因此，无论流动儿童还是留守儿童，其在校与否的构成情况基本相同。

表 5-36　　　　　　　　两类小孩的在校情况

年龄	留守儿童			随迁儿童		
	不在校	在校	不在校比例	不在校	在校	不在校比例
5 岁及以下	105	20	84	127	24	84
6~12 岁	14	158	8	18	173	9

续表

年龄	留守儿童			随迁儿童		
	不在校	在校	不在校比例	不在校	在校	不在校比例
13~16岁	4	80	5	2	54	4
17岁及以上	98	22	82	82	22	79
总计	221	280	44	229	273	46

4. 小结

小孩的迁移通常被认为是被动的迁移，小孩自身的特征能够产生一定的影响，但来自这方面的影响相对较小，主要是年龄的影响，年龄较小子女随迁的可能性更大。

（五）携带子女和未携带子女的家庭在政策了解及子女教育预期方面因素的差异

在受访者的主观归因部分，曾提到政策和教育因素是影响外来家庭是否携带子女的重要因素。本部分将详细分析这两类家庭在教育政策和子女教育预期上的差异。主要内容包括家长对不同类型学校的评价、对本地教育政策了解以及对子女的教育预期三个方面。首先需要提醒的是，父母在这三个方面的差异并不一定是携带子女的主要原因，相反可能是其结果。这种因果关系可能比较难以推断。因为携带子女的家庭会努力了解和打听迁入地的教育政策和教学情况，因而对本地的教育政策和学校有更深的了解。而未携带子女的家庭对本地教育政策关注和了解程度可能不及携带有子女的家庭。不过，另外一种可能的解释是，未携带子女的家庭之所以未携带，是因为他们对本地的教育政策同样有较好的了解，只是他们在权衡利弊后认为携带子女更为不利。但不论其真正的因果关系如何，不可否认的是教育政策。

1. 父母对教育资源和教育质量的评价

教育是儿童成长和发展的重要需要，父母对城乡教育资源和质量的评价会直接影响其是否将子女带进城市的决定。本次调查询问了目前正在上学的子女（523人）的家长对子女所在的学校的评价。其中他们就读的学校类型包括城市公立学校、城市流动儿童学校和老家学校及其他。一般而言父母对其子女所在学校会有较好的了解，因此这种评价也应该比较客观。结果请见图5-4。

从图5-4中可以看到，无论是在学校周边环境、师资力量、教学质量、校内学习环境，还是教师责任心方面，子女在本地公立学校的家长对子女所在学校的评价明显好于子女在老家公立学校的父母对子女所在学校的评价。老家公立学校和本地流动学校的评价比较接近，本地流动学校稍微差一点，但并不明显。

以上是父母对子女所在学校的评价情况，那么这些受访者对这三类学校之间的相对评价如何呢？我们在调查中也做了这方面的考察；结果请见表5-37。表中的数值表示受访者对各类学校在各个维度上的评价的平均得分值，分数越高表示对其评价最好，最高为5分，最低为1分。从表中的结果可以看出：受访者对城市公立学校在各个维度评价的平均分都远远高于对城市流动儿童学校和老家学校的评价，前者要比后两者好一个等级；而对老家学校的评价又要高于对城市流动儿童学校的评价。这和上面各个家长对自己子女所在学校的评价结果一致。也就是说，在流动人口的心目中，城市公立学校要远远好于老家的学校，但城市中的流动儿童学校却要比老家的学校差，尽管评价的得分值的差异并不是很大。这种教育评价如果与其家庭社会经济地位相联系的话，可以看到，在家庭能力允许的范围内，多数迁移家庭都希望将小孩送进质量较好的城市学校。

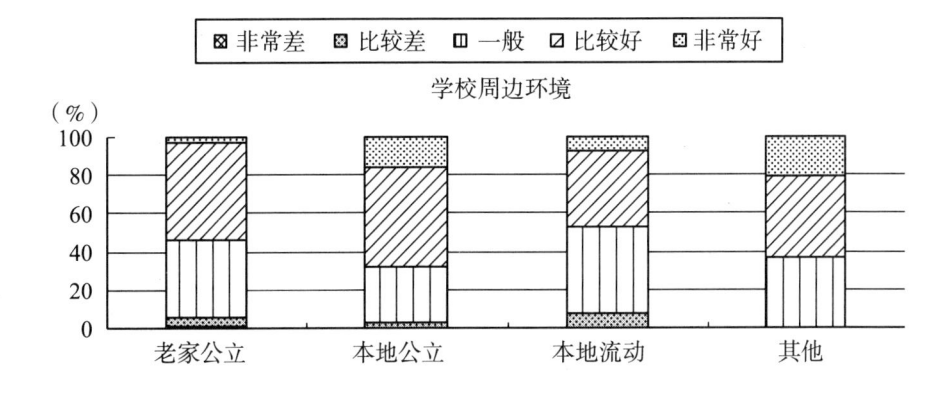

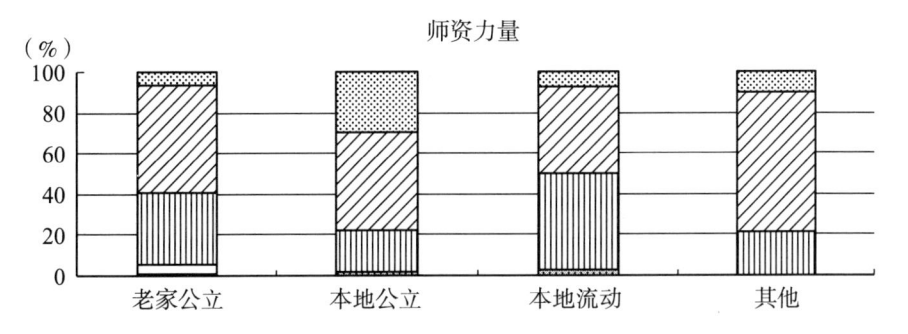

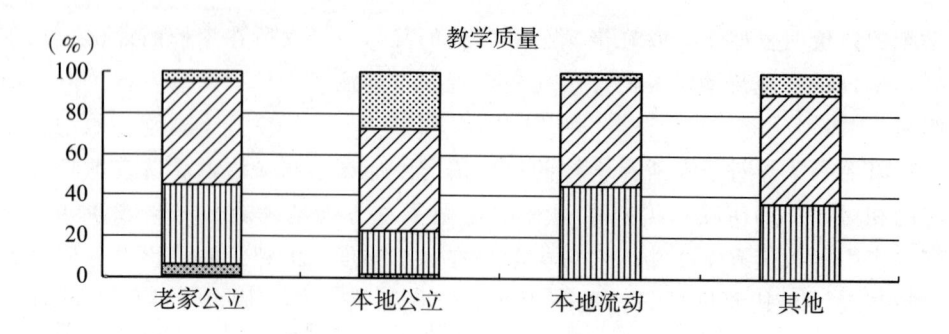

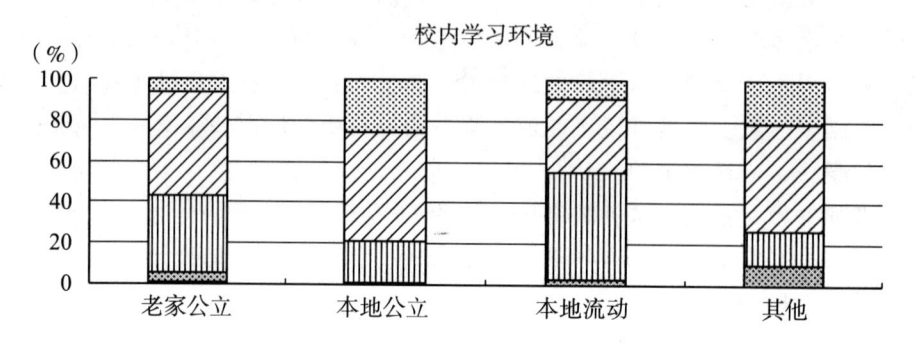

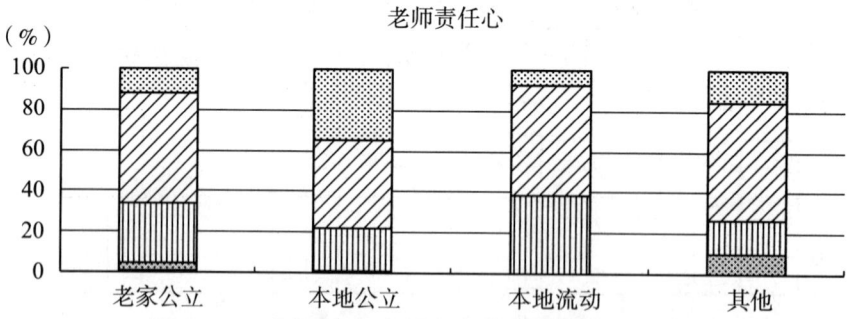

图 5-4　家长对小孩所在学校类型的综合评价

表 5-37　受访者对不同性质的学校的综合评价情况

评价维度	城市流动儿童学校		城市公立学校		老家学校	
	未携带子女	携带子女	未携带子女	携带子女	未携带子女	携带子女
教学质量	3.17	3.06	4.31	4.24	3.52	3.20
师资力量	3.15	3.09	4.36	4.36	3.53	3.29
教师责任心	3.35	3.32	4.34	4.29	3.78	3.47
学校环境	3.17	3.04	4.36	4.32	3.47	3.16
学习环境	3.17	3.00	4.29	4.33	3.44	3.17
评价人数	225	246	225	254	228	255

在确定了这种大的趋势后，我们进一步分析，家长携带子女进城到底是因为城里的教育质量太好，还是因为农村的教育质量太坏呢？从上表中可以看出，虽然两类家庭对三种不同类型的学校的评价都存在一定的差异，但两类家庭对老家教育质量的评价差异最大，平均分相差达到0.3左右，而对其他类型学校的评价差异都在0.1~0.2，对城市公立学校的评价差异更在0.1范围内。从表5-38可以看出，携带子女的家长对老家学校教学质量的评价分布偏低，而未携带子女的家长对老家学校的评价偏高。对于城市公立学校的评价在两类家庭间存在一定的差异，但是差异非常小，几乎没有差异（表格从略）。由此可见，老家的教育质量的好坏是影响家庭是否携带子女进行迁移的关键变量。因此，调解城市流动儿童规模的重要举措可能应该放在农村教育质量和学生成长环境的提升上，通过农村教育质量的发展来解决城乡不平等问题，缓解城市外来人口教育带来的压力。

携带子女的家庭对三类学校的评价的平均得分普遍比未携带子女的家庭的评价平均得分低。这可能因为这类家长本身对城市流动儿童学校和老家学校的评价就低，同时对城市公立学校的了解更多，知道到城市公立学校的不足之处，因此，其对城市公立学校的评价并不见得高。而从另一方面而言，这种相对较低的评价来源于学校或迁入地教育部分的实际行动。正是由于政策或老师的某些举动或行为，降低了原本较高的评价得分。这一点则需要引起我们教育部门的反思。

表5-38　三类家庭的家长对老家学校教学质量的评价情况

对老家学校评价	父母未结伴迁移且未携带子女	父母结伴迁移		总计
		未携带子女	携带子女	
非常差	2.56	0.66	1.61	7（1.47）
比较差	7.69	6.62	14.52	52（10.9）
一般	41.03	35.76	50.4	211（44.23）
较好	42.31	49.01	29.03	179（37.53）
非常好	6.41	7.95	4.44	28（5.87）
总计	78	151	248	477（100）

2. 对教育政策与教育资源的了解程度

对城乡学校质量的等级评价确实将很大程度上决定父母携带子女进城就读的动力，但这种动力还受到对教育制度与教育资源的了解、评价以及对子女教育的预期的影响。表5-39是携带子女的家长和未携带子女的家长（子女18岁以下且在校)对一些教育政策和教育资源的了解和评价情况。

表 5-39　　两类家庭对教育制度和教育资源的了解情况

选项	未携带子女	携带子女	总计
老家是否有寄宿制学校			
是	157（68.56）	151（58.98）	308（63.51）
否	26（11.35）	47（18.36）	73（15.05）
不知道	46（20.09）	58（22.66）	103（21.24）
总计	229（100）	256（100）	485（100）
您是否知道小孩在老家上学能够享受两免一补政策			
是	103（44.98）	102（39.84）	205（42.27）
否	32（13.97）	40（15.63）	72（14.85）
不知道	94（41.05）	114（44.53）	208（42.89）
总计	229（100）	256（100）	485（100）
老家是否有寄宿制学校外地户口的初中毕业生是否可以进入本市各种中专类职业技术学校			
可以	47（20.52）	68（26.56）	115（23.71）
不可以	55（24.02）	68（26.56）	123（25.36）
不知道	127（55.46）	120（46.88）	247（50.93）
总计	229（100）	256（100）	485（100）

　　寄宿制小学和初中是随着留守儿童的增加而出现的学校管理模式，能够为父母双方都外出或者离学校较远的家庭提供子女的食宿服务。如果老家的寄宿制学校环境和质量较好，部分外出家庭（尤其是那些收入较低、工作负担重、流动比较频繁的家庭）会将子女放在寄宿制学校。从表 5-39 中可以看到携带子女的父母老家有寄宿制学校的比例较未携带子女的低，而携带子女的父母对老家是否有寄宿制学校不清楚的比例较未携带子女的高。也就是说，未携带子女的家长对老家的学校情况更为了解，且老家有寄宿制学校的比例高。

　　两免一补政策是国家为了扶持和鼓励农村及中西部地区的教育发展推行的利民政策，对处于义务教育阶段的儿童减免学费和书籍费，并给家庭困难的补助住宿费等。家庭经济条件不好的家庭如果将小孩留在老家不仅能减轻外出父母的负担，还能获得国家的补贴。那么这两类父母对这种政策的了解程度如何呢？从表 5-39 可以看，外出携带子女的家长对这一政策的了解程度不如未携带子女的家长，且有更大比例的认为在老家不能享受两免一补。这可能因为其已经将子女带在身边而对老家的教育政策不太关心有关。当然，也与地方政策的实际措施有一定关系。

3. 外地户口小孩进入本市公立学校的难易程度的评价

表 5-40　　　　　　　外地户口小孩进本市公立小学难度

	未携带子女	携带子女	总计
几乎不可能	15（6.55）	10（3.91）	25（5.15）
非常难	95（41.48）	78（30.47）	173（35.67）
比较难	74（32.31）	91（35.55）	165（34.02）
比较容易	16（6.99）	53（20.7）	69（14.23）
非常容易	17（7.42）	22（8.59）	39（8.04）
不知道	12（5.24）	2（0.78）	14（2.89）
总计	229（100）	256（100）	485（100）

对城乡教育质量和教育政策了解是做决定的基础，作为外地户口的家庭还需要对进入本地好学校进行难度评估。如果难度太大，门槛过高，即使本地的公立学校再好也只能望洋兴叹。我们分别询问了18岁以下学龄子女的父母对外地户口小孩进入本地公立小学、初中、高中的难度。从回答的分布上看，携带子女的家庭对子女进入本地的公立小学的评价偏向比较难和比较容易，两者合计55%，觉得非常难的比未携带子女的家庭低10个百分点；而未携带子女的家长则更多认为外地户口的小孩进入本地的公立小学非常困难和比较困难，两者合计达到月74%。

在对进入公立初中的难度的评价上，虽然两类家长都认为要将小孩送进公立初中比较难和非常难，但未携带子女的家长的难度评价更高。未携带子女的家长选择比较难和非常难两项的比例占到该类家长的75%，而携带子女的家长这一比例不到72%，且内部构成恰好颠倒过来，未携带子女的家长选择非常难的比重达到44%，而携带子女的家长选择非常难的比重只有32%。当然，这种评价的真正的因果关系推论与前面存在同样的问题。一方面，他们可能是知道进入本地公立初中就读非常困难，因此就不把小孩带在身边了；而另外一方面则可能是：由于他们直接把小孩放在老家而没带出来，因此他们对于教育政策的关注度下降，从而形成了主观上的困难。

表 5-41　　　外地户口小孩进入本地公立初中难度如何

	未携带子女	携带子女	总计
几乎不可能	23（10.04）	21（8.2）	44（9.07）
非常难	101（44.1）	83（32.42）	184（37.94）
比较难	74（32.31）	101（39.45）	175（36.08）
比较容易	7（3.06）	24（9.38）	31（6.39）
非常容易	6（2.62）	7（2.73）	13（2.68）
不知道	18（7.86）	20（7.81）	38（7.84）
总计	229（100）	256（100）	485（100）

两类家长对外地儿童进入本地公立高中的难度的评价上与前面两项评价结构相似。但总体难度评价明显提升了一个等级，且两类家长之间的差异缩小，普遍认为外地户口的小孩进入本地公立高中的非常难，甚至不可能。高中是高考前的关键阶段，随着义务教育的普及，高中教育作为非义务教育，是通往大学的必经之路，也是教育资源等级化和分布不均的重要阶段，门槛和制度限制较多。

表 5-42　　　外地户口小孩进入本地公立高中难度如何

	未携带子女	携带子女	总计
几乎不可能	43（18.78）	35（13.67）	78（16.08）
非常难	80（34.93）	107（41.8）	187（38.56）
比较难	61（26.64）	69（26.95）	130（26.8）
比较容易	13（5.68）	13（5.08）	26（5.36）
非常容易	3（1.31）	2（0.78）	5（1.03）
不知道	29（12.66）	30（11.72）	59（12.16）
总计	229（100）	256（100）	485（100）

总体来说，两类家庭对外地户籍的小孩进入本地公立学校的难度的确存在结构性的差异，这与他们自身的经济实力及对政策制度的了解有很大关系。这种评价结果不一定都是在携带子女出来之前就已经形成了的，而可能是在尝试将子女送进本地公立学校的过程中不断调整的结果。不过，即使存在这样的反馈或互相作用，对外地小孩进入本地公立学校难度评价过高无疑是阻碍迁移家庭将子女带

在身边的重要原因。

4. 外地户口小孩进入本市公立学校是否能享受平等待遇

由于教育制度的限制，户籍在很大程度上影响了小孩能不能进入本地的公立学校。在城市教育系统不断开放的过程中，也确实有越来越多的外来家庭的家庭成功将自己的子女送进了公立学校。那么，外地小孩进入本地的公立学校后，能够享受平等的待遇呢？

从外地小孩进入本地公立学校是否需要缴纳额外的费用上看，携带子女的家长对外地小孩进入本地公立学校需要额外收费更为肯定，接近40%的携带子女的受访者表示肯定要收取额外费用，表示不确定和不可能或者不要的只有20%。未携带子女的家庭对这方面选择不确定的比例较高，接近30%人表示不确定、比较不可能或者肯定不要。携带子女的家庭因为面临着将子女送进本地学校的问题，并实际了解过，因此他们的了解更为客观。也就是说绝大多数情况下，外地户口的小孩进入本地公立学校都要缴纳额外的费用，并不能享受平等的进入门槛。因而，能力越强的人更有可能将子女带在身边，并将其送进本地公立学校。

表 5 - 43　　外地户口小孩进入本地公立学校是否要缴纳额外费用

	未携带子女	携带子女	总计
肯定要	82（35.81）	98（38.28）	180（37.11）
非常可能	36（15.72）	50（19.53）	86（17.73）
比较可能	46（20.09）	57（22.27）	103（21.24）
难说	44（19.21）	29（11.33）	73（15.05）
比较不可能	5（2.18）	4（1.56）	9（1.86）
不要	16（6.99）	18（7.03）	34（7.01）
总计	229（100）	256（100）	485（100）

送进了学校之后，外地户口的小孩能否享受平等的待遇，获得平等发展机会呢？本地公立学校再好，如果外地小孩在其中受歧视，父母将其送进去的积极性就会下降很多。数据显示，携带子女（且子女在校）的家长对自己的子女在本地公立学校能否受到平等对待上的估计比未携带子女的家长更为乐观，不过携带子女的家长中仍然有接近17%的认为子女在本地公立学校较难得到公平的对待，此外还有超过20%的人难以确定子女能够得到公平的对待。

表 5-44　　外地小孩在本地公立学校是否能被平等对待

	未携带子女	携带子女	总计
肯定能	4（1.75）	22（8.59）	26（5.36）
非常可能	50（21.83）	59（23.05）	109（22.47）
比较可能	54（23.58）	56（21.88）	110（22.68）
难说	76（33.19）	74（28.91）	150（30.93）
比较不可能	19（8.3）	27（10.55）	46（9.48）
不可能	26（11.35）	18（7.03）	44（9.07）
总计	229（100）	256（100）	485（100）

5. 父母对子女的教育预期

政策限制和难度评估是决策的一个方面，父母对于子女未来的预期是决策的另一个方面。父母对子女的预期越高，越愿意付出更高的代价突破必要的限制为子女争取好的发展机会。

整体上看，无论是携带子女的家长还是未携带子女的家长都希望自己的子女能够上到大学及以上学历，这与我国人民对子女教育的重视一致（见表5-45）。不过，携带子女的父母对子女的教育预期比未携带子女的家长要高一些，有28%的这类父母希望自己的子女能够念到研究生，47%的希望自己的子女能够上大学；而未携带子女的家长中有54%的希望子女上大学，希望子女能上研究生的只有不到20%。此外。有意思的是，携带子女的父母中有12%的只希望自己的子女念完小学就算了，比未携带子女的父母的这一比重要大。这可能与部分携带子女的父母认识到教育负担重，回报小有关系。

表 5-45　　两类家庭的家长对子女的教育预期

教育预期	未携带子女	携带子女	总计
现在就不上了	4（1.41）	5（1.82）	9（1.62）
小学	28（9.89）	33（12.04）	61（10.95）
初中	13（4.59）	4（1.46）	17（3.05）
高中/中专	6（2.12）	9（3.28）	15（2.69）
大学	154（54.42）	131（47.81）	285（51.17）
研究生	56（19.79）	77（28.1）	133（23.88）
没有想过	22（7.77）	15（5.47）	37（6.64）
总计	283（100）	274（100）	557（100）

由于我国高考制度的限制,外地户籍的小孩不能在本地参加高考。因此,大量外地小孩不得不回老家学习。目前,部分地区正在尝试逐步开放初中毕业后的职业教育领域,鼓励流动儿童考取迁入地的职业技术学校。如果家长愿意自己的子女将来考取这类学校,其将子女带在身边的可能性比较大。数据显示携带子女的家庭与未携带子女的家庭态度比较一致,但携带子女的家庭中选择比较极端的比例较大,部分家庭特别愿意,部分家庭特别不愿意。

表 5-46   是否愿意让小孩进入本地中专类职业技术学校

	未携带子女	携带子女	总计
很愿意	22（9.61）	31（12.11）	53（10.93）
比较愿意	60（26.2）	58（22.66）	118（24.33）
难说	94（41.05）	106（41.41）	200（41.24）
比较不愿意	33（14.41）	34（13.28）	67（13.81）
非常不愿意	20（8.73）	27（10.55）	47（9.69）
总计	229（100）	256（100）	485（100）

总体而言,愿意子女进入本地职业技术学校的家庭并不多,这与职业教育在我国的发展现状及父母对大学等更高学历教育的看好有很大关系。

6. 父母对子女的职业预期

教育预期只是父母对子女预期的一个方面,而将子女带在身边带来不一定只是出于教育方面的考虑,其他方面的发展可能也是重要因素。我们还从子女将来的职业和居住地方面进行了考察。

从子女的职业预期来看,两类家长没有特别明显的差别。最受家长欢迎的职业是专业化程度较高的教研科研、医护人员、专业技术人员、设计人员和公务员,选择普通职工和农业生产者的非常少甚至没有,选择经商的虽然有一些,但相对于受访者中目前个体经商者所占比例,这一比例非常小。可以看出这些家长并不希望自己的子女将来继承他们的小规模商业经营活动。

表 5-47   两类家庭家长对子女的职业预期情况

职业预期	未携带子女	携带子女	总计
不知道	50（17.79）	47（17.15）	97（17.48）
公务员	37（13.17）	27（9.85）	64（11.53）
管理人员	9（3.2）	8（2.92）	17（3.06）
教育科研	46（16.37）	55（20.07）	101（18.2）

续表

职业预期	未携带子女	携带子女	总计
经商	19 (6.76)	17 (6.2)	36 (6.49)
军警	9 (3.2)	6 (2.19)	15 (2.7)
技术人员	35 (12.46)	34 (12.41)	69 (12.43)
文艺	6 (2.14)	7 (2.55)	13 (2.34)
医护人员	35 (12.46)	37 (13.5)	72 (12.97)
普通职工	17 (6.06)	18 (6.56)	35 (6.30)
专业人员	18 (6.41)	18 (6.57)	36 (6.49)
总计	281 (100)	274 (100)	555 (100)

7. 父母对子女的未来居住地的预期

从子女将来的工作居住地来看，两类父母没有什么差别，90%以上都希望自己的子女能够在大城市生活，没有父母希望子女在农村生活。此外，还有部分家长希望子女能够到国外生活。由于我国城乡的断裂以及发展中国家与发达国家的差距的存在，父母们这种愿望是可以理解。在此种社会共识下，我国城市人口将进一步的扩大。不论随迁儿童的规模是否会持续扩大，已经迁出的儿童很难再回到农村工作和生活，这将成为不可逆转的事实。

表 5 –48　　　　两类家庭对子女将来的居住地的预期

居住地预期	未携带子女	携带子女	总计
大城市	260 (91.55)	250 (91.58)	510 (91.56)
小城市	12 (4.23)	3 (1.1)	15 (2.69)
港澳台	1 (0.35)	3 (1.1)	4 (0.72)
国外	10 (3.52)	16 (5.86)	26 (4.67)
总计	284 (100)	273 (100)	557 (100)

8. 小结

综上所述，无论是否携带子女迁移，家长普遍认为城市公立学校好于农村公立学校，城市流动儿童学校比农村学校要差；他们普遍认为外来户口的小孩进入本地的公立学校较难或非常困难，且要收取额外的费用，不太容易得到平等的对待。他们都希望自己的子女能够拿到大学及研究生学历，在大城市居住和生活。同时，携带子女的家长和未携带子女的家长存在一定的差异：在对教育政策的了解方面，携带子女的家长对迁入的教育政策较为了解，而未携带子女的家长对老家的教育政策和条件有更好的了解。在对外地小孩进入本地的公立学校难度的评价上，携带子女的家庭相对而言，认为容易一些，且对子女的教育预期更高。

六、决策机制的影响因素分析

上面已经对决策机制的影响因素进行了简单的分析，而未能进行有效的统计控制。即所反应的只是某一因素与决策之间的关系如何，但并未能真正反映在复杂的多维度、多变量的情况下的具有统计控制的变量之间的影响关系、作用方向与强度等。因此，本部分将首先对数据进行重新修正与加权以后，在上述分析的基础上，对理论综述中所述的子女随迁决策的决定因素的三个方面进行操作化定义后，试图利用 Logistic 回归来分析子女携带的决策因素。

（一）数据加权说明

正如第三部分调查方案中所说明的，由于受本次调查样本规模的限制，因此调查过程对被访者对象作了一些样本规模与数量的规定，以满足本次调查的需要。尽管从区县、居委会及居委会内的被访者的抽取都具有随机性，但由于上述对样本规模的限定，使本次调查的数据中携带子女与未携带子女的比例各为50%，从而使样本成为非随机抽样数据而无法直接用于推断总体。① 为此需要对本次调查的数据进行重新调整。但由于抽样过程中我们无法知道具体居委会一级的总人口数及该居委会的总的流动人口数，使我们无法直接利用原先抽样设计时的抽样比来计算。为此，我们将采用事后加权的方式。即利用 2005 年小普查的数据中有关流动人口家庭户总数、携带子女的流动人口家庭户数和未携带子女的家庭户数来重新调整数据。具体请见表 5-49。

表 5-49　　　　　　　　　　样本权重的计算

	北京	上海	广州	武汉	深圳
2005 年小普查					
总户数	18 498	33 868	14 682	4 872	7 511
流动人口家庭	7 006 (37.87)	13 900 (41.04)	5 922 (40.34)	1 150 (23.60)	5 870 (78.15)

---

① 同时居住时间也是一个重要的影响因素。在本次调查中，尽管流动人口的居住时间都相对比较长，但其分布基本上与总的流动人口的居住时间相近。因此，本研究将不再对居住时间进行修正。

续表

	北京	上海	广州	武汉	深圳
携带子女的流动人口家庭	1 653 (8.94)	2 899 (8.56)	1 460 (9.94)	316 (6.49)	1 362 (18.13)
未携带	5 353	11 001	4 462	834	4 508
本次调查家庭总户数	220（100）	170（100）	242（100）	202（100）	177（100）
其中：携带子女的家庭户	93（60）	78（50.98）	77（50.33）	73（49.66）	92（49.73）
未携带	62（40）	75（49.02）	76（49.67）	74（50.34）	93（50.27）
权重携带	1 653/93	2 899/78	1 460/77	316/73	1 362/92
未携带	5 353/62	11 001/75	4 462/76	834/74	4 508/93

对表中数据的说明：

1. 前四行为 2005 年小普查数据的情况。该数据直接根据普查原始数据计算得到。但这里对流动人口家庭户的判断标准可能有一定的区别。本文中对 2005 年小普查数据的处理并未利用夫妻匹配的方法来进行。而代之以计算该家庭中流动人口的比例。如果流动人口的比例高于 50%，那么我们将其视为流动人口家庭。如果该家庭中有流动儿童（即普查中的二三款人，且年龄小于等于 15 岁），那么该家庭即为携带子女的流动人口家庭。尽管这种简略的计算方法与总体的真实情况会有一定的差异，但是应该是比例接近。而且仅仅对权重的计算，这种简略方法应该是可行的。

2. 中间四行为本次调查的数据，见表 5-3。

3. 最后两行为计算得到的权重。尽管这种事后加权的方式与根据抽样方案直接计算的权重的方式有差别，但是按照抽样理论，本次调查的样本应该是抽样分布中的一个特定样本，所以仍然可以用本次调查的样本来代表总体（加权以后）。

根据所计算的权重，对数据进行处理后，即可以进行下一步的分析。

（二）指标选择及操作化定义

按照分层模型的分析思路，理论综述部分已将子女随迁决策的决定因素分成三个层次来全面地了解子女随迁决策的决定因素：（1）宏观的教育政策及其实施情况；（2）家庭情况；（3）子女的个体特征。因此，本部分自变量的选择将包括三个层次：

1. 宏观的教育政策

这部分通过父母亲对教育政策的了解情况、对教育资源与教育质量的评价来反映流动人口对宏观的教育政策的掌握程度，以反应政策的实际作用。

在问卷中，涉及了家长对城里的流动儿童学校，城里的公立学校，老家的公立学校这三类学校的教学质量、师资实力、教师责任心、学校环境和学习环境这五个方面的评价，如果将这些方面的评价相加得到一个评价指标，那么它可以作为家长对教育资源和教育质量的评价。其中，对当地公立学校的评价作为家长对迁入地教育政策的了解程度；对老家的公立学校则作为迁出地教育政策的了解程度。而对迁入地流动儿童学校的评价则既是公立学校与流动儿童学校的对比结果，即对教育资源的了解情况，影响着携带子女的情况，更为关键地涉及了家长对教育资源的利用情况。

而对教育政策的了解情况，则主要表现在对于老家的教育政策、对于迁入地当地的教育政策。在问卷中涉及了"老家是否有寄宿制学校"、"您是否知道小孩在老家上学能够享受两免一补政策"、"外地户口的初中毕业生是否可以进入本市各种中专类职业技术学校"这三个问题，可以比较明确地反应家长对于教育政策的了解情况。

2. 家庭因素

在是否携带子女的过程中，家庭因素事实上是最为关键的。一方面，家庭的状况包括了父母亲的社会经济背景与教育理念等；另一方面，在决定携带与否的过程中，家庭在老家的资源同样也会影响到其决策。类似于宏观的推拉理论，在迁入地的境况决定了家庭是否有能力携带；而在迁出地一端，则是阻止携带的因素。因此，家庭因素可以从迁入地与迁出地两个方面来看。

从迁入地的角度来看，仍然是以下列因素为主：（1）由父母亲的受教育水平、在迁入地的职业状况、家庭的经济状况组成的社会经济地位（SES）；该指标可以通过对这三个变量的因子分析、强制其归为一个因素，即得到 SES，尽管这种操作化过程可能会损失一部分信息。（2）父母亲的迁移经历，而在具体操作化时，则以户主是否曾经有过更多的迁移经历为指标；如果他曾迁入有别于现居住地和老家的其他地区，即具有迁移经历（=1），否则为无迁移经历（=0）。（3）迁入本地的时间长度。这一点作为主要因素之一，不仅会影响到流动人口在迁入地的各方面生存适应以及境况，而且也会影响到其心理、社会融合等因素。该变量的操作化定义就直接利用居住年数。（4）居留意愿，即今后是否将会长期留在迁入地。

而从迁出地的角度来看，家庭层次的因素至少还包括：（1）是否有家人在老家？如果答案是肯定的，那么，在老家的家人能够帮助照顾子女，从而使子女更有可能会留在老家。操作化定义即为：有家人在老家（=1），否则为参照组（=0）。

（2）地域属性：在上面交互分析中，我们可以看到，更多地从城镇来的人更容易携带子女。那么这种地域属性在多变量控制之下的作用是否还会如此显著呢？定义：我们将城市和县城合并成城镇（=1），而乡镇与农村则合并成农村（=0）。

而与迁出地与迁入地无关、但作为重要因素还有着重要影响作用的就是教育理念。该变量由下面这个问题来表示：

F01 您认为以下哪些方面是您孩子在今后成长过程中最为重要的？

（1）听话　　　　（2）受欢迎和尊重　　　　（3）凡事为自己考虑

（4）努力学习　　（5）在别人需要帮助时，帮助别人

这道问题为多选题，由被访者按照重要性选择上述五个选项中的最重要的三个，在处理过程中，我们以"最重要的"作为变量，以反映家长的教育理念。然后将第一项"听话"和第三项"凡事为自己考虑"合并；而将另外剩余三项合并。前者具有一定的负向评价的结果，或者可以表示传统的教育理念，而后者则更多地强调积极向上的、助人为乐的精神，更富有现代意义。当然，这种合并结果从某种意义上来说仍然是可以商榷的。

3. 儿童的自身特征

儿童的自身特征包括以下几个方面：年龄、性别、孩次、家长对该子女的教育期望和就读年级。其中孩次系指在家中的子女中的排序。家长的教育期望被分为两类：大学以下（参照组，=0）和大学及以上（=1）；就读年级也被分成了两类：小学及以下为参照组（=1），小学以上（=2）。有关儿童自身特征的变量将用于对是否携带该儿童的角度来看，因此，有关这些变量的情况请见表5-47。其他指标不再赘述。

4. 变量描述

用于分析家庭层次是否携带子女（不论携带哪个子女）的影响因素的有关变量请见表5-50。该表中所有的分类变量均以0为参照组。其中，表中第二行为因变量，即家庭是否携带子女。第二部分为对教育资源与质量的评价和对教育政策的了解情况。第三部分为家庭的基本情况：包括家庭的社会经济地位、父母亲的迁移经历、来本地的时间长度、居留意愿、祖父母是否在老家、兄弟是否在老家、迁出地（1=城镇）、教育理念等。

而用于分析家庭中到底携带哪个子女进城时，由于所采用的分析单位并不相同：上述分析是以家庭为单位，分析家庭是否携带子女，但不论带哪个子女。而在这里，主要分析的是：在家庭中到底会带哪个子女进入城市，因此，所有的变量都会随着数据的分析单位的改变而变化。有关变量的具体情况请见表5-51。

表 5-50　有关携带子女进城家庭的影响因素（变量）的描述

变量	案例	均值	标准差	最小值	最大值
携带子女的家庭	793	0.1647	0.3712	0	1
公立学校的评价	478	22.0316	2.5788	8	25
老家学校的评价	483	17.4422	3.2660	5	25
老家寄宿学校	793	1.5753	0.5217	1	5
二免一补政策	793	1.7120	0.4531	1	2
进入职业学校	793	1.7479	0.4345	1	2
家庭社会经济地位	613	8 874.8770	9 957.2820	575.319	143 006.5
迁移经历	793	0.1992	0.3997	0	1
来本地时间	767	4.1244	1.7767	0.5	6
居留意愿	793	0.7766	0.4168	0	1
祖父母是否在老家	793	0.8430	0.3640	0	1
兄弟是否在老家	793	0.6772	0.4679	0	1
迁出地（1＝城镇）	744	0.5921	0.4918	0	1
教育理念	485	0.6359	0.4817	0	1

表 5-51　有关携带该子女进城的影响因素的变量描述

变量	观察案例	均值	标准差	最小值	最大值
是否携带该子女	728	0.2503	0.4335	0	1
公立学校的评价	528	22.0529	2.5189	8	25
老家学校的评价	532	17.5023	3.2518	5	25
老家寄宿学校	728	1.4596	0.5670	1	5
二免一补政策	728	1.5904	0.4921	1	2
进入职业学校	728	1.6952	0.4606	1	2
家庭社会经济地位	596	8 367.7440	8 745.0710	575.319	114 404.9
来本地时间	707	3.7980	1.8090	0.5	6
迁移经历	728	0.0000	0.0000	0	0
居留意愿	728	0.7281	0.4453	0	1
祖父母是否在老家	728	0.9081	0.2891	0	1
兄弟是否在老家	728	0.7681	0.4223	0	1
迁出地（1＝城镇）	689	0.4837	0.5001	0	1

续表

变量	观察案例	均值	标准差	最小值	最大值
教育理念	535	0.6502	0.4773	0	1
儿童年龄	728	7.5262	4.1076	1	15
儿童性别	717	0.7485	0.4342	0	1
儿童孩次	728	1.2199	0.4315	1	3
教育期望	478	4.7345	1.4474	1	7
年级	432	0.2173	0.4129	0	1

(三) 分析结果

我们首先考虑的是家庭是否携带子女的情况，然后在携带或未携带子女中，到底携带的是哪些子女。所以，如果从数据的角度来说，那么我们应该分成两个部分来看，第一部分是家庭是否携带子女，而不论子女的各种特征；第二部分再来看，子女特征的影响作用。

1. 家庭携带

首先来看家庭层次是否是携带子女的影响因素。有关结果见表 5-52。

我们将整个分析分成了两个模型：模型Ⅰ和模型Ⅱ。模型Ⅰ中的影响因素仅包含家长对教育资源与质量的评价和对政策的了解程度。模型Ⅱ则是在模型Ⅰ的基础上增加了有关家庭背景的变量。

从模型Ⅰ的角度来看，仅有对家庭学校的评价呈现出显著的影响作用（$p<0.05$），而其他因素均未能显著。这说明，在控制其他变量的情况下，影响家庭决定是否携带子女的政策因素中，对于老家学校的评价是最为关键的。如果对老家学校的评价相对较好，那么，他们就不会轻易地带子女进城。

其次，我们从模型Ⅱ的角度来看，在控制了家庭层次的变量以后，教育政策仍然只在对老家学校的评价表现出显著的作用，且其作用方向仍然为负向的，即对老家教育资源与质量的评价如果更好，那么，家庭就更不愿意携带子女进城。

同时，如果控制了对政策因素的了解，那么，从家庭因素来看，显著的作用主要是祖父母是否在老家，以及迁出地的因素。从祖父母是否在老家这一因素来看，一旦在老家有人能够照顾子女，那么，流动人口就不太愿意携带子女进城。

同时，在上文中曾提到，从交互作用的情况来看，城镇地区的流动人口更倾向于携带子女随迁。但从控制了教育政策与质量的评价，以及家庭的其他因素来看，农村地区的流动人口更倾向于携带子女。如果将这种情况与教育资源的评价情况联系起来的话，那么，对于农村教育资源的评价肯定不及对城镇的评价，因此，农村的流动人口更倾向于携带子女进城。

在整个模型Ⅱ中，我们可以看到，不论是从政策因素来看，还是从家庭因素来看，主要的问题还是在于老家是否有人能够帮助照顾子女和对老家教育资源质量的评价。除此以外，其他的家庭因素（如家庭的社会经济地位、迁移经历、来本地居住的时间长度、父母亲的教育理念等）都没有显著的影响作用。一是老家学校的教育质量好；二是老家有人照顾，那么流动人口在很大程度上不会携带子女进城。而这一点的政策性启示就是，只要能够把老家的教育资源与教育质量提高，就有可能会引导流动人口不带子女进入城镇。

2. 携带哪个子女

上述分析只是涉及为什么有些家庭会携带子女，而有些家庭不携带子女。但其中，更为关键的是，携带的子女特征未被予以考虑。从理论上来看，子女特征会影响到在携带的决策过程。但是由于可能某些家庭携带了一个子女，而有些家庭则可能携带了两个子女；而有些家庭可能有两个子女，但只携带其中一个。因此，本部分主要考察的是，流动人口家庭携带哪个子女进城。事实上这个问题同时也部分地包括了流动人口家庭是否携带子女的问题。如果我们将所有以子女为单位的数据，看成是以家庭为单位的单位，即尽管有些家庭可能会有三个孩子，但我们现在只将其看成是每个家庭只有一个孩子的情况下，家庭是否携带子女。这时的问题就成了家庭是否携带子女进城的问题了。因此，本部分不仅仅是在分析家庭携带哪个子女进城的问题，而且也同样是在否携带子女进城的问题。有关分析结果见表5-52。

表5-52   家庭是否携带子女的影响因素分析

	变量	系数	标准误	P值	发生比	系数	标准误	P值	发生比
	常数项	1.3985	1.1234	0.2130		4.3452	1.6964	0.0100	
模型Ⅰ	本地公立学校评价	-0.0302	0.0426	0.4780	0.9703	-0.0721	0.0555	0.1940	0.9305
	老家学校评价	-0.1207	0.0361	0.0010	0.8863	-0.1662	0.0485	0.0010	0.8469
	老家寄宿制学校	0.1480	0.2271	0.5150	1.1595	-0.0913	0.3126	0.7700	0.9127
	两免一补政策	-0.1237	0.2342	0.5970	0.8837	-0.1153	0.2822	0.6830	0.8911
	入职业高中/中专	-0.0132	0.2280	0.9540	0.9869	0.0039	0.2787	0.9890	1.0039

续表

	变量	系数	标准误	P值	发生比	系数	标准误	P值	发生比
模型 II	家庭社会经济地位					0.0000	0.0000	0.3500	1.0000
	迁移经历					-0.3123	0.3518	0.3750	0.7317
	来本地时间					-0.0205	0.0795	0.7960	0.9797
	居留意愿					0.4566	0.3222	0.1560	1.5787
	祖父母在老家					-1.1733	0.6127	0.0560	0.3094
	兄弟姐妹在老家					0.3718	0.4339	0.3910	1.4504
	迁出地（1 = 城镇）					-0.4910	0.2782	0.0780	0.6120
	教育理念					0.3348	0.2821	0.2350	1.3976
		Wald chi2	Prob		Pseudo R2	Wald chi2	Prob		Pseudo R2
		14.02	0.0155		0.0281	23.14	0.0401		0.0803
	Log pseudolikelihood	-235.35			0	-180.44			0

表 5-52 中共给出了三个模型。其中，模型 I 仅包括家长对教育政策的了解情况；模型 II 则是在模型 I 的基础上，增加了家庭背景的因素；模型 III 则是在模型 II 的基础上，增加了有关子女特征的影响因素。

从前两个模型来看，所得的结果与上述结果完全相同。有着显著影响作用的因素仍然是：对老家教育资源的评价、祖父母是否在老家，以及迁出地的地域属性。但需要注意的是，如果控制了子女特征以后，祖父母是否在老家这一变量的显著性明显降低。

从模型 III 来看，在控制了教育政策及家庭层次的变量以后，从子女特征来看，子女的年龄、性别、孩次这三个因素则具有显著的影响作用，而子女就读的年级，以及对子女的教育期望等则并不具有显著的影响作用。随着子女年龄的上升，携带子女的可能性同样也在减少。年龄上升一岁，携带子女的可能性就下降 15% 左右。从年龄来看，相对于女性儿童来说，男孩被携带进城的可能性仅为 37.51%。这一点与以往的结果完全不同。从孩次上来看，携带第二个孩子进城的可能性仅为携带第一个子女进城的可能性的 33.57%。即家庭更可能携带第一个孩子进城。

因此，从总体来看，如果考虑子女特征，那么，家庭更可能携带的是年龄小的、第一个孩子，且更有可能携带的是女孩。

(四) 结论

根据本次调查的数据，利用定量模型来分析的家庭是否携带子女，以及携带哪类子女的影响因素中，最为关键的变量是：对老家教育资源与质量的评价以及老家是否有人照顾子女。迁出地的地域属性（城镇还是农村）同样也具有影响作用，即农村更倾向于携带子女。但这两者之间存在着一定的相关性。即城镇人口对于迁出地教育资源与质量的评价相对肯定要高于农村地区，从而使城镇地区的迁出人口相对不会携带子女。而且，大部分变量并未能表现出理论分析中所具有的显著性。因此，有关结论仍然有待进一步讨论。

本调查在北京、上海、广州、深圳及武汉五个城市不同区县共调查已生育子女且夫妻中至少有一方为流动人口家长。调查采取的是立意配额非随机抽样（偶遇加滚雪球抽样）方式：城市的确定是立意的，城市内部区县的选择是随机的，而区县内部的社区的选择非随机的，社区下面的受访者的选择采取偶遇式的配偶抽样，携带子女的家长占一半，未携带子女的家庭占一半，未携带子女的家庭中又有三分之一为父母双方只有一人在本地的家庭。根据这一抽样方式，我们共获得 793 个有效样本。

1. 基本情况

从家庭户的规模和结构上看，这些迁移家庭规模小，子女数不多，其在迁入地的家庭结构以一人户、夫妻两人户、夫妻加子女的核心家庭为主，在现居地有其他家庭成员的情况非常少。父母单独迁移时携带子女的情况非常少见，通常是夫妇共同迁移时才携带子女。小孩自身的特征能够产生一定的影响，主要来自年龄方面，性别影响不显著，年龄较小子女随迁的可能性更大。在我国目前的计划生育政策下，多数家庭只有一个或两个子女，因此，一旦携带子女及意味着将几乎所有的子女带进城市。

样本家庭主要来自城市和农村，受教育水平相对于以往的调查较高。从在本地的居住时间看，这些家庭在迁入地的居住时间长，稳定性非常高。从职业上看，迁移之前，户主的职业主要为产业工人、农民以及学生（被归为无业者）；而目前职业方面，父亲的职业和母亲的职业存在一定的差异，父亲职业以产业工人、个体工商户和普通职员为主，三者合计占到有效数据的 80% 左右。母亲职业以个体户、产业工人、服务员为主，无业在家的比重大，四种情况合计占到有效案例的 83% 以上，管理人员、技术工人和专业人员非常少。

表5-53 子女是否被携带进城的影响因素分析

变量	模型I 系数	标准误	P值	发生比	模型II 系数	标准误	P值	发生比	模型III 系数	标准误	P值	发生比
常数项	1.7296	1.1176	0.1220		4.4144	1.5985	0.0060		8.4943	2.0640	0.0000	
本地公立学校评价	-0.0014	0.0431	0.9750	0.9986	-0.0741	0.0567	0.1920	0.9286	-0.0994	0.0595	0.0950	0.9054
老家学校评价	-0.1348	0.0357	0.0000	0.8739	-0.1444	0.0434	0.0010	0.8655	-0.1514	0.0476	0.0010	0.8595
老家寄宿制学校	0.0806	0.1886	0.6690	1.0839	-0.0446	0.2150	0.8360	0.9564	0.0050	0.2418	0.9840	1.0050
两免一补政策	-0.1105	0.2283	0.6280	0.8954	-0.1682	0.2710	0.5350	0.8452	-0.0956	0.3110	0.7580	0.9088
人职业高中/中专	-0.2421	0.2189	0.2690	0.7850	-0.2553	0.2572	0.3210	0.7747	-0.3593	0.2907	0.2170	0.6982
家庭社会经济地位					0.0000	0.0000	0.6430	1.0000	0.0000	0.0000	0.2000	1.0000
来本地时间					0.0873	0.0711	0.2190	1.0913	0.0842	0.0801	0.2930	1.0879
居留意愿					0.2302	0.2854	0.4200	1.2588	0.2572	0.3288	0.4340	1.2932
祖父母在老家					-1.0182	0.5270	0.0530	0.3613	-0.9538	0.5751	0.0970	0.3853
兄弟姐妹在老家					0.1691	0.3730	0.6500	1.1842	0.4850	0.4322	0.2620	1.6242
迁出地(1=城镇)					-0.6317	0.2626	0.0160	0.5317	-0.6204	0.2863	0.0300	0.5377
教育理念					0.2655	0.2653	0.3170	1.3041	0.5110	0.3004	0.0890	1.6669
子女年龄									-0.1623	0.0641	0.0110	0.8501
子女性别									-0.9806	0.4838	0.0430	0.3751
孩子性欢									-1.0915	0.5165	0.0350	0.3357
孩子的教育期望									-0.0730	0.1079	0.4990	0.9296
年级									0.7652	0.4909	0.1190	2.1494
模型概要指标	Wald chi2	Prob > chi2	Pseudo R2		Wald chi2	Prob > chi2	Pseudo R2		Wald chi2	Prob > chi2	Pseudo R2	
	16.55	0.0054	0.036		25.43	0.0129	0.0749		37.64	0.0028	0.1057	
Log pseudolikelihood	-288.598				-227.86				-190.976			

2. 影响携带子女的因素和影响机制

A. 从主观归因来看，携带子女的家长将携带子女原因主要归结为家庭团聚的需要、接受更好的教育和老家没人照顾；对城市更好生活和学习条件的追求是携带子女迁移的重要原因，在城乡二元格局下这种动力和原因将长期存在。而未携带子女的受访者他们认为自己未将小孩带在身边的主要原因为工作太忙无法照顾、老家更适宜小孩成长、我家在城市生活水平还较低等家庭社会经济原因和政策限制无法在本地继续升学等制度原因。在市场制度以及国家对劳动力的再生产介入有限的条件下，是否能够携带子女进城很大程度上家庭在迁出地和迁入地的相对状况，从根本上取决于家庭的能力——家庭在一定的劳动力市场中获得好的就业机会争取高收入的能力以及在一定的社区环境下建立社会关系、找到价廉物美的消费资料（包括住房、伙食以及教育和医疗等消费子女缘）的能力；此外，子女自身的因素及政策方面也是重要的原因。我们采用简单的交互统计分析从各个方面考察了这些因素的相关情况。

B. 家庭社会各方面的原因：总体而言，携带子女和未携带子女的家长在受教育水平上并没有太大的差异，父母的受教育水平对携带子女与否没有太大影响，甚至教育水平低的人携带子女的倾向更强。虽然这些迁移者之间存在一定的教育差异，但是多数家长属于初中高中教育水平，难以进入体制内部，处于劳动力市场的低端，只能靠体力和长时间劳动换取工资。相对于教育来说，职业经验和勤奋程度是更为重要的因素。

从职业上看，父母职业不同携带子女的倾向不同，父亲是个体户、普通职员、专业人员携带子女的比例较高，产业工人携带子女情况较少。母亲的无业在家或者从事个体户将有利于子女的随迁，母亲的其他就业不利于子女的随迁。父母职业不同影响与父母亲在家庭内部的角色分工不同有很大关系。父亲是家庭收入的主要来源，收入越高、职业越体面和稳定，家庭在迁入地生存和发展的能力越强，携带配偶和子女进城的可能性也越大，且妻子挣钱养家的压力较小，能够将更多的时间放在家庭和子女上，甚至在家做家庭主妇。母亲的角色不同，她们是子女的主要照顾者，普通的工作将占用大量的时间，不利于子女的照顾；相反，无业在家的家庭主妇或者上班时间更为灵活的个体户母亲有更多、更灵活的时间打理家务、照顾小孩。

不同职业的收入水平及工作特点能够一定程度上解释不同职业的迁移者在携带子女上的差异。个体户家庭携带子女进城的可能性大，是因为这类职业能够较好整合父母亲的角色。这类职业能够为夫妻双方提供就业机会，门槛低，工作时间安排相对自由，适合照顾小孩的学习和生活。虽然单位时间挣钱不多，但可以通过自由延时加班等方式挣得更多收入，等等，存在一定的社会向上流动的可能性。普通的产业工人携带子女的情况少，不仅和这类职业工作时间比较僵化，加班时间长，收入有限有关，还与这类工人居住生活空间少，生活社区中能够供其使用的配偶公共设施有限。这里就引出我国目前的劳动力再生产环境问题，在经济体制改革之后，资本家将尽量压缩劳动者的在生产（包括劳动者家庭的再生产）所带来的成本，工厂通常会将工人安排的拥挤和便于管理集体宿舍，难以形成家居的环境和社区氛围。而国家并没有及时地承担起为制度外的人民提供充足工厂产品供给的责任，对于这些外来工人的权利保护和劳动力再生产条件改善方面的介入也非常有限。人们不得不完全依赖并不稳定的职业来为家庭争取生存和发展空间。

在这种制度环境下，家庭收入越高，携带子女的可能性越大。携带子女的家庭平均收入每年为 58 598 元，而未携带子女的家庭年均收入要低 10 000 元。家庭在迁入地的居住时间越长，越有可能在迁入地找到合适的消费市场、建立起必要的社会联系，同时也证明其在迁入地具备一定的适应能力，因此，其携带子女的可能性较大。

C. 从家庭在迁出地的境况来看，老家的社会经济状况较好的家庭携带子女可能性更大，而社会经济情况一般或较差的地区迁出的家庭携带子女倾向并不特别高。相对于没有携带子女的家庭，携带子女的家庭中来自乡镇的比例比较大，来自农村和城市的比例比较小；也就是说，来自乡镇的家庭携带子女的倾向更大。这种情况的出现可能因为，一方面，来自县城和乡镇的家庭在城市的适应能力相对较强；另一方面，乡镇所处的教育系统等公共设施比较落后或者这些家庭在老家的相对地位较差。而来自农村家庭，老家土地面积较小越倾向于携带子女进城。

原来职业是产业工人的户主携带子女迁移的情况比较少，而原来职业是技术工人或者学校刚刚毕业的学生、无业人员携带子女的情况相对较多。原来即是技术工人的迁移者在迁入地的收入可能相对较高，从能力上讲较强。而迁移前属于学生的迁移人口，通常年龄都比较轻，属于新一代农民工，在城市生活和工作时间长，对城市生活比较适应，更为认同城市文化，自身的迁移意愿更强，携带子女的可能性更大。

最后，老家有未分家的祖父母时，夫妻一起迁移的家庭携带子女的情况所占比例较小。

D. 从教育资源、教育制度以及子女教育预期上看，无论是否携带子女迁移，家长普遍认为城市公立学校好于农村公立学校，城市流动儿童学校比农村学校要差；他们普遍认为，外来户口的孩子进入本地的公立学校较难或非常困难，且要收取额外的费用，不太容易得到平等的对待。他们都希望自己的子女能够拿到大学及研究生学历，在大城市居住和生活。不过，携带子女的家长对迁入的教育政策较为了解，而未携带子女的家长对老家的教育政策和条件有更好的了解。携带子女的家庭对外地孩子进入本地的公立学校难度的评价上认为容易一些，且对子女的教育预期更高。

3. 定量分析的结果

根据本次调查的数据以及定量分析的结果，家庭是否携带子女，以及携带哪类子女的影响因素中，最为关键的变量是对老家教育资源与质量的评价以及老家是否有人照顾子女。迁出地的地域属性（城镇还是农村）同样也具有影响作用，即农村更倾向于携带子女。但这两者之间存在着一定的相关性。即城镇人口对于迁出地教育资源与质量的评价相对肯定要高于农村地区，从而使城镇地区的迁出人口相对不会携带子女。如果考虑子女特征，那么，家庭更可能携带的是年龄小的、第一个孩子，且更有可能携带的是女孩。

由上述结论导出的政策含义在于：提高农村义务教育的办学条件与质量，将会有利于流动人口把子女留在老家，而不是跟随迁移。而这种教学质量的提高的同时，更为关键的是家庭对子女的照顾。同时，我们也相信，教育资源与质量的提高仍然无法与家庭对子女的照顾相对比。因为，在儿童的社会化过程中，他们需要学校的教育，但同时也更需要家庭与亲情的照顾与关怀。

与此相对应的，则是教育政策的实施效果。从理论上讲，国家实行两免一补的义务教育政策，在某种程度上应该缓解流动人口携带子女进城的可能性。而且从"流动儿童发展状况跟踪调查"的田野调查中也可以发现，确实是有许多随迁的子女由于国家实行了两免一补的政策后回到老家学习。但根据本次调查的数据及分析结果表明，国家实行的这一政策并未能真正起到宏观的调控作用。因此，如何进一步强化国家宏观教育政策的实施效果，还需要有所加强。

当然在本研究中，仍然有部分变量并未能表现出理论分析中所具有的显著性。这可能跟因抽样方法与过程而产生的数据问题有关。因此，有关结论仍有待进一步研究与讨论。

第六章

农民工随迁子女教育相关政策分析

一、农民工随迁子女接受义务教育的基本理论问题

当前,农民工随迁子女接受义务教育的问题还不能得到完善的解决,若干政策无法得到全面贯彻执行,一个重要的原因是人们尤其是政策的制定者和执行者在若干理论问题上存在模糊的乃至错误的认识。澄清有关随迁农民工接受义务教育的认识问题,是科学地制定相关政策、建立相关制度的前提。具体来说,需要澄清的理论认识问题主要有以下四个方面:

(一)义务教育受教育权的基本性质

平等、公平、公正等都是现代社会应追求的基本价值,也是公民受教育权在实现过程中的终极价值目标。平等地享有受教育权体现了对每个人权利的尊重,同时有利于公正社会的建立和社会的和谐稳定,有利于各种基本价值的实现。在现代社会中,平等受教育权普遍被确认为人类共同的最基本的人权之一,成为国际领域中共同关注的问题,被许多国际条约规定为所有民族和国家之间建立国际合作与团结的政治责任,成为国际法承认的不容剥夺的基本人权之一。如《全民教育宣言》提出,"满足基本学习需要可以使人和社会中的任何个人有能力并有责任去尊重和依赖他们共同的文化的、语言的和精神的遗产,促进他人的教育,推动社会正义事业。"又如《联合国人权宣言》也规定,"不论什么阶层,不论经济条件,也不论父母的居住地,一切儿童都有受教育的权利。"

教育权利平等的理念是政治、经济领域的平等权利在教育领域的延伸。在超越了身份制、等级制等将教育视为少数人特权的历史阶段后，平等接受教育的权利作为基本人权，成为现代教育的基础价值之一。受教育权作为公民的一项基本权利，是人们为了生存和发展所应具有的必要的、起码的、最低限度的权利，这种权利是与人的价值和才能无关的一些基本权利，只要被承认是一个人，就应该享有。国家和社会有义务保证提供这些基本的资源。义务教育是一种依照法律规定，适龄儿童和青少年都必须接受，国家、社会、学校和家庭必须予以保障的，带有强制性的国民教育，它在教育体系中居于最为基础和关键的部分。平等是义务教育阶段学生受教育权的基本价值取向，所有社会成员应一律平等享有，处境不利者应受到优先照顾。

农民工家庭在总体上属于处境不利人群，在市场竞争中处于劣势。然而从人权角度来讲，农民工在政治、经济、文化、社会、家庭等领域享有与其他阶级、阶层同等的权利，其特殊利益应受到保障。如果农民工子女不能平等享有这个权利，其未来的发展与生存就会受到严重损害，并会加剧当前的社会分化现象。保障农民工子女的平等受教育权是一项复杂的事业，政府作为社会资源和价值的整合者和管理者，是最大的责任主体和义务主体，必须守住公共教育的底线，在保持基本的教育水平的基础上，应该将关注点更多的指向不利人群和弱势群体。制定有利于这些阶层享有教育机会的政策，把这些阶层的利益作为制定政策的着眼点、立足点，对其进行利益补偿。

（二）义务教育的政府责任

保障农民工子女平等享受义务教育权利的前提是实现义务教育的公共性。由于义务教育是国家为实现国家和社会利益而向全社会提供的公共物品，公共性是义务教育的本质属性。它主要包括以下几方面含义：（1）广泛性。义务教育不单会对某个人、某个群体或某些特定阶层产生影响，而且会影响到众多的个体和团体的生活。更为重要的是，它会超越单个人和地域的限制而对整个国家利益产生影响，甚至超越国界影响到整个人类的发展。（2）公益性和共享性。它意味着义务教育是超越任何团体或地域利益之上的，为所有社会成员所共有和共享，没有任何个人和团体可以免受它的影响，所有社会成员都可以从中受益。（3）统一性。义务教育的公共性是一种个人利益与私人利益的统一体，个体在接受义务教育而获得个人发展的同时，推动了整个社会的进步。（4）教育机会的均等性。主要指人们不受政治、经济、社会地位和民族、种族、信仰及性别差异的限制，在法律上都享有同等受教育的权利，主要包括入学机会均等、受教育过程中的机会均等以及取得学业成功的机会均等。义务教育的公共性要求义务教育的实施必须体现全体人民的利益，必须保障基本的教育公平。

促进教育公平，是政府发展教育过程中最应担负的责任。教育公平，主要包括学龄人口或学习者进入机会的公平、过程的公平、结果的公平。保证公民接受义务教育权利的公平，是政府发展教育的第一责任。政府在承担教育公平责任最基础的方面就是保障义务教育阶段的公平。为了确保农民工子女能够享受平等的受教育权，要求包括中央政府在内的各级政府切实担负起义务教育的责任。要求各级政府按照属地化原则和国民待遇原则对待农民工子女。要农民工子女平等的受教育权，有力的财政经费支持是根本保障，这就需要建立相应的教育财政制度。必须明确中央政府、流出地各级政府与流入地各级政府的教育财政支出责任，要求中央政府、流入地政府、流出地政府共同分担农民工随迁子女接受义务教育的费用，构建起刚性的、与农民工子女教育相适应的、可持续增长的教育投入机制。

（三）义务教育的弱势补偿

根据其所掌握的物质资源、组织资源和文化资源，现代社会可以区分出不同的社会阶层。现代社会分层与社会结构的变迁、社会流动密切相关。改革开放以来，我国正在经历急剧的社会结构变迁，导致大规模的社会流动。社会结构变迁和社会流动，引起社会成员的社会身份变化。农民工及其子女在流动的过程中，也存在社会身份变化的过程。但是，在我国现行的户籍制度和义务教育管理体制下，农民工随迁子女的义务教育成为一个盲区。我国现行的义务教育实行地方负责、分级管理的办学体制，基本形成了中央和地方财政分担、以地方财政拨款为主的义务教育财政管理体制。在这种管理体制下，各地教育系统主要对本地区户籍人口中的学龄儿童提供服务，教育规模的规划、中小学校的布局以满足本地教育需求为依据，每年义务教育拨款也主要依据本地区户籍人口中适龄儿童的数量而定，学龄儿童入学由户籍所在地政府负责，按户口划分学区、分派学位，就近入学。城市可以堂皇而狭隘地拒绝农民工子女享受这些资源。在城乡二元化社会制度下，城市在吸纳了农民工的劳动力和创造的巨大经济效益的同时却在社会福利、文化资源上拒绝了他们，农民工群体处于弱势地位及边缘状态，这造成农民工子女在城市中无法和城市儿童享受同等法定义务教育权利。

我国在普及九年义务教育方面已经取得了显著成就，摆在政府面前的极为现实的问题是，必须考虑处境不利地区和人群教育进入机会公平的问题。在社会主义初级阶段，任何公共教育改革的实验，如果不能有效地增加处境不利群体的利益，也至少应做到不使他们原有的利益受损，一旦受损也有相应的修复补偿机制。农民工子女教育问题的形成，和农民工在城市里的弱势地位和边缘化处境有着极其密切的关系。因此，必须适应社会的变革，对我国现有的户籍制度和教育管理体制进行改革。首先，要促进城乡二元化社会的整体变革，从户口性质上取消城乡居民的差别，实现公民身份法律意义上的平等，还原农民平等的国民待遇，保障农民工子女享有与城市儿童同等的教育权利。其次，要改革义务教育管理制度，把农民工子女教育纳入到当地的公共教育服务的体系之中，打破义务教育的地域限制，建立以纳税人身份为基础享受义务教育权利的体制，允许儿童在居住地（不一定限定户籍所在地）入学接受义务教育，以实际在校学生数为基数划拨义务教育经费，促使流动人口子女享受与当地居民子女同等的教育。同时，在市场经济体制下，处境不利群体往往会在社会与教育竞争中处于不利境地，他们仅靠自己的努力很难改变自身的处境，为了实现社会公平，防止处境不利群体的恶性循环，必须实施弱势补偿。政府应建立规范的弱势补偿制度，对农民工子女进行经费补助和政策支持，在就学条件、教育质量、师资素质等方面采取针对农民工子女教育特点、满足他们特殊的教育需要的措施，保护农民工子女受教育权利的实现。

（四）教育政策伦理问题

如何制定和实施保障农民工子女入学的良好的教育政策，是保障农民工子女接受义务教育权利的根本措施。制定和实施好的政策需要好的政策伦理的指导。教育政策伦理是指国家公共权力部门为实现特定教育目标，在调节与分配有限教育利益与资源的过程中所遵循的伦理价值原则。教育政策作为政府分配教育资源的重要工具，其制定与实施过程必然涉及怎样的分配才是"应当"、"正当"或"好"的。在宏观层面上，教育政策伦理主要针对政府部门代表的公共利益与政策指向的目标群体总利益之间的抽象关系，论证与建构公共利益公平与公正分配有限教育资源的伦理基础，也就是所谓的对教育政策的"正义"或"善"的伦理追问。

公共政策的价值选择问题是一个复杂的问题。目前，我国公共政策研究者对此有四种不同的看法。效率导向论者认为，公共政策的基本价值取向应当坚持"效率优先、兼顾公平"。公平论者认为，公共政策应当以公平为基本价值取向，而将效率的事情交由企业和市场去解决。统一论者认为，在处理公正与效率的问题上，公共政策应当从中观的角度将宏观、中观与微观结合起来，统合效率与公平问题。超越论者认为，公共政策的价值取向应当以公正为目标，超越公平与效率之间的取舍。以社会公正作为基本的价值取向就是要从人的全面发展的要求出发，对社会价值作出公正的分配。作为政策目标的社会公正应当包含不同的层次要求，"第一层次：公民基本权利的平均主义分配；第二层次：经济活动收益的效率主义分配；第三层次：社会底线需求的平均主义分配；第四层次：促进社会和谐的综合回应分配"。

制定和实施农民工子女教育的相关政策，必须首先研究和回答农民工子女教育政策制定和实施中的基本伦理问题，如在制定和执行相关政策是采取政府能力本位还是农民工子女权利本位，是政府责任本位还是社会责任本位，是现行政策规定本位还是农民工子女入学需要本位，是属地化原则还是经费分担原则，是鼓励留守还是鼓励流动？对这些问题的回答体现出政府所持的基本的教育政策伦理观和价值选择。教育政策是由政府权威部门制定与实施，处理社会公共问题的，因此，政府所制定与实施的相关教育政策必须以人民大众的公共利益为根本依据，政策制定与实施背后的制度安排程序原则等也必须符合公共伦理精神。因此，在制定和实施农民工子女教育政策时，应该本着以人为本、以农民工子女受教育权利为首要价值选择的原则，强调政府在解决农民工子女教育问题中的首要和主要责任，同时不能忽略政府的承担能力与城市义务教育的负担能力与自身发展，不能因为追求理想化的教育公平而妨害了城市教育的正常发展，进而损害整个社会的教育发展效率与教育公平，应该从社会整体发展的视角，兼顾各个利益相关者的利益，实现教育的整体和谐健康发展。

二、农民工随迁子女接受义务教育的基本制度问题

要研究现有的农民工随迁子女接受义务教育的政策，必须厘清政策背后所涉及的随迁儿童就学的基本制度问题。农民工随迁子女接受义务教育的基本制度包括经费分担制度、就学准入制度（俗称，入学门槛）、学籍管理制度、监控制度、公平保障制度及初中后相关制度。

（一）经费分担制度

根据中央"两为主"政策精神，调研走访的流入地政府都采取了积极措施妥善安排义务教育阶段的流动儿童少年就学，保障他们接受义务教育的权利，基本确立了由流入地政府筹措资金保障流动儿童少年接受义务教育的体制。具体做法是由流入地政府的各级财政将农民工子女教育经费纳入到预算统筹，按照中小学布局和建设规划落实学校建设资金，确保学校建设进度，满足外来民工子女入学需要；并按学校实际在校生数（包括进城务工农民工子女学生）和公用经费拨款定额安排公用经费，确保学校正常运转。

然而近年来，随着流动人口地不断增长，流动儿童少年在流入地就学情况又表现出以下两个明显的特点：一是流动人口子女入学人数迅速增加，其中占流入

地义务教育阶段学生总数的比例更是逐年攀升；二是流动人口增长集中在经济比较发达的地区，这为当地政府接受其子女入学带来了巨大的承载压力。以杭州市为例，2006年春季始，全市城乡实行义务教育免杂费，外来务工人员子女入学享受"同城待遇"，当年杭州市各级政府补助全市外来务工人员子女免费义务教育经费就达2 200万元。

一定意义上说，流入地直接享有进城务工农民所带来的便捷和廉价服务，理应为他们的子女提供同等质量的义务教育资源，但是仔细分析，保障农民工子女接受义务教育并非流入地政府一方的责任。事实上，流出地政府也通过对外输出劳务，带动了地方经济的发展和人均收入的增长，并且流出地政府还占有着由国家拨付给每一个学龄儿童接受义务教育的经费，农民工随迁子女本应享有的教育经费事实上滞留在流出地政府，造成实质上的受益人缺席和教育资源使用无效。另外，全国教育资源的有效配置和统筹是中央政府教育经费保障体制理应承担的主要责任和义务，当前中央政府在简单规定流出地政府要积极配合流入地政府做好进城务工人员子女的义务教育工作，却没有真正明确、落实双方的责任义务，导致在具体政策执行过程中，流入地政府一方责任倾斜的局面，使流入地政府不堪重负。因此，中央政府在保障农民工随迁子女接受义务教育问题上，应该进一步履行政府的职责，保障义务教育经费的合理配置和使用。而作为学生的法定监护人，流动儿童少年的家长同样应当履行相应的责任和义务，保障其子女接受义务教育的权利。

由此可见，依法保障农民工随迁子女接受义务教育的权利，不仅仅涉及"两为主"政策中的流入地政府和当地公立中小学的责任，而应该是中央政府、流出地政府和流入地政府，以及学生家长多方责任主体共同承担的义务。因此，建议建立"流入地政府管理为主，利用中央政府转移支付和流出地政府分担"的义务教育经费分担体制。在具体执行层面，流入地政府除进一步完善义务教育经费的保障体制，还需进一步考虑让流入地的企业——即进城务工人员创造经济利润的直接受益者，为农民工随迁子女接受义务教育提供资金保障；中央政府则可以在几个人口流入和流出大省进行试点，将流动儿童少年的义务教育费用纳入国家公共支出中转移支付的范围，由中央政府将预拨给人口流出省份的流动人口子女教育经费以转移支付的形式拨付给流入地政府，以弥补和缓解流入地政府教育经费的不足问题。另外，农民工随迁子女家长应当为子女享有更加优质的教育资源支付相应的费用。

（二）就学准入制度

中央"两为主"的政策还规定了流入地公立中小学在保障流动儿童少年接

受义务教育上的责任。调研走访的流入地公立中小学都首先明确了农民工随迁子女的入学条件，即准入门槛主要涉及以下规定的一项或几项，包括：（1）父母或监护人在当地（县级）已取得暂住证并实际暂住一年以上；（2）在当地有固定居住地并能提供居住证明（房产证或房屋租赁证明）；（3）家庭户籍原本和监护人身份证；（4）监护人与用人单位签订并由劳动部门认可的劳动合同或监护人的工商执照；（5）自己本人亲生的孩子；（6）流出地县级教育行政部门签发的《义务教育登记证》；（7）适龄儿童的计划免疫接种卡。其中，除签订劳动合同或监护人的工商执照相对难于办理，其他条件均较容易达到。另外，本着"同城待遇"的基本理念，部分流入地政府也已经全面取消面向外来民工子女收取的义务教育阶段借读费，所需办学经费纳入财政保障范围。

在流入地政府入学准入门槛相对较低，义务教育资源相对优秀的条件下，大批农民工子女选择随迁在流入地的公立中小学接受义务教育，这就无形中增加了流入地政府压力，呈现出现有教育资源难以从根本上满足逐年增长的农民工子女教育需求的现状。按 2006 年杭州市区小学生均规模 1 495 人，初中生均规模 761 人计算，如若新增外来中小学生全部由流入地政府解决，相当于杭州市要新开办 65 所小学和 30 所初中。而 2006 年杭州市六区小学只有 116 所，初中只有 96 所。大量涌入的农民工子女，使流入地政府现有的教育资源面临巨大压力，尽管各级政府多方渠道解决，农民工子女就学需求的快速增长还是大大超过教育资源的扩张。

为了确保流入地公立中小学的正常教育秩序和基本教育质量，也为了从真正意义上保障流动儿童少年的义务教育受教育权，有必要在流入地适当提高门槛的设置，使其一定程度上起到调节和控制人口盲目流动给流入地政府造成的"洼地效应"。基本的理念是鼓励有条件的农民工子女在流出地接受义务教育，流出地政府应积极配合、分担管理责任、并创造条件安置留守儿童在当地接受有保障的义务教育；对于那些在家乡无人照料的农民工随迁子女，建议流入地政府暂缓实行"全免费的义务教育"，而应该针对进城务工人员经济收入的差异性和对流入地教育资源的选择性，设置分类分层的就学准入门槛，既保障农民工中最弱势人群的子女有学可上，也要求有一定经济实力的农民工家长，为其子女在流入地享有更为优质的教育资源负担相应的就学成本。

（三）学籍管理制度

学籍管理制度是学校对在校就学学生实行有效管理的一项必备的制度，它直接影响着学生的就学、毕业以及其他一些与学生密切相关的学习活动。对农民工随迁子女的学籍管理不同于普通的学籍管理，由于农民工随迁子女流动性极大，学校不易全面掌握学生及家长的信息，依据一般的建立学籍的政策方法，这部分学生就很难建立学籍，而没有学籍则意味着农民工随迁子女在接受义务教育上不能保证。所以对农民工随迁子女的就学建立学籍应该有一些新的政策与方法。

在这方面，浙江省的一些政策值得我们关注。2004年浙江省颁布了《浙江省人民政府办公厅关于进一步做好流动儿童少年义务教育工作的意见》（浙政发［2004］109号），其中规定："加强对流动儿童少年就学情况的动态管理。各县级教育行政部门应将流动儿童少年就学情况统一纳入全省的电子学籍管理系统，并定期上报市和省教育行政部门。市和省教育行政部门在教育网站上设立流动儿童少年就学专栏，定期向社会公布流动儿童少年就学情况。"

在全市义务教育学校共接纳外来民工子女入学2 085万人（在校生）的温州，对农民工随迁子女的学籍管理作出了更为详细的规定：《温州市人民政府关于外来流动人口子女就学的若干意见》（温州市人民政府文件　温政发［2002］44号）中规定："招收流动人口子女的中小学应加强学籍管理，于每年（期）开学后两周将学生名册报县（市、区）教育局，建立专门学籍，中途转学应出具转学证明，休学期满应根据其毕业考试成绩发给相应的学历证书。"

"对学籍实行动态管理：学校对外来务工人员子女入学'只要班级有学额'，'只要符合条件'允许随时插班；'只要有正当理由'允许随时转学。"

"对外来务工人员单独建立学籍档案，入学时先建临时学籍，另外造册，学生转学时，学校出具证明并可由学生带走学籍，学生学业期满，学校根据其毕业成绩，发给相应的学历证书。"

这种对农民工随迁子女接受义务教育实行临时的动态的学籍管理，有效地解决了农民工子女流动性大，不易进行学籍管理的难题，一方面保证了学生在校学习的合法性，同时也有利于学校对学生进行有效的管理，在可行性与实效性上取得了较大的成效。

（四）监控制度

农民工随迁子女的流动性较大，尽管学校在接收时会对其进行学籍管理，但是，学籍管理只是一种静态的管理，很难对学生进行实时的监控，对学生的转学后、退学后的状况缺乏有效的监控，甚至可以说是一片空白。为了更有效、更负责的对农民工随迁子女节后义务教育进行监控，有必要建立一种流出地与流入地，流出校与流入校，学校与家长之间互通学生信息的监控制度。在浙江，流入校要求学生具备流出校开具的转学证明方可为其登记学籍，这在一定程度上对学生实行了就学监控。但这只是微观层面的效用有限的监控，要是农民工随迁子女接受义务教育得到更好的监控，有必要在流出地与流入地政府间建立一种更加积极有效联系，使流入地政府能够较为准确的掌握流入人口的数量，从而合理调配现有教育资源，确保农民工随迁子女能够在流入地更好地接受义务教育；有必要在流出校与流入校之间建立一种更为全面的联系，使学校确知学生的流向，保证学生接受义务教育；有必要在学校与家长之间建立一种更为直接的联系，深入了解学生状况，使学生获得暂时的稳定就学的机会，促使其接受完整的义务教育。对农民工随迁子女接受义务教育实行有效的监控，在一定程度上可以使这些学生接受更为优质的、完整的义务教育。

(五) 过程公平保障制度

公平是教育的基本价值诉求。教育上的公平至少包括入学机会的公平、过程的公平和结果的公平三个层面，其中入学机会的公平是最为基本的，是教育公平的起点，然而仅仅保障入学机会的公平并不能保证教育的真正公平，它还必须保证过程的公平和结果的公平，这样才能实现真正意义上的教育公平。农民工随迁子女接受义务教育的过程公平保障制度旨在使得更多的农民工随迁子女接受到更优质、更公平的教育，以便更加充分地实现教育的公平。

长期以来，对于农民工子女接受义务教育这一问题，很多地区采取的是保障最基本的入学机会的做法，然而最初接受农民工子女的学校往往是一些民工子弟学校，教学条件差、课程设置落后、教师队伍建设滞后、教育管理混乱，有些甚至属于非法办学的学校。这样根本不能保证这些农民工子女接受到合格的义务教育。虽然随着"两为主（义务教育阶段由输入地政府安置为主，以公办学校接纳为主）"政策的进一步落实，城市中的公办学校开始接收农民工随迁子女入学，但是调研显示，接收农民工子女的公办学校很多是处于城乡结合部，或者是教学质量相对比较差的城市公办学校，这就必然使得农民工随迁子女接受义务教育的过程公平难以得到保障。

随着国家和各级政府对于农民工子女受教育工作的深入，很多地区，特别是沿海经济比较发达的省市对于农民工子女教育的关注从入学公平开始逐渐转向过程的公平，将农民工随迁子女接受义务教育的工作推向了新的局面。过程公平的核心是保证教育质量的公平，农民工随迁子女接受义务教育的过程公平的制度保障在各个地方的做法不一，较具典型性的有：

（1）混合编班，使城乡不同的学生在一起学习与生活，消除以前人为设置的"隔离"（单独编班），让农民工随迁子女和城市学生一起成长，使得农民工子女得到文化上的公平对待，享受到同城待遇。（2）一视同仁对待公办学校和民办学校。当前由于公办资源的有限性，我国大多数地方对于接受义务教育阶段的农民工随迁子女采取"公办学校为主，民办学校为辅"的入学政策。为保障过程公平，很多地区下大力气对于民办学校进行扶持和鼓励，不断提高接受民工子女的民办学校的教育质量，使得这些学生不仅能够留得住，而且能够学的好。如对于民办学校，成都市将其纳入统一的市教育管理中来，在教学研究、质量考核、教师培训等方面加强指导。为体现政府对义务教育阶段的责任，一方面，成都市对每所合法举办的民工学校资助5万元，帮助其建立图书资料室；另一方面，使这类民办校的师资培训、教师评优、职称评定等享有和公办学校同样的待遇。此外，成都市政府通过向由政府协议委托取得办学许可证的民办学校购买学位，来解决公办教育资源不足的问题，同时政府按协议向民办学校拨付相应的教育经费。（3）规范办学、不断提高师资水平。当前很多地方对于农民工子女的教育极为重视，采取了很多措施改善民工子弟学校的办学条件，将这些学校的教师培养纳入整个教育规划。

（六）初中后（高中阶段）教育阶段的入学门槛

高中阶段教育在我国是属于义务教育后教育，这其中包括普通高中教育与职业高中教育，它们都是属于收费教育。当前随着初中阶段大量随迁民工子女的涌入，这部分农民工子女对接受高中阶段教育的愿望也逐渐高涨，他们不满足于接受义务教育，迫切希望接受到高中阶段的教育。

如果说义务教育阶段的门槛对于农民工随迁子女来说，已经降低、甚至可以说基本取消的话，那么高中阶段的教育，对于农民工随迁子女来说则依然存在着诸多门槛，这首先是高考制度的限制所导致的门槛。我们知道我国高考实行的分省（区）及直辖市录取，为了保证本省（区）及直辖市学生的利益，各地一般不允许跨地区高考。这样一个国情就使得外省（区）及直辖市的农民工随迁子女即使接受了当地的义务教育，依然不能在当地参加高考。其次是我国当前高中规模的限制。我国对于高中阶段的教育长期以来一直缺乏足够的国家支持和投入，高中阶段教育整体规模相对较小，容量有限，限制了更多学生的进入。最后是高中高额收费的限制。高中阶段是收费教育，在大多数省份，一个普通高中生每个学期光学费就近千元左右，此外还有诸如杂费、实验费等其他费用，对于非本地生源来说还要支付高昂的择校费。农民工随迁子女初中后（高中阶段）教育阶段的入学门槛制度，主要涉及农民工子女接受高中教育入学机会等相关问题。当前很多地区的做法是规定农民工随迁子女回本地去读高中，不允许其进入本地高中；也有一些地方如成都市是将农民工随迁子女分流，进入普通高中的是要收费的，进入职业高中则相对收费低廉，甚至会有政府的补助。浙江省瑞安市也是采取这样的政策，一方面，允许农民工随迁子女进入当地普通高中，但同时要缴纳不菲的择校费；另一方面，积极引导，通过发行"教育券"等鼓励进入职业高中，体现了很明显的双轨制特征。这些对于解决农民工随迁子女接受高中阶段教育的入学门槛是有积极的借鉴意义。

三、农民工随迁子女教育问题的政策分析

在当前中国构建和谐社会的背景下，进城务工就业农民子女教育问题受到了全社会的广泛关注。2003年，针对进城务工就业农民子女接受义务教育的问题，中国政府出台了"以流入地区政府管理为主，以全日制公办中小学为主"的"两为主"政策，力图使城市社会中的这部分弱势群体能够顺利接受更好的教育（教育部、中央编办、公安部、发展改革委、财政部、劳动保障部《关于进一步做好进城务工就业农民子女义务教育工作的意见》）。此后，为贯彻中央政府的"两为主"政策，各地省、市一级的政策纷纷出台，致力于解决好本地的进城务工就业农民子女教育问题。本研究致力于对这些国家和地区层面的政策进行全面的梳理和分析，对政策的实施效果及存在的问题进行探讨，并就进一步做好进城务工就业农民子女教育工作提出对策建议。

（一）政策背景分析

进城务工就业农民是改革开放之后，特别是现阶段中国城市化发展变迁过程中出现的一个特殊群体。在城市社会中，这一特殊群体经常处于弱势地位，其子女在接受义务教育的环节上遭遇了一系列的困难，并在一定程度上引发了较为严重的教育公平问题。可以说，让每一个进城务工农民子女都能够接受良好的义务教育，正成为当前一种新的教育公平诉求。

进城务工就业农民这一群体的出现始于20世纪80年代初期。当时，这一群体的总体特点表现为：一是规模较小。据1982年第三次人口普查统计，全国共有一年以上常住流动人口657万人；二是进城就业农民中以青年男性劳动力为主，绝大多数女性留守在农村，承担照顾子女的责任；三是举家外出户很少。由于总体规模偏小，进城务工就业农民子女教育问题在这一时期尚未成为突出的社会矛盾。

20世纪90年代以后，随着社会经济的快速发展，进城务工就业农民的规模进一步扩大，到1990年第四次人口普查统计时，流动人口数量上升到2 135万人，较前一时期增长了2.25倍。这一时期，进城务工就业农民呈现出了新的发展特点：一是夫妻双方均外出务工的人数开始增多；二是举家外出的农户显著增加。农村家庭举家外出，意味着随父母进城的农民工子女数量大幅上升。由于现行户籍管理制度和教育管理体制的双重限制，进城务工就业农民子女在城市接受

义务教育这一问题上遇到了很大的困难。这些困难具体表现为：一是城市的教育规划和教育布局以本市户籍人口数量为依据，没有将进城就业农民群体考虑在内，造成教育资源相对短缺，无力接纳农民工子女入学；二是进城务工农民子女在公立学校就学，需交纳较高的费用，这对绝大多数进城就业农民家庭来说是难以承受的；三是由于高考制度的限制，进城就业农民子女在城市接受完义务教育后，不得不重返原籍继续读书；四是进城就业农民子女一旦出现失学、辍学现象，无法得到及时的监控和救助。由于存在以上困难，进城务工就业农民子女将很容易被排斥在城市义务教育体系之外。也正是从这一时期开始，进城务工就业农民子女教育问题开始凸显。

进入21世纪后，随着中国经济发展的持续高速增长以及城市化进程的不断推进，进城务工就业农民的规模更加壮大，而随父母进城的农民工子女的数量达到了前所未有的规模。2000年第5次人口普查的统计结果显示：流动人口总量为1.44亿（扣除人户分离，2000年11月1日我国流动人口总量为10 230万人），其中，14周岁及以下流动儿童为1 410万人，农民工子女有999万人（6~14周岁义务教育年龄段流动儿童约878万人），占流动儿童总量的70.9%。进城务工就业农民子女的大量涌入，对城市的公共教育资源和教育管理形成了巨大的冲击。切实维护进城就业农民子女的受教育权，使他们都能够及时地、较好地接受义务教育，已经成为了一个需要迫切解决的问题。如果在教育的起点上就受到了不公平的对待，那么这部分儿童将极有可能在今后的发展过程中遭遇到更多的社会不公正。进城务工就业农民子女教育问题如果得不到有效地解决，不仅将损害教育公平和社会公正的原则，而且将极大地制约着构建和谐社会这一目标的实现。因此，从这一层面来看，解决好进城务工就业农民子女教育问题具有重要的战略意义。

（二）对国家层面政策的分析

中国政府对进城务工就业农民子女教育问题的认识呈现出了一个逐步发展、逐步深入的过程。自20世纪90年代以来，随着农村劳动力向城市的不断涌入，城市中的流动人口数量大幅上升，与此相伴的流动人口子女接受教育的问题开始受到关注。针对这一新的社会现象，中央政府从很早就开始着手制定专门的政策，力图解决流动人口子女的受教育问题。1996年，原国家教委首次制定并印发了《城镇流动人口中适龄儿童少年就学办法（试行）》。在早期的政策文本中，进城务工就业农民子女并没有受到特殊的关注，而是被统一地归类到流动人口子女这一大的社会群体中。然而，随着经济体制改革的不断深入及城市化进程的不断推进，城市的流动人口逐渐呈现出了新的特点：一是流动人口数量持续上升且规模极为庞大；二是流动人口群体内部开始分化，其中，进城务工就业农民这一群体开始出现并受到越来越多的关注。进城务工就业农民收入低，生活质量差，处于城市社会的底层，并且日益成为城市中的弱势群体。在融入城市生活的过程中，他们遭遇了一系列的困难，其中，其子女的受教育问题成为了一个焦点。

2003 年，在国务院《关于进一步加强农村教育工作的决定》中，第一次使用了"进城务工就业农民子女"这一概念。这也意味着"进城务工就业农民子女"已经从"流动人口子女"概念中分离出来。这也表明，作为中国社会生活中的弱势群体，进城务工就业农民子女教育问题已经受到了中央政府的高度关注。在此后的一系列国家政策文件中，"进城务工就业农民子女"这一概念得到了不断的强化。

1. 对不同时期政策文本的梳理和分析

（1）1996 年：《城镇流动人口中适龄儿童少年就学办法（试行）》。

1996 年，原国家教委制定并引发了《城镇流动人口中适龄儿童少年就学办法（试行）》（以下简称《就学办法》）。这是中国政府第一次以部门规章的形式，对城市流动儿童、少年的就学问题作出了比较全面的、专门的规定。该办法主要包含七个方面的内容：

一是对城镇流动人口及城镇流动人口中适龄儿童、少年作出界定。

《就学办法》第二条规定："本办法所指城镇流动人口，是指在流入地从事务工经商等经济活动或其他社会活动，并持有流入地暂住户口的人员。"第三条规定："城镇流动人口中适龄儿童、少年，是指年满 6～14 周岁（或 7～15 周岁），有学习能力的子女或其他被监护人。"从该规定可以看出，所谓的适龄儿童、少年，即指处于义务教育年龄段的学龄儿童、少年。

二是规定流入地政府及各职能部门的责任。

《就学办法》第四条规定："流入地人民政府（市、区、镇），要为流动人口中适龄儿童、少年创造条件，提供接受义务教育的机会。流入地教育行政部门，应具体承担城镇流动人口中适龄儿童、少年接受义务教育的管理职责。"第六条规定："城镇流动人口中适龄儿童、少年户籍所在地教育行政部门，应建立严格的适龄儿童、少年流动管理制度。凡户籍所在地有监护条件的，必须在户籍所在地接受义务教育；户籍所在地没有监护条件的，流动期间在流入地接受义务教育。"第十八条规定："流入地市、区教育行政部门在同级人民政府领导下，具体负责管理、监督本行政区内流动人口中适龄儿童、少年的义务教育实施工作。公安、工商、劳动、物价等部门和街道办事处，应予以积极配合。"根据以上规定，流入地政府负有为本地适龄流动儿童少年提供义务教育的责任，同时，各职能部门应各司其职。

三是规定家长及监护人的责任。

《就学办法》第五条规定:"城镇流动人口中适龄儿童、少年的家长或其他监护人,必须保证其适龄子女或其他被监护人接受规定年限的义务教育。"第二十三条规定:"城镇流动人口中适龄儿童、少年的父母或其他监护人,未按规定送其适龄子女或其他被监护人入学的,由流入地教育行政部门按照当地的义务教育有关规定予以处罚。"根据以上规定,流动儿童少年的家长或监护人负有送其子女接受义务教育的义务,一旦没有履行,将被追究责任。

四是以在城市全日制中小学借读作为主要的就学方式。

《就学办法》第八条规定:"城镇流动人口中适龄儿童、少年就学,应以在流入地全日制中小学借读为主。没有条件进入全日制中小学的,可以入各种形式的教学班、组,接受非正规教育。"根据该条规定,适龄流动儿童少年接受义务教育,应以在流入地全日制中小学借读作为主要方式。同时,接受正规学校教育并没有成为一种强制性的规定。

《就学办法》第九条规定:"城镇流动人口中适龄儿童、少年入学,应由其父母或其他监护人,持流入地暂住证,向流入地住所附近中小学提出申请,经学校同意后即可入学。如果入学申请不能被流入地住所附近中小学校接受,可向流入地教育行政部门或其指定的单位,提出申请,由教育行政部门,或其指定的单位,协调解决就学。"该条规定,确定了流动儿童少年就学的基本程序。

五是举办民办打工子弟学校,创办多种办学形式。

《就学办法》第十一条规定:"经流入地市、区人民政府批准,企事业组织、社会团体、其他社会组织及公民个人,可依本办法举办专门招收流动人口中适龄儿童、少年的学校或教学班、组。所需经费由办学者负责筹措。"第十四条规定:"专门招收城镇流动人口中适龄儿童、少年的学校或教学班、组,应贯彻执行国家的教育方针,保证教学质量,对经考试合格的学生,应发给相应的学业证明。"以上两条规定,初步确立了民办打工子弟学校的合法地位。

《就学办法》第十二条规定:"经流入地教育行政部门批准,城镇全日制中小学校,应利用现有校舍,聘请离退休教师或其他具备教师资格的人员,举办招收城镇流动人口适龄儿童、少年的附属教学班、组。"第十三条规定:"教学班、组或附属教学班、组,可采取晚班、星期日班、寒暑假班等多种形式;小学可只开设语文、数学等课程,至少达到扫盲的程度。初中也可适当减少授课门类。"根据该条规定,公办中小学应创办多种办学形式,以非正规教育的形式弥补公办教育资源短缺的弊端。

六是规范收费,实行贫困生就学费用减免政策。

《就学办法》第十五条规定:"城镇流动人口中适龄儿童、少年在流入地接受教育，流入地学校或教学班、组，可以向其父母或其他监护人收取一定的费用。收费标准由学校或办学者根据教育培养成本提出方案，报请市、区教育行政部门和物价管理部门批准后执行。借读生收费，按流入地教育行政部门的规定执行。"第十六条规定："为城镇流动人口中适龄儿童、少年举办的学校或教学班、组不得以营利为目的，不得违反国家有关规定向学生乱收费。工商、税务等部门和街道，也不得向这类学校乱摊派。"第二十四条规定："流入地市、区人民政府，有权对本行政区内违反规定乱收费的学校和教学班、组给予处罚，视具体情况没收违法收入、处以罚款，直至勒令停止办学。"第十七条规定："对家庭经济确有困难的学生，学校或办学者应酌情减免费用。"以上规定，对流动儿童少年就学的收费项目和标准进行了规范，并确定了具体的罚则。此外，还确立了贫困生就学费用减免原则。

七是规范教育管理，确立一视同仁原则。

《就学办法》第十九条规定："流入地市、区教育行政部门，应为在校的流动人口中适龄儿童、少年设立临时学籍。临时学籍应记载学生的转进、转出、成绩、操行评语、健康状况、升级、休学、复学、毕业、结业等项目。学生升学或转走时，应由学校对临时学籍进行审核签章，由学生带至新转入学校。"第二十条规定："城镇流动人口中适龄儿童、少年的毕业和升学，参照流入地教育行政部门有关借读生的规定办理。"第二十一条规定："为城镇流动人口中适龄儿童、少年举办的学校或教学班、组，应于每学年初，将其入学情况通报给学生户籍所在地学区，学区应作为入学率统计。"以上规定确立了针对流动儿童少年的教育管理原则。

《就学办法》第二十二条规定："流入地教育行政部门和学校，应维护就学的流动人口中适龄儿童、少年的正当权益，在奖惩、评优、申请加入少先队、共青团、参与文体活动等方面不得歧视。"根据该条规定，流动儿童少年在接受义务教育的过程中享有与流入地常住人口学生同等的权利，应遵循一视同仁的原则。

《就学办法》的颁布标志着政府开始关注进城务工就业农民子女教育问题。随后在《就学办法》的指导下，由政府组织并指导在京、沪等省、市进行试点，最终使这一问题由社会现象逐渐转变为一种政府行为。

（2）1998年：《流动儿童少年就学暂行办法》。

1998年，原国家教委和公安部联合发布了《流动儿童少年就学暂行办法》（以下简称《暂行办法》）。与《就学办法》相比，除保留原有的规定外，《暂行办法》还对流出地政府的责任以及教育督导原则作出了规定。此外，在一些具体条款的表达上，《暂行办法》也有所变化。

一是对城镇流动人口及城镇流动人口中适龄儿童、少年作出界定。

《暂行办法》第二条规定:"本办法所称流动儿童少年是指6~14周岁(或7~15周岁),随父母或其他监护人在流入地暂时居住半年以上有学习能力的儿童少年。"与《就学办法》相比,该条增加了"在流入地暂住半年以上"的规定。

二是规定流入地政府及各职能部门的责任。

《暂行办法》第三条规定:"常住户籍所在地没有监护条件的,可在流入地接受义务教育。"第四条规定:"流入地人民政府应为流动儿童少年创造条件,提供接受义务教育的机会。流入地教育行政部门应具体承担流动儿童少年接受义务教育的管理职责。流动儿童少年就学,应保证完成其常住户籍所在地人民政府规定的义务教育年限,有条件的地方,可执行流入地人民政府的有关规定。"此条基本延续了《就学办法》的相关规定。

三是规定流出地政府的责任。

《暂行办法》第三条规定:"流动儿童少年常住户籍所在地人民政府应严格控制义务教育阶段适龄儿童少年外流。凡常住户籍所在地有监护条件的,应在常住户籍所在地接受义务教育。"第五条规定:"流动儿童少年常住户籍所在地人民政府和流入地人民政府要互相配合,加强联系,共同做好流动儿童少年接受义务教育工作。流动儿童少年常住户籍所在地乡级人民政府、县级教育行政部门、学校和公安派出所应建立流动儿童少年登记制度。"此条为新增加的内容,它明确规定,流出地政府负有严格控制义务教育阶段适龄儿童少年外流的责任。同时,流出地政府要配合流入地政府共同做好适龄流动儿童少年义务教育工作。

四是规定家长及监护人的责任。

《暂行办法》第六条规定:"流动儿童少年父母或其他监护人应按流入地人民政府规定,送子女或其他被监护人入学,接受并完成规定年限义务教育。"此条也基本延续了《就学办法》的相关规定。

五是以在城市全日制公办中小学借读为主要的就学方式。

《暂行办法》第七条规定:"流动儿童少年就学,以在流入地全日制公办中小学借读为主,也可人民办学校、全日制公办中小学附属教学班(组)以及专门招收流动儿童少年的简易学校接受义务教育。"《暂行办法》第八条规定:"流动儿童少年在流入地接受义务教育的,应经常住户籍所在地的县级教育行政部门或乡级人民政府批准,由其父母或其他监护人,按流入地人民政府和教育行政部门有关规定,向住所附近中小学提出申请,经学校同意后办理借读手续。或到流入地教育行政部门提出申请,由教育行政部门协调解决。"与《就学办法》相比,此条取消了有关"可接受非正规教育"的规定。

六是举办民办打工子弟学校和简易学校,创办多种办学形式。

《暂行办法》第九条规定："经流入地县级以上人民政府教育行政部门审批，企业事业组织、社会团体、其他社会组织及公民个人，可依法举办专门招收流动儿童少年的学校或简易学校。办学经费由办学者负责筹措，流入地人民政府和教育行政部门应予以积极扶持。简易学校的设立条件可酌情放宽，允许其租赁坚固、适用的房屋为校舍。"该条首次规定，社会力量可举办专门招收流动儿童少年的简易学校，并在设立条件上酌情放宽。

《暂行办法》第十条规定："经县（市、区）教育行政部门批准，流入地全日制公办中小学可利用学校校舍和教育设施，聘请离退休教师或其他具备教师资格人员，举办专门招收流动儿童少年的附属教学班（组）。"此条基本延续了原有的规定。

七是收取借读费，实行贫困生就学费用减免政策。

《暂行办法》第十一条规定："招收流动儿童少年就学的全日制公办中小学，可依国家有关规定按学期收取借读费。借读费标准按国家教育委员会、国家计划委员会、财政部联合颁发的《义务教育学校收费管理暂行办法》执行。"第十二条规定："专门招收流动儿童少年的学校、简易学校和全日制公办中小学附属教学班（组）收费项目和标准按国务院发布的《社会力量办学条例》中的有关规定执行。"第十三条规定："凡招收流动儿童少年就学的学校和全日制公办中小学附属教学班（组），均不得以盈利为目的，不得违反国家有关规定乱收费、高收费。对家庭经济困难的学生应酌情减免费用。"第十一条的规定，为接收流动儿童少年就学的公办学校向前者收取借读费提供了依据。

八是规范教育管理，确立一视同仁原则。

《暂行办法》第五条规定："流入地中小学应为在校流动儿童少年建立临时学籍。"第十五条规定："专门招收流动儿童少年的学校和全日制公办中小学附属教学班（组），应贯彻国家教育方针，努力提高教育质量。对完成学业，经考试合格的学生，应按流入地有关规定，发给相应的毕业证书或证明。"《暂行办法》第十四条规定："流入地教育行政部门和学校应维护就学流动儿童少年的正当权益，在奖励、评优、申请加入少先队、共青团、参加校内外活动等方面不得歧视。"上述两条也基本延续了《就学办法》的相关规定。

九是建立教育督导制度。

《暂行办法》第十六条规定："流入地教育行政部门应对专门招收流动儿童少年的学校和全日制公办中小学附属教学班（组）教育教学工作进行指导和监督。"此条为新增加的内容，规定教育行政部门对流动儿童少年接受义务教育负有教育督导的责任。

与《就学办法》相比，《暂行办法》的进步之处在于对流出地政府的责任作出了规定。然而，向在公办学校中借读的流动儿童、少年收取借读费的政策，却体现了一种差别对待的政策取向。这种差别对待的政策取向也为流入地公办学校设立"高门槛"提供了合法的理由，"借读费"、"赞助费"、"捐资办学费"等成为一部分进城务工就业农民子女接受义务教育必须要支付的额外教育费用。进城务工就业农民大多收入微薄，维持生计已很勉强。因此，面对额外的高额收费，一部分进城务工就业农民子女只能被排斥在公办学校之外。这也在某种程度上引发了进城务工就业农民子女失学、辍学或者不能及时入学等社会问题。

（3）2001 年：国务院《关于基础教育改革与发展的决定》。

2001 年，国务院发布了《关于基础教育改革与发展的决定》（国发［2001］21 号），对流动人口子女就学"以流入地政府管理为主和以公办中小学为主"的就学方式作出了明确的规定。《关于基础教育改革与发展的决定》第十二条规定："要重视解决流动人口子女接受义务教育问题，以流入地区政府管理为主，以全日制公办中小学为主，采取多种形式，依法保障流动人口子女接受义务教育的权利。"进入 21 世纪后，随着流动人口数量的急剧增长，流动人口子女接受义务教育问题变得越来越突出。针对这一问题，需要确立一种指导原则。正是《关于基础教育改革与发展的决定》中的这条规定，初步确立了解决流动人口子女教育问题的"两为主"政策。

"两为主"政策的颁布有助于保障进城务工就业农民子女平等的接受义务教育，"以流入地区政府管理为主"的规定是保障进城务工就业农民子女平等接受义务教育的前提，真正落实"以流入地全日制公办中小学为主"，满足进城务工就业农民子女教育需求则是保障其平等接受义务教育的关键。

（4）2003 年：国务院《关于进一步加强农村教育工作的决定》。

2003 年，国务院发布了《关于进一步加强农村教育工作的决定》（国发［2003］19 号），除继续强调"以流入地政府管理为主和以公办中小学为主"的政策外，还首次提出了"进城务工就业农民子女的概念"。《关于进一步加强农村教育工作的决定》第十四条规定："城市各级政府要坚持以流入地政府管理为主、以公办中小学为主，保障进城务工就业农民子女接受义务教育。"将"进城务工就业农民子女"从"流动人口子女"中分离出来，有着重要的意义。随着我国经济发展的持续高速增长以及经济体制改革的不断深入，流动人口这一庞大群体的内部已经发生了很大的变化，一部分人群已经从贫困的生存状况中摆脱出来，他们的收入较高，甚至已经超出了城市的常住人口。与此同时，广大的"进城务工就业农民"依然处于城市社会的底层，他们的工作强度大，但是收入较低，从而成为了真正需要救助的弱势群体。能否使"进城务工就业农民子女"及时地接受较为良好的义务教育，对其今后的发展是至关重要的。从这一时期开

177

始，进城务工就业农民子女教育问题受到了越来越广泛的关注。

（5）2003年：教育部等六部门《关于进一步做好进城务工就业农民子女义务教育工作的意见》。

随着我国城市化进程不断加快，进城务工就业农民子女义务教育问题日益突出。为贯彻落实国务院《关于进一步加强农村教育工作的决定》，2003年，教育部、中央编办、公安部、发展改革委、财政部、劳动保障部等六部门联合制定了《关于进一步做好进城务工就业农民子女义务教育工作的意见》（以下简称《意见》），对进城务工就业农民子女教育问题作出了新的规定。它将做好进城务工就业农民子女义务教育工作所具有的战略意义提升到了一个新的高度，指出："做好进城务工就业农民子女义务教育工作，是实践'三个代表'重要思想的具体体现，是贯彻落实《中华人民共和国义务教育法》、推动城市建设和发展、推进农村富余劳动力转移以及维护社会稳定的需要，是各级政府的共同责任。各级政府要以强烈的政治责任感，认真扎实地做好这项工作。"《意见》主要包含七个方面的内容：

一是坚持"两为主"政策。

《意见》第二条指出："进城务工就业农民流入地政府负责进城务工就业农民子女接受义务教育工作，以全日制公办中小学为主。地方各级政府特别是教育行政部门和全日制公办中小学要建立完善保障进城务工就业农民子女接受义务教育的工作制度和机制，使进城务工就业农民子女受教育环境得到明显改善，九年义务教育普及程度达到当地水平。"第四条指出："充分发挥全日制公办中小学的接收主渠道作用。全日制公办中小学要充分挖掘潜力，尽可能多地接收进城务工就业农民子女就学。"此条规定，实际上是对国务院《关于进一步加强农村教育工作的决定》中提出的"两为主"政策作出了具体的说明。

二是规定流入地政府及各职能部门的责任。

《意见》第三条指出："流入地政府要制定有关行政规章，协调有关方面，切实做好进城务工就业农民子女接受义务教育工作。教育行政部门要将进城务工就业农民子女义务教育工作纳入当地普及九年义务教育工作范畴和重要工作内容，指导和督促中小学认真做好接收就学和教育教学工作。公安部门要及时向教育行政部门提供进城务工就业农民适龄子女的有关情况。发展改革部门要将进城务工就业农民子女义务教育纳入城市社会事业发展计划，将进城务工就业农民子女就学学校建设列入城市基础设施建设规划。财政部门要安排必要的保障经费。机构编制部门要根据接收进城务工就业农民子女的数量，合理核定接收学校的教职工编制。劳动保障部门要加大对《禁止使用童工规定》（国令第364号）贯彻落实情况的监督检查力度，依法查处使用童工行为。价格主管部门要与教育行政部门等制订有关收费标准并检查学校收费情况。城市人民政府的社区派出机构负责动员、组织、督促本社区进城务工就业农民依法送子女接受义务教育，对未按规定送子女接受义务教育的父母或监护人进行批评教育，并责令其尽快送子女入学。"与 20 世纪 90 年代中后期的政策相比，《意见》对流入地政府各职能部门责任的规定更为具体。

三是规定流出地政府的责任。

《意见》第七条指出："进城务工就业农民流出地政府要积极配合流入地政府做好外出务工就业农民子女义务教育工作。流出地政府要建立健全有关制度，做好各项服务工作，禁止在办理转学手续时向学生收取费用。建立并妥善管理好外出学生的学籍档案。在进城务工就业农民比较集中的地区，流出地政府要派出有关人员了解情况，配合流入地加强管理。外出务工就业农民子女返回原籍就学，当地教育行政部门要指导并督促学校及时办理入学等有关手续，禁止收取任何费用。"从该条规定可以看出，与以往相比，流出地政府的责任范围更广，责任分工也更为具体。

四是继续坚持"一视同仁"的原则。

《意见》第四条指出："要针对这部分学生的实际，完善教学管理办法，做好教育教学工作。在评优奖励、入队入团、课外活动等方面，学校要做到进城务工就业农民子女与城市学生一视同仁。学校要加强与进城务工就业农民子女学生家庭联系，及时了解学生思想、学习、生活等情况，帮助他们克服心理障碍，尽快适应新的学习环境。"此条基本延续了以往政策中的相关规定。

五是建立经费筹措保障机制，实行贫困生资助政策。

《意见》第五条指出："建立进城务工就业农民子女接受义务教育的经费筹措保障机制。流入地政府财政部门要对接收进城务工就业农民子女较多的学校给予补助。城市教育费附加中要安排一部分经费，用于进城务工就业农民子女义务教育工作。积极鼓励机关团体、企事业单位和公民个人捐款、捐物，资助家庭困难的进城务工就业农民子女就学。"第六条指出："通过设立助学金、减免费用、免费提供教科书等方式，帮助家庭经济困难的进城务工就业农民子女就学。"此条规定首次从经费保障层面上提供了解决进城务工就业农民子女教育问题的思路。同时，资助贫困生的方式也更为多样化，有利于减轻他们的负担。

六是减轻经济负担，采取灵活的收费方式。

《意见》第六条指出："采取措施，切实减轻进城务工就业农民子女教育费用负担。流入地政府要制订进城务工就业农民子女接受义务教育的收费标准，减免有关费用，做到收费与当地学生一视同仁。要根据学生家长务工就业不稳定、住所不固定的特点，制订分期收取费用的办法。对违规收费的学校，教育行政部门等要及时予以查处。"与以往的政策相比,此条规定更为关注进城务工就业农民家庭的经济承受力,力图切实减轻他们的就学负担。同时,对收费方式的规定也更为人性化,体现了更多的关怀。

七是规范民办打工子弟学校的办学。

《意见》第八条指出:"加强对以接收进城务工就业农民子女为主的社会力量所办学校的扶持和管理。各地要将这类学校纳入民办教育管理范畴,尽快制订审批办法和设置标准,设立条件可酌情放宽,但师资、安全、卫生等方面的要求不得降低。要对这类学校进行清理登记,符合标准的要及时予以审批;达不到标准和要求的要限期整改,到期仍达不到标准和要求的要予以取消,并妥善安排好在校学生的就学。要加强对这类学校的督导工作,规范其办学行为,促进其办学水平和教育质量的提高。地方各级政府特别是教育行政部门要对这类学校给予关心和帮助,在办学场地、办学经费、师资培训、教育教学等方面予以支持和指导。对办学成绩显著的要予以表彰。"随着公办教育资源相对短缺的问题日益严重,民办打工子弟学校正逐渐成长为一支重要的补充力量。在规范民办打工子弟学校办学行为方面,《意见》作出了重要的规定。

针对新的形势和新的问题,《意见》对做好进城务工就业农民子女义务教育工作作出了比较全面、具体的部署,为各地的农民工子女教育工作提供了指导原则。此外,《意见》还将进城务工就业农民子女教育工作的战略意义提升到了一个新的高度,有利于使这一问题得到更为广泛的关注。

(6) 2004年:中共中央、国务院《关于进一步加强和改进未成年人思想道德建设的若干意见》。

2004年,中共中央、国务院发布了《关于进一步加强和改进未成年人思想道德建设的若干意见》(中发[2004]8号)。中共中央、国务院《关于进一步加强和改进未成年人思想道德建设的若干意见》第十四条指出:"注意加强对成年人的思想道德教育,引导家长以良好的思想道德修养为子女作表率。要把家庭教育的情况作为评选文明职工、文明家庭的重要内容。特别要关心单亲家庭、困难家庭、流动人口家庭的未成年子女教育,为他们提供指导和帮助。要高度重视流动人口家庭子女的义务教育问题。进城务工就业农民流入地政府要建立和完善保障进城务工就业农民子女接受义务教育的工作制度和机制。流出地政府要积极配合做好各项服务工作。"该意见将解决进城务工就业农民子女教育问题与加强和改进未成年人思想道德建设联系起来,充分表明了党中央、国务院对进城务工就业农民子女义务教育工作的高度重视。

(7) 2006年:国务院《关于解决进城务工农民问题的若干意见》。

2006年,国务院发布了《关于解决进城务工农民问题的若干意见》(国发

[2006] 5号)。国务院《关于解决进城务工农民问题的若干意见》第二十一条规定:"保障农民工子女平等接受义务教育。输入地政府要承担起农民工同住子女义务教育的责任,将农民工子女义务教育纳入当地教育发展规划,列入教育经费预算,以全日制公办中小学为主接收农民工子女入学,并按照实际在校人数拨付学校公用经费。城市公办学校对农民工子女接受义务教育要与当地学生在收费、管理等方面同等对待,不得违反国家规定向农民工子女加收借读费及其他任何费用。输入地政府对委托承担农民工子女义务教育的民办学校,要在办学经费、师资培训等方面给予支持和指导,提高办学质量。"与教育部等六部门《关于进一步做好进城务工就业农民子女义务教育工作的意见》相比,国务院《关于解决进城务工农民问题的若干意见》体现了一些新的政策精神:首先,明确提出流入地政府应将进城务工就业农民子女教育费用列入本地教育经费预算,并按接收农民子女的公办学校的实际在校生人数,拨付生均公用经费,保证学校的正常运转;其次,接收进城务工就业农民子女就学的公办学校,不得向农民工子女收取借读费;最后,流入地政府负有支持和指导民办打工子弟学校健康发展的义务,尤其在办学经费上应予以扶持。以上规定无疑都具有重要的指导意义。

(8) 2006年:《中华人民共和国义务教育法》。

2006年6月29日,《中华人民共和国义务教育法》由中华人民共和国第十届全国人民代表大会常务委员会第二十二次会议修订通过,并自2006年9月1日起施行。新的《义务教育法》首次从教育部门法的高度,对流动儿童、少年的就学问题作出了明确的规定。其中,第十二条第一款规定:"适龄儿童、少年免试入学。地方各级人民政府应当保障适龄儿童、少年在户籍所在地学校就近入学。"第二款规定:"父母或者其他法定监护人在非户籍所在地工作或者居住的适龄儿童、少年,在其父母或者其他法定监护人工作或者居住地接受义务教育的,当地人民政府应当为其提供平等接受义务教育的条件。具体办法由省、自治区、直辖市规定。"从教育部门法的高度关注流动儿童、少年的就学问题,无疑为今后做好进城务工就业农民子女接受义务教育工作提供了最为有力的法律依据。

《义务教育法》的修订,在很大程度上标志着政府解决进城务工就业农民子女平等接受义务教育问题走向了一个新阶段。进城务工就业农民子女平等接受义务教育已经不只是一个有无法律保障的问题,而转变成一个以法律为武器保障和指导认真落实"两为主"政策的政府行为。

2. 对国家层面政策的简要述评

从1996年的《城镇流动人口中适龄儿童少年就学办法(试行)》,到2006年新修订的《中华人民共和国义务教育法》,中国中央政府在解决进城务工就业农民子女教育问题上出台了一系列的政策。随着这些政策的出台，逐渐在国家层面上形成了一个解决农民工子女教育问题的政策体系。

（1）对进城务工就业农民子女教育问题的认识不断深入。

通过对国家层面政策文本的梳理与分析可以发现，中央政府在解决进城务工就业农民子女义务教育问题上体现出了一个认识不断深入的过程。这与我国政治和经济体制改革的不断深入、整体的政治经济发展形势以及高度的社会变迁密切相关。从"进城务工就业农民子女"概念的分离，到"两为主"政策的提出，再到经费筹措保障机制的确立，中央政府对进城务工就业农民子女义务教育问题的关注程度越来越高，认识也越来越深刻。2006年国务院《关于解决进城务工农民问题的若干意见》关于"以全日制公办中小学为主接收农民工子女入学，并按照实际在校人数拨付学校公用经费"的规定，更是触及了破除农民工子女义务教育壁垒和瓶颈的核心问题。与此同时，做好农民工子女义务教育工作所具有的战略意义，也被提升到了前所未有的高度。

（2）对相关问题的规定愈发具体，各方责任主体的义务愈发明确。

一方面，在对弱势群体的界定、农民工子女在流入地的就学方式、公办教育之外的办学形式、教育教学管理原则、收费标准和方式等问题上，国家政策文本的相关规定越来越具体和全面；另一方面，在流入地政府、流出地政府、家长或其他法定监护人共同解决进城务工就业农民子女义务教育问题的责任上，国家政策对各方责任主体义务的规定越来越明确。尤其是在流入地政府及各职能部门的责任上，教育部等六部门《关于进一步做好进城务工就业农民子女义务教育工作的意见》作出了非常明确的规定，为各地贯彻执行"两为主"政策提供了指导原则。

（3）政策的法律效力不断提升，法律依据愈发有力。

从部门规章到行政法规，再到教育部门法，中央政府在解决进城务工就业农民子女教育问题上不断提升政策的法律效力，从而使各地在贯彻执行"两为主"政策上的法律依据越来越有力。以法律手段来保障政策的贯彻执行力度，是有效解决农民工子女教育问题的基本前提。从这一个层面上来看，新的《义务教育法》的颁布实施及其中的相关规定，为今后进一步做好进城务工就业农民子女义务教育工作提供了强有力的法律保障。

（4）从多个环节入手解决进城务工就业农民子女教育问题。

近些年的实践表明，进城务工就业农民子女教育问题已不仅仅是一个教育领域内部的问题，同时它又是一个涉及范围很广的社会问题。要有效解决这一问题，需要从多方面入手。从2003年国务院《关于进一步加强农村教育工作的决定》，到2004年中共中央、国务院《关于进一步加强和改进未成年人思想道德建设的若干意见》，再到2006年国务院《关于解决进城务工农民问题的若干意见》，中央政府正逐渐尝试着从多个环节入手，全方位解决农民工子女就学问题。同时，农民工子女教育问题已经越来越多地与解决其他社会问题联系起来。

（三）对省、市层面政策的分析

1. 对省一级政策的梳理和分析

为了进一步做好进城务工就业农民子女义务教育工作，根据《国务院关于基础教育改革与发展的决定》、《国务院关于进一步加强农村教育工作的决定》、《国务院办公厅转发教育部等部门关于进一步做好进城务工就业农民子女义务教育工作意见的通知》以及《中共中央、国务院关于进一步加强和改进未成年人思想道德建设的若干意见》的精神，结合地区实际，各省、自治区和直辖市纷纷制定了进一步做好进城务工就业农民子女义务教育工作的政策。现以收集到的北京、上海、天津、重庆、海南、辽宁、云南、福建、湖北、陕西、西藏、广西、吉林、浙江、广东、湖南16个省、自治区和直辖市的政策文本为例，对各地有关进城务工就业农民子女的教育政策进行梳理和分析。

从已收集的政策文本来看，各地均明确地将"以流入地政府管理为主和以公办中小学为主"的"两为主"政策作为做好本地区进城务工就业农民子女义务教育工作的指导原则。在流入地政府及各职能部门的责任、教育管理的"一视同仁"原则、经费筹措保障机制、贫困生资助政策、灵活的收费方式以及民办打工子弟学校的办学等方面，各地政策文本的相关规定与教育部等六部门《关于进一步做好进城务工就业农民子女义务教育工作的意见》的规定基本相同。此外，在对进城务工就业农民子女入学程序的规定上，各地的政策基本相同。其基本程序为：家长或监护人提出申请——相关部门为符合条件的农民工子女开具"借读证明"——家长或监护人联系就读学校。但是，在有关入学条件及需提交的入学证明材料、生均公用经费拨付、借读费收取、探索多种办学形式、就近入学、指定公办学校范围等政策上，各地政策文本的规定有所不同。

（1）入学门槛普遍存在。

在进城务工就业农民子女进入公办学校就读的问题上，各地普遍设置了一定的入学条件，并要在提出入学申请时提交相应的证明材料，这也就是所谓的入学门槛。

从直辖市来看，《北京市关于进一步做好进城务工就业农民子女义务教育工作的意见》第四条指出："来京务工就业农民子女要求到本市义务教育阶段公办学校就读，须由其家长或监护人持本人在京暂住证、在京实际住所居住证明（如房屋产权证、住房租赁合同等）、在京务工就业证明（如劳动合同、受聘合同、营业执照等）、户口所在地乡镇政府出具的在当地没有监护条件的证明、全家户口簿等证明、证件，向暂住地的街道办事处或乡镇政府提出申请。"

《天津市关于进一步做好进城务工就业农民子女义务教育工作的意见》第五条指出："农民工子女是指 6~15 周岁未完成义务教育、随父母在我市暂时居住的儿童、少年。农民工子女到我市义务教育中小学校就读，须持有本市临时居住证。凡符合以上条件，均可向居住地所属区县教育局提出申请，经审核批准后，到指定的公办中小学办理入学手续。"

《上海市关于切实做好进城务工就业农民子女义务教育工作的意见》第三条指出："凡持有流出地政府开具的证明，证实其确属进城务工就业农民，并由本市有关部门和单位证明其确实在本市务工就业、有合法固定住所并居住满一定时间的，可到暂住地所属区（县）教育部门或乡镇政府为其子女提出接受义务教育的就学申请。凡符合规定就学条件的，有关部门应准予其到相应的学校办理入学事项。"

从省份来看，《海南省关于做好进城务工就业农民子女义务教育工作的实施意见》第二条指出："进城务工就业农民子女必须同时满足四个条件：本人及其父母属农村户籍；属九年义务教育适龄儿童、少年；随父、母或其他法定监护人进城且在户籍所在地没有监护条件；父、母或其他法定监护人在县、市（区）政府所在地务工就业半年以上，且按《海南省流动人口管理规定》办理暂住证或按《海南省流动人口暂住 IC 卡管理办法》办理暂住 IC 卡，不属于办证（卡）范围的，须有申报暂住登记。"

《云南省关于进一步做好进城务工就业农民子女义务教育工作的意见》第二条指出："进城务工就业农民有子女需接受义务教育的，凭暂住证、房产证、劳动用工合同、房屋租赁合同、流出地户口册、身份证等有效证明，在规定时间内向居住地有关部门提出申请，也可自行联系学校。农民进入城镇务工就业 1 年以上（含 1 年），其子女确需在流入地接受义务教育的以及转学学生，由流入地负责安排就学。"

《湖南省进城务工就业农民子女接受义务教育实施办法》第七条指出："进城务工就业农民子女要求在流入地就学，由其父母或监护人持户籍所在地户籍证明和身份证、在流入地的暂住证、外来人员就业证和原就读学校出具的学籍证明等材料向流入地教育行政部门提出申请。"

《广东省关于进一步做好进城务工就业农民子女义务教育工作的意见》第二条指出："凡是在我省居住半年以上、有固定住址、有固定工作和收入来源的流动人口，应列入在流入地接受义务教育范围。流动人员在同一市、县暂住 5 年以上，有合法就业或经营证明、计划生育证明的，其子女入学与常住人口同等待遇。"

《湖北省保障流动人口适龄子女接受义务教育暂行办法》第一条指出:"凡夫妻双方均在暂住地登记暂住户口并办理了暂住证的,其适龄子女可以申请在暂住地区中小学接受九年义务教育,暂住地县级以上教育行政部门应当及时安排。"第四条指出:"流动人口适龄子女符合第一条规定的,应持父母身份证、暂住地公安部门办理的暂住证和原就读学校出具的学籍证明,向暂住地所在县(市、区)人民政府教育行政部门提出申请,由暂住地县(市、区)教育行政部门核准同意后,就近到指定的全日制公办中小学就读。"

《陕西省关于进一步做好进城务工就业农民子女义务教育工作的意见》第三条指出:"进城务工就业农民子女到公办学校就读,应出具父母双方在暂住地公安派出所办理的暂住证明、经原籍和暂住地的县(区)教育局审查过的借读(或转学)申请和学籍档案(小学一年级除外)。"

《福建省关于进一步做好进城务工就业农民子女义务教育工作的意见》第四条指出:"进城务工就业农民子女到流入地公办中小学就读,可持流入地教育行政部门开具的'就读批准书'和原就读学校出具的学籍证明,由流入地教育行政部门就近安排到有关学校就读。"

《浙江省关于进一步做好流动儿童少年义务教育工作的意见》第三条指出:"户籍所在地没有监护条件,且具备以下条件的,可到暂住地县级教育行政部门或乡(镇)街道统筹安排的学校提出接受义务教育的就学申请:一是其父母或其他法定监护人在暂住地已取得暂住证并暂住1年以上;二是其父母无违反计划生育政策,并持有当年度《流动人口婚育证明》。"

从上述规定来看,绝大部分地区都对进城务工就业农民子女进入公立学校学习设置了入学条件。此外,在申请入学时,必须要提交相应的证明材料,经审验后方能联系就读学校。其中,有些证明材料繁多,办理过程也比较繁琐,有可能在一定程度上限制了农民工子女的及时入学。

(2)拨付生均公用经费:建立经费保障机制的关键。

建立经费保障机制的关键,就是按照定额标准,根据实际在校学生数向接收进城务工就业农民子女的公立学校拨付生均公用经费。只有这样,才能从根本上保证这部分公立学校的正常、健康运转。

从直辖市来看,《北京市关于进一步做好进城务工就业农民子女义务教育工作的意见》第三条第四款规定:"各区县政府负责保证公办中小学办学所需正常经费,区县财政要按学校实际在校学生人数和定额标准划拨生均经费。"第六条指出:"财政部门负责按中小学实际在校学生人数和定额标准核拨公用经费;市财政对接收来京务工就业农民子女较多的公办中小学给予专项补助。"

从省来看,《海南省关于做好进城务工就业农民子女义务教育工作的实施意见》第三条指出："各市、县财政部门要安排必要的保障经费。对进城务工就业农民子女接受义务教育的公用经费要按照有关拨款标准列入年度预算，并及时拨款。"《辽宁省关于开展进城务工就业农民子女就学扶助专项工作方案》第三条指出："流入地政府要按照当地的生均公用经费标准，由同级财政部门向接收进城务工就业农民子女的学校足额拨付公用经费。"《浙江省关于进一步做好流动儿童少年义务教育工作的意见》第六条指出："建立流动儿童少年接受义务教育的经费筹措保障机制。流入地政府财政部门要对接收流动儿童少年的学校按照当地生均经费和流动儿童少年学生人数给予拨款。"

从自治区来看，《西藏自治区关于做好进城务工就业农牧民子女和进藏务工就业人员子女义务教育工作的意见》第五条指出："在公办中小学就读的进城务工人员子女，财政要按我区中小学生均公用经费标准核拨公用经费。"《广西壮族自治区关于进一步做好农民工子女义务教育工作的若干意见》第二条指出："将农民工子女义务教育经费纳入教育经费预算，并按当地财政预算内义务教育经费标准，向接收农民工子女的公办学校拨付办学经费。""对于接收进城务工农民子女的公办中小学校，各级教育行政部门在当地政府的领导下，要严格落实国发〔2006〕5号文件关于'按照实际在校人数拨付学校公用经费'的规定，同时对这部分学校的校舍建设、设备添置、师资配置和经费拨付等方面适当倾斜，使其更好地接收进城务工农民子女入学。"

从上述规定来看，北京、海南、辽宁、浙江、西藏、广西6个省、自治区和直辖市规定"流入地财政部门应按接收农民工子女的公办学校的实际在校生人数拨付生均公用经费"。而其他的10个省、自治区和直辖市，则没有作出这样明确的规定。

（3）免收借读费政策开始明晰化。

对绝大部分进城务工就业农民来说，送其子女进入公办学校学习所要缴纳的借读费，构成了一种沉重的经济负担。正是由于这笔额外的就学费用，有可能导致一部分农民工子女无法进入公办学校接受义务教育。

从直辖市来看，《北京市关于进一步做好进城务工就业农民子女义务教育工作的意见》第三条第二款规定："来京务工就业农民子女在京接受义务教育的收费与本市户籍学生一视同仁。自2004年9月新学年开始，全市实施义务教育的公办小学和初中，对符合来京务工就业农民子女条件的借读生免收借读费。"《天津市关于进一步做好进城务工就业农民子女义务教育工作的意见》第四条指出："农民工子女按规定到教育行政部门指定的公办学校就读，其缴纳费用按照《关于在政府举办义务教育阶段实行'一费制'收费办法的通知》的规定与本市学生相同，除此之外，学校不得再收取借读费和其他形式的赞助费。对于择校入学者，其教育收费与本市居民子女同等对待。"

从省份来看，《云南省关于进一步做好进城务工就业农民子女义务教育工作的意见》第四条规定："要严格执行借读费标准，严禁随意或变相增加收费项目，提高收费标准。有条件的地方，要逐步减、免进城务工就业农民子女就学的借读费。"《湖南省进城务工就业农民子女接受义务教育实施办法》第十条第一款规定："进城务工就业农民子女与当地学生实行同一收费标准。流入地政府和学校不得以任何理由和名义向学生家长收取'借读费'和与就学挂钩的'赞助费'、'捐资助学费'、'共建费'等。"《广东省关于进一步做好进城务工农民子女义务教育工作的意见》第二条指出："对进城务工就业农民子女的借读费和择校费予以免收。"《陕西省关于进一步做好进城务工就业农民子女义务教育工作的意见》第三条指出："进城务工就业农民子女到公办学校就读，杂费按当地学生相同标准收取，除此之外，学校不得再收取借读费和其他任何形式的赞助费。"《辽宁省关于开展进城务工就业农民子女就学扶助专项工作方案》第二条指出："对在指定学校就读的进城务工就业农民子女实行与本学区城市学生统一的收费标准，学校不得以任何理由和名义向学生收取'借读费'和与入学挂钩的'赞助费'、'捐资助学费'、'共建费'等。"

从自治区来看，《西藏自治区关于做好进城务工就业农牧民子女和进藏务工就业人员子女义务教育工作的意见》第六条指出："如学生不按当地教育行政部门统一安排而自行择校的，按我区学生择校借读收费标准同等收费。"《广西壮族自治区关于进一步做好农民工子女义务教育工作的若干意见》第二条指出："凡经教育行政部门安排进入公办学校学习的农民工子女，一律按照当地政府规定的项目和标准收费，不得加收借读费及其他任何费用。"

从以上规定来看，北京、天津、云南、湖南、广东、陕西、辽宁、西藏和广西9个省、自治区和直辖市规定，不得向符合条件的、在公办学校就读的进城务工就业农民子女收取借读费。这对贯彻平等原则，切实减轻进城务工就业农民的负担是非常重要的。

（4）编班原则："单独编班"与"混合编班"并存。

将进入公办学校学习的进城务工就业农民子女与城市常住户口学生混合编班，是贯彻落实教育教学管理过程中"一视同仁"原则的一个重要途径。混合编班，有利于农民工子女与城市学生的融合，受到公平的对待。

从直辖市来看，《天津市关于进一步做好进城务工就业农民子女义务教育工作的意见》第七条指出："学校不得将农民工子女单独编班。"

从省来看，《湖北省保障流动人口适龄子女接受义务教育暂行办法》第六条指出："学校应将流动人口适龄子女与当地常住户口的学生混合编班。"《陕西省关于进一步做好进城务工就业农民子女义务教育工作的意见》第四条指出："任何学校不得将进城务工就业农民子女单独编班。"《广西壮族自治区关于进一步做好农民工子女义务教育工作的若干意见》第二条指出："在编班方面，做到进城务工就业农民子女与城市学生一视同仁。"

从以上规定来看，目前只有天津、湖北、陕西和广西4个省、直辖市明确规定，不得将在公办学校就读的进城务工就业农民子女单独编班，相反，应该采取混合编班的形式。

（5）多形式、多渠道解决进城务工就业农民子女就学问题。

针对公办教育资源相对短缺的困难，以多种办学形式解决进城务工就业农民子女义务教育问题是一个有效的途径。其中，除了举办民办打工子弟学校这种办学形式外，还可探索新建公办打工子弟学校、公办民助和民办公助打工子弟学校等多种办学形式。

从直辖市来看，《北京市关于进一步做好进城务工就业农民子女义务教育工作的意见》第二条指出："鼓励社会各界投资举办以接收来京务工就业农民子女为主的民办学校，教育行政部门可通过提供闲置校舍或合作办学方式等给予支持。"《重庆市关于进一步做好进城务工农民子女接受义务教育工作的通知》第二条指出："根据各地实际情况，可以将进城民工子女融入辖区就近入学、分散安排，也可以在民工子女相对集中的区域，选择中等条件的学校预留一定的招生比例相对集中解决他们的就学问题，还可以结合学校布局调整、治理薄弱学校等，借助企业办学、社会力量办学建设专门招收或主要招收民工子女就学的学校。凡是有利于接收民工子女就学的形式，各地都可以探索和采用。"

从省份来看，《云南省关于进一步做好进城务工就业农民子女义务教育工作的意见》第二条指出："要结合学龄人口变化趋势、城市建设规划和学校布局调整，在进城务工就业农民居住相对集中的地区，改建、扩建一批接收进城务工就业农民子女的中小学校。要积极鼓励和支持优质学校在进城务工就业农民聚居的地区兴办分校。还可利用企业改制移交的办学场地新建或改（扩）建一批主要接收进城务工就业农民子女的中小学校。"《广东省关于进一步做好进城务工就业农民子女义务教育工作的意见》第二条指出："要结合中小学布局调整工作，选择校舍安全、设备设施较完备的中小学，创办专门招收进城务工就业农民子女的学校；要鼓励社会各方力量，参照公办中小学的标准建立专门招收进城务工就业农民子女学校；各地应与流出人口较多的省（市）政府协商，与流入地政府共同出资，委托流出地驻流入地的办事处与当地教育行政部门创办流出地的进城务工就业农民子女学校，招收流出地的适龄儿童少年。"

从自治区来看，《广西壮族自治区关于进一步做好农民工子女义务教育工作的若干意见》第二条指出:"要合理利用中小学布局调整后部分中小学校舍,专门用于招收进城务工就业农民子女,并争取建设成为接收进城务工就业农民子女的优质公办中小学校。"

从以上规定来看,北京、重庆、云南、广东和广西5个省、自治区和直辖市规定,应探索多种形式,多渠道地解决进城务工就业农民子女义务教育问题。

(6) 入学原则:"划片指定"与"就近入学"并存。

"划片指定"和"就近入学"是安排进城务工就业农民子女进入公办学校的两种原则。划片指定意味着农民工子女只能进入教育行政部门指定的公办学校中就读,没有自由选择权。相反,就近入学原则可以极大地方便农民工子女就学,体现了更高程度的平等对待原则。同时,也很好地体现了义务教育阶段的基本就学原则。

从直辖市来看,《北京市关于进一步做好进城务工就业农民子女义务教育工作的意见》第四条指出:"有接收能力的公办中小学应同意接收居住在本校服务范围内、持'在京借读证明'的来京务工就业农民适龄子女借读,为其办理借读手续。"

从省份来看,《海南省关于做好进城务工就业农民子女义务教育工作的实施意见》第四条指出:"市、县教育行政部门要按就近入学的原则,划定接收进城务工就业农民子女就读学校范围。"《云南省关于进一步做好进城务工就业农民子女义务教育工作的意见》第二条指出:"教育行政部门要将进城务工就业农民子女列入招生计划,并根据辖区内学校及生源情况,统筹安排,向相关学校下达招生任务,按照'免试、就近'的原则安排进城务工就业农民子女入学或借读。"《陕西省关于进一步做好进城务工就业农民子女义务教育工作的意见》第三条指出:"各级公办中小学要按照'免试就近入学'的原则,在容量许可的条件下,无条件接收学区内有暂住证明的进城务工就业农民子女入学。"《辽宁省关于开展进城务工就业农民子女就学扶助专项工作方案》第二条指出:"从2004年秋季开始,由流入地政府负责,安排进城务工就业农民子女到全日制公办中小学入学,实现100%入学率。"第三条指出:"各地要按照'相对就近、免试入学、统筹安排、一视同仁'的原则,确定一定数量的学校,就近接收进城务工就业农民子女入学。"

从自治区来看,《广西壮族自治区关于进一步做好农民工子女义务教育工作的若干意见》第二条指出:"要按就近免试入学的原则,安排农民工子女就读公办学校。"

从以上规定来看,目前,北京、海南、云南、陕西、辽宁和西藏6个省、自治区和直辖市规定,进城务工就业农民子女进入公办学校学习,应遵循"就近原则"。

(7) 义务后教育衔接问题无法解决。

由于户籍制度和高考制度的双重限制,进城务工就业农民子女无法在流入地参加高考,这也在很大程度上限制了其在流入地接受完义务教育后,继续进入高中阶段学习。目前,只有极少数地区规定,允许农民工子女在完成义务教育阶段的学业后,可以继续在本地参加中考。

例如,《广东省关于进一步做好进城务工就业农民子女义务教育工作的意见》第三条指出:"对在流入地接受完九年义务教育的,由当地教育行政部门发给相应的义务教育证书或证明,并可在流入地参加中考,按当地的招生政策进入高中阶段学习。"

《吉林省关于进一步做好进城务工就业农民子女义务教育工作的意见》第六条指出:"接受完义务教育的进城务工就业农民子女可以在流入地参加中考,录取条件、收费项目和标准与流入地常住户口学生一视同仁。"

从以上规定来看,目前,只有广东、吉林2省规定,进城务工就业农民子女接受完义务教育后,仍可在流入地参加中考,并进入高中阶段学习。相反,其他的省、自治区和直辖市都没有作出这样的规定。

2. 对市一级政策的梳理和分析

根据各省、自治区制定的进城务工就业农民子女义务教育政策精神,并结合本地实际,各地的省会城市和地级市也纷纷出台了专门的政策文件,以进一步做好本地的进城务工就业农民子女义务教育工作。

从已收集的政策文本来看,各市均明确地将"以流入地政府管理为主和以公办中小学为主"的"两为主"政策作为做好本地区进城务工就业农民子女义务教育工作的指导原则。在流入地政府及各职能部门的责任、教育管理的"一视同仁"原则、经费筹措保障机制、贫困生资助政策、灵活的收费方式以及民办打工子弟学校的办学等方面,各市政策文本的相关规定与省一级相关部门《关于进一步做好进城务工就业农民子女义务教育工作的意见》的规定基本相同。此外,在对进城务工就业农民子女入学程序的规定上,各市的政策也基本相同。但是,在有关入学条件及需提交的入学证明材料、生均公用经费拨付、借读费收取、探索多种办学形式、就近入学、公办学校开放范围等政策上,各地政策文本的规定有所不同。

(1) 入学门槛普遍存在。

与省一级政策相似,在进城务工就业农民子女进入公办学校就读的问题上,目前各市也普遍设置了一定的入学条件,并要在提出入学申请时提交相应的证明材料。

从省会城市来看,《长春市关于做好进城农民工子女义务教育工作的具体实施意见》第二条指出:"农民工子女持暂住户口或暂时居住地证明及原籍户口(身份证)、打工单位证明到所在行政区内教育部门(即区教育局中、小教科)申请入学。"

《南宁市关于进一步做好进城务工就业农民子女接受义务教育工作的意见》第四条指出:"凡持有南宁市公安部门签发的有效期限内暂住证的农民工,均可在每年1月和8月学校开学前向市、县(区)教育局申请安排学龄子女接受义务教育。"

《杭州市外来务工人员子女在杭就学的暂行管理办法(试行)》第二条规定:"户籍所在地没有监护条件,且其父母或监护人在我市已取得暂住证并暂住一年以上,同时又与用人单位签订一年以上并由劳动部门认可的劳动合同或取得工商执照的,可以申请就学。"第三条规定:"外来务工人员子女入学时应该提供以下材料:流出地政府外出务工证明;家庭户籍原本和监护人身份证;在杭的有效暂住证和房产证(房屋租赁证明);监护人与用人单位签订并由劳动部门认可的劳动合同或监护人的工商执照;适龄儿童的计划免疫接种卡。"

《关于做好2006年成都市进城务工就业农民子女接受义务教育具体工作的意见》第四条指出:"进城务工就业农民子女为其子女申请到全日制公办中小学接受义务教育的,应持下列证明材料到暂住地所在街道办事处办理子女入(转)学申请:进城务工就业农民本人在本市务工就业的劳动合同或工商营业执照、纳税证明;进城务工就业农民本人在本市公安机关办理且在有效期内的IC卡暂住证;进城务工就业农民本人及子女的原籍农业户口簿等有效证件。"

《沈阳市关于做好进城务工就业农民子女入学工作的通知》第二条指出:"来沈务工就业农民子女要求到本市义务教育阶段公办学校就读,须由家长或监护人持本人在沈居住证明、在沈务工就业证明、户口所在地乡镇政府出具的学生在当地没有监护条件的证明、全家户口册等证明证件,向暂住地的街道办事处或乡镇政府提出申请。"

《长沙市进城务工就业农民子女接受义务教育实施办法》第七条规定:"进城务工就业农民子女要求在流入地就学,其父母或监护人在流入地要有稳定的务工单位和稳定的住所,并由其父母和监护人持户籍所在地户籍证明、身份证、从业证明、在流入地的暂住证、房屋证或租房备案登记材料及学生原就读学校出具的学籍证明向流入地教育行政部门提出申请。"

《昆明市做好进城务工就业农民子女义务教育工作的实施意见》第三条指出:"在昆的进城务工就业农民凭公安部门签发的IC卡暂住证、房产证或租房证明、经现居住地乡镇政府或街道办事处计划生育工作机构查验过的《流动人口婚育证明》、劳动就业部门颁发的《外来人员就业证》等4个材料,办理子女就学手续。"

从一般城市来看,《宁波市关于切实做好进城务工就业农民子女义务教育工作的实施意见》第三条指出:"进城务工就业农民子女具备以下条件的,可到暂住地所属县（市）、区教育行政部门或镇（乡、街道）统筹安排的学校提出接受义务教育的就学申请:持有流出地政府开具的证明,证实其父母或其他法定监护人确属宁波市外进城务工就业农民;父母或其他法定监护人在我市工作,依法取得《暂住证》并暂住1年以上;父母无违反计划生育政策,并且持有当年度《流动人口婚育证明》。"

《厦门市关于进一步落实进城务工就业农民子女接受义务教育工作的意见》第一条指出:"进一步简化进城务工就业农民子女身份的认定程序。凡具有农村户籍、持有在厦暂住证和与在厦用人单位签订的期限为一年以上（含一年）的劳动合同（劳动协议）或合法有效的个体工商户营业执照的外来员工子女认定为进城务工就业农民子女。"

《珠海市转发省府办公厅贯彻执行国务院办公厅转发教育部等部门关于进一步做好进城务工就业农民子女义务教育工作意见的通知》第二条指出:"凡在我市居住半年以上、有固定住址、有固定工作和收入来源的进城务工就业农民,其适龄子女应列入我市义务教育的范畴。进城务工就业农民在我市暂住5年以上,有合法就业或经营证明、计划生育证明,其子女在义务教育阶段学习与我市常住人口同等待遇。"

《深圳市暂住人口子女接受义务教育管理办法（试行）》第六条规定:"凡年满6~15周岁,有学习能力,父、母在深连续居住1年以上,且能提供以下材料的暂住人口子女,可申请在我市接受义务教育:适龄儿童出生证、由公安部门出具的适龄儿童及其父母的原籍户口本、在深居住证或暂住证;适龄儿童父母在本市的有效房产证明和购房合同,或由当地街道办事处房屋租赁管理所提供的租房合同登记、备案材料;适龄儿童父母持有本市劳动保障部门出具的就业和社会保障证明,或者本市工商部门核发的营业执照副本等证明;适龄儿童父母现居住地街道办事处计划生育工作机构出具的计划生育证明材料;适龄儿童原户籍地乡（镇）以上教育管理部门开具的就学联系函,或学校开具的转学证明。"

从上述规定来看,绝大多数城市都对进城务工就业农民子女进入公立学校学习设置了入学条件。此外,在申请入学时,必须要提交相应的证明材料,经审验后方能联系就读学校。

（2）拨付生均公用经费:建立经费保障机制的关键。

按实际在校生人数向接收进城务工就业农民子女的公办学校拨付生均公用经

费,是市一级财政部门的职责。目前很多城市已经作出了这样的规定。

从省会城市来看,《南宁市关于进一步做好进城务工就业农民子女接受义务教育工作的意见》第六条指出:"市、县(区)财政局要对接收农民工子女就学的学校给予核拨教育事业费。"《福州市关于进一步做好进城务工就业农民子女义务教育工作的意见》第五条指出:"财政部门要将农民工子女教育有关经费,纳入正常的财政预算支出范围,安排必要的保障经费,生均公用经费必须按当地学生标准进行核算下拨。"《沈阳市关于做好进城务工就业农民子女入学工作的通知》第三条指出:"各区、县(市)财政局要按学校实际在校学生人数和省定额标准划拨生均公用经费,确保接收学校的办学经费。"《长沙市进城务工就业农民子女接受义务教育实施办法》第五条第四款规定:"财政部门要安排必要的保障经费。要按新增进城务工就业农民子女入学的生源人数拨付生均公用经费。"

从一般城市来看,《厦门市关于进一步落实进城务工就业农民子女接受义务教育工作的意见》第三条指出:"将进城务工就业农民子女义务教育经费纳入财政教育经费预算,并按财政预算内教育经费标准向接收进城务工就业农民子女的公办学校拨付办学经费。"第五条指出:"民办学校统筹招生接收进城务工就业农民子女就读的,由财政部门按公办学校生均公用经费定额标准给予补助。民办学校在获取财政部门核拨的生均公用经费补助后,应等额减收学费,以减轻农民工的经济负担。"《珠海市转发省府办公厅贯彻执行国务院办公厅转发教育部等部门关于进一步做好进城务工就业农民子女义务教育工作意见的通知》第二条指出:"财政部门要将进城务工就业农民子女就学的有关经费列入教育经费预算,切实予以保证。"《深圳市暂住人口子女接受义务教育管理办法(试行)》第五条规定:"财政部门按教职工编制数核拨公办学校人员经费,按公办学校实际在校生人数和生均公用经费定额标准,拨付学校日常公用经费。"

从上述规定来看,南宁、福州、沈阳、长沙、厦门、珠海、深圳等多个城市规定"流入地财政部门应按接收农民工子女的公办学校的实际在校生人数拨付生均公用经费"。其中,经济较发达的沿海城市占了较大比例。这也表明,经济实力的强弱在一定程度上影响着市一级政府解决农民工子女义务教育问题的能力。

(3) 免收借读费政策开始明晰化。

从省会城市来看,《南宁市关于进一步做好进城务工就业农民子女接受义务教育工作的意见》第四条指出:"由市、县(区)教育局安排入学的农民工子女,所交费用与当地学生一视同仁,免收借读费。"《沈阳市关于做好进城务工就业农民子女入学工作的通知》第一条指出:"从2004年9月新学期开始,全市实施义务教育的公办小学、初中，对符合来沈务工就业农民子女条件的借读生免收借读费。"《西安市关于进一步落实进城务工就业农民子女义务段就学工作的通知》第六条指出："我市公办小学和初中，对具有'四证'的进城务工就业农民子女就学与当地学生同等对待，不得收取借读费。"《长沙市进城务工就业农民子女接受义务教育实施办法》第七条规定："进城务工就业农民子女在流入地政府指定的接收学校就读与当地学生实行同一收费标准。流入地政府和学校不得以任何理由和名义向学生家长收取'借读费'和与就学挂钩的'赞助费'、'捐资助学费'、'共建费'等。"《昆明市做好进城务工就业农民子女义务教育工作的实施意见》第二条指出："进城务工就业农民子女，在各县（市）区教育行政部门设立或指定的公办中小学入学的免收借读费。"

从一般城市来看，《厦门市关于进一步落实进城务工就业农民子女接受义务教育工作的意见》第二条指出："凡经教育部门统筹安排进入公办学校就学的进城务工就业农民子女一律免收借读费。自2006～2007学年第二学期起，所有在公办中小学就学的进城务工就业农民子女经身份确认后不再缴交借读费。"《珠海市转发省府办公厅贯彻执行国务院办公厅转发教育部等部门关于进一步做好进城务工就业农民子女义务教育工作意见的通知》第二条指出："对进城务工就业农民子女的借读费予以免收。"

从以上规定来看，南宁、沈阳、西安、长沙、昆明、厦门、珠海7城市已经规定，不得向符合条件的、在公办学校就读的进城务工就业农民子女收取借读费。这在一定程度上体现了市一级政府在切实减轻进城务工就业农民经济负担问题上的决心。

（4）"混合编班"原则落实较为困难。

从已收集到的市一级政策文本来看，目前只有西安市对编班原则作出了规定。《西安市关于进一步落实进城务工就业农民子女义务段就学工作的通知》第五条指出："要将进城务工就业农民子女与本地学生一视同仁，平等对待，不得对进城务工就业农民子女单独编班。"

这也表明，在将公办学校中就读的进城务工就业农民子女"单独编班"还是"混合编班"的问题上，各市目前还在探索之中，并且有可能会受到一定的阻力。

（5）探索以多种办学渠道解决农民工子女就学问题。

从省会城市来看，《南宁市关于进一步做好进城务工就业农民子女接受义务教育工作的意见》第五条指出："鼓励民间投资者兴办农民工子弟学校。对这类学校可以最优惠的方式按城市规划布局和标准提供办学用地，免收建设配套费等有关地方性规费。"《杭州市外来务工人员子女在杭就学的暂行管理办法（试行）》第七条规定："解决外来务工人员子女就学以公办学校为主，独立设置民工子女学校为辅。挖掘教育潜力，盘活教育资源，利用闲置的校舍，举办招收外来务工人员子女公办民助的学校。"《福州市关于进一步做好进城务工就业农民子女义务教育工作的意见》第八条指出："各县（市）区可在进城务工就业农民子女相对集中的地区利用布局调整后闲置的中小学校舍，举办专门接收进城务工就业农民子女接受义务教育的小学或九年一贯制学校。"

从一般城市来看，《厦门市关于进一步落实进城务工就业农民子女接受义务教育工作的意见》第六条指出："各区和市直有关部门要按规划不断完善学校布局，加快新建城区的配套学校建设。对外来人口相对集中的居住区，要按规划配套建设公办性质的学校，所需资金由市区财政承担。"《珠海市转发省府办公厅贯彻执行国务院办公厅转发教育部等部门关于进一步做好进城务工就业农民子女义务教育工作意见的通知》第三条指出："要创新办学体制，实行多元化办学，如公办民助、民办公助、国有民办、名校办民校等，从而增加我市义务教育阶段的学位，使到我市进城务工就业农民子女有书读，读好书。"

从以上规定来看，南宁、杭州、福州、厦门、珠海5城市已经规定，应探索多种形式，多渠道地解决进城务工就业农民子女义务教育问题。其中，在探索以多种办学渠道解决农民工子女就学问题上，经济较发达城市作出了更多的尝试。

（6）"就近入学"原则受到重视。

从省会城市来看，《长春市关于做好进城农民工子女义务教育工作的具体实施意见》第二条指出："农民工子女要按照学籍管理的规定，在临时户口所在地按相对就近的原则，分配到指定的公办学校入学。"《南宁市关于进一步做好进城务工就业农民子女接受义务教育工作的意见》第四条规定："市、县（区）教育局接到申请后，根据辖区内学校的生源情况，给予安排到相对就近的学校就读。"《杭州市外来务工人员子女在杭就学的暂行管理办法（试行）》第三条规定："持以上材料到居住地相对就近的学校联系，如遇居住地附近学校接受有困难，可到居住地的区、县（市）教育局登记，由居住地的教育行政部门统筹解决，不得择校。"《关于做好2006年成都市进城务工就业农民子女接受义务教育具体工作的意见》第三条指出："区教育行政主管部门按照'相对就近'的原则，负责本区域内进城务工就业农民子女接受义务教育的组织实施、管理和督导工作。"《沈阳市关于做好进城务工就业农民子女入学工作的通知》第二条指出："暂住地教育行政部门要按相对就近的原则，安排这些农民子女到附近的小学、初中公办学校就读。"《西安市关于进一步落实进城务工就业农民子女义务段就学工作的通知》第二条指出："各区县教育局要坚持就近免试入学的原则。"《长沙市进城务工就业农民子女接受义务教育实施办法》第七条规定："凡符合条件的，流入地教育行政部门必须在接到申请之日起5个工作日内统筹安排相对就近入学，原则上不得跨区就读，由教育行政部门实行学籍单列管理。"

从以上规定来看，目前长春、南宁、杭州、成都、沈阳、西安、长沙等多个城市规定，进城务工就业农民子女进入公办学校学习，应遵循"就近原则"。

（7）义务后教育衔接问题无法解决。

从已收集到的政策文本来看，在省一级政策层面上，目前只有广东和吉林两省规定，进城务工就业农民子女可在接受完义务教育后继续进入高中阶段学习。与此相对应，目前只有吉林省的长春市和广东省的珠海市作出了相同的规定。《长春市关于做好进城农民工子女义务教育工作的具体实施意见》第三条指出："农民工子女中初三毕业生持原籍户口、暂住证及打工单位证明可以参加中考，与当地公办学校学生享有同等待遇。"《珠海市转发省府办公厅贯彻执行国务院办公厅转发教育部等部门关于进一步做好进城务工就业农民子女义务教育工作意见的通知》第三条指出："对在我市接受完九年义务教育的，由学校所在地教育行政部门发给相应的义务教育证书或证明，并可在我市参加中考，按我市的招生政策进入高中阶段学习。"

从以上规定来看，目前只有长春和珠海2市规定，进城务工就业农民子女接受完义务教育后，仍可在流入地参加中考，并进入高中阶段学习。相反，其他的城市都没有出台类似的政策。这也表明，各地在出台农民工子女义务后教育政策方面均遇到了较大的困难。

3. 对省、市层面政策的简要述评

为贯彻国家层面的政策精神，各省、自治区和直辖市纷纷就进一步做好进城务工就业农民子女义务教育工作出台了专门的实施意见和办法。在此基础上，各市也纷纷结合本地实际，制订了一系列的具体实施办法。它们构成了省、市一级的农民工子女义务教育政策体系。

（1）"两为主"政策得到全面落实。

从省、市层面的政策来看，"两为主"政策在各地基本上已得到了全面的落实，"以流入地区政府管理为主，以全日制公办中小学为主"的政策成为了各地做好进城务工就业农民子女义务教育工作的指导原则。在流入地政府的责任、家长及监护人的责任、收费政策、教育教学管理原则等方面，各地均参照国家的有关规定，针对本地区的实际情况制定了具体的政策。

（2）部分地区进行了有益的探索。

一些地区结合本地的实际情况，在解决进城务工就业农民子女教育问题上作出了一些有益的探索。例如，在创办多种办学形式以弥补公办教育资源短缺的问题上，一些地区的政策文本中出现了"名校办民校"、"公办民助"、"民办公助"、"国有民办"等多种新的办学形式,以举办招收农民工子女为主的学校来缓解公办教育资源紧张的局面;一些地区先于中央政府出台了"不得收取借读费"、"不得混合编班"、"就近免试入学"、"可在本地参加中考"等政策,体现了流入地政府对农民工子女教育问题的高度重视和极大关怀;一些地区规定,在建立经费筹措保障机制问题上,应按实际在校生人数拨付生均公用经费。这些超前于国家层面的政策表明,一些地区从本地实情出发,一改以往的被动反应做法;相反,正在积极主动地探索更好地解决本地进城务工就业农民子女义务教育问题的多种途径。

(四)"两为主"政策存在的主要问题

综合来看,目前针对进城务工农民子女教育问题建立起来的政策体系,充分反映了党和国家对农民工子女就学问题的高度重视。但不可否认的是,通过上述对国家、省市一级政策的分析,当前的"两为主"政策仍然存在一些问题。

1. 农民工子女入学的阻碍

随着外来人口的不断涌入,在进城务工就业农民子女进入公办学校就读的问题上,各地普遍设置了一定的入学条件,并要在提出入学申请时提交相应的证明材料。从某种程度上来说,这种设置入学门槛的做法也是一种无奈之举。通过对省、市一级政策的分析,绝大部分地区都对进城务工就业农民子女进入公立学校学习设置了入学条件。此外,在申请入学时,必须要提交相应的证明材料,经审验后方能联系就读学校。由于需要提交的证明材料繁多,办理过程也比较烦琐,因此,有可能在一定程度上限制了农民工子女的及时入学,甚至将一部分学生排斥于公办学校之外。此外,这种区别对待的做法也有可能对农民工子女的心理造成一定的不利影响。

2. 编班原则

针对在公立学校中就读的进城务工就业农民子女,应将其单独编班还是与城市学生混合编班?混合编班是否应成为落实"一视同仁"原则的一项重要内容?究竟哪种编班原则更有利于促进农民工子女与流入地社会的进一步融合?从政策层面来看,目前对这一问题的认识还不明确。教育部等六部门《关于进一步做好进城务工就业农民子女义务教育工作的意见》第四条规定:"在评优奖励、入队入团、课外活动等方面,学校要做到进城务工就业农民子女与城市学生一视同仁。"从该规定来看,混合编班并没有被纳入"一视同仁"原则的范畴。从省市一级的政策来看,只有极少数地区对编班原则作出了规定,即应将农民工子女与本地学生混合编班,而大多数地区则没有出台此类比较明确的政策。

3. 公办教育资源短缺问题

由于进城务工就业农民的数量呈持续增长之势，伴随而来的是农民工子女的数量也在不断增长，这给流入地的教育供给带来了巨大的压力。"以公立学校接收为主"的政策，对各地公有教育资源的承载力提出了严峻的考验。由于前期教育布局规划没能对未来社会经济的发展变化形势作出前瞻性、预测性的安排，因此当经济快速发展并伴随着外来农民工的大量涌入，公办教育资源的承载力已不堪重负。当前，流入地公办教育资源相对短缺已经成为了一个越来越突出的问题。

4. 经费投入责任主体

经费投入和保障问题是解决农民工子女义务教育问题的核心所在。这也恰恰成为了当前工作中的一个瓶颈问题。要从根本上建立经费筹措保障机制，将农民工子女义务教育经费列入流入地预算内教育经费，并按实际在校生人数向接收农民工子女的公办学校核拨生均公用教育经费，维护学校的正常运转，是最为根本的解决途径。在很长一段时期内，中央政府并没有在经费投入机制上作出具体的、明确的规定。直到2006年，国务院在《关于解决进城务工农民问题的若干意见》规定："以全日制公办中小学为主接收农民工子女入学，并按照实际在校人数拨付学校公用经费。"但是，这一规定并没有指定明确的经费投入责任主体。

我国基础教育特别是义务教育长期以来实行"地方负责、分级管理"的体制。该体制是同现行的户籍制度相适应的，是以城乡分割、区域封闭为基本特征的。现行的分税制财政体制限制了地方财政扩大资金投入的能力，而中央财政教育转移支付中并没有农民工子女教育专项补助项目。按照现有的义务教育经费投入管理制度，流入地政府负有保障本地义务教育经费投入的责任。流入地政府按照本地常住户口学生总数核定生均公用经费，并列入本地预算内教育经费。同时，按照公立学校常住户籍学生人数向学校核拨生均公用经费。这意味着流入地政府在义务教育经费投入上，将把非常住户口学生排除在外。由于接收进城务工就业农民子女的公办学校无法获得应有的生均公用经费，造成了一定程度上的经费紧张的局面。因此，为了维持学校的健康、正常运转，一部分地区出现的收取借读费的做法也就不可避免。

国务院《关于解决进城务工农民问题的若干意见》规定："城市公办学校对农民工子女接受义务教育要与当地学生在收费、管理等方面同等对待，不得违反国家规定向农民工子女加收借读费及其他任何费用。"这一规定明确指出，公立学校不得向前来就学的农民工子女收取借读费。但是，由于《关于解决进城务工农民问题的若干意见》并没有明确规定中央政府负有向地方转移支付农民工子女义务教育经费的责任，因此，该意见中提出的"免收借读费"的政策将很难得到全面的贯彻和落实。此外，如果流入地政府仍将独自承担农民工子女义务教育经费投入的责任，那么将对流入地政府的教育经费支出造成相当大的压力。以广东省为例，2000年在广东就读义务教育阶段的农民工子女人数为64万人，2006年年底达206万人，6年时间增加了142万人，平均每年增加23.5万人。预计未来若干年内人数还会增加。如果每年按23万人的增加数增长，就意味着全省每年必须新建造230所1 000人规模的义务教育九年一贯制学校。以东莞为例，建一所可容纳1 000人的学校，至少要投资2 000万元。这就意味着，东莞市每年平均要新建招收农民工子女学校60所，投入12亿元，而全省每年要投入46亿元建农民工子女学校。此外，还要增加设备、师资、公用经费等方面的投入，流入地政府财力上不堪重负。近10年来，广州、深圳、东莞等地政府年年投入巨资新建、扩建一批学校，增加公办学校学位，但公办学校学位年年告紧，远远满足不了农民工子女在公办学校就读的需要。[①] 从这个层面上来说，如果不能进一步明确经费投入的责任主体，那么中央政府提出的"建立经费筹措保障机制"的政策将不可避免地遇到很大的困难，甚至有可能会流于形式。

5. 对公办学校的财政支持的力度

如上所述，由于接收进城务工就业农民子女的公办学校无法按照实际在校生人数获得生均公用经费，因此向前来就读的农民工子女收取借读费成为了一种普遍的做法。对绝大部分进城务工就业农民来说，送其子女进入公办学校学习所要缴纳的借读费，构成了一种沉重的经济负担。正是由于这笔额外的就学费用，有可能导致一部分农民工子女无法进入公办学校接受义务教育。从已收集到的资料来看，目前北京、南宁、沈阳、西安、长沙、昆明、厦门、珠海等城市已经规定，不得向符合条件的、在公办学校就读的进城务工就业农民子女收取借读费。这在一定程度上体现了市一级政府在切实减轻进城务工就业农民经济负担问题上的决心。但是，其他城市还没有出台类似的明确规定。此外，如果在经费投入机制上不作出改变，那么"免收借读费"的政策将有可能给公办学校带来沉重的经济负担，其正常运转无法得到有效保障，进一步的发展可能更为艰难。

6. 打工子弟学校的监管

由于流入地公办教育资源相对短缺，无法完全满足进城务工就业农民适龄子女的就学需要，因此打工子弟学校的出现既是一种必然现象，同时又是对公办教育资源的一种有益补充。从已收集到的资料来看，目前只有沈阳市的进城务工农

[①] 相关数据取自广东省教育厅报送教育部基础教育司"关于报送农民工及流动人口子女就学有关材料的复函"。

民子女100%地进入了公办学校学习,而其他城市则仍有相当一部分比例的农民工子女正在各种打工子弟学校中就学。

尽管国家和地方层面的政策都规定"打工子弟学校的设立条件可酌情放宽,但是在师资、安全、卫生等方面不得降低",但是从打工子弟学校的实际办学情况来看,现状不容乐观。此外,尽管相关政策规定,打工子弟学校不得以盈利为目的,但是取得合理回报是学校举办者的必要要求。一方面,由于要与公办学校竞争生源,因此打工子弟学校的收费标准不能过高。从实际情况来看,由于学杂费以外的其他费用较高,因此与公办学校相比,打工子弟学校的收费标准具有相当的竞争力。另一方面,由于打工子弟学校无法获得政府的经费投入和资助,因此向学生收费成为了这类学校的唯一收入来源。虽然一些城市近期出台了资助民办打工子弟学校的政策,但是目前这类城市所占的比例仍然极低。以上情况所带来的直接后果是,打工子弟学校在既不能提高收费又不能获得经费投入的情况下,要维持学校的正常运转并获取一定的利润,必然要尽可能地降低办学成本,甚至是削减一些必需的支出。在这样的情况下,不仅学校的师资、安全、卫生条件得不到保障,甚至连基本的办学条件也令人担忧。因此,学校的教育教学质量根本无法得到保障,今后的可持续发展更是无从谈起。

此外,未获批准打工子弟学校的办学情况更是不容乐观。在一部分城市,这类学校都占了相当一部分比例。这些非法的打工子弟学校多数处于城乡结合部,以盈利为目的,办学条件极差,安全隐患极大,如果限期得不到整改,必须予以坚决的取缔。但是,从实际情况来看,对这类学校的监管极为困难,整改和取缔工作更是艰难。对在非法打工子弟学校中学习的农民工子女来说,他们所处的教育环境非常恶劣,教育质量更是得不到保障。这极大地损害了教育公平的原则。

7. 流出地政府的责任

尽管国家层面的政策已经规定,流出地政府应全力配合流入地政府共同做好进城务工就业农民子女义务教育工作,并且应切实履行应尽的各项义务。但是,相关的规定仍然比较模糊,并且存在着一定的盲区,其中,有关经费投入分担机制的问题是其核心所在。换言之,流出地政府有无为向外省流出的义务教育阶段学生提供经费的责任,构成了最为根本性的问题。目前,国家在这方面还没有出台明确的政策。这也给各地的政策制定带来了很大的困难。此外,流出地政府能否在外流学生的统计、跟踪管理、回流等环节上尽职尽责,也在很大程度上影响着流入地政府的农民工子女义务教育工作。在流出地和流入地政府的配合问题上,需要从国家层面上建立一种统筹协调机制,尤其要对流出地政府的责任作出更为明确和具体的规定。

8. 教育行政部门面临的考验

针对进城务工就业农民子女教育问题,尽管国家层面和地方层面的政策都对流入地政府及各职能部门的责任作出了规定，但是在实际的教育教学管理过程中，教育行政部门依然遭到很大的困难。换言之，目前社会各界对教育行政部门的支持力度还是不够的。例如，由于对暂住和流动人口的管理相对滞后，进城务工就业农民适龄子女信息不全，情况难以准确把握，一旦出现失学或辍学现象，将很难对其进行及时的救助，给教育行政部门的管理工作带来很大困难；由于接收大量的农民工子女而引发的公办学校教师编制短缺的问题，教育行政部门也常常感到无能为力。如果缺少了政府各职能部门及社会各界的全力支持和配合，那么教育行政部门将在解决进城务工就业农民子女教育问题的过程中举步维艰。

9. 义务后教育衔接问题

由于户籍管理制度和高考制度的双重限制，进城务工就业农民子女在流入地接受完义务教育后，无法继续进入该地高中学习，更不能在该地参加高考。对于在城市中接受完义务教育的农民工子女来说，他们有可能已经逐渐适应了城市学校中的学习氛围和学习方式，其学习态度、生活态度甚至是生活方式都可能已发生了深刻的变化。如果被迫返乡继续学习，其现有的学习观和生活观将有可能与原有的观念形成强烈的冲突。换言之，在城市中学习和生活了相当一段时间的农民工子女，极有可能不再适应原有的生活方式。由于体制上的束缚，国家层面的政策还没能在这方面有所突破。作为上位社会管理原则的户籍管理制度和作为下位教育管理原则的高考制度如果不进行改革，那么农民工子女在流入地接受义务后教育的问题将得不到根本性的解决。从已收集到的资料来看，目前只有珠海市和长春市明确规定，在本地接受完义务教育的进城务工就业农民子女，可在本地参加中考，并继续进入高中学习。相反，其他的城市还没有出台类似的政策。这也表明，在国家宏观政策没有作出相应的变革之前，各地很难在农民工子女义务后教育问题上迈出更大的步伐，进行更多的探索。

四、民办农民工子女学校设置标准的政策困境

在我国社会变迁发展的过程中，大量的农民从农村进入城市务工，为城市的发展注入了新的活力，是社会进步的体现。但是，他们的子女随迁进入城市后，由于户籍制度及地方教育管理制度等方面的原因，在城市接受教育尤其是义务教育上遇到了较大的障碍。对此，我国政府相继出台了一系列的政策来缓解和解决这些农民工随迁子女（以下简称"农民工子女"）的教育问题。目前，国家"以流入地政府管理为主，以公办学校接纳为主"的"两为主"政策在各地得到了较好的落实，大多数农民工子女进入了公办学校学习。但是，由于客观条件和主观方面的原因，仍有一定数量的农民工子女是在各类民办的农民工子女学校

（也被称为"打工子弟学校"）就读。这类学校由于校舍、师资、设备等办学条件达不到地方教育部门规定的学校设置标准，大多数处于未经批准的办学状态。这些民办农民工子女学校存在着严重的隐患，如房屋校舍安全隐患、交通隐患、食品卫生隐患等。2007年，据《北京市解决流动人口子女接受义务教育工作基本情况》的报告中的一项统计，2000年北京市有未经批准的民办农民工子女学校152所，到2003年增加到358所，而到2006年年底，这些农民工子女学校中仍然有205所是未经教育主管部门批准而继续办学的。另据上海市的一项统计，2006年上海市共有农民工子女学校277所，相当一部分学校也是未经教育主管部门批准而继续办学的。其他一些农民工流入较多的城市，也都有未经批准而存在的学校。

如何规范、管理民办农民工子女学校，使其从一开始就纳入政府监管的渠道，已成为许多农民工流入地政府需要解决的严峻问题。其中，农民工子女学校设置标准则是问题的核心。

（一）设置标准的政策沿革分析

农民工子女一直占城市流动人口子女的绝大多数，2000年人口普查中确认，流动人口中农业户籍占74%，这表明农民工及其子女是流动人口的主体。但是，国家最初是以"流动人口中的儿童、少年"为主要对象来颁布相关政策的，之后才明晰农民工子女这一概念。

1. 《城镇流动人口中适龄儿童、少年就学办法（试行）》有关政策分析

1996年4月，原国家教委印发了《城镇流动人口中适龄儿童、少年就学办法（试行）》（以下简称《办法》），由于当时考虑到城镇流动人口的复杂多变，各地情况存在差异和教育行政部门还缺乏解决该问题的经验，《办法》先在北京、天津、上海、河北、浙江、深圳等6省市各选一个区或市试行。由于当时还没有农民工子女学校的概念，因此在《办法》条规中，仅提出了"城镇流动人口中适龄儿童、少年就学，应以在流入地全日制中小学借读为主。没有条件进入全日制中小学的，可以入各种形式的教学班、组，接受非正规教育。"

对于何谓"接受非正规教育"，《办法》规定，"可采取晚班、星期日班、寒暑假班等多种形式；小学可只开设语文、数学等课程，至少达到扫盲的程度。初中也可适当减少授课门类"。

对于接收流动儿童、少年就学的教学机构，《办法》规定，"经流入地市、区人民政府批准，企事业组织、社会团体、其他社会组织及公民个人，可依本办法举办专门招收流动人口中适龄儿童、少年的学校或教学班、组。所需经费由办

学者负责筹措"。

《办法》的颁布，是政府教育主管部门正式介入对农民工子女在随迁地接受教育问题的处理之始。由于当时还不存在大量的民办农民工子女学校，学校设立问题没有太突出，因此在这一《办法》中没有具体涉及这一方面的内容。《办法》仅规定对于不能进入全日制学校的流动儿童、少年，可接受非正规教育；同时，规定民间可举办接受他们就学的学校或教学班、组。至于这一类学校或教学班、组的设置标准，法规没有进行规定。

2. 《流动儿童少年就学暂行办法》有关政策分析

随着进入城市的流动人口大幅度增加，流动人口随迁子女就学问题开始凸显，一些社会机构或个人自办的简易的流动人口子女学校开始出现。1998年3月，原国家教委、公安部联合颁布了《流动儿童少年就学暂行办法》。这一法规是根据上述1996年颁布的《办法》在试点城市试行的基础上进行修订和补充的产物，法规中对流动人口子女学校的有关设置、举办等规定开始明晰。

（1）政府主管部门以法规的方式认同简易学校的存在。

《流动儿童少年就学暂行办法》第7条规定："流动儿童少年就学，以在流入地全日制公办小学借读为主，也可入民办学校、全日制公办中小学附属教学班（组）以及专门招收流动儿童少年的简易学校接受义务教育"。该文件从政府的角度正视了"专门招收流动儿童少年的简易学校"（也就是现在所称的"农民工子女学校"）存在的现实，而且也认同流动儿童、少年（其主体为农民工子女）可进入这类学校就学。因此，从接受教育的渠道而言，农民工子女学校是政府部门认可的一种学校模式。

（2）对简易学校的设立作出了一定的规定。

《流动儿童少年就学暂行办法》对简易学校的设立主体、办学经费、设立条件作出了一些规定。设立主体："经流入地县级以上人民政府教育行政部门审批，企事业组织、社会团体、其他社会组织及公民个人，可依法举办招收流动儿童少年的学校或简易学校"。办学经费："由办学者负责筹措"，同时要求"流入地人民政府和教育行政部门应予以积极扶持"。设立条件："可酌情放宽，允许其租赁坚固、适用的房屋为校舍"。

从上述规定来看，关于简易学校的设立条件还比较粗略，如校舍应为"坚固、适用的房屋"这一概念也较模糊，没有更加细化的指标。但是，在规定中，对于简易学校的设立问题，政府主管部门作出了要"酌情放宽"条件的规定，这实际上正视了这类学校的"简易"性质，且不能与公办学校的设置标准完全等同。

(3) 有关会议对农民工子女学校设置标准的呼吁。

2002年8月,教育部、公安部、劳动和社会保障部等九部委在浙江省杭州市召开了"全国进城务工就业农民子女接受义务教育工作经验交流会"。在会上,时任教育部副部长的王湛同志对简易农民工子女学校的设置进行了强调,他指出:"各地在以公办学校为主接受农民工子女就学的同时,要加强对社会力量办的简易学校的管理和扶持,加紧制定并公布简易学校的办学标准和审批办法。对符合要求的学校,及时予以审批、备案;对不符合要求的,限期整改。同时,加强对简易学校的检查指导和师资培训,帮助这些学校提高教学质量和管理水平。"

王湛同志的讲话,反映了要制定简易学校办学标准和审批办法的迫切性和必要性,同时也从另一个方面说明了当时教育行政部门还缺乏一个这样的标准,指出了各地在对这类学校监管中应该注意和需要解决的问题。

(4)《关于进一步做好进城务工就业农民子女义务教育工作的意见》有关政策分析。

2003年9月,国务院办公厅转发教育部、中央编办、公安部、发展改革委、财政部、劳动保障部《关于进一步做好进城务工就业农民子女义务教育工作的意见》(以下简称《意见》)。《意见》共九条,是关于农民工随迁子女在城市接受义务教育较为完整和全面的规章,在《意见》的第八条,对农民工子女学校的设立问题,作出了更加明确的规定。文件指出,要"加强对以接收进城务工就业农民子女为主的社会力量所办学校的扶持和管理。各地要将这类学校纳入民办教育管理范畴",同时,还强调"尽快制订审批办法和设置标准,设立条件可酌情放宽,但师资、安全、卫生等方面的要求不得降低。"另外,以政府部门文件的形式,对设立农民工子女学校的标准和审批办法应尽快出台提出了要求,并明确规定可以放宽设立条件。

从以上国家有关政策法规发展演变的轨迹分析,农民工子女进城接受教育从最初可以到各类教学班(组)接受非正规教育,且对这类教育形态没有作任何规定;到认可他们进入民办的简易农民工子女学校学习,政府管理部门也正视其存在,并在其后的各类文件法规中一再强调要放宽设立条件,要有一定的标准和审批办法,可以看到政府在有关农民工子女学校的设立和标准问题上,走过了一条从模糊到逐渐清晰的道路。这充分说明,农民工子女学校存在的现实与相关的设置标准的尽快出台,已经成为解决农民工子女在城市接受教育的一个关键问题,同时也成为各级教育管理部门面临的一个现实政策问题。

(二)有关规定与学校设置标准的困境

目前,在许多农民工子女较多的城市还存在着大量的未获批准的农民工子女学校，这一现实与上述政策的规定以及社会的呼吁、农民工子女的迫切需求相矛盾。究其原因，根源在于有关民办教育的法律规定以及各地公办学校的设置标准条规，对民办农民工子女学校应酌情放宽的设立条件造成了一个无法逾越的障碍。

1.《民办教育促进法》对农民工子女学校设置标准的阻碍

1997年7月，国务院颁布了《社会力量办学条例》，这是社会力量办学（即民办学校）的第一个比较全面的法规。在该条例的第14条规定，"设立教育机构，应当具备教育法、职业教育法规定的基本条件"。同时，在第17条中，对民办学校的设立规定仅是"审批教育机构应当以教育机构的设立条件、设置标准为依据，并符合国家利益和社会公共利益以及合理的教育结构和布局的要求。"1995年9月1日施行的《中华人民共和国教育法》在第26条中规定，"设立学校及其他教育机构，必须具备下列基本条件：（1）有组织机构和章程；（2）有合格的教师；（3）有符合规定标准的教学场所及设施、设备等；（4）有必备的办学资金和稳定的经费来源"。至于教育机构具体的设立条件和设置标准是什么，则完全由政府部门确定。因此，在这个阶段，有关民办农民工子女学校等类学校的设立，各地基本上是按照1998年《流动儿童少年就学暂行办法》中简易学校设立的有关规定，结合当地农村同类公办学校设置的基本标准来确定设置标准并予以筹办、审批成立的。如武汉市于1998年在全国率先颁布了《武汉市社会力量办流动人口子女简易学校办学标准》，从举办者、师资、办学目标、办学场地及设施等方面做了资格规定，很好地解决了这一问题。

2002年12月，全国人大通过并颁布了《中华人民共和国民办教育促进法》（以下简称《民办教育促进法》），标志着民办教育的管理走上了法制化的轨道。《民办教育促进法》的第十条对民办学校的设立作出了非常明确的规定："设立民办学校应当符合当地教育发展的需求，具备教育法和其他有关法律、法规规定的条件。民办学校的设置标准参照同级同类公办学校的设置标准执行。"

因此，可以说，《民办教育促进法》对民办学校的设置标准进行了非常明确的规定，即"参照同级同类公办学校的设置标准"来审批和设立。也就是说，在城市举办的中小学教育层次的民办学校，其设置的标准为该地公办中小学的设置标准。民办农民工子女学校属于民办学校的范畴，其设置标准也应该遵循这一原则，也正是这一原则，堵死了这类学校可能的"酌情放宽"的设置标准的通道。

2. 民办农民工子女学校办学目标的难度

农民工流入地大多是发达的省会城市或直辖市，这些地区公办学校发达，教学水平高，办学标准高，以北京市为例，对比公办学校和民办农民工子女学校的具体设置标准情况，可以看出差距很大。

《北京市中小学设置标准》相关规定（见表6-1、表6-2、表6-3）对体育运动设施的规定如下。室外运动场：24个班以下的学校应设不低于200米的环形跑道及60米（小学）直跑道的田径场；25个班以上的学校应设不低于300米的环形跑道及100米直跑道的田径场；篮球场和排球场的总量以每五个班一个场地的标准设置。

表6-1　　　　　　　　独立设置的小学校地面积（≥）

学校规模	中心城学校面积（m²）	中心城以外地区学校面积（m²）
12个班	—	15 500
18个班	14 500	18 900
24个班	17 300	22 700

注：小学设置规模：每年级2~4个班，合计12~24个班，≤40人

表6-2　　　　　独立设置的小学及其辅助用房建筑设施

项目	规模	12个班	18个班	24个班
专用教室	教室数	10	12	13
	总面积	1 104	1 424	1 544
普通教室总数（个）		班级数+2		
普通教室总面积（m²）		（班级数+2）×72		
多功能教室总面积（m²）		普通教室总面积×0.1		
校舍总使用面积（m²）		3 587	4 763	5 804

表6-3　　　　　　独立设置的小学图书馆（室）设施

项目	规模	24个班及以下	25个班以上
设计藏书量（≥）（万册）		1.5	2.5
工具书（种）		220	
报刊（种）		100	
学生阅览室面积（m²）		学生数×100%×1.5	
教师阅览室面积（m²）		教师数×30%×2.1	
视听阅览室面积（m²）		学生数×4%×5	
辅助用房		以满足工作人员整理资料、管理借阅的需要为原则	

表6-4 6所未获批准的民办农民工子女学校概况

学校	文华学校	新希望实验学校	红星学校	行知希望学校	苗苗小学	桃园育英学校
地点	西北旺镇韩家川村	东升乡后八家村	东升乡西三旗村	西北旺镇	四季青镇	海淀区田村街道
校长教学经历	14年民师	无	7年教龄	10年教龄	3年教龄	无
建校时间	2001年	1999年	1999年	2004年	1997年	2002年
班级数	7	26	35	19	23	9
学生人数 幼儿	183	75				26
学生人数 学前		50	280		213	195
学生人数 小学	251	1 014	813	535	724	285
学生人数 中学	0	193	248	189	52	0
教师人数	12	40	48	26	29	14
拥有教师资格证人数	7	27	37	25	17	7
校园面积（m²）	2 667	8 000	6 667	6 000	3 334	2 667
运动场（m²）	无	无	无	无	400	无
教室数（间）	7	26	32	19	23	9
图书室（间）	无	1	1	2	无	无
电脑（台）	9	20	17	40	25	无
安全状况 房屋	简易	破旧	一般	破旧	简易	破旧
安全状况 卫生	非常差	较差	较差	较差	较差	非常差
安全状况 厕所（个）	1	2	1	1	1	无
安全状况 电路	很好	比较安全	一般	还可以	很好	问题较大

3. 北京市 6 所未获得批准的农民工子女学校办学条件情况

从以上表格的对比不难发现，北京市现存的部分未获得批准的农民工子女学校在教室数量、校园面积、运动场面积等硬件条件方面，与公办学校的规定标准有着天壤之别。如运动场一项指标，表 6-4 中的 6 所学校，仅有一所勉强拥有所谓的"运动场"，面积非常小，也仅仅满足做做操的功能，其他几所为零。因此，从实际情况看，这些学校要达到城市公办学校的设置标准，几乎不可能。然而事实上，这些学校接收了大量的学生，由于公办学校不可能全部接纳，它们也就一时不可能被取缔，但又不可能审批合格，这就成为摆在教育主管部门和政府部门面前的难题。

五、政策建议

当前，各级政府制定了许多政策来积极解决农民工子女接受义务教育的问题。但通过调研发现，从整体上看，这些政策措施和制度设计具有很大的局限性，政策与制度彼此之间缺乏连续性和整体性，甚至存在矛盾现象，许多政策执行的效果也不是很理想。同时，基于对国家和地区层面政策的梳理和分析并结合"两为主"政策贯彻执行过程中反映出的一系列问题，为保障进城务工就业农民子女平等接受义务教育的权利，进一步做好农民工子女教育工作，现提出以下几个方面的政策建议。

（一）对农民工随迁子女教育政策的建议

1. 经费投入分担机制

（1）中央设立进城务工就业农民子女教育专项资金。

经费投入和保障问题是解决进城务工就业农民子女义务教育问题的核心所在。要从根本上建立经费筹措保障机制，将农民工子女义务教育经费列入流入地预算内教育经费，并按实际在校生人数向接收农民工子女的公办学校核拨生均公用教育经费，维护学校的正常运转，是最为根本的解决途径。为此，中央应设立进城务工就业农民子女教育专项资金，以流入地农民工子女的规模为依据，划拨相应的教育经费、公用经费，分担流入地政府财政压力。各级政府要将公办中小学接收的农民工子女计入学校在校学生数，核定学校的教职工编制。

（2）探索实施教育券制度。

探索实施教育券制度，可缓解进城务工就业农民子女学籍管理和财政拨付中的困难。教育券制度的主要特点是"钱随人走"。与传统的面向学校的财政拨款制度相比，教育券的实施有利于学校之间的竞争。"教育券"的经费来源可采用中央财政拨一点、流出地政府出一点、流入地政府补一点的"三位一体"的方法来解决。农民工子女最大的特点是流向不定，无论是国家拨付还是地方政府拨付的经费，都难以固定在特定的学校和地区。中央和地方政府对农民工子女教育的投入采用教育券的方式实施，可以校正户籍制对学生自由流动的不利影响。当学校凭学生缴纳的教育券在当地政府兑换时，教育经费的分配与流动学生规模相匹配。它也有利于不同学校之间为争夺生源（教育券）的竞争，从而提高教育资源的配置效率。

2. 公办学校潜力

由于进城务工就业农民的数量呈持续增长之势，伴随而来的是农民工子女的数量也在不断增长，这给流入地的教育供给带来了巨大的压力。因此，应继续加大投入扩建公办中小学校，积极挖掘现有公办学校潜力，使绝大部分进城务工就业农民子女进入公办学校就读。一段时期以来，原有的教育布局规划没能对未来社会经济的发展变化形势作出前瞻性、预测性的安排，当经济快速发展并伴随着外来农民工的大量涌入，公办教育资源的承载力已不堪重负。因此，要规定将农民工子女学校建设列入城乡建设规划，根据实际需要预留教育发展用地，新建扩建中小学校。同时，公办学校布局调整中闲置的校舍要优先用于举办农民工子女学校。此外，还应进一步简化进城务工就业农民子女的就学程序，合情、合理、合法地规定农民工子女的入学条件，尽可能地降低农民工子女的入学门槛。

3. 民办打工子弟学校的扶持规范

要出台优惠政策，鼓励和扶持社会力量办学。由于民办打工子弟学校在既不能提高收费又不能获得经费投入的情况下，要维持学校的正常运转并获取一定的利润，必然要尽可能地降低办学成本，甚至是削减一些必需的支出。在这样的情况下，不仅学校的师资、安全、卫生条件得不到保障，甚至连基本的办学条件也令人担忧。因此，有条件的地区应专门设立民办教育发展专项资金，重点资助义务教育阶段具有公益性的民办打工子弟学校的发展。同时对民办打工子弟学校的生均义务教育成本进行科学核算，制定相应的教育经费补贴制度，按照民办打工子弟学校接收农民工子女的人数予以一定的经费补贴或者实行学位购买制度，满足农民工子女接受义务教育的需求。同时，公办学校应通过支教、提供培训、交流等方式，加强对民办打工子弟学校的帮扶作用。如厦门市就出台了"公办学校教师到民办学校支教制度"，其具体做法为：公办学校教师到民办学校支教期为两年，视同为期一年的农村学校支教经历；支教人员编制和经费由编制部门和财政部门给予单列；有计划安排民办学校教师到公办学校交流培训。①

---

① 《厦门市人民政府办公厅关于进一步落实进城务工就业农民子女接受义务教育工作的意见》，第七条。

教育行政部门应切实加强对民办打工子弟学校在办学条件、招生收费、学籍管理、经费使用、风险预防、教师队伍、质量评估等方面的指导和管理，提高办学水平，保证教学质量。此外，有关部门要进一步加强对非法打工子弟学校的审批和整改工作。

4. 入学门槛

为确定进城务工就业农民子女的身份，各地均在其入学问题上设置了一定的入学门槛。从规范管理的角度来说，这种举措有着一定的合理性和必要性。但从另一个方面来看，这又不可避免地给农民工子女的入学带来了较大的阻碍。因此，为保证农民工子女及时、顺利地在流入地就学，流入地政府应进一步降低其入学门槛。具体来说，降低入学门槛应从两个方面入手：一是降低农民工子女的入学条件，减少需要提交的证明材料的种类，尤其是不易办理的证明材料；二是简化农民工子女的入学手续，提高办理各种证明的效率。

5. "混合编班"原则

将进入公办学校学习的进城务工就业农民子女与城市常住户口学生混合编班，是真正贯彻落实教育教学管理过程中"一视同仁"原则的一个重要途径。此外，混合编班有利于加强农民工子女与城市学生的交往，在增进相互理解的过程中促进融合，同时也为农民工子女今后更好地融入城市社会奠定基础。同时，混合编班也对教师的教育教学工作提出了新的挑战。针对进城务工就业农民子女的特点，教师应进一步探索更为合理、有效的教育教学策略。

6. 电子学籍制度

进城务工就业农民子女具有较强的流动性，"今天注册，明天走人"的现象时有发生。由于相关部门难以准确掌握义务教育阶段适龄农民工子女的具体数字，因而给学校正常的教育教学管理带来了很大的困难。更为不利的是，学校或教育行政部门难以有效监控这类学生的受教育状况。因此，需要建立电子学籍制度，加紧规范电子学籍管理系统，建立全国统一标准的电子学籍管理系统，实现全国电子学籍管理系统联网，尽快为进城务工就业农民子女入学、转学、升学提供"一条龙"服务。在技术层面上，应对电子学籍系统进行立项并进行专项研究，以便电子学籍制度在全国真正得到推广。全国各省建立统一的学籍管理系统，将有助于全程跟踪每个学生的发展水平、学习情况、辍学情况，保证进城务工就业农民子女受教育的权利。与此同时，也有助于流动人口的统计与管理。

7. 义务后教育衔接问题

进城务工就业农民子女如何进一步接受高中教育，将成为今后一段时期一个比较提出的问题。要有效解决这一问题，一方面，从长远来看，长期存在的户籍管理与二元社会结构势必要进行改革；另一方面，流入地政府可针对本地的实际情况，尤其是农民工子女的规模及增长情况，在农民工子女义务后教育衔接问题上做出一些有益的探索。目前，珠海市和长春市已经在这方面做出了尝试。无疑，这种举措有利于农民工子女接受更为完整的基础教育，从而在教育结果上体现更高程度的公平。

8. 对教育行政部门的支持力度

目前，政府各职能部门和社会各界对教育行政部门的支持力度还是非常不够的。缺少了它们的全力支持和配合，教育行政部门将很难做好进城务工就业农民子女教育工作。针对农民工子女教育工作，要通过定期召开各职能部门联席会议的方式，加强对教育行政部门的支持力度。通过联席会议，各部门在互通情报的基础上，可更好地掌握和了解本地农民工子女的基本状况和就学情况，从而协同配合，采取统一行动解决农民工子女教育问题。同时，社会各界以及各种非政府组织也应参与进来，共同做出应有的贡献。此外，流出地政府能否在外流学生的统计、跟踪管理、回流等环节上尽职尽责，也在很大程度上影响着流入地政府的农民工子女义务教育工作。因此，流出地教育行政部门也应做好与流入地教育行政部门的配合工作。

9. 农民工子女教育政策体系的完善

以法律手段来保障政策的贯彻执行力度，是有效解决农民工子女教育问题的基本前提。新的《义务教育法》的颁布实施及其中的相关规定，为今后进一步做好进城务工就业农民子女义务教育工作提供了强有力的法律保障。与此同时，应尽快修订《义务教育法实施细则》，使相关的规定更为具体化并具有可操作性。此外，1998年的《流动儿童少年就学暂行办法》颁布距今已将近十年的时间，流动人口的状况已经发生了很大的变化，且进城务工就业农民子女这一群体已从中分离，因此建议尽快制定《进城务工就业农民子女就学办法》，针对这一特殊群体制定专门的部门规章，更好地保护他们的权益。

10. 适当调整"两为主"政策

以成本分担为原则，在强调以"流入地政府为主"的基础上，适当认定和加大中央政府、流出地政府的责任。中央政府对于农民工子女流出地政府的转移支付可根据流出的实际人数直接拨付给流入地政府。流出地政府在配合流入地政府实施流动人口管理以及办好当地义务教育方面应该承担更大的责任。在强调以"公立学校为主"的基础上，充分利用民办学校的力量解决农民工子女入学问题，政府可向民办学校购买学额，并给予其他扶持。对农民工子弟学校总体上采取扶持、监督而不是取缔的政策。

11. 城市地区暂缓实行"全面费义务教育"

为了避免在城市地区形成"洼地效应"，导致现有的农村留守儿童大面积流入城市，让农民工适当负担在城市地区义务教育入学的成本，承认入学门槛的重要性，可有效地限制现有的三千万留守儿童大面积流入城市地区。

12. 建立全国统一的电子档案与学籍管理制度

为了应对农民工子女接受义务教育中流动性比较大的问题，有效监控农民工子女入学的规模，并为学校布局调整提供依据，应在全国建立统一的义务教育阶段学生电子档案与学籍管理制度。

13. 进一步加大农村寄宿制学校的建设力度

在现有的基础上，进一步加大农村义务教育阶段寄宿制学校的建设力度，尤其是不断改善寄宿制学校的办学条件，加强对"留守儿童"的生活、学习、教育指导。尽可能防止现有的留守儿童大规模转变为流动儿童。

14. 学校布局调整充分考虑利用现有闲置资源

为防止一方面撤并农村、郊区学校，另一方面又在城区新建农民工子女义务教育学校而出现重复建设、资源浪费的现象，在城市郊区义务教育学校布局调整的过程中，应考虑充分利用现有的闲置校舍和资源解决农民工子女入学的问题。

（二）对民办农民工子女学校设置标准的建议

根据上述分析，如按城市学校的设置标准来规范民办农民工子女学校，将很难实施和操作，且会带来一系列始终无法解决的问题。因此，从历史发展的角度来看，基本符合教育教学要求、简易应该是民办农民工子女学校设立得到许可的基本原则，也即是遵循2003年国务院转发教育部等部委颁布的《关于进一步做好进城务工就业农民子女义务教育工作的意见》中所强调的"师资、安全、卫生等方面的要求不得降低"的规定，至于校园面积、操场等硬件条件方面，不能苛求完整、全面。在目前我国区域发展不平衡的情况下，因地制宜制定出民办农民工子女学校设置的标准并加以规范管理，是解决好农民工子女接受义务教育问题的关键。

1. 关于民办农民工子女学校设置标准的具体建议

民办农民工子女学校设立条件的酌情放宽尺度，应在着重保证举办者素质、师资力量、安全、卫生条件不降低标准的前提下，对其他条件放宽。民办农民工子女学校的设立，应在全面贯彻国家《义务教育法》和《民办教育促进法》的前提下，达到以下基本指标。

（1）安全标准。学校选址要避开车站、公路、喧闹集市及有害物的排放点，要符合当地城市规划布局的要求。在校舍建筑安全、消防、卫生等方面，都要达到专门部门检测标准。

（2）准入条件。设立民办农民工子女学校办学准入条件。建议以一个学期或一年全体学生学费的总和作为注册资金，以达到监控和引导的目的。

（3）学校规模。以不少于六个班，学生人数不低于 200 人为限。有一定的学生室外活动空间，但不做具体面积规定。

（4）学校设施。以不低于国家颁布的农村中小学基本办学条件为准。

（5）师资标准。在注重学历的同时，更要强调教师资格的获得。其中校长要具有校长任职资格，教师要有教师资格证。

（6）师生比例。以不低于国家颁布的农村中小学师生比例为标准。

（7）课程标准。严格落实国家课程标准。

（8）在遵守上述基本办学标准的同时，各地可根据实际情况具体实施。其中，在设置标准中要对校园面积、运动场面积、教室数量进行可能的放宽，以利于在师资、安全、卫生等方面达标的简易学校能获得教育主管部门的审批，纳入政府的教育教学管理范围。

2. 对国家关于民办农民工子女学校发展的政策建议

（1）国家有关部门要出台有关民办农民工子女简易学校设置标准的指导性意见，在分类指导、区域协调的前提下，规定房屋安全要达到建筑部门的审核标准、卫生达到卫生部门的标准、师资达到办学层次的标准，在这三个前提下，适当放宽这类学校的占地面积、设备等条件。

（2）根据社会主义初级阶段的现实，对《民办教育促进法》进行适当修订，增补民办农民工子女学校设置标准的有关条款。例如，修订《民办教育促进法》第十条，明确说明对民办农民工子女学校的设立需参照另行规定，使这部法律法规对现阶段社会实际的发展起到积极的促进作用。

（3）政府设立专项经费扶持、规范达不到学校设置条件的民办农民工子女学校在师资、安全、卫生等方面基本达标，发挥政府的主导作用，为农民工子女就学创造一个相对温馨的环境。如上海市以专项经费支持的形式，重点改善民办农民工子女学校基本生活方面的设施条件，优化了校园环境，在学校举办者的配合下，277 所农民工子女学校都焕然一新。北京市大兴区对现有未经审批办学的民办农民工子女学校给予积极的扶持和督查，教育主管部门要求学校在师资的学历、任职资格上限期达标；学校建筑必须取得房屋鉴定部门的安全鉴定，如有隐患立即整改；协助规范学校食堂并取得卫生合格证等，使得这些虽暂达不到设置标准，又招收了一定数量的农民工子女的学校能安全运营，起到了积极的效果。

（4）鼓励和支持社会投资和公益捐赠举办民办农民工子女学校，政府及教育主管部门应在闲置校舍的使用、建校用地政策等方面上给予优惠，在师资招聘、校长选派、教育教学的提高等方面给予扶持，以降低其办学成本，提高学校的教学质量，使民办农民工子女学校从设立之初就成为合格学校。如南都公益基金会实施的民办农民工子女学校建设计划，就是采取与教育主管部门合作设立学校的方式，投资建立了一批合格的、有质量的民办农民工子女学校，起到了很好的示范作用。

　　民办农民工子女学校是我国城市化发展进程中的产物，是社会主义初级阶段的特有现象。我们既不能无视它们的存在，也不能简单地予以取缔，而应该实事求是地制定符合情理的设置标准，并予以扶持。这样，在国家解决农民工子女接受义务教育"两为主"政策的前提下，充分发挥民办农民工子女学校满足农民工子女就学方面的作用，让这部分学生也能在比较规范的学校读书。

第七章

农民工随迁子女的教育绩效
及其影响因素分析

在农民工随迁子女规模日益增加、国家强调解决"农民工子女义务教育"问题时,研究的关注点应该从最初的教育机会的公平问题,逐步拓展到农民工子女享受整体的教育公平问题。教育公平问题,不仅仅是指教育机会的公平,更重要的还包括教育过程与结果的公平。如果我们将入学机会与入学条件等看成是教育机会的公平,那么,享受同样的教育资源、教师对不同类型的学生一视同仁的态度等都可以看成是教育过程的公平;而不同类型的儿童能够获得相同的教育产出,并能使儿童得以全面发展(包括学习成绩在内的心理、社会态度等的德智体美的全面发展),则可以被看成是教育结果的公平。尽管教育公平所包含的内容十分广泛,不仅是多年来各界所关注的入学机会(或者是受教育机会)问题,由于德智体美等方面不易被测量,因此,只有学生的学习成绩相对比较容易。本文将选择学生总成绩(语言与数学成绩之和)作为教育产出公平的主要指标,尽管这个指标的选择可能存在不全面之处。

同时,在以往对儿童学习成绩的研究中,或是从教育学的角度,关注教师的课堂教学方法对儿童学习成绩的影响,或是从学生个体与家庭的层面出发探讨影响儿童学习成绩的因素,但受研究方法的限制,尚未将学校层次与学生个体层次结合在一起,共同探讨儿童学习成绩的影响因素,即未能将不同层次相区分,分别讨论这些因素对儿童学习成绩的影响。这是本文所关注的焦点之一。

将学校层次的作用从总作用中剥离出来,可以看到学校类型(公立学校或流动儿童学校(或称打工子弟小学))对于农民工随迁子女的影响作用。如果学校层次的作用并不显著，这说明农民工随迁子女的学习成绩与其自身的条件有关，而与学校层次的作用并没有太大的关系，进而从另一个角度证明了流动儿童学校存在的合理性。但如果学校层次的因素存在显著的作用，即公立学校与流动儿童学校对学生成绩有着重要的影响作用[1]，那么，从某种意义上说，流动儿童学校由于教学质量较差（而且还有可能存在着流动儿童学校中的学生社会融合状况较差等各种因素），他们的存在与发展需要进一步的考虑。这从一个角度证明教育主管部门对于当前流动儿童学校采取的关闭与整治的政策是合理与必要的，也是从农民工随迁子女的发展角度出发来考虑与制定的，从而有利于减弱甚至消除社会不平等现象。这是本研究的政策研究意义之所在。

基于上述目的，本文利用2006年11月在北京市某区进行的"流动儿童教育与社会融合的跟踪研究"基期调查数据，利用多层线性模型（Hierarchical Linear Model，HLM），探索性分析本地儿童、公立农民工随迁子女，以及农民工随迁子女这三类儿童的学业成绩差异的主要因素，并在此基础上，讨论农民工随迁子女教育公平问题。

一、文献综述

在个体发展中，儿童期是极为重要的一个阶段，儿童智力培养和能力发展又离不开正规且系统的学校教育。学校教育的基本立足点也主要在于发展儿童的学习能力。这种能力最直接的体现就是儿童的学习成绩[2]，同时也是衡量学校教育产出的重要方面。因此，学习成绩成了学生、家庭与学校共同关注的重要问题之一。长期以来，学者们也一直对儿童的学习状况和学习成绩保持了广泛的关注，不过，他们更感兴趣的是探究影响学习成绩的主要因素。一个基本的结论是：儿童的学习成绩受到多种因素的共同影响；既受个体和家庭因素的影响，比如学生的智力水平[3]、个体特征（如性别、个性特征等）、父母亲的职业与受教育水平、家庭收入、父母的教育方式等；还会受到学校等相对更为宏观的社会环境的影响。本文首先对已有研究进行综述，以作为本研究的起点。

---

[1] 当然，这里可能在方法论上存在"选择性"问题，即进入流动儿童学校就读的流动儿童与进入公立学校就读的流动儿童在家庭的社会经济背景等各方面存在着显著的差异性。

[2] 本文把学习能力和学习成绩作为等同的概念来使用，学习能力强就意味着学习成绩好。当然这种仅以学习成绩为评价的结果存在争论与不同意见。

[3] 有许多研究表明，以智力水平为代表指标的生物学因素与学习成绩存在着明显的关系，如翁小萍等（2000）、匡华等。但由于本研究中未涉及学生智力水平，因此不再赘述。

（一）个体因素

作为学习行为的行动主体，儿童自身的特征自然会对其学习成绩产生重要影响。首先，性别是最为基本的纬度，不同性别的人群会在心理、社会等诸多方面表现出差异。研究表明，学习成绩存在较大的性别差异（史耀芳，1995）。有研究者将这种学习成绩的性别差异归结为男女学生之间的性格差异（钟天平等，2001；李明教等，2000），但总体来看，女孩的学习成绩平均优于男孩（史耀芳，1995；类淑河等，2004）。

国外学者还讨论了儿童个体的其他特征对学习成绩的影响。如学习动机、儿童性格中的自尊等因素，但均未有一致的结论。有些研究认为：学习动机较高的儿童，其学习成绩通常也较好（Gott-fried, 1990; Mitchell, 1992）。有些则发现两者之间的相关系数很小且没有通过显著性检验（IbtesamHalawah, 2006）。有些则发现两者的关系受性别与年级的影响（Goldberg, 1994）。

（二）家庭因素

儿童的学习活动与家庭存在密切联系，在激励儿童学习、帮助儿童树立正确学习态度等方面，学校还有赖于家庭的配合。家庭背景可以通过父母的信念（比如教育理念、教育态度）和行为（比如教育方式、亲子沟通）与儿童的学习成绩间接相连（Davis-Kean, 2005）。因此，它对儿童学习成绩的影响一直备受国内外研究者的关注。国外学者的传统做法是将父母家庭的受教育程度、职业和收入综合形成社会经济地位（socioeco-nomic status, SES）这一指标纳入模型，以解释儿童学习成绩的差异（Hanushek, 1986）。也有研究仅针对父母受教育程度这一因素（Park 和 Hannum, 2002; Woessmann, 2003），或仅针对家庭收入这一因素（Dahl 和 Lochner, 2005）。除此之外，还有部分学者曾研究了家长的就业状况、家长对儿童学习辅导时间、家庭规模、家庭结构等家庭的其他特征对儿童学习成绩的作用（Leibowitz, 1977; Marks, 2006 等）。相对于国外研究，国内尽管也较早地关注了家庭背景与儿童学习成绩之间的关系，但焦点较为分散，且多数研究都认为，父母亲对子女学历的期望、父母亲的职业、以及家庭关系（父母关系融洽的程度）等都会影响到儿童的学习成绩（翁小萍等，2000；何宏灵等，2006；）。甚至于母亲孕期用药和儿童产时情况等家庭环境因素都是重要的①（翁小萍等，2000）。同时，许多研究同样关注了家庭教养方式的作用（朱

---

① 需要注意的是，这一结论是建立在抽取上海市徐汇区东安路第二小学全体四年级学生进行调查所获数据的基础上。因此，统计分析所得结论很可能并不具有进行推论的含义。

金富等，1998；李燕芬等，2005）。但这种家庭教养方式的影响作用与父母亲的受教育水平存在着一定的相关性。尽管大多国内研究是基于调查数据的分析，但分析方法相对比较简单，也缺乏必要的统计控制。

（三）学校因素

学校是儿童学习活动的主要场所，因此，学校特征对学生学习成绩的影响肯定是不容忽视的。但国内就学校因素对儿童学习成绩影响的研究还很少见，大多仅停留在理论层面上，经验研究几乎没有[①]。但自1966年著名的"Coleman报告"发表以来，学校特征（如学校性质、教育支出、班级规模、教师投入等）对学生成绩的影响就一直是国外教育研究关注的焦点之一。如许多研究比较分析了美国教会学校与公立学校的学生学习成绩的差异。而班级规模既会影响到师生沟通机会也会影响到教育资源在学生中的分配、使用和师资的供求，因此，班级规模更是社会公众、教育主管部门和教育研究者经常讨论的问题之一。但班级规模正如性别差异一样，尽管争论不休、研究不断、成果颇丰，但仍未取得共识。有些认为班级规模有正向的影响作用（Goldstein et al.，1998），但有些认为是负向的（Glass and Smith，1979；Slavin，1980；Odden，1990；Kain，Hanushek and Rivkin，2005；Blatchford，Goldstein，Mar-tin and Browne，2002）。而Park和Hannum（2002）的研究则认为控制教师和家庭特征后，班级规模对学生的数学和语文成绩的影响均不显著。受到数据和研究方法的限制，国内在这方面的实证研究寥寥无几。目前能看到的仅有冯丽雅（2004）证明了小班教学的确更能实现学生发展机会均等的特点。

（四）对已有研究的简单总结与讨论

基于上述研究综述，影响儿童学习成绩的主要因素可以归结为三个层次：个体、家庭及学校。其中，个体层次包括：性别、个性特征、学习期望、学习动机、学习的用功程度等；家庭层次包括：父母家庭的受教育程度、职业和收入、家庭教养方式、家长对儿童学习辅导时间、家庭规模、家庭结构等。学校层次的影响因素包括：学校性质、教育支出、班级规模、教师投入等。上述影响因素构成了本文模型分析中变量选择的理论基础。同时也可以形成以下几点认识：

第一，国内有关的实证研究中，存在着样本规模较小，分析方法相对简单，

[①] 潘颖等（2006）曾进行过理论探讨，还有学者曾介绍国外有关班级规模对成绩影响的实证研究（路宏，2006）。

分析缺乏必要的统计控制等问题①。

第二，儿童学习成绩受到了个体特征、家庭特征和学校特征三个层次的综合作用，在实证研究中无论过分强调某一层次因素的影响作用而忽略其他层次则都可能导致研究在方法论上存在还原论谬误或生态学谬误。所以，儿童学习成绩的影响因素分析必须综合考虑三个不同层次的影响。

第三，从研究数据来看，教育研究往往采用分层抽样收集数据，比如很可能是先抽取学校，然后在学校中抽取若干班级，之后再从抽中的班级中抽取若干名学生，这种分层数据的特点决定了学生成绩的差异不仅源于个体之间的差异，也受到班级、学校之间差异的影响；而且在模型设定中需要考虑变量层次的问题。

二、研究方法、数据来源和研究关注点

（一）数据来源

本文所用数据为2006年11月进行的"北京市流动儿童教育与社会融合跟踪调查研究"的基线数据，采用系统随机整群抽样方法，抽取了北京市某区的12所公立学校和7所农民工随迁子女学校。在这些学校的3年级、5年级中各抽1个班进行调查，共计调查学生1357名，包括本地儿童、公立农民工随迁子女和农民工随迁子女三种类型的儿童②。

（二）研究方法

本文所用数据具有明确的层次关系与嵌套结构（学校—班级—学生）。而且儿童学习成绩是个体、家庭、学校乃至社会等多个层次因素共同作用的结果。因此，多层线性模型是最为适合的分析方法。有关多层线性模型的介绍请参考有关书籍（Raudenbush and Bryk，2002－2007）。

---

① 出现这种反差的主要原因是国内学者在数据处理技术的掌握方面和国外学者存在非常明显的差距。如果要把学校因素纳入到分析模型，模型中至少有学生与学校两个层次的变量。即数据具有嵌套结构。常规的OLS模型不再适合。

② "流动儿童"的判断标准是其户籍登记地。如果户籍登记地不在北京，那么这批儿童即被判定为流动儿童。但在实际调查中，公立学校中的流动儿童由协助调查的班主任来确认。而流动儿童学校中基本上没有本地常住儿童。三类儿童的分类标准及其原因，请参考：周皓：流动儿童心理状况及讨论[J]，人口与经济，2006，(1)。

(三) 研究关注点

由于国内目前针对这方面的定量研究还非常少,而且由于本研究的调查数据仅仅只涉及北京市一个区,因此,本研究仅属于探索性研究。同时,根据上述综述,本文将讨论:(1) 学校特征如何,以及在多大程度上影响儿童的学习成绩?(2) 或者是个体、家庭、学校这三个层次的影响因素在三类儿童学习成绩差异中各自起了什么样的作用?

三、学习成绩的多层线性模型分析

(一) 变量的选择

影响学习成绩的因素主要来自于个体、家庭和学校,因此自变量涉及两个层次①:个体层次与学校层次;并允许个体层次的回归系数在不同的学校有所不同。首先,层-2的学校层次变量选择了班级规模与各学校学生家庭社会经济状况的汇总均值(groupmeans),②后者可以直接根据各学生的家庭社会经济地位指标计算得到。

其次,层-1模型包括了个体与家庭层次。其中个体因素包括:(1) 儿童的基本特征:性别与年级;(2) 以孤独感为代表的儿童的心理状况,以表示儿童的个性特征;(3) 儿童自身的教育期望;(4) 能否按时完成作业,以表示儿童的学习用功程度。家庭背景因素包括:(1) 社会经济状况(SES)③;(2) 教育期望-表示父母亲对子女的教育期望。④ 上述变量的描述性统计结果详见表7-1。

---

① 一般而言,每个家庭只有一个孩子,因此将家庭层次变量作为学生层次的解释变量不会出现违背统计原理的问题。

② 最终模型未将学校性质加入,具体原因请见完全模型的说明部分。但事实上,这一变量的作用已经通过儿童的类型得到验证。同时,最终模型也未考虑班级的嵌套因素,这与数据的抽样过程有关。抽样时,在每所学校的三年级和五年级各抽一个班,所以年级的嵌套因素可以等同于班级因素。

③ 家庭社会经济地位(SES)指标是由父母双方的职业、受教育水平和收入(家庭收入)这三个指标结合而得到。尽管家庭收入的填写是自填的,有可能存在不准确的现象,但社会资本理论中家庭收入是一个重要的变量。

④ 通过各种不同模型的比较,最终模型并未纳入用来表示家庭教育方式的亲子交流情况和家庭学习环境这两个变量。事实上,个体层次的变量选择也是如此。在最初的模型中,个体层次还考虑了是否参加课外辅导班、是否购买自己喜欢的图书、是否喜欢现在的学校等变量;但在最终模型中都未能被纳入。但这种未纳入模型并不能肯定地说这些变量并不起作用。对于其中的原因,仍有待于进一步的讨论。

表7-1　　　　　分层模型所涉及变量的描述性统计结果

变量	说明	均值	标准差	最小值	最大值
因变量					
学习成绩	语文成绩+数学成绩	43.27	16.97	0	88
学生层次解释变量，分析单位数：801					
性别	1=男生，0=女生	0.53	0.50	0	1
年级	1=三年级，0=五年级	0.47	0.50	0	1
孤独感	量表得分	1.95	0.67	1	4.61
公立流动	1=是，0=否	0.35	0.48	0	1
流动儿童	1=是，0=否	0.40	0.49	0	1
按时完成作业	1=能，0=不能	0.81	0.39	0	1
家庭SES	家庭社会经济地位	0.03	0.99	-1.6	3.21
父母教育期望	1=研究生，0=本科及以下	0.58	0.49	0	1
SES*公立流动	交互项	-0.04	0.48	-1.4	2.65
SES*流动儿童	交互项	-0.21	0.45	-1.6	2.93
学校层次解释变量，分析单位数：19					
学校性质	1=流动，0=公立	0.37	0.50	0	1
学校平均SES	学校平均的社会经济地位	0.04	0.75	-0.72	1.83
学校规模	以班级规模替代	71.42	22.22	44	132

注：此处案例数为801，而不是1 357，主要是因为家庭SES等变量出现了缺失值造成的。

（二）零模型分析

在多层线性模型中，零模型是分析的起点，因为它能提供对组内相关系数的线性模型的分析是否有必要对于就读于学校的学生零模型设定如下：

$$层-1模型：Y_{ij} = \beta_{00} + e_{ij} \quad (1)$$

$$层-2模型：\beta_{00} = \gamma_{00} + u_{0j} \quad (2)$$

其中，γ_{00}是所有学校的平均成绩；u_{0j}是所有学校中与学校的特征相关的平均成绩的增量。将（2）代入（1），得到如下完全模型：

$$Y_{ij} = \gamma_{00} + u_{0j} + e_{ij} \quad (3)$$

零模型的随机效应被明确区分为层-1和层-2两部分，分别代表学生成绩的差异中源于个体差异的部分和源于学校之间差异的部分，亦即组内差异和组间差异；或者可以理解为，学生成绩的差异被个体层次与学校层次解释的部分。模型估计得到的组内方差为267.708，校间方差为21.987（$p<0.01$）。这

表明学生的学习成绩将会随着学校的不同而出现变化。而学生成绩的组内相关系数：ICC = 21.987/(21.987 + 267.708) = 0.076。这说明约7.6%的儿童学习成绩差异是学校之间的差异。根据建立的经验判断准则，当组内相关系大于0.059时，就需要在统计建模处理中考虑如何处理组间效应。因此，对学习成绩进行多层线性模型分析完全是必要的。

（三）完全模型分析

层 -1：

$$\begin{aligned}
总成绩_{ij} =\ & \beta_{0j} + \beta_{1j}性别_{ij} + \beta_{2j}孤独感_{ij} + \beta_{3j}公立流动_{ij} + \beta_{4j}流动儿童_{ij} \\
& + \beta_{5j}年级_{ij} + \beta_{6j}家庭\,SES_{ij} + \beta_{7j}父母教育期望_{ij} \\
& + \beta_{8j}按时作业_{ij} + \beta_{9j}(家庭\,SES * 公立流动)_{ij} \\
& + \beta_{10j}(家庭\,SES * 流动儿童)_{ij} + r_{ij}
\end{aligned} \quad (4)$$

层 -2：

$$\beta_{0j} = \gamma_{00} + \gamma_{01}(均\,SES_j - \overline{均\,SES}) + \gamma_{02}(班级规模_j - \overline{班级规模}) + u_{0j}$$

$$\beta_{1j} = \gamma_{10}$$

$$\beta_{2j} = \gamma_{20}$$

$$\beta_{3j} = \gamma_{30} + \gamma_{31}(均\,SES_j - \overline{均\,SES}) + \gamma_{32}(班级规模_j - \overline{班级规模})$$

$$\beta_{4j} = \gamma_{40} + \gamma_{41}(均\,SES_j - \overline{均\,SES}) + \gamma_{42}(班级规模_j - \overline{班级规模})$$

$$\beta_{5j} = \gamma_{50} + \gamma_{51}(均\,SES_j - \overline{均\,SES}) + \gamma_{52}(班级规模_j - \overline{班级规模}) + u_{5j}$$

$$\beta_{6j} = \gamma_{60} + \gamma_{61}(均\,SES_j - \overline{均\,SES}) + \gamma_{62}(班级规模_j - \overline{班级规模})$$

$$\beta_{7j} = \gamma_{70}$$

$$\beta_{8j} = \gamma_{80} + \gamma_{81}(均\,SES_j - \overline{均\,SES}) + \gamma_{82}(班级规模_j - \overline{班级规模}) + u_{8j}$$

$$\beta_{9j} = \gamma_{90} + \gamma_{91}(均\,SES_j - \overline{均\,SES}) + \gamma_{92}(班级规模_j - \overline{班级规模})$$

$$\beta_{10j} = \gamma_{100} + \gamma_{101}(均\,SES_j - \overline{均\,SES}) + \gamma_{102}(班级规模_j - \overline{班级规模}) \quad (5)$$

完全的多层线性模型就是层 -1 和层 -2 的模型均包含解释变量。下面给出学习成绩的完全多层线性模型设定，并对模型予以必要的解释。相应的模型估计结果将在结果与讨论部分进行展示和详细阐述。完全多层线性模型设定如下：

其中，i 表示学生，j 表示学校；γ_{00} 是所有学校的平均总成绩；γp_0 是所有学校在每一层 -1 解释变量上的平均斜率，$p = 1, 2, \cdots, 10$；u_{0j} 是由与学校 j 相关的特征所带来的平均总成绩的增量；u_{pj} 是由与学校 j 相关的特征所带来的在每一层 -1 解释变量上平均回归斜率的增量，$p = 0, 5, 8$。

对这一完全模型，作如下几点说明：

第一，层-1纳入交互项是考虑到非本地儿童家庭与本地儿童家庭之间在家庭SES可能存在明显的差异，即家庭社会经济地位SES对两类儿童学习成绩的作用可能是不相同的。

第二，性别、孤独感和父母教育期望的斜率 β_{1j}、β_{2j} 和 β_{7j} 没有加入任何学校层次的解释变量，这种限定意味着它们对总成绩的作用在所有的学校之间是完全相同的。

第三，层-2的两个解释变量以总平均进行了对中处理，其目的是使层-2模型中的各截距代表层-1相应斜率系数的平均值。

第四，公立流动、农民工随迁子女、家庭SES、SES*公立流动和SES*农民工随迁子女的斜率 β_{3j}、β_{4j}、β_{6j}、β_{9j} 和 β_{10j} 没有设置随机效应，而是均被表达成学校平均SES与班级规模的函数，意味着它们对学生总成绩的作用在各学校间相同。

第五，在建模最初，层-2解释变量中还包括了学校类型变量（公立学校或农民工随迁子女学校）。但在完全模型中并未纳入这一变量。这种处理主要基于以下两点：一是层-2分析单位（学校）数量较少（19所），因此层-2至多能纳入两个解释变量。二是在模型调试过程中，一旦纳入学校平均社会经济地位和班级规模这两个变量后，如果再继续加入学校类型变量，HLM在进行模型估计时均无法进行计算。其原因可能是学校类型变量与学校平均社会经济地位之间具有较高的相关性（$r = -0.605$）。

表7-2给出了完全模型的估计结果，包括固定效应和随机效应系数两部分。

首先来看层-1的变量。性别、年级、孤独感、家庭SES、父母亲的教育期望这5个变量在模型中均呈现出显著的作用；而公立流动、农民工随迁子女这两个变量则在0.10的情况下显著；其他层-1模型的变量均不显著。这些变量的解释与一般线性回归的解释完全相同。从个体层次来看，在控制学校特征的情况下，女生的学习成绩显著低于男生（性别的回归系数为 -4.236，$sig = 0.000$），这与史耀芳（1995）和类淑河等（2004）有关性别差异的结论有所不同；这种差异可能可以归因于对学校层次作用的控制问题；用于表示儿童的个性特征的孤独感同样也是负向作用，即随着孤独感的增强，儿童学习成绩会有所下降。而年级变量同样也是负向的作用，即3年级的平均成绩低于5年级的；这可能需要归因于3年级试卷的难度相对大于5年级的。而家庭层次的变量在对学生学习成绩的解释中都具有正向作用。家庭社会经济地位越高，父母亲的教育期望越高，成绩也会越好；这种显著的正向作用则从某种程度上验证了以往研究的结果。

其次，来看层-2模型中的两个变量对个体与家庭层次变量的调节作用。

表7-2　　　　　　　　学习成绩的完成分层模型估计结果

固定效应	系数	标准误	t值	自由度	p值
学校平均成绩，B_{0j}					
截距，G_{00}	59.574	3.476	17.139	16	0.000
平均SES，G_{01}	-3.082	4.106	-0.751	16	0.464
班级规模，G_{02}	-0.027	0.229	-0.118	16	0.908
性别，B_{1j}					
截距，G_{10}	-4.236	0.908	-4.668	774	0.000
孤独感，B_{2j}					
截距，G_{20}	-4.314	0.711	-6.067	774	0.000
公立流动，B_{3j}					
截距，G_{30}	3.566	2.050	1.739	774	0.082
平均SES，G_{31}	3.936	3.045	1.293	774	0.197
班级规模，G_{32}	0.355	0.217	1.636	774	0.102
流动儿童，B_{4j}					
截距，G_{40}	16.376	9.811	1.669	774	0.095
平均SES，G_{41}	32.537	15.665	2.077	774	0.038
班级规模，G_{42}	0.011	0.211	0.052	774	0.959
年级，B_{5j}					
截距，G_{50}	-16.300	2.018	-8.077	16	0.000
平均SES，G_{51}	-1.469	2.940	-0.500	16	0.624
班级规模，G_{52}	-0.065	0.095	-0.685	16	0.503
家庭SES，B_{6j}					
截战，G_{60}	5.585	1.588	3.516	774	0.001
平均SES，G_{61}	1.411	1.565	0.901	774	0.368
班级规模，G_{62}	0.330	0.149	2.215	774	0.027
父母教育期望，B_{7j}					
截距，G_{70}	2.650	0.925	2.864	774	0.005
按时完成作业，B_{8j}					
截距，G_{80}	0.509	1.483	0.343	16	0.735
平均SES，G_{81}	2.907	2.133	1.363	16	0.192
班级规模，G_{82}	-0.010	0.069	-0.142	16	0.889
SES*公立流动，B_{9j}					
截距，G_{90}	-1.943	2.061	-0.943	774	0.347
平均SES，G_{91}	-5.499	2.254	-2.2440	774	0.015

续表

固定效应	系数	标准误	t值	自由度	p值
班级规模，G_{92}	-0.279	0.197	-1.419	774	0.156
SES*流动儿童，B_{10j}					
截距，G_{100}	8.246	11.232	0.734	774	0.463
平均SES，G_{101}	17.988	17.607	1.022	774	0.308
班级规模，G_{102}	-0.396	0.166	-2.385	774	0.017
随机效应	标准差	方差成分	自由度	卡方值	p值
平均成绩，U_0	8.978	80.602	16	83.454	0.000
年级，U_5	7.791	60.703	16	91.740	0.000
按时完成作业，U_8	3.968	15.749	16	32.912	0.008
层-1随机效应，R	12.217	149.261			
Deviance = 6334.863			层-1分析单位数 = 801		
估计参数个数 = 34			层-1分析单位数 = 19		

（1）表7-2中随机效应部分的结果表明，层-2截距模型的方差为80.602，而且该方差统计极为显著（p=0.000）。因此，各学校的平均学习成绩有显著差异。但固定效应部分的结果表明，学校平均SES和班级规模对学校的平均学习成绩的作用并不显著，因为G_{01}和G_{02}所对应的p值分别为0.464和0.908。就是说，班级规模和学校平均SES并不能解释学校间平均成绩的差异。那么对学校间平均学习成绩差异的真正影响因素还需要再深入讨论。

（2）学校平均SES和班级规模对公立农民工随迁子女和本地儿童之间学习成绩的差异并没有显著影响，因为代表两者作用的G_{31}和G_{32}所对应的p值均大于0.10。这可能归因于学校特征对这两类儿童的影响作用是相同的。但这种相同的、并不显著的影响作用，却不一定能够表明公立学校对农民工随迁子女的教育公平。

（3）学校平均SES的作用。尽管班级规模对农民工随迁子女和本地儿童之间学习成绩的差异没有显著影响，但是，学校平均SES会对农民工随迁子女和本地儿童之间学习成绩的差异产生显著的影响。结果表明，代表学校平均SES和农民工随迁子女之间层际交互作用的系数G41为32.537（p=0.038）。这说明随着儿童就读学校的平均SES的提高，农民工随迁子女与本地儿童之间学习成绩的差异将扩大。注意这里的农民工随迁子女都是就读于农民工随迁子女学校，而本地儿童均就读于公立学校。尽管从某种意义上说，公立学校的平均SES相对高于农民工随迁子女学校，但是，结果表明，如果两类学生所对应的学校平均SES都同时增加一个单位，那么农民工随迁子女与就读公立学校的本地儿童的两者之间的差异值，会在原来16.376的基础上再增加32.537，从而使两者的差异值扩大至48.913。即随着学校平均SES的提高，农民工随迁子女学校的平均成绩与公立学校中本地儿童的平均成绩差距会进一步拉大。或者说，在学校平均 SES 提高的过程中，尽管农民工随迁子女与本地儿童的平均成绩都会受家庭条件的影响而得以提高，但是本地儿童提高的幅度远高于农民工随迁子女。这就使得我们不能不关注农民工随迁子女学校的教学质量问题。

作为层际交互效应，学校平均 SES 对家庭 SES 与公立农民工随迁子女这一交互项对成绩的作用也具有显著的调节作用，体现该作用的层际交互效应系数 G_{91} 为 -5.499（$p=0.015$）。而且，家庭 SES 与公立儿童这一交互项本身对学习成绩的单独作用为 -1.943，因此，学校平均 SES 强化了家庭 SES 与公立农民工随迁子女这一交互项对学生学习成绩的负向交互作用。从图 7-1 可以看到，在平均 SES 低的学校（MSES = -0.563），回归直线还保持着不小的正斜率；即在平均 SES 较低的学校中，公立农民工随迁子女的家庭 SES 的提高其学习成绩会有所提高。随着学校平均 SES 的提高，回归直线开始变得平缓，MSES = -0.380 所对应的直线的斜率几乎接近于零；而随着学校平均 SES 的继续提高，回归直线的斜率变成了负值，即 MSES = 0.301 所对应的直线。这也就说明，随着学校平均 SES 的提高，公立农民工随迁子女的家庭 SES 的提高不仅没有促进其学习成绩的提高，相反还使其学习成绩有所下降。

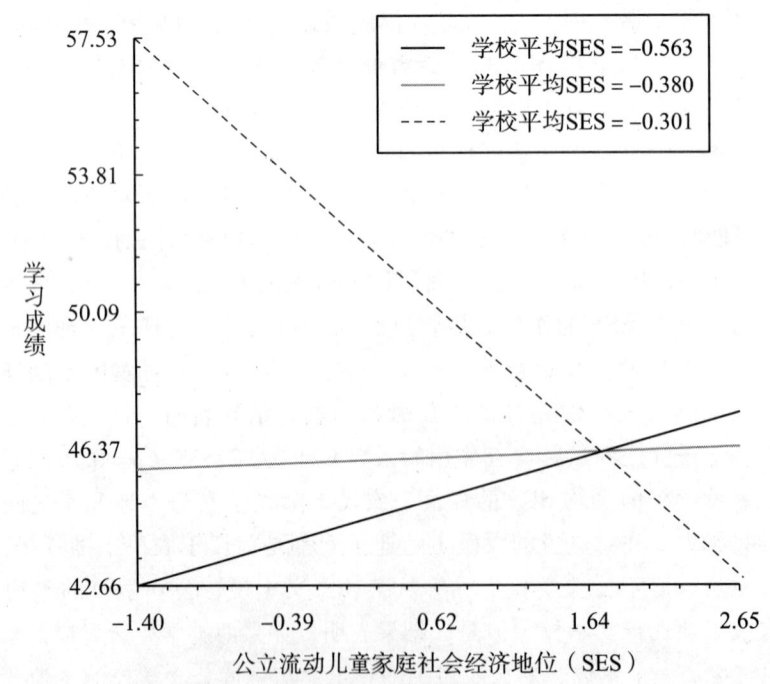

注：-0.563、-0.380 和 0.301 依次对应着平均 SES 变量的四分位点。

图 7-1　学校平均 SES 对公立农民工随迁子女家庭 SES 作用的调节效应

这说明，家庭 SES 对公立农民工随迁子女的作用，会随着学校环境的变化而变化。或者说，尽管从总体来看，家庭 SES 对儿童学习成绩的作用是正向的，但是在公立学校中，不同学校环境导致家庭 SES 对公立农民工随迁子女的学习成绩的作用则不相同。导致这种现象的主要原因可能在于儿童的社会参照不同所带来的社会压力。在平均 SES 较低的学校，本地儿童与公立农民工随迁子女的家庭背景都基本相同，同伴关系或同伴间家庭背景的对比不会对公立农民工随迁子女产生压力；因此，家庭 SES 的提高对学习成绩的正向作用不会改变；但是在平均 SES 较高的学校中，公立农民工随迁子女的家庭背景及其与本地儿童的差异，使公立农民工随迁子女在学校中感受到了这种差异所带来的社会压力，进而影响其学业发展；越是相对家庭 SES 好的农民工随迁子女，由于他们的社会参照已经不再是农民工随迁子女，而可能更多地会与本地儿童的家庭去比较，因此他们的失落感也会增强，进而影响到他们的差异。

（4）班级规模的作用。班级规模和家庭 SES 之间的层际交互作用为 0.330（$p=0.027$）。这意味着，在学校层次其他特征相同的情况下，家庭 SES 对儿童学习成绩的作用会随着班级规模的扩大而增强，如图 7-2 所示。

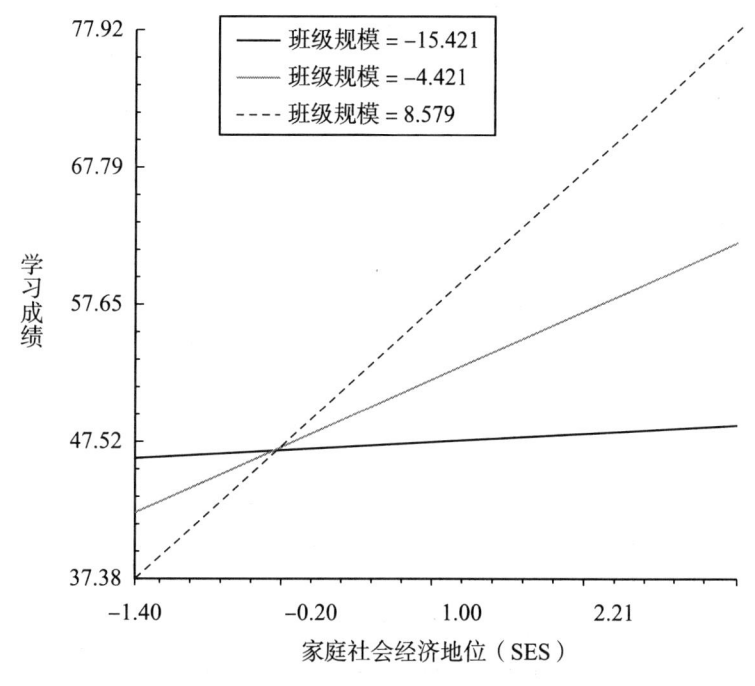

注：(1) -15.421、-4.421 和 -8.579 依次对应着班级规模变量的四分位点；(2) 出现负值的原因是由于将班级规模变量进行了对中处理。

图 7-2 班级规模 SES 对家庭 SES 作用的调节效应

在较小规模的班级中（CLASSIZE = -15.421），家庭 SES 对儿童学习成绩的影响作用相对较小（所对应的直线更平缓）；而在较大规模的班级中，其作用也越大（所对应的直线更陡峭）。综合来看，在相同班级规模的情况下，随着家庭 SES 的提高，儿童的学习成绩会越好；但如果家庭 SES 提高相同幅度的情况下，班级规模越大儿童学习成绩的提高幅度也会越大，类似的，班级规模还对家庭 SES 与农民工随迁子女交互项对学习成绩的作用具有显著的调节作用（$p = 0.017$）。考虑到该系数为 -0.396，而家庭 SES 与农民工随迁子女交互项本身的作用系数为 8.246，因此，班级规模在某种程度上会削弱家庭 SES 与农民工随迁子女交互项对学习成绩的影响，如图 7-3 所示。较大规模班级（CLASSIZE = 8.579）情况下所对应的直线更平缓，而较小规模班级所对应的直线更陡峭。由于农民工随迁子女均就读于农民工随迁子女学校，因此，这里讨论的是在农民工随迁子女学校中，班级规模对家庭 SES 与学习成绩之间关系的调节作用。在农民工随迁子女学校中，如果学校平均 SES 相同，那么，尽管家庭 SES 提高相同的幅度，但在班级规模大的学校中，农民工随迁子女的学习成绩提高的幅度就大；相反，在班级规模小的学校中，其提高的幅度就相对较小。

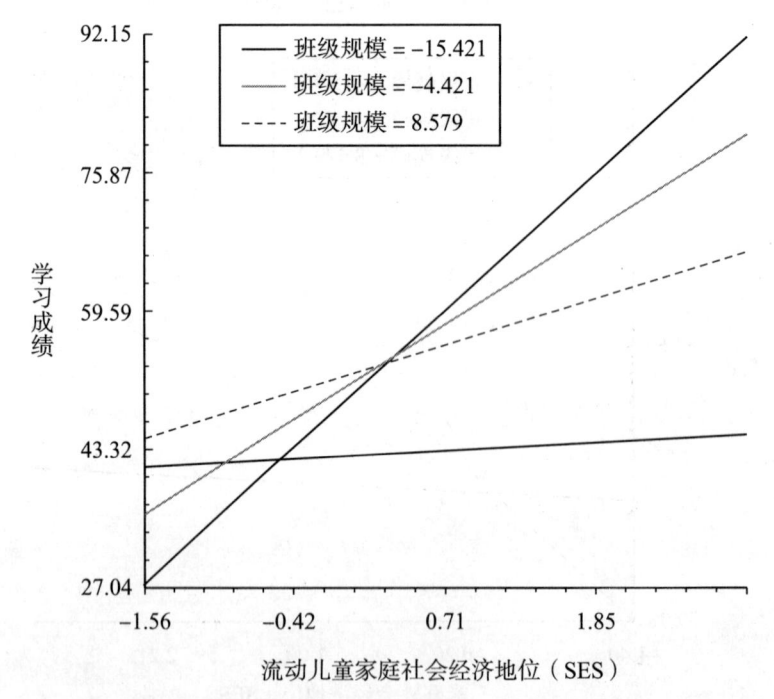

注：（1）-15.421、-4.421 和 -8.579 依次对应着班级规模变量的四分位点；（2）出现负值的原因是由于将班级规模变量进行了对中处理。

图 7-3 班级规模对农民工随迁子女家庭 SES 作用的调节效应

四、结论及讨论

综合上述分析,可以得到的基本结论是,儿童的学习成绩不仅取决于学生个体和家庭特征,而且也受学校等更为宏观的社会环境的影响;因此,儿童的学习成绩可以被看成一种社会后果,因为个体和家庭对学习成绩的影响作用(包括大小与方向)会受到学校特征影响。主要结论有以下几点:

(1)儿童的学习成绩受个体与家庭层次的影响,结果验证了以往的部分研究结论。但学习成绩在性别上的差异则正好与以往研究相反,即女生的学习成绩显著低于男生。这从一方面说明男生在解决问题的学习能力上可能强于女生。

(2)在控制个体因素的情况下,学校平均 SES 和班级规模对公立农民工随迁子女和本地儿童之间学习成绩的差异没有影响作用。这说明在公立学校内,农民工随迁子女与本地儿童之间享受着相同的教育产出,而两者之间的差异最主要的是来自于个体或家庭层次,而并不是来自于学校层次的影响。

(3)学校层次的影响因素对于公立学校和农民工随迁子女学校的作用不尽相同,且作用途径也不同。如在公立学校,学校平均 SES 通过公立农民工随迁子女的家庭 SES 来影响到儿童的学习成绩,甚至于在较高的学校平均 SES 的情况下,公立农民工随迁子女的学习成绩会有所下降。而在农民工随迁子女学校,学校平均 SES 的提高,会扩大农民工随迁子女与本地儿童的平均成绩的差异。这就提醒我们必须要更关注于农民工随迁子女学校的教学质量问题了。由此可以看到学校的平均 SES 特征在不同的学校类型中是通过不同的途径来影响儿童的学习成绩的。

同样的,学校层次的另一个变量班级规模对家庭经济地位(SES)的作用具有调节作用,家庭社会经济地位对学生学习成绩的作用会随着班级规模的扩大而增强;同时,在农民工随迁子女学校中,班级规模会在某种程度上会削弱家庭 SES 与农民工随迁子女交互项对学习成绩的影响。

由上述结论可见,在采用了多层线性模型以后,对原有的研究结果既有验证的,亦有否定的。但更为重要的是,本文的分析方法可以清楚地说明,学校层次的影响因素通过个体与家庭特征而作用于学生的学习成绩。这反映了儿童学习成绩不仅仅是个体和家庭的影响结果,也是一种社会制度与社会安排的结果,它在一定程度上能够体现出社会公平。

但这种社会公平并不是在所有学校中都是相同的。由于学校性质而附带的各学校的平均 SES 是体现学校整体环境的一个重要指标,因此即使是在公立学校内部,学校环境仍可以通过儿童个体及其家庭特征影响着农民工随迁子女的学习成绩；而在农民工随迁子女学校中，由于学校性质（或其就读的学生及其家庭背景）所决定的较低的学校平均 SES，则通过班级规模而影响儿童的学习成绩。这种影响的根源仍然在于农民工随迁子女学校与公立学校之间的性质差异问题。事实上，学校规模或班级规模的大小受到了学校办学条件的影响，而这又影响着学校对学生教学质量的重视程度，也决定了教师的师资力量、办学环境，以及教师对学生的教学态度等诸多因素，进而影响到学生的学习成绩。因此，教育资源在学校之间的不均匀分配也会成为社会不平等的一种生产机制。而这种资源分配的不均不仅仅体现在公立学校与农民工随迁子女学校之间，而且也体现在农民工随迁子女学校之间。因此，尽管农民工随迁子女学校的存在性问题还需要进一步的讨论，但本研究的结论至少说明，农民工随迁子女学校的教学质量，乃至于其内容管理都需要进一步的加强。这一点从国家的政策上来说则至关重要。

当然，本文所进行的仅只是探索性的研究，这些结果仍然需要进一步的分析来加以验证和改进。尤其是在层 -2 解释变量的选取上，还有值得商榷的地方。

第八章

农民工随迁子女的心理发展状况

一、问题的提出

农民工随迁子女[①]问题研究可谓是社会各界都予以充分关注的问题。对于农民工随迁子女问题的研究，已经从简单地讨论他们的受教育权利问题，发展到了当前关注于他们的发展状况。这种发展状况包括他们的学业成绩（周皓、巫锡炜，2008）、社会适应、他们与父母亲的交流（或称为亲子交流），以及他们与上一代流动人口（即他们的父母亲）在社会适应与融合方面的异同等，而心理状况也是一个重要的方面。许多在不同时点、不同城市所进行的调查都得到比较一致的结论：农民工随迁子女的心理状况相对较差。那么，这批儿童的变化或发展状况如何呢？他们的发展状况和本地儿童的发展状况之间是否存在着差异呢？这一问题正是我们希望了解，也必须了解的。如果说，随着年龄与年级的变迁，农民工随迁子女的心理状况逐步趋好，这正说明了，社会各界对于农民工随迁子女的关注真正地起到了帮助他们改善其生存与发展的条件；相反，如果农民工随迁子女的心理状况基本不变或逐步变差，那么，这种处境不利的儿童现在是、将来可能仍然是一直处于处境不利的境况之下，这对他们的发展是极为不利的，同

---

① 本文中"流动儿童"系指户口登记地不在北京，但生活、学习在北京的儿童。同时，本研究中样本被分成三类：本地常住儿童、就读于公立学校的流动儿童（简称：公立流动儿童）、就读于流动儿童学校的流动儿童（简称：流动儿童）。其中，以本地常住儿童为参照组。有关这种分类及研究设计，请参照作者以往的研究（周皓，2006、2008）。

样,在未来对我们整个社会的发展也是极其不利的。因为,农民工随迁子女的心理状况发展的好坏,直接影响到他们在迁入地社会的融合状况[①]和他们今后的发展(包括他们的学业成绩),进而影响到他们的社会态度,以及对社会事件的反应。如果农民工随迁子女的心理状况发展得不好,其最终结果甚至会影响到社会稳定。那么我们是否需要考虑用更多的资源与方法去改善农民工随迁子女的生存与发展条件呢?这也正是本文的初衷所在。因此,了解农民工随迁子女的心理发展过程,并予以必要的关注与干预则显得尤为重要了。

对我国农民工随迁子女的研究已经有很多,如早期对农民工随迁子女受教育权利的讨论、农民工随迁子女医疗卫生(卫生免疫等)的状况以及他们与本地儿童之间的差别等。但对农民工随迁子女心理状况的研究则是在2000年以后才逐步开始的。有些研究则是从定性的角度出发,讨论农民工随迁子女存在的心理问题(顾唯页,2006;林芝、翁艳燕,2004),有些则利用心理量表(如孤独感量表等),研究农民工随迁子女的焦虑、孤独和自我意识等情绪(如胡进,2002;周皓,2006;杨林锋等,2007;周皓,2008)。上述研究都表明,农民工随迁子女心理存在着许多负面的、消极的评价。如存在着自卑,感情敏感而脆弱;内心充满一定程度的不平等感、对立感;被歧视,没有归属感;存在相对孤僻性,与人交往合作能力较差等(顾唯页,2006)。再如,"部分学生存在着程度不同的社交焦虑";"有二成学生存在与孤独有关的事实,有一成多的学生有孤独的体验";学生在"幸福与满足感"与"躯体外貌与属性"方面存在着程度不同的消极的自我评价(胡进,2002)。如果从孤独感来看,农民工随迁子女的孤独感得分远高于本地儿童,而且农民工随迁子女学校的儿童所体会的孤独感更为强烈。

造成农民工随迁子女心理状况相对较差的主要原因在于社会不公与社会歧视的存在;同时,也有诸如语言问题、环境适应问题,以及经常性的转学问题(段丽华、周敏,1999;林芝、翁艳燕,2004)。对于解决或改善农民工随迁子女心理状况的方法,都不约而同地提出,学校教育是关键所在;教师与同伴的关系对于儿童的心理适应状况起着重要的影响作用,毕竟学校是儿童成长过程,也就是他的社会化过程的重要场所;而更多的还需要有父母亲与社会的共同参与。以往的研究表明,农民工随迁子女的家长条件不论如何,只要父母亲与儿童之间的交流是频繁的、畅通的,父母亲对子女给予必要的关情与交流,那么,儿童的心理状况就会相对较好。这一点也同样适用于农民工随迁子女(或二代移民)

[①] 当然,这两者之间的因果关系很难确定,到底是社会融合得好,所以他们的心理状况好;还是因为心理状况好,所以使他们融合得好。

的社会适应方面的研究（MinZhou，CarlL. Bankston Ⅲ，1994；MinZhou，1997）。

但当我们面对上述问题时，上述研究作为一般性调查则由于受到数据条件的限制而无法回答了。这是因为，一般调查都是在一个时点或在很短的一段时间内来进行数据的搜集工作，它所反映的只是调查对象在这一时点上的状况，而无法反映出调查对象的变化趋势。而跟踪调查则可以克服这种数据的局限性，因为它是对于同一批人，在不同时点上的调查；只有将各个不同时点上的状况结合起来，才可以真正地看出个体的变化趋势与发展状况。这也正是跟踪调查的优点所在。

本文将利用自2006年以来作者进行的三轮"流动儿童发展状况跟踪研究"的调查数据，首先描述农民工随迁子女在不同时点上的心理状况，并比较各个时点上的差异，以反映农民工随迁子女心理发展的状况。根据这种比较的结果，最后将对农民工随迁子女的发展问题进行简单的讨论。

二、调查数据说明

（一）数据来源

自2006年10月以来，作者在北京市某区进行了三轮"流动儿童发展状况跟踪调查"。基期调查在2006年10~11月进行，第二轮调查于2007年5月进行，第三轮调查于2007年11月进行。调查涉及了公立学校和农民工随迁子女学校（或被称为打工子弟学校）两种类型的学校。

抽样方法：在公立学校中，以班级为基本抽样单位（PSU），采用系统整群随机抽样的方法，先从所有公立学校的三年级中抽取12个班级（对应12所学校）；然后，在所抽中的学校中，随机抽取五年级的1个班。即，在所抽中的学校中，仅调查三年级和五年级各1个班。而农民工随迁子女学校则由于数量相对较少而全部抽取。但在调查过程中，由于校方未能配合，有三所农民工随迁子女学校未能进入调查，因此，农民工随迁子女学校仅为7所。同样，在农民工随迁子女学校中也抽取三年级和五年级各1个班。被抽选班级中的所有学生即为本次调查的样本。

第二轮调查与第三轮调查均未改变其班级，而直接对基期调查中抽中的班级中的所有学生进行调查。

调查过程：学生问卷采用随堂调查的原则，即问卷由学生自己填写，每班有2名调查员辅助学生填写。调查员每念1题，学生回答1题，并在问卷上填写答案。而家长问卷则采用自填的方式，即由学生带回家中，由家长填写完成后交回学校。

调查问卷的内容除儿童的基本信息外，还测量了儿童的心理状况、社会融合状况、学习情况,以及利用统一的考试卷,测量了学生的语文与数学两科的学习水平(以表示能力)。

(二)心理量表的说明

儿童心理量表包括两个量表。一个是测量孤独感的量表,另一个是测量抑郁感的量表。孤独感量表采用 Asher 等(1990)编制的儿童孤独感自我评定量表。该量表包括 16 个题项,为 5 级评定量表,从完全符合到完全不符合,分别记作 1 到 5 分。将反向题转换后,计算每个儿童在 16 个题项上的结果;分数越高,表明孤独感越强烈。抑郁感量表采用 Kovas(1992)编制的儿童抑郁感自我评定量表(CDI)。该量表包括 27 个题项,为 3 级评定量表,从完全符合到完全不符合,分别记作 1 到 3 分。将反向题转换后,计算每个儿童在 27 个题项上的结果;得分越高,表明抑郁感越强烈。

三、农民工随迁子女心理状况及其变化

(一)三轮调查各自的基本情况

三轮调查中,每一轮调查所得的农民工随迁子女的孤独感与抑郁感的情况请见表 8-1 孤独感与抑郁感在三轮调查中的基本情况和表 8-2 三轮调查中三类儿童的两两比较。由表中的数据我们可以看出以下几点:

首先,每一轮调查所得到的结果都表明,三类儿童的心理状况存在着显著的差异。以第一轮调查的结果为例。

从孤独感而言,方差分析得到的 F 值为 46.502,显著度为 Sig = 0.000;这说明三类儿童之间至少有一类与其他类别儿童的孤独感得分存在着差异。从抑郁感的角度来看,三类儿童的差异仍然是显著的(F = 16.059, Sig = 0.000)。同样也说明至少有一类儿童抑郁感的情况与另外两类有差异。这种情况在三轮调查之间完全相同,在此不再赘述。

其次,每一轮调查所得到的结果都表明,三类儿童的心理状况由好到差的排序均为:本地常住儿童、公立农民工随迁子女和农民工随迁子女学校中农民工随迁子女。仍以孤独感为例,孤独感得分最低的是本地常住儿童(1.7818),低于公立农民工随迁子女(1.8872),而公立农民工随迁子女又低于农民工随迁子女(2.1935)。而且这两张量表的结果均为数值越小,表明心理状况越好。由此可以看到上述的排序。而且,这种排序情况在三轮调查中并未发生变化。

表 8-1 孤独感与抑郁感在三轮调查中的基本情况

	第一轮调查（调查时间：2006年11月）						第二轮调查（调查时间：2007年5月）						第三轮调查（调查时间：2007年11月）					
	孤独感			抑郁感			孤独感			抑郁感			孤独感			抑郁感		
	样本数	均值	标准误	样本数	均值	标准误	样本数	均值	标准误	样本数	均值	标准误	样本数	均值	标准误	样本数	均值	标准误
本地常住	289	1.7818	0.0379	297	1.3316	0.0148	316	1.6721	0.03370	312	1.3020	0.01519	404	1.6491	0.03415	396	1.3255	0.01518
公立流动	388	1.8872	0.0334	421	1.4002	0.0133	400	1.7744	0.03094	413	1.3481	0.01323	330	1.7367	0.03694	329	1.3045	0.01479
流动儿童	536	2.1935	0.0275	553	1.4384	0.0110	487	2.1330	0.02836	506	1.4570	0.01242	518	2.1081	0.03007	537	1.4293	0.01267
合计	1213	1.9974	0.0192	1271	1.4008	0.0074	1203	1.8927	0.01869	1231	1.3812	0.00800	1252	1.8621	0.02014	1262	1.3642	0.00831

注：① 第一轮调查：孤独感 F = 46.502，Sig. = 0.000；抑郁感 F = 16.059，Sig. = 0.000。
② 第二轮调查：孤独感 F = 64.562，Sig. = 0.000；抑郁感 F = 35.632，Sig. = 0.000。
③ 第三轮调查：孤独感 F = 59.071，Sig. = 0.000；抑郁感 F = 24.019，Sig. = 0.000。
④ 本表中各次调查的样本数均为该轮调查中实际得到的人数，但与被跟踪到的人数之间存在着差异。

表 8-2 三轮调查中三类儿童的两两比较

学生性质1	学生性质2	第一轮				第二轮				第三轮			
		孤独感		抑郁感		孤独感		抑郁感		孤独感		抑郁感	
		均值差	标准误	均值差	标准误	均值差	标准误	均值差	标准误	均值差	标准误	均值差	标准误
本地常住	公立流动	-0.1054	0.0502	-0.0686***	0.0199	-0.10233	0.04614	-0.04614	0.04454	-0.08764	0.05057	0.02096	0.02163
	流动儿童	-0.4117***	0.0471	-0.1068***	0.0189	-0.4609***	0.04614	-0.15497***	0.04641	-0.45904***	0.04524	-0.10379***	0.01921
公立流动	本地常住	0.1054	0.0502	0.0686***	0.0199	0.10233	0.04641	0.04614	0.02048	0.08764	0.05057	-0.02096	0.02163
	流动儿童	-0.3063***	0.0430	-0.0382*	0.0169	-0.3586***	0.04161	-0.10883***	0.01811	-0.37141***	0.04800	-0.12476***	0.02030

注：① 表中的均值指（学生性质1的得分 - 学生性质2的得分）。
② *** : p < 0.01。

再其次，方差分析仅能提供至少有一类和其他类别的不相同，但并无法提供到底哪类儿童的心理状况与其他类有差异。为此，进行 t 检验并得到表 8-2。从表 8-2 中的结果可以看到，如果从孤独感的角度来看，公立农民工随迁子女与本地常住儿童之间的孤独感差异并不显著，但农民工随迁子女学校中的农民工随迁子女与这两类儿童之间的差异显著。这一结果说明在农民工随迁子女学校中的农民工随迁子女的心理状况会更差。但公立流动与本地儿童之间并没有太大的区别。从抑郁感的结果来看，尽管三类儿童的得分顺序仍然没有改变，而且，农民工随迁子女学校中的农民工随迁子女的抑郁感得分仍然显著地高于公立农民工随迁子女和本地常住儿童（这一点与孤独感相同）；但是，在第一轮调查中，公立农民工随迁子女的抑郁感得分却与本地常住儿童之间有着显著的差异。这也就是说，尽管公立农民工随迁子女并不孤独（即他们可以与其他同学相处），但他们可能会有抑郁。这种抑郁可能来自于他们身边的环境压力（如同伴关系、教师态度等）。

最后，作为上述三点的总结，我们可以看到，三轮调查所得到的结果具有内部一致性。不论是从孤独感和抑郁感来看，还是从三类儿童的排序来看，抑或是方差分析和 t 检验所得的差异性来看，都可以看到这种一致性。

（二）三轮调查结果的比较

根据表 8-1，比较三轮调查的结果可以看到，三类儿童在三轮调查中表现出一致的变好的发展趋势，即在每轮调查中，每一类儿童的两种心理量表的得分值都在不断减小。三类儿童孤独感的得分均值由第一轮调查中的 1.9974，下降为第二轮调查中的 1.8927，继而下降到第三轮调查中的 1.8621。而且每一类儿童的孤独感得分均在下降。如农民工随迁子女学校中的农民工随迁子女的得分由 2.1935，下降为第二轮调查中的 2.1330，继而下降到第三轮调查中的 2.1081。尽管在每一轮调查，即每一个时点上的结果表现出农民工随迁子女的状况最差，但是，他们的情况也在逐步地好转。这是一个可喜的现象。尽管这种现象可能来自于儿童对测试量表的熟悉，但是我们更愿意相信他们的状况是在不断地变好。当然，愿意并不等于现实。这里的因果关系推断还需要进一步讨论。

同时，即使每轮调查的两个指标得分值都在不断下降，但是需要注意以下两个问题：(1) 这种很小幅度的变动是否显著呢？这个问题是指某两轮调查之间的差异值是否为 0。如果两轮调查之间的差异值为 0，那么，这种很小的变动其实只是系统误差，而并不是真正的儿童心理的变化。如果两者之间的差异值不为 0，那么，它可以表明儿童在经过半年或一年的成长以后，他们的心理状况与前一次调查时已经发生了显著的变化。（2）如果从总体上看，儿童的心理发生了显著的变化，那么三类儿童在三次调查之间的变化幅度是否有差异呢？比如，以孤独感来看，本地常住儿童在第一轮中的孤独感是 1.7818；在第二轮中的孤独感为 1.6721，两者相差 0.1097；而农民工随迁子女在第一轮中的孤独感得分为 2.1935，在第二轮中的得分为 2.133，两者相差 0.0605。那么显然我们可以看到，本地常住儿童的孤独感减弱的趋势要强于农民工随迁子女，尽管两类儿童的得分都在下降。但是，这两个下降的幅度是否有显著差异呢？如果有显著差异，那么从成长过程的角度来看，本地常住儿童的心理状况的改善程度要远好于农民工随迁子女，而且这种差异是显著的，那么我们是否需要对农民工随迁子女考虑更多、做得更多？

尽管仅从平均值来看，似乎是农民工随迁子女下降的幅度较小，但是，这种比较仅仅是从三轮调查各自得到的均值来进行的比较；在第二轮或第三轮调查中，并不是所有儿童都被跟踪，即在第二轮和第三轮中有新增加的样本；这部分新增加的样本（即儿童）新入一所学校，还未能真正适应并融入这个环境，所以其孤独感会比较强；从而使得整体的孤独感的平均值被提高。因此，直接比较每轮调查所有样本的均值会由于样本的变动而存在问题。

这时，跟踪调查的优点就凸显出来了。既然在三轮调查中有新增加与流失的样本，那么我们可以比较三轮调查中都已被调查的样本（即被跟踪的儿童），以便回答上述两个问题①。表 8-3 被跟踪儿童心理状况的变化给出了这种变动的分析结果。

第一，三轮调查的两两对比的结果表明，两轮调查之间儿童孤独感与抑郁感的得分值的变动均为正值，即其得分值都在不断地下降。以第一轮与第三轮的比较来看，孤独感的差异值为每一轮的得分减去第三轮的得分。所有被跟踪儿童的差异值的平均值为 0.1624，且其显著地不等于 0（sig < 0.01），这说明所有儿童的心理状况都有相应的改善。这与上面的结论是完全相同的。

第二，两轮调查间变化的幅度在三类儿童之间是不相同的，但是对于同一类儿童而言，这种变化是显著的。如将第一轮与第三轮的结果相对比，本地常住儿童的孤独感得分的差异值为 0.1256，公立农民工随迁子女的则为 0.2241，农民

---

① 有关本研究的样本跟踪情况，请见另外的报告。如有需要，请与作者直接联系。本研究中，在三轮调查中都被跟踪的样本共为 895 人，其中本地常住儿童为 379 人（42.3%），公立流动儿童为 287 人（32.1%），流动儿童为 229 人（25.6%）。这里流动儿童学校中的流动儿童的样本流失情况十分严重，每轮调查都在 30% 左右；相对而言，公立学校的样本流失率较低，仅为 9% 左右。因此，流失的流动儿童的规模相对较小。而这种流失率，事实上也体现了流动儿童的"流动性"。

工随迁子女的为 0.1486；而且这 3 个变动幅度均显著地不等于 0，即在经过一年的共同生活与学习，不论是农民工随迁子女还是本地常住儿童，他们的心理状况都是明显的改善。这一点是非常可喜的。

表 8 – 3　　　　　　　　　　被跟踪儿童心理状况的变化

	第一轮与第二轮的差异			第二轮与第三轮的差异			第一轮与第三轮的差异		
	样本规模	均值	标准误	样本规模	均值	标准误	样本规模	均值	标准误
孤独感									
本地儿童	322	0.0939***	0.03256	351	0.0502	0.03081	326	0.1256***	0.03695
公立流动	236	0.2046***	0.04154	262	0.0225	0.03276	240	0.2241***	0.04401
流动儿童	200	0.0261	0.04439	202	0.1023**	0.4405	203	0.1486***	0.04987
合计	758	0.1105***	0.02238	815	0.0542***	0.02016	769	0.1624***	0.2466
抑郁感									
本地儿童	334	0.0279**	0.01175	346	-0.0027	0.01238	331	0.0356**	0.01424
公立流动	265	0.0528***	0.01519	271	0.0245	0.01419	259	0.0741***	0.01608
流动儿童	210	0.0220	0.01573	216	0.0221	0.01731	212	0.0381*	0.01943
合计	809	0.0346***	0.00806	833	0.0126	0.00824	802	0.0487***	0.00938

注：①第一轮与第二轮的差异系指：第一轮得分减去第二轮得分的差值，其他也是类似的。

②第一轮与第二轮的差异：孤独感：$F = 4.792$，$Sig = 0.009$，抑郁感：$F = 1.293$，$Sig = 0.275$

③第二轮与第三轮的差异：孤独感：$F = 1.113$，$Sig = 0.329$，抑郁感：$F = 1.224$，$Sig = 0.294$

④第一轮与第三轮的差异：孤独感：$F = 1.491$，$Sig = 0.226$，抑郁感：$F = 1.757$，$Sig = 0.173$

⑤ ***：$p < 0.01$；**：$p < 0.05$；*：$p < 0.10$

⑥本表其实包括了两个内容：其一，各轮调查的得分差异值；其二，星号表示差异值的 t 检验是否显著（标准值：0），其中注①至注③分别是通过方差分析得到的结果。

第三，如果从变化的差异来看，以公立农民工随迁子女孤独感的变化幅度最大；其次是农民工随迁子女；而本地常住儿童的变化幅度最小。但是三类儿童各自不同的变化幅度在他们之间并没有显著的差异（$F = 1.491$，$Sig = 0.226$）。这也就是说，在三轮调查中，儿童的孤独感得分尽管都有显著的减少；但是，这种减少的幅度（或变化）在各类儿童之间是相同的，是没有差异。换句话说，尽管从上面看到的是两轮调查比较所得到的变化幅度以公立农民工随迁子女为最大（0.2241），但是这种变动幅度与本地常住儿童（0.1256）、农民工随迁子女（0.1486）的变化幅度都是相等的。

第四，如果我们再关注第一轮与第二轮的比较，和第二轮与第三轮的比较，可以发现，本地常住儿童与公立农民工随迁子女在第一轮与第二轮之间有显著的变化，但是农民工随迁子女却并没有显著的变化（尽管也有提高）。在第二轮与第三轮之间，本地常住儿童没有显著的变化（尽管也有提高），但是，农民工随迁子女却有着显著的变化。这种情况是否表明，两类儿童对于两种不同节日的不同感受呢？第一轮与第二轮调查之间相隔了一个春节，而第二轮与第三轮之间则相隔了一个暑假，而且年级也发生了变化。那么是否可以考虑这样的问题：公立学校中的儿童更关注于年龄的变化（因为春节以后长了一岁，所以父母亲也会要求子女会更懂事）；对于农民工随迁子女来说，年龄变化的作用或许小于年级变化的作用；对他们来说，年级升了一级以后，他们对于自身的理解或是期望等都会有所变化。这里只是一个假设，对于这种变化的差异，还需要再进一步的研究与讨论。

第五，尽管三轮调查比较所得的抑郁感的变化趋势和孤独感的变化趋势基本相同，但是，我们需要注意的一点是：农民工随迁子女的抑郁感得分在第一轮与第二轮、第二轮与第三轮的变化（或下降幅度）并不显著，第一轮与第三轮的变化仅仅在 $p=0.10$ 的水平上显著。而本地常住儿童与公立农民工随迁子女的抑郁感都有显著的降低（或趋缓）。这种状况说明，农民工随迁子女的抑郁感状况并没有得到明显的改善，相对于本地儿童与公立农民工随迁子女而言更为严重。这一点需要引起我们更大的关注。

第六，我们可以将上述这些变化用图 8-1 三类儿童跟踪样本孤独感的变化和图 8-2 三类儿童跟踪样本抑郁感的变化来总结，以分别归纳三类儿童的孤独感和抑郁感的发展过程。首先，图 8-1 和图 8-2 中孤独感与抑郁感的发展过程基本上是相同的，所以可以只用其中的一个方面来说明。其次，从发展过程来看，农民工随迁子女与其他两类儿童之间存在着明显的差异，即农民工随迁子女是从最初的高位向后期的高位小幅下降；而公立农民工随迁子女则是从中位向低位的快速下降；本地常住儿童则是在低位向低位的小幅下降。即三类儿童形成了两种不同的发展过程：公立农民工随迁子女与本地常住儿童基本类似，但农民工随迁子女却有着其单独的发展过程。再其次，我们应该看到公立农民工随迁子女与本地常住儿童之间的差异并不是很大，特别是在第三轮调查中，两者之间根本就不存在着显著性的差异。就读于公立学校的农民工随迁子女，其心理发展结果最终会和本地儿童相同，而这种无差异的心理状况及其发展过程，更能够体现公立学校对于儿童发展的影响。

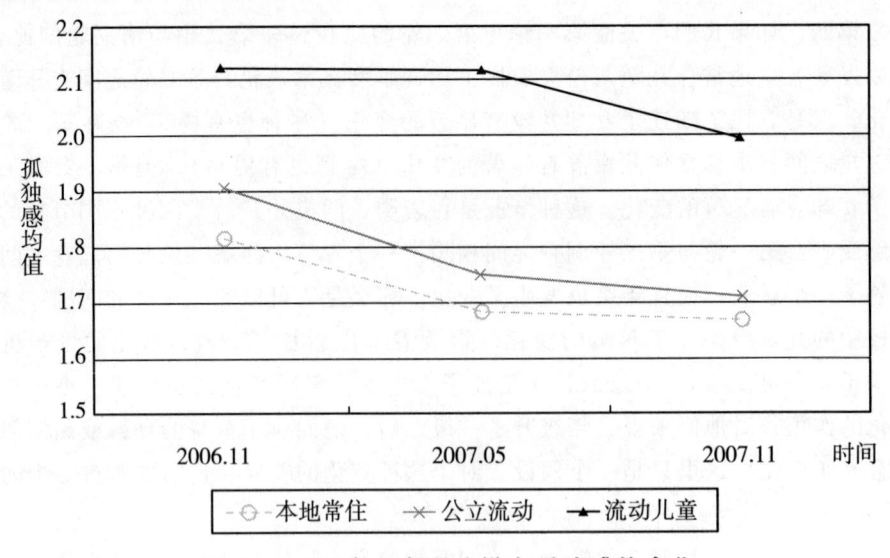

图 8-1 三类儿童跟踪样本孤独感的变化

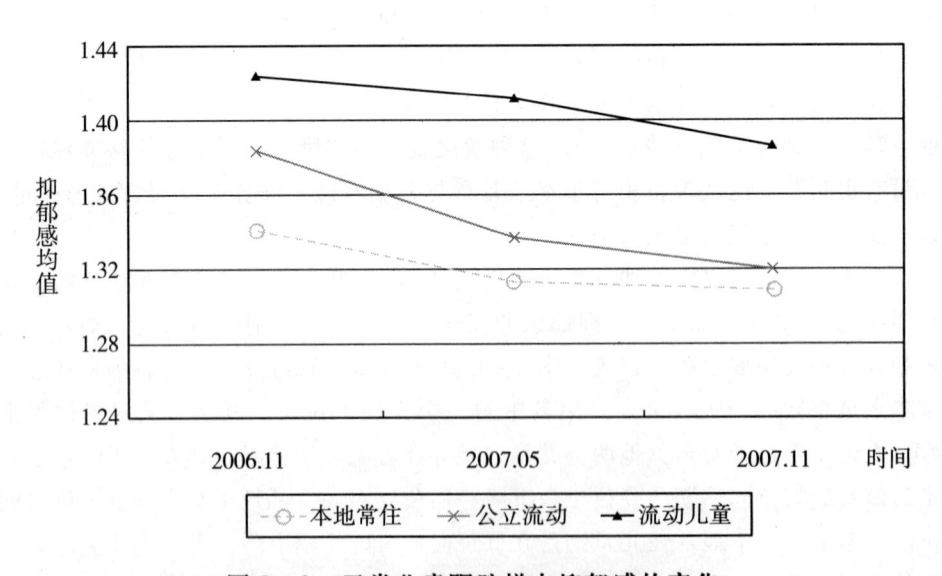

图 8-2 三类儿童跟踪样本抑郁感的变化

四、结论与讨论

（一）本书的主要结论

本书利用农民工随迁子女教育与社会融合跟踪调查的数据，讨论了农民工随迁子女的孤独感和抑郁感这两个方面的心理状况，得到的主要结论如下：

（1）不论是队列的比较（即三轮调查各自样本的比较），还是跟踪样本的比较，我们都可以发现，农民工随迁子女的心理状况相对差于公立农民工随迁子女和本地常住儿童。

（2）从每轮调查各自的样本情况来看，三类儿童在三轮调查中表现出一致变好的发展趋势（即得分降低）。而且跟踪样本的孤独感结果也证明了这一点。

（3）跟踪样本的结果表明，三类儿童的孤独感得分都有了显著的降低，但是三类儿童各自不同的变化幅度（或得分的提高幅度）在他们之间并没有显著的差异。

（4）三类儿童有着两种不同的发展过程。公立农民工随迁子女与本地常住儿童之间有着几乎相同的心理水平和发展过程。但农民工随迁子女却有着其独特的令人担忧的发展过程。

（5）跟踪样本的结果表明，本地常住儿童和公立农民工随迁子女的抑郁感得分都有显著的降低，但是农民工随迁子女抑郁感的得分在三轮调查中仅仅只是得到了并不显著的提高。这种状况尤其需要引起关注！

（二）讨论

尽管已有许多研究表明农民工随迁子女心理存在着许多负面的、消极的评价。但这些调查告诉我们的仅仅只是某一个时点上的状况。本研究则通过跟踪调查，反映了同一批农民工随迁子女心理的变化趋势。从本文的结果来看，可谓是忧大于喜。喜的是三类儿童的心理状况都表现出一定的变好的趋势。公立农民工随迁子女心理状况的改善相对较好，当然这应该归功于家庭、学校及社会的共同努力。更为重要的是，公立农民工随迁子女不论是其心理状况还是其发展过程，都基本上与本地常住儿童相同，两者之间并不存在显著的差异。这说明，经过几年的政策宣传与努力，公立学校中对农民工随迁子女的歧视现象正在逐步消除，形成了有益于农民工随迁子女发展的较好环境；从心理角度来看，有益于农民工随迁子女的发展。也证明了在解决农民工随迁子女教育问题时所采取的"两为主"政策的正确性。

而结果所带来的更多的则是"担忧"！"忧"的是农民工随迁子女心理存在的各种消极评价（或者说，与本地儿童之间的差异）随着时间的推移仍然得以延续，农民工随迁子女（不论是公立学校的农民工随迁子女，还是农民工随迁子女学校的农民工随迁子女）的心理状况始终差于本地儿童。如果按照这种趋势，那么，当本地常住儿童成长为一个健康的社会人的时候，各种心理问题仍然会困扰着农民工随迁子女。后"忧"的是在本地儿童与公立农民工随迁子女的抑郁感都得到明显改善的情况下，农民工随迁子女的抑郁感却并没有得到明显的改善。或许在本研究的第三轮调查中并不显著的改善，在时间的推移过程中可能会变得更为显著。这种情况是最理想的。但是问题又可以回到上述的状况。

如果将孤独感理解为同伴交往的问题，那么随着农民工随迁子女在城市生活的延续，或许会由于接受更多的人群而改变这种孤独的感受。但是，抑郁感则完全不同。从医学角度讲，抑郁感可以理解为情绪障碍，特别是在认知上，"无端地自罪自责，夸大自己的缺点，缩小自己的优点，表现了一种认知上的不合逻辑性和不切实际性。他们对自己的评价总是消极的。他常常坚信自己是一个失败者，并且失败的原因全在于他自己。他坚信自己低人一等、不够聪明、不够称职、不够好看、不够有钱，等等。"尽管以往的研究表明，亲子交流（即父母亲与子女之间的交流情况）对于儿童心理状况有至关重要的影响作用（周皓，2008），但究其根源，抑郁感更多地可以归因为社会不公的影响，如来自于同伴或教师对他或他们的歧视、如来自于儿童所感受的父母亲所受的不平等的社会待遇，甚至于来自于同为流动人口的其他人的歧视等等。因此，农民工随迁子女的心理状况不仅需要其父母亲的关怀与帮助，而且也更需要我们整个社会对农民工随迁子女，特别是在农民工随迁子女学校上学的那批属于弱势群体的农民工随迁子女，给予更多的关注与帮助。这种关怀与帮助不能仅仅只是针对农民工随迁子女，也是针对农民工随迁子女的父母、城市贫困家庭等弱势群体的，或者说是针对我们社会中的每一个人。我们也更希望社会有着更多的公平、更多的帮助！就像给予汶川地震中所有灾民的帮助一样！

第九章

国外流动人口子女教育的个案分析
——以印度为例

一、城市化进程的背景介绍

(一) 城市化进程

印度自1947年独立以后,随着现代工业体系的逐步建立和完善,便开始了城市化的进程。到2001年,印度的城市化已经达到27.8%,在过去的50年中,印度一直保持了0.2%的城市化年增长率,相对于中国0.4%的年增长率虽然较低,但它从未像中国城市化的历史一样有过太大的起伏,即没有超过0.2%的时候,也不会出现负增长。[①] 这是因为印度的城市化进程很少受政治因素的影响,它从未对人口的流动有过任何政策上的限制。城市化的进程更多的受到经济的影响和制约,正如印度几十年来的经济增长率一样,一直维持在一个较低的缓慢发展的水平。

从印度人口迁移的构成来看。1971年以前,为寻求就业而进行的城乡流动占了人口迁移的22%,低于非经济性因素影响的婚姻迁移的36%和随家迁移持平。到了1981年,寻求就业的迁移上升到25%,但仍低于随家迁移的32%,比

---

① 刘小雪. 中国与印度的城市化比较 [M]. http://www.usc.cuhk.edu.hk/wk_wzdetails.asp?id=2383.

婚姻迁移的 17% 高。若将后两者归为非经济因素影响的人口移动，那么，到 1981 年这个比例仍然高达 49%。① 尽管 20 世纪 90 年代以后，为寻求就业而进行的人口迁移的比例日益增加，但非经济因素影响的人口流动仍未有太大变化。

从迁移到城市中移民的就业状况来看，进城的移民由于受资金、技术信息的限制，绝大多数只能在资本规模有限、技术含量低、缺乏社会保障、自我经营的小私有制等传统产业中就业。20 世纪 90 年代开始经济自由化进程以后，公有部门的就业机会减少，但城市人口仍以每年 3.2% 的速度增加，在有组织的私有部门就业增长缓慢的情况下，这些增加的外来移民只能更多地就业于非正规的传统产业。在过去 10 年中，这一部分的就业一直占到了印度整个就业比例的 60% 左右。②

从人口流入城市的结果来看，由于印度法律保护人民自主流动的权利，一方面人们为了寻求更好地生活争相拥入大城市，使得大城市无限膨胀，往往造成人潮拥挤、交通堵塞和水电供应短缺；另一方面这些流入城市的人们带着很大的盲目性，大多从事于非正规经济部门，进城并没有明显改善他们的生活，印度的贫困人口在 90 年代以后呈现出增长的趋势。有资料显示，现在印度有 1/3 的城市人口集中在全国 23 个百万人口城市中，这造成的另一项结果是，在印度大城市里经常贫民区成片。在过去 10 年中（2003 年前），印度大城市贫民窟人口呈不断增加的趋势。以首都新德里为例，它的总人口近 1 200 万，其中贫民窟人口从 224 万增加到 326 万。而号称拥有"亚洲最大贫民窟群"的孟买的贫民窟人数从 430 万增加到 585 万；加尔各答从 362 万增加到 431 万；其他三大城市金奈、班加罗尔和海德拉巴贫民窟人口也都达到了 100 万左右。③

（二）教育政策的演变

总的来说，印度教育政策的制度性变迁受城市化进程的影响不大，更多的是受其他因素的影响，如政党、种姓和语言和贫困是影响印度教育政策最明显的几大因素。

在 20 世纪 70 年代以前，印度在教育行政改革中，除了理顺中央与各邦之间的关系外，由于国大党实质上的一党统治，为了维护国家统一与强化初等教育普及化的实施，国家将教育的权限由邦收归中央，强化了中央在教育行政管理上的作用。但是 20 世纪 80 年代以后，随着其他各党派在政治上的成熟，特别是人民

---

①② 刘小雪. 中国与印度的城市化比较 [M]. http://www.usc.cuhk.edu.hk/wk_wzdetails.asp?id=2383.

③ 钱峰. 印度农民工拥挤在大城市 [N]. 环球时报. 2003-09-08 (008).

党的壮大与地方自治运动的出现，使得一党统治的局面结束。一些党派在各邦中竞选的获胜，直接改变了早先强化教育管理上中央集体的政策。这种改变反映在《1986年国家教育政策》和其他的一些教育政策文件中，"分权"成为教育政改中的主流词汇之一。其结果是中央只负责高等教育与优先发展的如科技教育等，而基础教育主要成为各邦特别是地方政府的职责，在基础教育的行政管理上实现了地方化。

在印度历史上，低种姓阶层一直处于社会的最底层，因而在印度独立以后，对于这些阶层的教育问题就成为了国家教育，尤其是义务教育普及化所要面临的主要问题之一。为了早日实现教育普及化的目标和彰显教育上的平等，1986年的《国家教育政策》中将表列种姓和表列部落的教育作为国家政策关注的重点之一，同时提出为之优先建立学校等多项政策优惠。但是，事实上，随着低姓阶层政治意识的觉醒，这些优惠政策反而成为其显示自己群体的一种特权，他们开始抗拒从落后的状态中走出来，以维护自己的这种特权。这样，教育上的优惠政策并没有消除种姓制的影响，反而强化了种姓意识，并被用以进行政治与经济利益斗争，继续影响着国家政策的制定与实施。因而，印度基础教育的政策制定就进入了一个怪圈：以取消种姓为目的的弱势补偿政策，在使弱势群体受益的同时，也助长了他们的弱势意识，从而使政策目标难以达成。

由于印度城市化过程中本身存在的不足，从1973年到1997年，贫困人口的绝对数字几乎始终保持在3亿以上。自90年代初印度实行自由化的经济改革以来，贫困线以下的人口呈现出增加趋势。据印度计划委员会一位成员的估计，1997年和1998年的贫困人口分别达到了3.49亿和4.06亿。① 很难想象，在如此大量的贫困人口的条件下，普及免费义务教育的计划能够顺利推行。因此，印度政府只能不断地推迟义务教育普及的日期。从建国初就提出为每个6~14岁的儿童提供免费的初等教育的目标，最初计划在1960年实现，但事实是，1986年国家教育政策将这一目标推迟到1995年。"在1990年仍没有任何一个地区接近这个普及初等义务教育的目标，甚至是初级小学的教育（至五年级）。根据各种估计数据，将近有一半的6~14岁适龄儿童和2/3的女童根本没有入学或在低年级中途辍学。"② 因此，1992年的《国家教育政策》又将这一目标推迟到21世纪前。而到了2000年，SSA计划再一次将这一目标延期到2010年。

---

① 许建美. 影响印度基础教育决策的因素 [J]. 比较教育研究, 2005, (10).
② 同上。

二、国家与地方政策相关

(一) 国家政策

1. 教育体系

印度由于政体的联邦性质,宪法将立法权分为中央和各邦两个部分,并规定某些立法权由中央和各邦共同行使,而教育在相当程度上是邦的责任。但由于社会和经济发展的需要,1976年的《宪法修正案》将一直由各邦控制的教育事业收回了中央,宪法中的《并行条目》规定,可由中央制定全国性教育政策。独立至今,印度政府已颁布3份国家教育政策,分别是1968年的《National Policy on Education,1968》,1979年的《国家教育政策草案》(这份法规由于其执政党的快速下台而没有具体实施),《National Policy on Education,1986》,《National Policy on Education,1986;as modified in 1992》及其1992年的修订版。由这些法律法规共同规定了在全国各邦采用统一的"十·二·三"教育模式。即10年为普通教育阶段(其中8年义务教育+2年初级中等教育),2年为高级中等教育阶段,以及3年高等教育第一学位阶段(本科)。后来由于社会经济发展对技术员、技术工人和训练工人的需求日益增长,20世纪90年代,印度政府又对这一模式进行了调整,按初等、中等、高等三个层次划分教育阶段,并将陆续发展起来的非正式教育系统(非正规教育中心、开放学校和开放大学)纳入其中,从而形成了当今印度完整的教育体系。

1950年印度宪法即规定:"国家应努力在自本宪法生效起10年内为所有儿童提供免费义务教育,直到他们年满14岁为止。"独立以后经过几十年的发展,在普及初等教育方面取得令人瞩目的成就之外,但是离其宪法所确定的"为所有儿童提供免费义务教育"的目标还有很大差距。印度政府在几十年普及初等教育的过程中认识到,在辍学率高、女童入学率更低的情况下,仅仅通过正规学校教育是难以完全实现初等教育普及化的,正是由于正规的学校制度在对于那些"错过了入学机会和由于社会原因和经济原因而不得不辍学的不幸儿童,它没有提供任何帮助"①,《国家教育政策》十分重视非正规教育途径,提出"为辍学者、居住区内无学校的儿童、因工作而不能上日校的儿童,制定一项庞大而系统的非正规教育计划",以补正规学校教育之不足,并在80年代后期开始在教育制度和经费方面给以地位与保证。在初等教育方面,非正规教育的实施机构正是

---

① Ministry of Human Resource Dvelopment: Development of Education in India, 1993 – 1994, New Delhi P. 25.

非正规教育中心。这就形成了当今印度社会教育体制方面的双轨制现象，即正规的学校教育与非正规的开放教育（由低到高分别为非正规教育中心、开放学校和开放大学）并行且相互承认的教育体系。

在印度，中等教育是为14~18岁年龄组的年轻人直接进入劳动力市场或者升入高等教育阶段作准备。因而，印度的中等教育学校分成四类，第一类为邦立学校，是公立性质的，绝大部分学生就读于此接受世俗教育；第二类是私立的教会学校，具有较强的宗教性；第三类也是私立学校，主要包括公学和模范学校，这是真正有质量但却无钱莫进的学校。第四类则在20世纪80年代开始设立的新式学校，是免费的寄宿学校，且经费充足，设备齐全，师资力量雄厚。这类学校设立的初衷是在保证平等与社会公正的情况下，以优异为目标。为了促进国家的一体化，招收以农村地区为主的有天赋儿童，为他们提供一起生活和学习的机会并努力挖掘他们的潜力。新式学校直接隶属于中央中等教育委员会，其学生经过全国统一考试选拔而来。但事实上，那些在良好的环境中长大并受过完备初小教育的儿童却更可能考取这样的新式学校。

2. 教育政策

印度是双轨三层的教育体系（系正规考试与开放教育并存，分免费的初等教育、中等教育与高等教育三级）。在1976年以前，教育在相当程度上是邦的责任，但是由于建国以来对宪法中规定的教育目标的执行不利，1976年的《宪法修正案》把一直由邦控制的教育事业划归中央，实际上形成了是中央为主，各邦为辅的教育体制。印度学校教育的组织机构和行政机构，在各邦因地而异。某些中央直辖区的行政机构为单一类型，只有一个负责教育管理的教育理事会。某些邦则是由邦级和县级分别管理的二级体制，少数几个邦由于增设了专区一级的教育机构而呈三级管理体制，还有一些邦存在邦、专区、县和区的四级管理体系。在邦和中央辖区一级，一般都设有邦立教育研究所、邦立教育科学研究所、邦教育研究与培训委员会、邦教材局等。这些机构均由一位主任或主管负责，一些专家协助他们工作。主要在全国教育研究与培训委员会的指导下设计课程，编写教材。为协调各邦教育发展及中央与邦的关系，印度定期召开各邦教育部长会议，主要目的是确保各邦教育发展按全国模式进行，达到一定程度的统一，并使中央教育咨询委员会的政策或决定得到贯彻。中央制定发展全国教育基本政策并直接制定、参与和领导一些教育发展计划，同时也给地方政府管理当地教育以极大的权限，所以在印度除了中央制定的各种教育计划外，各地政府往往也在国家基本教育政策的指导下，因地制宜地制定发展本地教育的各种计划。

中央教育行政机构现为人力资源开发部，其下的教育司实行主管全国的教育。该司主要负责审定和指导各种教育计划，协调学校范围内的各种活动，监督全国范围内的教育进程，出版教育统计资料和其他与教育教学有关的出版物，给各邦拨教育款项，减少各邦的教育差距。此外，印度还在中央一级建立了一些研究和咨询机构，如中央教育咨询委员会、全国初等教育委员会、全国中等教育委员会、大学拨款委员会、全国教育规划与管理研究所，各司其职。邦一级的教育都由各邦的教育局负责制定实行。教育局一般有三种职能：一是审查职能，如审定教科书、举办教育、进行学校视导等；二是执行职能，如设立大中小学校等；三是指导职能，如对大中小学提出建议、制定计划、支持教育研究等。

印度将教育的主要责任划归中央是由于过去以各邦为主的教育体制在完成宪法目标上的执行不利，但是经过几十年的实施初等教育普及化的经验得出，"初等教育普及化是有条件的"，而且"这种条件在全国各地有着极大的差异"，因而进入90年代，印度开始实施一些以邦为单位的普及初等教育的计划或项目。在这些规划的制定与实施过程中形成了"初等教育普及化是有条件的"这一认识，因而这些规划都有一个特点，即采了以了将资金集中用于邦中部分县的策略并根据客观的给定条件以县为单位制定具体的实施计划。在1992年修订的《国家教育政策》和实施政策的行动计划以及印度第8个"五年计划"中明确阐述：以县而不是以邦作为普及初等教育的规划单位。各县的具体计划可由邦协助制定，包括具体的活动、明确界定的责任、时间安排及具体目标等。但事实上，各县只存在制定规划与实施的权限，对与规划的审核心与通过并监察规划的实施都受邦的控制。也就是说，学校数量的扩展最终决定权在邦而不是在县。

同时从1986年颁布的《国家教育政策》起还实施了"办学基本条件"（Operation Blackboard），即黑板计划，以改善初级小学（1~5五年级）的基本教育设施。主要包括三方面内容：(1) 每所学校至少有两间可在任何气候条件下使用的合理的大房间；(2) 学校必须有最基本的教学用品，如黑板、地图、图表、玩具及其他教学材料；(3) 每所学校必须有两名教师，其中一人必须是女教师。这一计划的实施重点放在表列种姓或表列部族以及少数民族和其他低弱阶层人口集中的区域，至1992年全国已有91%的学校（46.9万所）实施了这一计划。这一计划在90年代初得到修订，以便给学校在提供与学校课程和地方需要相关的教学材料方面以灵活性，使这一计划与各地实施的微观规划相适应，这样，投入的供应就能与促进参与的需求相吻合，并加强教学设施的人员培训，将这一计划扩大到高小阶段（即6~8年级）。事实上，印度对于初等教育的普及化采取了"低水准，高覆盖"的方针，虽然有统计数据上与事实上都使大量儿童受益，教育的普及也取得很大成绩，但是教育水平低下是一直存在的问题，很多学生常常要到高小阶段才能完成拥有基本的读写能力，这也是造成大量儿童失学的原因之一，因为他们看不到希望。

印度实施非正规教育的目的前文已述。1988～1989年度印度拥有非正规教育中心24.1万个,每个中心招收儿童30名,而有的居民区根本没有正规学校,只有非正规教育中心和开放学校系统。非正规教育中心里进行的非正规教育即强调认知学习,又强调非认识学习。学习计划和教材要根据学生的需要和兴趣进行调整,而学习期限一般要比正规教育短。其课程一般都要安排在学生学习方便的时间进行,而且不依赖专业教师。受到政府鼓励的志愿者组织中的志愿者则成为非正规教育中心的教学主力。

非正规教育课程包括从掌握非功能性识字至攻读正规课程的所有内容,1986年的《国家教育政策》规定:非正规教育中心与初小、高小并列,都属于现行学制范畴,也是义务教育的一个组成部分;其课程设置要根据国家的核心课程来制定,但也要考虑学习者的需要,并和当地的实际情况相适应。非正规教育课程涉及艺术、手工、劳动、职业教育和评语言学习等领域,其特点有:办学形式的不正规性和灵活性;课程的相关性;学习活动的多样性;管理的非集权性;与正规教育目标的一致性。其不正规性正是其最大特点,主要表现在:开办夜校或半日制学校;没有固定的班级授课制;没有统一的教学计划和教学大纲;教材力求简明实用,并可因地制宜地增删内容;辅导因人而异。90年代以后,印度在加速普及义务教育的进程中,更加认识到非正规教育的重要性,开始组织实施新的全面计划。这个新的非正规教育计划包括:(1)所有从事非正规教育计划的机构将要负责一指定地域的项目,其宗旨是保证所有儿童有规律地上学并完成小学教育;(2)开展全面微观规划和分权管理,以确定非正规教育中心的需要,重点在童工和没有学校的居民区;(3)在小学教育阶段,通过正规和非正规教育而达到的水平应该是相当类似的,并且规定了相应的最低水平要求;(4)扩大志愿组织的参与,进行一些比较灵活的侧重学员兴趣和需要的计划;(5)建立合适的监控和评估制度,以保证必要的质和量方面的数据能在改进计划时得到提供。虽然非正规教育还存在着使学生不能获得庄稼活的、全面的、较高水平的知识,但它可以使那些辍学者或从未进过正规学校的青少年继续获得教育的机会,获得读报、写信、算账或其他方面的基本技能,可以视若无睹为不得已而为之的补救措施。非正规教育的实施可以使表列种姓、表列部落、教育落后阶层和社会地位低下的社会集体的妇女及女童获得入学的机会。

3. 教育财政

1998年,印度教育经费占GDP的比重是3.8%,2003年达5%,2006年预算比2005年提高了31.5%,政府承诺在未来几年内比重将提高到6%。[①] 印度教

---

① 马碧. 看印度如何让穷人也上得起大学[N]. 就业时报,2006-05-04.

育经费有四个来源：中央、邦（直辖区）政府拨款占整个教育经费的 80%，学费收入占 12%，地方团体资助占 6%，私人捐资占 3%。① 这里要说明的一点是，印度规定 14 岁以下的儿童初等教育是免费的，免费义务教育的特点：8 年免费义务教育，免费范围通常包括学费、教科书、校服、午餐等。② 但义务教育以后的阶段，包括中等教育与高等教育阶段都是收费的，尽管在国立学校，收费标准还非常低，但私立学校均是营利性质的。由于印度把发展私立非正规教育提高到战略高度，通过政策协调，不少私立学校也能提供免费义务教育，但这通常有很高的条件设置，比如说对学习成绩与出勤率的要求。印度政府在几十年普及初等教育的过程中认识到，仅仅通过正规学校教育难以完成初等教育普及化的目标，为此全国在 1978 年开始有组织地开展非正规教育，1986 年的《国家教育政策》十分重视非正规教育中心的建立，希望通过非正规教育途径免费向 6 岁至 14 岁的儿童提供初等教育，以弥补这些学生不能进入正规学校学习的不足。《1986 年国家教育政策之行动计划》中详细规定：在第 7 个五年计划中，在 9 个教育落后的邦内，如果邦政府创办男女非正规教育中心，中央将承担 50% 的经费，如果专为女童创办非正规教育中心，中央将赞助 90% 的经费，如果是志愿团体或机构创办这类中心，中央政府赞助 100% 的经费，如果学术机构为非正规教育领域进行创新项目和研究以及评价活动，政府也提供全部的资助。普及初等教育中还有一项策略是努力为教育落后邦处境不利如落后民族和落后部落儿童创造入学机会，采取的措施是从中央拨款中限定一定的款项用于处境不利群体儿童的教育。另外，由邦政府和中央直辖区为落后民族与落后部落儿童建立住宿学校。尤其是在人口稀少的农村地区和其他落后地区。此外，还普遍实施了为落后民族和部落儿童免费供应午餐、校服、课本和文具计划。印度全国教育研究与培训委员会还专门为落后民族和落后部落儿童提供科研服务，为他们编辑教科书、设计课程和培训师资。另外 2005 年年底，国会领导的联合政府还通过了一个法案，强制私立学校教育机构必须保留至少 22.5% 的名额给那些贫困和少数民族地区的学生，包括达立人（印度等级制度的最低阶层）、部落的以及其他低阶层者。并且他们享受大部分的学费减免。③

印度的教育经费分为计划支出（主要用于扩大教育机构，增加教学设施，扩充老师队伍）和非计划支出（主要用于维持现有教育机构的日常开支）两大类。从两者的比例上来看，非计划支出所占份额越来越大，"七五"期间已经达到 90%，而计划支出显得微不足道。教育经费绝大多数来自中央和各邦政府。

---

① 吴念香. 国外教育投资概况 [J]. 高教探索，1988，(3).
② 尹玉玲. 免费义务教育，各国在行动 [N]. 中国教育报，2005-12-16 (006).
③ 苏迪普·玛朱姆达，商卫星. 印度：教育配额与政治等级 [J]. 国外社会科学文摘，2006，(7).

其中，来自各邦的经费无论是在计划支出还是非计划支出中都占绝大多数，中央政府的经费在计划支出中略有上升的趋势，但在非计划支出中的比例却在下降，中央政府的经费比例在"二五"计划时占到17.5%，从"四五"以后下降到不足10%，超过九成的经费来自各邦政府。并且中央政府的教育经费主要用于优先发展的教育部分，而邦政府则负担教育的日常维持费用，在教育经费的计划支出中，中央政府主要负责高等教育和科技教育，各邦政府则主要负责初等教育和中等教育。

虽然印度的教育投资已经占到GDP的近6%，但是由于政府的长期向高等教育倾斜，尽管从印度初等义务教育的财政投资上来看，每年的经费增幅一直为正值（从"二五"比"一五"增加12%到"七五"比"六五"增加239%），但在整个教育经费总额中，初等教育经费的比例却从开始的56%，降到了后来的30%左右。这体现了印度优先发展高等教育与科技教育的政策。①

（二）地方政策

1. 移民与人口流动

印度一直以民主自由的国家为荣，人民自主流动的权利受到法律的保护。城乡人口自由流动的结果就是大城市的无限膨胀，而中小城市发展缓慢。

考察印度的人口流动，在国内的人口流动中，地区内部的流动约占62.1%，农村到城市的流动只占12.4%。约5.0%同一地区内部的流动人口是从城市到农村。地区之间的流动占国内人口流动的26.10%，其中，农村流到城市的占将近48.5%，而从城市流到农村的人口只占约23.5%。在国内的人口流动中，邦之间的流动约占11.8%。其中，28.2%是从农村流动到城市。事实上，17.9%的邦际流动的男性农民工和36.5%邦际流动人口属于农村之间的流动。②

印度这样大规模的人口流动使农民工在他们就业或居住的新地方面临许多问题：所有农村流动劳动力，包括大小农场主、佃农、无地的劳动者和其他半熟练的非农业工人，在新的环境下，都面临着身份认可的问题。为此，政府向他们颁发了身份证，使他们可以使用当地的设施和社会保障利益，如食品券、免费教育和卫生设施，等等。但是由于缺乏合适的社会身份，他们还是经常难以从银行贷款、不能使用技术、电话和电，等等；农民工的小孩几乎没有上学的机会，只好做童工。这反过来会阻止他们的发展，并迫使他们处于贫困状态。这两者看起来是自相矛盾，但却又事实存在的。

---

① 刘艳华. 印度20世纪50年代以来的义务教育普及与保障情况［J］. 经济研究参考，2005，（46）.
② 哈克，陈传显译. 印度农民工的权益保护［J］. 城市管理，2004，（1）.

2. 农民工的权益

印度人享有充分的流动自由，他们不需要暂住证，他们可以在任何地方打工，甚至可以在任何繁华地带支个棚户作为落脚的家。总而言之，只要你能在某个地方找到谋生的门路，没有人管你。由于这样的"利好"政策，印度人自然喜欢从落后地区向较发达地区流动以寻求更好的生活。

为此，印度政府通过立法，来规范农民工的就业和服务条件。该法称为《邦际流动农民工（就业规定和服务条件）法案》（1979年）。但是，本法案主要受益人是有组织行业中的农民。法案的主要条款如下：

（1）适用于本法案的任何单位，如果没有登记注册，不能雇佣邦际流动的农民工。

（2）邦际流动的农民工的工资，在任何情况下都不能低于1948年《最低工资法案》规定的标准。工资应该以现金的方式支付。

（3）在招聘或者找人替代邦际农民工的情况下，雇主应付给他们月工资的50%。这笔工资是不可返回的，而且应该是其工资或其他款项的额外支付。

（4）邦间流动的农民工从本邦的居住地到其他邦的工作地所花费的路费，雇主应该予以补助，数额不低于交通费的票价；农民工在此期间应享有与工作时一样的工资。

（5）工资应该直接支付给农民工本人，或者是受其本人委托的其他人。

（6）雇主应该保证为农民工提供合适、足够的医疗条件，当农民工或他们的家人生病时，应该免费提供治疗。雇主还应该采取保护性的措施，确保农民工不受疫情影响或病毒感染。根据医生所开的医药费票据，在农民工提供账单后的7天内，（雇主）应该予以报销医疗费。

（7）假期、工作时间和加班工资，以及其他的服务条件，不能差于给以当地劳力的水平。

（8）每个雇佣邦间流动的农民工的雇主都有以下义务：①保证定期向农民工支付工资；②保证同工同酬，不受性别限制；③在要求农民工到另外一个邦工作时，应保证提供相同的工作条件；④在雇佣期间，向农民工提供并维持合适的居住条件；⑤在需要的时候，提供防护性服装；⑥在发生死亡或严重身体伤害的情况下，向双方所在邦的相关部门和农民工的亲属报告。政府要任命监督员以执行本法案。

但实际上由于劳动力的过剩，农民工始终处于不利的地位。事实上，对于从农村流入城市的人口，印度政府都是提供免费的义务教育，但由于家庭的贫困、父母的忽视以及周围的环境影响，贫民区仍有大量儿童辍学，非正规教育中心以及开放教育系统的实行很大程度上就是为了解决这一部分儿童的教育问题。印度政府无论是在城市化过程中还是初等教育普及化过程中，实行的都是一种 PULL 机制，非正规教育中心更是如此。

3. 克拉拉邦基础教育

选择克拉拉邦基础教育作为考察对象，是因为其在城乡关系与少数民族与部落基础教育方面以及整个邦教育政策的"支持导向"模式上的典型性。

在克拉拉邦基础教育普及化体现在城乡关系上就是城乡基础教育差距的不断缩小。这主要依赖于它长期采取城乡统一的基础教育政策。另一个则是克拉拉邦不同区域间的基础教育差距也呈不断缩小趋势。①

在男女平等享受基础教育上，克拉拉邦女孩享受基础教育的程度与其他邦相比是相当高的。其原因不仅在于社会中长期存在的社会运动唤起人们男女平等的意识，还在于克拉拉邦特有的社会结构。克拉拉邦中的 Nairs 种姓是高等种姓，但其同时也是母系社会。为了保证母系社会的延续，Nairs 种姓的女孩享有更大的自由权，从而容易获得教育。同时其行为也直接影响了其他种姓的行动方式（因为其是高等种姓），而后基督教徒模仿 Nairs 种姓做法开办女子学校进一步促进了女子入学。

在教育政策上，克拉拉邦实施了确保人人获得基础教育的战略，主要表现在三个方面：地理位置上的可获得性、经济上的可获得性、社会上的可获得性。地理位置上的可获得性是指学生可以步行半小时从家到达学校（在体现在学校的扩展上），对于距离学校较远的学生，则由学校提供校车，在早晚固定的时间接送学生。经济上的可获得性是让所有的家庭能够承担学生的教育费用，为此，克拉拉邦政府做了三方面的工作。一是为一至九年级的学生提供免费教育，免学费、书本费等；二是通过实施"学校营养计划"为一至七年级的学生提供免费的营养午餐。到 2002 年这一项目的覆盖面已达 76.27%；三是在克拉拉邦重要的四个节日，获得免费营养午餐的学生还可以获得由政府提供的 5 公斤大米。社会上的可获得性是指消除因种姓、宗教信仰差异而导致的教育机会不平等现象。

在财政政策上，克拉拉邦呈现出如下几个特点：一是在政府承担的基础教育经费中，邦政府承担了 90% 以上的资金，中央政府几乎不承担任何基础教育经费，克拉拉邦的区一级地方政府也几乎不承担任何基础教育经费。二是克拉拉邦教育支出占邦政府公共支出的比例一直高于印度平均水平②。在印度 14 个邦中，克拉拉邦的人均非计划政府教育支出占据首位。三是在教育支出结构中，克拉拉邦政府采取对基础教育倾斜的政策。克拉拉邦的人均非计划政府小学教育支出远高于其他诸邦，而人均非计划政府第二级教育支出和高等教育支出则不占绝对优

---

①② 陈前恒. 印度克拉拉邦基础教育制度考察 [J]. 当代亚太，2005，(8).

势，甚至低于其他诸邦①。

尽管克拉拉邦早在1991年即被联合国教科文组织称为印度唯一的"全民识字邦"，但它的基础教育仍然排斥了一些弱势群体，主要包括克拉拉邦的表列种姓、表列部族和渔民。

4. 马哈拉施特拉邦与德里的非正规教育

印度政府在几十年普及初等教育的过程中认识到，在辍学率高、女童入学率更低的情况下，仅仅通过正规学校教育是难以完全实现初等教育普及化的，因为正规学校制度"对于那些错过入学机会和由于社会原因和经济原因而不得不辍学的不幸儿童，它没有提供任何帮助"。《国家教育政策》因此十分重视非正规教育途径，包括努力将非正规课程同下放学校联系起来，提出"为辍学者、居住区内无学校的儿童、因工作而不能上日校的儿童，制订一项庞大而系统的非正规教育计划"，以弥补正规学校教育之不足。非正规教育的主要目的如下：一是使儿童经过学习后可以再进入正规学校学习，为儿童最后取得一张证书进入正规学校作准备；二是使儿童经过必要的学习后可以较成功地进入社会参加工作和劳动。② 这类学校还为城市中的街道儿童（主要包括流浪的孤儿、无家可归者、不愿回家者等）提供住所、入学机会以及心理辅导。③

在印度涉及范围最广的非正规教育计划是马哈拉施特拉邦的非正规小学。它招收9～14岁不识字儿童，每天晚上学习2个小时，全年上课300天，教学内容是从正规小学的教学内容中筛选出来的，主要学习与生产和社会生活有密切联系的语文、算术和常识，并把历史、地理、自然等学科综合在一起，给学生讲授与人类活动和自然环境有关的一般知识。第一年主要强调识字，学生识字后，就可以根据自己的兴趣和水平，阅读适当的材料，在教师的指导下进行学习。学习中又特别重视自学和小组讨论，一般2年结业，可以达到正规小学4年的水平。

德里是第一个开办中等教育性质的开放学校的城市。其开放的主要目的之一是为失学者、辍学者、已工作的成人、家庭主妇、边远地区或处境不得的学习者提供接受中等教育的机会。德里的开放学校具有开放的入学制度、灵活的学习计划和考试制度、易学的学习材料等诸特征（详情可参阅赵中建《印度基础教育》第127页与"Migration in India：Education and outreach for street children"一文）。这类学校收取很低的费用，即女性、表列种姓、各表列部族、残疾人等免交学费，其他人仅交纳相当低的学费且与其收入相关联。

---

① 陈前恒. 印度克拉拉邦基础教育制度考察 [J]. 当代亚太，2005，(8).
② 赵中建. 印度基础教育 [M]. 广东教育出版社，2007. P. 77.
③ Saini, Asha, Vakil, Shernavaz: *Migration in India：Education and outreach for street children* Childhood Education, winter 2001/2002.

德里的非正规教育系统为街道儿童提供识字教育、社会服务系统（包括免费的医疗卫生等）、职业培训等。但事实上是，由于贫困、懒散、对前途的不信任等众多原因，印度城市中的失学儿童问题并未得到解决。

三、政策的具体措施

（一）具体项目

印度在 70 年代就将教育的职责由邦收归中央，1992 年，政府又根据基础教育的实施情况对 1986 年的《国家教育政策》进行修改，并在全国实行统一的教育体制，明确提出了人人享有受教育的权利，要把教育扩展到社会的各个领域，消除教育上的城乡和贫富差距。印度议会曾通过宪法第 86 次修正案，重申人人享有受教育工作者权利，规定 6~14 岁儿童必须接受强制性免费教育。但事实上，尽管小学教育（6~14 岁）的入学率接近 100%（但保留率和完成率都不高），但识字率仍低于 70%，辍学率则平均高达 31%。印度计划委员会（Planning Commission）援引的一份近期研究发现，在上了 4 年学的儿童中，有 38% 不能阅读由短句构成的短文，有 55% 不会做 3 位数除以 1 位数的算术。可悲的是，无法胜任熟练工作的祸根早在他们上小学之前就已经埋下了——营养不良会严重影响儿童的身体和认知能力发育，而印度有 6 000 万儿童营养不良，其比率甚至高于撒哈拉以南的非洲地区。①

1992 年修订的《国家教育政策》的行动方案基本上体现了把普及初等教育放在一个优先发展的位置上，其重点在女童和贫困地区的孩子身上。具体措施如下：

1. 建立一个更广阔、系统的非正规教育方案（非正规教育是开放学校教育系统的初等教育阶段）。关于这一方面的内容前面已有比较详细的阐述。非正规教育的主要对象是童工、贫困地区或偏远地区的孩子以及城市中的农民工子女，为他们提供灵活的学习时间和进度。由于社会落后阶层中的儿童以各种方式帮助家庭维持生活，学校的时间安排不适合他们，非正规教育就给他们提供适当的时间、地点、相关课程和教育设施，使他们在某一适当的阶段重返正规学校体系。非正规初等教育主要在印度的 9 个教育落后邦开始发展，后来扩展至全国各邦的山区、农村地区以及城市贫民区等。

2. 开展"普及初等教育"运动。印度由于地域宽广，在不同民族之间、城

---

① 零点研究咨询集团. 印度大学生失业率高达 17%［Z］. 2006 - 08 - 15.

乡之间、男女之间、人口居住稠密与稀少地区之间、少数已达到和必须达到的目标全体之间，在初等教育方面都存在很大的不平衡。要达到普及初等教育的目标就必须尽量缩小这些差异。

在印度，女童入学基数较低，且入学增长缓慢。主要原因是许多家长把送女童上学看做是一种额外的负担，由于宗教和等级的偏见，许多适龄女童不能按时入学，入学后也不能坚持学习。为了提高女童的入学率和保留率，主要采取了两项措施：大量招聘和培训女教师；提高给予女童的出勤奖金。普及初等教育中还有一项策略就是努力为教育落邦处不利群体如落后民族和落后部落儿童创造入学机会，采取的措施是从中央拨款中限定一定的款项专用于处境不利群体儿童的教育。另外，由邦政府和中央直辖区为落后民族及落后部落儿童建立住宿学校。尤其是在人口稀少的农村地区和其他落后地区。此外，还普遍实施了为落后民族及落后部落儿童免费供应午餐、校服、课本和文具计划。印度全国教育研究与培训委员会还专门为他们提供教育科研服务、编写教科书、设计课程和培训师资。

3. "黑板行动"计划。黑板计划从 1987 年开始实行，以解决正规小学的最基本设施问题，从而提高小学生的保留率和学习成绩。内容包括：（1）保证每所小学有两间在任何天气条件下都能使用的、带走廊的、面积合理的教室，有男女厕所；（2）每所学校至少有两名教师，尽可能保证其中一人是女教师；（3）为每所学校提供最基本的教学和学习材料，包括黑板、地图、图表、图书、乐器、玩具、游戏设备及劳动实习工具。

4. 从国家办学为主转向地区办学为主——构建初等教育分权管理的体制。自国家将教育由邦收归中央以后，到 20 世纪 90 年代初，印度已有近 566 000 所正规初等教育学校，在校生 1 200 万，近 90% 的学校是由政府资助和管理的。[①] 要对这样庞大的机构进行管理和统一计划，就有必要进行初等教育计划和管理方面的分权。在分权过程中，建立以街区为基本单位的机构是一个关键，但一直没有有效地解决，直到 90 年代。被认为是全面改革印度初等教育的先声——"县初等教育计划"自 1994 年 8 月开始实行，其总目标是通过实行分权管理、调动民众、由各县制定适合县情的具体计划等策略来全面普及初等教育。县初等教育计划旨在提高初等教育的质量，通过加强教师的在职培训、改进教材的编写和出版工作、改善教学设施及教育管理来实现。这一计划的另外一个优势是解决了经费问题。首先，人力资源部成立了县级初等教育计划局，负责各邦和各县的行动方案的评定、监督和指导工作，并负责提供这一计划的 85% 的经费，其余经费

---

① 刘艳华. 印度 20 世纪 50 年代以来的义务教育普及与保障情况［J］. 经济研究参考，2005（46）.

由各邦从其预算中支出。他还要求参与计划的邦在给"县初等教育计划"进行年度拨款的同时,还应保证正常的邦教育预算的增长和发放。同时这一计划还得到外部机构的广泛援助。

5. 设立最低知识水平的要求。最低知识水平是印度发展初等教育的重要策略,指接受了初等教育的学生在知识、能力方面应达到的最低水平,旨在提高初等教育的质量。1988年印度《国家初等和中等教育课程框架》正式提出了最低学习水准的概念。为学校教育的每一年级及其各个学科领域引入"最低知识水平",其目的是要在全国形成一种普遍一致的教育标准。这一最低知识水平反映的是所有学生获得的每一学科领域的最低学习成就。引入最低知识水平的策略旨在通过一种现实和相关方式来规定每一位学生必须达到的基础教育所期望的学习成就,并使他们在完成学校教育时获得最低学习成就,成为学习成功者。最低知识水平研究委员会1990年递交了《印度全国小学最低知识水平报告》,阐述了最低知识水平的一些主要特征、语言学习的最低水准、数学学习的最低水准、环境科学学习的最低水准、学习的非认知领域、建立学生的评估方案以及行动计划的实行等内容。最低知识水平的策略在学校教育中引入了一种公正的标准并提供了由于有效监控而带来的最新的信息基础。这个计划首先由政府资助15个教育机构在2 000所学校进行实验,有9 000名教师和35 000名学生参与其中。后来逐步扩展到全国。①

6. 全国初等教育营养资助计划(学校膳食计划或又称免费午餐计划)。1995年8月起实行"学校膳食计划",为保证贫困儿童的入学率,各级政府采取了一系列鼓励措施。在哈里亚纳邦阿绍达村贾格加尔女中,来自社会底层和贫困家庭的孩子每月不但不用交各项学杂费,而且学校还向每人提供每月100卢比的服装费,20卢比的生活费,每年60卢比的文具费,加起来每年有1 500卢比,这笔费用全部由地方政府划拨。这个项目的政策是提供免费午餐,目前已基本上在全国推广,并将继续下去。该计划为上学的小学生提供必要的营养,从而增加小学生的入学率、保留率和出勤率。其做法是要为全国所有一至五年级小学生每天提供有营养价值的100克免费熟食。实行计划的当年政府就已经开支约44亿卢比,涉及378个县的225 000所学校共3 350万小学生,到1998年的81.1亿卢比使1.1亿初小学生受益。②

7. "安德拉邦初等教育项目"。这一项目是由安德拉邦政府、中央政府和英国政府联合实施的,旨在推动安德拉邦初等教育的普及和提高。安德拉邦位于印度南部,人口识字率低、初等教育辍学率高。项目从1984年起实施至1996年。

---

①② 刘艳华. 印度20世纪50年代以来的义务教育普及与保障情况 [J]. 经济研究参考,2005 (46).

起初在邦内 11 个县 328 所初等学校开始实施，目标在于建立高质量的初等学校教室，通过提高初等学校教师和管理人员的工作质量来改进教育人力资源状况。总目标是使教师能力、课堂教学和学习结果的质量有实质性的提高，以期为全邦的初等教育普及立功。具体措施如下：（1）为小学教师、师范学校教师、教育管理人员实施人力资源开发计划；（2）在现有的初等教育框架下引入以儿童为中心的活动教学法，并为进行活动教学的学校提供必要的物资设备；（3）通过设计和建造高质量的校舍来改善学习环境；（4）通过应用教师中心网络、提供必要的物质帮助、培训教育官员等手段来支持教师的专业发展。此外还设计了不同的课程并为教师和有关人员的培训准备了物质条件。

为提高教育质量初等教育项目努力做到以儿童为中心的教学法取代传统的讲授法。为此，项目提出了以教师行为陈述为主的六项教学原则：提供学习活动，教师发起的活动要能引导学生学习；通过评估、发现和实验的方法来促进学习；组织个人、小组和班级等的多种活动；根据个人差异提供指导；利用地方环境；营造趣味教育，并有效组织有关活动。为促进这些原则的贯彻，初等教育项目尤其注重老师的在职培训。所有教师事先都接受 10 天的培训课程，并在 2~3 个月之后再培训 3 天，教师而后每年须参加 6 次学校所属老师中心的有关活动。项目还通过评价学生理解性掌握知识的提高和个人素质（如好奇心、创造性、尊重他人、同伴合作等）的发展以及老师督察学生进步等方式促进新思想的贯彻。

8. 拉贾斯坦邦的"地方教育工作者"项目。拉贾斯坦邦的教育发展极为落后，集中表现在文盲率高、辍学率高、偏远学校老师严重短缺等。1987 年邦中超过 45% 的男性和 80% 的女性是文盲，一半以上 6~14 岁儿童（女童占绝大多数）未能入学。为了改变这种状况，拉贾斯坦邦于 1987 年起实施了地方教育工作者项目，简称 SKP。项目总目标是使拉贾斯坦邦偏远和经济落后区域的初等教育得以恢复（一些学校因无教师而名存实亡）和发展。这一项目的主要策略包括：以当地的地方教育工作者来代替外来的正规教师；在村庄建立白天或夜晚中心，根据当时当地的实际条件灵活安排教育活动；非政府组织负责新任地方教育工作者的培训，并提供业务方面的支持。项目的主要措施有：（1）选择村庄和地方教育工作者，选择时尤其注重地方教育工作者候选人的修改和他们在居民中的威信而非其教育资格。（2）培训项目管理人员，尤其注重培养他们对项目的负责、理解和支持的态度。（3）培训地方教育工作者，因为他们往往是非专业的志愿工作者，仅具备一般的教育资格而无实际工作经验，因而他们的培训须在项目执行中占有中心地位，培训的目标是提高其教学能力，培养他们的凝聚力以形成其社会活动者的角色，并给他们以鼓励和支持。地方教育工作者在任职前先接受一个多月的培训，之后每年接受两次为期分别为 10 天和 30 天的培训，此外每月还参加两天的会议。（4）促进妇女参与，放宽女性地方教育工作者的资格要求，并为她们建立专门的培训中心。运用外力提高女童的入学率，采取护送女童往返夜晚学校中心、监督她们入学、为缺课者补习等措施。（5）通过建立白天和夜晚中心，把原有的单一教师小学改变成两位地方教育工作者执教的白天中心，每天教学2~3个小时。每位工作者负责一个夜晚中心，为白天上学不便的儿童提供学习机会。夜晚中心设立在学校或村子里的某个地方，时间灵活安排。（6）编制大纲和教学用书。地方教育工作者项目的目标之一是使儿童在结束五年级课程后能回归普通学校，因此教学采用与正规学校相同的大纲与教材。为适应项目的特殊需要，需编制一些专门的教学参考书和学生辅导材料。（7）跟踪支持和督导，包括采用特定的评价和督导方法，发行专门期刊；等等。①

印度中央政府、拉贾斯坦邦政府以及瑞典国际发展局的代表对这一项目进行了中期评估，对实施的结果表示满意。这表明了地方教育工作者项目在解决师资短缺、农村儿童入学率和保留率低以及女性不参与教育等一系列问题方面的行之有效。其中的一系列措施和因素，包括方便儿童入学、任教者责任心强且与当地居民关系融洽、培训方案恰当、学生参与热情高等是其成功的关键所在。

（二）具体问题

1. 教师的培训②

印度拥有完整的教师教育体系，所有正规学校的任教者都必须取得相应的教师资格，并定期接受在职教育，教师教育的课程设置也因不同的领域有不同但完整的考虑。初级小学（1~5年级）教师要求接受过12年普通教育，毕业后接受2年专业训练；小学高年级（6~8年级）教师要在12年普通教育毕业后接受2年专业训练，或获得文学或理学学士学位后接受1年的专业训练。除了一些未被认可的教育机构外，在所有层次的教育机构中，教师所应具有的职业技能都是由各邦教育部和各种考试机构的规章条例所规定了的。对所要求的教师职业技能水平层次从学术和职业资格方面做了限定，在进行教师资格条件认可和定级时，要考虑到职业资格问题。随着教育的发展，尽管一些邦仍然仅仅把通过高中考试作为胜任初等学校教师资格的标准，但大多数邦还是把接受过12年的学校教育作为从事初等学校教学的最低资格要求。

实施初等学校教师教育的机构大致有三类：公立机构、私立资助机构和私

---

① 这部分内容来自赵中建《印度基础教育》pp. 86 – 87.
② 文中的教师培训部分内容主要来自于赵中建的《印度基础教育》。

立非资助机构,由政府创办和管理的公立机构占据主要地位。有些邦的私立学校超过公立学校,如马哈拉斯特拉邦的原300所师范中,75.9%是私立学校。

在培训机构方面,1963年起各邦创办的邦教育学院,目的是提高初等教育的质量,其主要职能有研究、培训、推广服务和出版四项。研究职能体现在研究该领域存在的问题并寻求解决之道,研究函授培训课程,制定邦教师培训计划并协助邦教育部制订教育计划。培训职能体现在为学校行政官员和师范教员提供培训课程,组织邦内教育官员和非官方团体的领导人举行会议或举办高级研讨班。推广职能一是通过举办短训班、组织咨询服务或实验性工作对教育视导员和师范教员提供指导;二是创办隶属于它的推广服务中心,每个中心负责50所小学,中心任务是对小学教师提供在职培训。

1986年《国家教育政策》规定要建立的县教育与教训学院,为小学教师及从事非正规教育和成人扫盲教育的人员开设职前和在职培训课程。这些学院参与职前和在职教师培训的创新性计划,使教师通过培训适应变化着的课程要求,并尽力将小学教师的培训同学校课堂实际联系起来,从而为提高小学教育质量发挥积极作用。与之相配套,印度还决定在每区建立一所学院分中心,主要职责是为本区教师和成人教育及非正规教育教员提供在职培训,提供资料参考。

2. 其他问题

关于学校与社区互动的问题早在新中国成立初期普及初等教育时就有了考虑,在教育机构管理的分权过程中,印度政府就试图建立以街区为基本单位的教育管理机构。启动于1952年的社区发展计划,为每个村庄安排经过培训的工作人员,将大约100个村庄作为社区发展计划的最小单位。但这一计划并未取得预想的效果。而1986年的《国家教育政策》只是提及了初等教育地方分权化管理的目标,需要地方参与,但对于具体的怎样执行并没有作要求。直到拉贾斯坦邦的"地方教育工作者"项目,有很好的体现教育的普及化目标与社区互动之间的融合。

关于学生的交通问题,各邦因为财政状况的差异各有不同。有的邦采用学校网点扩散的办法,如每一公里范围内必有一所非正规教育中心,以解决学生上学的交通问题。而某些偏远地区在采用住宿制,政府限定专用款项用以给这些落后偏远地区进行校舍建设。而克拉拉邦则实施确保人人获得基础教育战略的三个方面之一就是地理位置上的可获得性。一方面在学校设置上尽量让学生可以步行半小时从家到达学校,对于距离学校较远的学生,则由学校提供校车,在早晚固定的时间接送学生。在学校建筑方面,黑板计划和开展"普及初等教育"运动中都有涉及。在计划免疫方面,新德里的非正规教育中心,不仅为流浪儿童提供住所，还免费为其提供一定的教育培训，心理咨询以及医疗援助。①

（三）关于教科书和奖学金

1. 教科书

非正规教育计划：非正规教育中心也为一些不愿追求学业的儿童编写教材，为他们提供适当的职业培训，以期他们回到社会中能够更好地赚钱。

开展"普及初等教育"运动：不仅为落后民族与落后部落及一些少数民族部落编写教材，且还免费提供教材。

"安德拉邦初等教育项目"和"地方教育工作者"项目中都有关于教科书的内容。

2. 奖学金

开展"普及初等教育"运动：为女童的出勤率高者提供一定的奖金。

教育配额与政治等级：为学习成绩达到一定要求的少数民族与部落儿童提供学费减免。

四、政策落实与效果

（一）基础教育并没有做到完全免费

尽管印度宪法中规定基础教育是免费的，国家在连续几个五年计划里也不断地拨款来发展基础教育，2005年的政策财政预算中更要求教育经费达到GDP的6%，但是由于印度农村人口和城市贫困区人口十分庞大，以及经费的使用不当等原因，至今在印度的很多地方未能实现免费的基础教育。在印度北部的村庄，大多数村民的年均收入约为1 000卢比，而一个孩子上学每年至少要花掉366卢比，这给那些家境贫穷的家庭的生活增加负担。由于经济原因而造成的辍学对女童的影响更大，因为父母认识到女儿出嫁以后就是别人家的人，因而不愿在女儿身上花更多的钱，优先把享受教育的权利给了儿子。②

（二）学校基础设施匮乏

学校基础设施所要求达到的最低标准，在1986年的《国家教育政策》和

---

① Saini, Asha, Vakil, Shernavaz：Migration in India：Education and outreach for street children. Childhood Education., winter 2001/2002.

② 谷峪，邢媛. 印度农村基础教育述评［J］. 外国教育研究，2004，(3).

"黑板计划"中都有提到,但事实上,印度农村的许多学校里连一些最基础的设施都不具备,如饮用水、洗手间、操场、教室、电,等等。如果真的让所有的孩子都上学读书,那一定会出现教室严重不足的现象。一些邦和中央直辖区针对学校设施不足而导致的一些地区的低入学率的问题,采取了一定的措施,如根据当地情况调整学校教学时间,实行灵活多种入学时间制以及短课时和两部制。但事实上在印度的一些学校根本就没有所谓的基础设施,例如在一个叫维第亚的村庄里,学校根本没有教室,孩子们挤在一间黑暗、狭窄的屋子里上课,屋子旁边就是村民饲养家畜的地方。这种恶劣的上课环境就是导致孩子们不愿意去上课的一个原因。有的村庄,尽管有教室,但后来结果会成为老师们的住所,当地的警察站、小杂货店,等等。如今在印度的农村,约有82%的学校需要重新整修,因为有2/3的教室在雨天是根本无法上课的。而在城市中,尤其是外来移民聚居区,学校基础设施的状况甚至更加恶劣。如在《Education for All in India's Mega-Cities: Issues from Mumbai and Delhi》中提到了6个案例都表现为同样的状况,甚至有800名学生共用5间教室的情况,且教室还是搭建在一个雨天就会成为污水汇集地的洼地上面的棚户。①

(三) 师生比例严重失调

在印度,一个农村孩子在基础教育阶段能从他的老师那里得到的关注是非常少的。小学阶段,每个老师大约教50个孩子,这就意味着如果所有老师都不缺席并能上足课时,每个孩子每个月只可分得1个小时的学习时间。但由于教师们时常缺席,课堂上的授课时间也不能保证,因而在现实中孩子们每月根本得不到1个小时的学习时间。由于各个学校教师的分配情况不同,有些学校每个教师甚至同时教授150个孩子,这种情况多发生在仅有1个老师的学校里。早在1986年的《国家教育政策》与"黑板计划"中政府就规定每所学校起码要有两名教师,其中一人应为女性。对于入学率足够高的学校,采取的措施是使只有一位教师的学校变为有两位以上老师的学校。但在印度农村,12%的学校里仍只有一位教师授课,21%的学校里有两位或两位以上教师,但并不同时上班,这就意味着在印度农村中仍有1/3的学校里只有一位教师授课。②

(四) 基础教育质量低劣

印度基础教育质量一直是令人十分担忧的问题,尤其是在偏远的农村地区。

---

① 这类情况可参见《Education for All in India's Mega-Cities: Issues from Mumbai and Delhi》列举的6个案例。
② 谷峪,邢媛.印度农村基础教育述评[J].外国教育研究,2004,(3).

一个叫莫罕柏的农村女孩，马上就要升入 5 年级就读，然而她始终不能读和写，这种情况在印度并不少见。印度的教育质量呈现出一种"倒金字塔"形的结构，他的学院、大学培养出来的最优秀部分的人才能与世界上最优秀的学者、技术人员、医生各管理者媲美，但是除了这一部分外，绝大多数却很难证明他们具有自学的能力、交际的技能、社会责任感和对祖国的义务感。① 它的基础教育质量非常薄弱。印度农村地区环境恶劣、教师待遇低、基础设施和社会服务设施落后，很难吸引到优秀的教师。大多数教师是从当地人中选出，并没有按照国家教育政策规定进行严格的选拔考试或是职前和在职培训，因而教师自身素质很低，几乎无法讲授科学、数学和外语课程。而且，教师们经常在工作的时间私自离校，甚至那些被认为"十分尽责"的教师也时常迟到早退，根本无法保证规定的课时。学校对教师的管理十分松散，教师们可以随意上下课，甚至可以自行放假。② 即使是上课，教师的实际作用也微乎其微，更多的教师所做的只是让孩子们抄写课本，起到一个看护孩子的作用。政府发放的一些辅助教学设备，如地球仪等经常被丢弃在一边或是被锁起来，绝大多数农村教师是根本不会用以来辅助教学的。有的课上，教师们使用最多的辅助教具就是小棒，主要是用来鞭打学生。一些学生中途辍学也是由于害怕在学校受到老师的鞭打。教师们感到自己的工作很难取得大的成效，因而丧失了工作的热情和兴趣，他们知道"欢乐教学"的原则（前文提及即安德拉邦初等教育项目中以儿童为中心行为陈述为主的教育原则），但是在现实中却很少有人使用。约有 3/4 的教师被迫同时教授几个年级，这样他们很难照顾到各个年级。教师们通常的做法是把主要精力放在高年级的孩子身上，因而低年级的孩子毫无疑问会进步很慢。这也是造成很多低年级孩子辍学的一个原因。SSA 计划的一项调查显示，在孟买和德里的公立学校中，将近 50% 的 3 年级学生不能流利地阅读一句简单的句子，不能解决一个简单的数学问题，不能听写一句完整的句子，而在四年级学生中这个比率也有大约 30%。③

（五）对落后民族与部落的政策并未完全落实

在普及初等教育中的一项策略就是采取从中央拨款中限定一定的款项用于处境不利群体儿童的教育。由邦和中央直辖区为落后民族和落后部落儿童建立住宿学校。尤其是在人口稀少的农村地区和其他落后地区，此外还普遍实施了为落后

---

① Education in India-Fundamental Rights for 6 – 14 year olds", http：//www.newsviews.info/education01.html.
② 李茂. 走进印度穷人的私立学校［N］. 中国教师报，2004 – 04 – 14.
③ Education for All in India's Mega-Cities：Issues from Mumbai and Delhi，Pratham Resource Center，January 20，2005.

民族和落后部落儿童免费提供午餐、校服、课本和文具计划。2005年议会通过的一项法案中更是规定了在私立学校中为少数民族与落后部落配备20%的名额，且这部分学生只要达到一定的学习要求就可以享受学费减免。但事实上，由于财政以及历史等诸多原因，许多表列种姓与表列部族并没有被纳入这个范围。如在克拉拉邦，基础教育高度发展的同时仍然将一些弱势群体排斥在外。这些群体包括克拉拉邦的表列种姓、表列部族和渔民三大人群。2001年，这三大人群占克拉拉邦人口的13.3%。1991年的统计数据表明，克拉拉邦的表列种姓的识字率与全邦平均水平相差11个百分点，表列部族的识字率与全邦的平均水平相差33.4个百分点。即使在基础教育总体发展较差的古吉拉特邦，表列种姓的识字率与全邦的平均识字率近乎持平，差距只有0.21个百分点，表列部族的差距为24.84个百分点。在克拉拉邦的222个渔村中，也存在着渔民受教育水平落后于全邦平均水平的情况。这种状况的产生并非由于政策的也非是由于财政的，具有其特殊的地区性。①

（六）贫困问题与童工

在过去的几十年中，印度虽然为消除贫困尽了很大的努力，也取得了一定的成果，但至1998年仍有43%的人口生活在贫困线下。印度在普及义务教育的总政策不变的前提下，多次推迟实现义务教育普及的日期，一方面表现出了独立初期的教育决策过程中对印度的社会现实缺乏深刻的认识；另一方面也是与广大农村恶劣的经济形式所造成的贫困有着直接的关系。贫困的后果不仅导致教育条件的恶劣，更严重的是使得童工问题泛滥，孩童做劳工挣得的微薄收入对于贫困家庭而言是不可或缺的生活来源，因此，大量学龄期儿童是在劳作的工厂和田间度过了自己的童年乃至青少年时期。这种社会状况直接影响着义务教育的普及，因为入学率和巩固率得不到保证，义务教育的普及就是痴人说梦。如果不能有效地治理农村的贫困、控制人口的过快增长以及实现社会和文化的改造，那么，正如有人估计的那样，印度义务教育的政策目标也许到21世纪中期才能实现，这并非是危言耸听。②

在农村，14岁以下儿童跟随父母从事农田劳动是十分普遍的现象。家务劳动的相当一大部分是由女孩子承担的，如照看弟妹等。她们大约在7、8岁时就开始分担父母的生活重担。"据《印度人》1993年6月13日报道的泰米尔纳杜邦的一项抽样抽查表明，在7个村子里，有子女做工的65户人家中有一半的家

---

① 陈前恒.印度克拉拉邦基础教育制度考察［J］.当代亚太，2005，(8).
② 许建美.影响印度基础教育决策的因素［J］.比较教育研究，2005，(10).

庭其经济收入程度不同地依赖于子女做工的收入。如果孩子们不去做工，其家庭经济状况将降至贫困线下。有 17% 的家庭，其经济收入中的一半来自子女；40% 的家庭，其收入的 1/3~1/2 为子女做工收入；只有 12% 的家庭，子女做工收入占总收入的 20%。"在印度的童工中相当一部分是由于他们父母的负债而将子女抵押给地毯业主或玻璃制品厂主，以清偿债务的。尽管印度政府已先后制定了十几项关于禁止使用童工、禁止童工从事有害于健康和危险的劳动等法律条文，但贫困使他们别无选择。"面对这种情况，甚至有人向议会提出这样的解决办法：以法律形式承认童工，雇佣童工合法化，以便于依法严格管理和监督。新法规必须保证童工能得到足够的食物，保证童工接受免费义务教育。"其理由是，贫困使他们不得不成为童工而无法考虑工作条件，而规范的童工管理起码还能保障他们的一部分基本权利。童工问题直接影响着印度的初等教育的普及，而贫困又是儿童被迫做工的主要原因。①

五、结 论

2000 年 9 月，所有联合国成员国家达成了千年发展目标，普及初等教育成为 8 个主要目标之一。这个目标要求所有 6~14 岁的儿童不仅能够进入学校而且要顺利地完成初等教育的学习任务。印度自独立初就确定了普及 6~14 岁儿童免费初等教育的目标，并将之载入宪法作为国民的基本权利之一。后来由于国情与教育普及化实施过程中的问题，达成这个目标的期限一再延缓。在 10 年前，印度政府推行了一项旨在实现教育普及化即 Education For All（EFA）的 Sarva Shiksha Abhiyan（SSA）计划。这个计划确定了 5 项主要的目标：

到 2003 年，所有 6~14 岁的儿童实现登记入学；

到 2007 年，所有儿童达到 5 年的受教育年限；

到 2010 年，所有儿童达到 8 年的受教育年限；

注重与生活相关基础教育以获得让人满意的教学质量；

努力沟通性别与社会群际之间的差别，到 2007 年初步完成，2010 年基本完成。

然而，就实际情况而言，这个目标到现在为止并没有很好地完成。众多的印度儿童，如大城市中的移民子女，尤其是特大城市中的移民子女，他们的教育问题并没有很好地解决。在 Pratham 资源中心 2005 年 1 月 20 日的报告《Education for All in India's Mega-Cities：Issues from Mumbai and Delhi》中就提出了德里和孟

---

① 王晓丹. 童工、童婚与义务教育——印度青少年问题［J］. 南亚研究，1994，（3）.

买这两个印度最大城市中的 6 个贫民区案例,在这些案例中,移民子女的教育都面临着很大的问题。国家和地方政府在应对城市中的外来移民子女的教育问题时都作出了相应的规定和努力。如在德里,政府在处理移民子女教育问题的时候主要提出以下几条:一是提供"学习中心",以地理单元为依据扩展这类中心吸纳学校外儿童入学,当地非政府组织征募教育并经正规机构进行培训,以期这些孩子最后能够进入正规的学校系统;二是市政机关推行"非帐篷学校"政策,暂时由简易建材搭建的小屋代替;三是简化登记入学的要求,许多以前需要的文书、证书(如学习成就证明)和申请材料(要用当地允许的语言申请,很多父母与子女都不具备这种能力)都进行省略。在孟买也提出了相类的一些计划,如将学校外儿童的教学计划整合进整个学校系统的教学中,以使他们接轨等。但是,事实上,这些努力虽然取得了暂时或可见的效果,却不是一种稳定和持久的策略。

通过前面的文献搜集,我们知道,当前印度城市中移民子女的教育问题主要集中在以下几个方面:

1. 地域的可接近性。印度虽然在普及初等教育的过程中推行过每一公里范围内就有一所学校的计划。但事实上,在大城市中的贫民区,由于空间和财政的限制,这项计划并没有很好地执行。在《Education for All in India's Mega-Cities:Issues from Mumbai and Delhi》所列举的六个贫民区,都存在着这样一个问题。孩子上学经常要路过一些危险的路段,如铁路、拥挤而狭窄的马路、阴暗的巷子以及纵横而暴露的污水沟。就近的学校面临着这样的问题,而另一所公立学校常常位于 20 多公里以外,但父母由于工作的问题并不能为孩子的上学提供接送,所以孩子上学是一件比较危险的事情。在一个贫民区中,由于一个上学的女孩发生了事故,附近的几乎所有父母在很长一段时间内都不允许自己的孩子上学。虽然很多地区政府都推行了校车接送的政策,但在这些贫民区,这也是一个不可实现的任务。

2. 经济的可接近性。印度实行的是 6~14 岁儿童免费教育的政策,所有公立学校都一直贯彻这样的政策。但公立学校往往意味着办学条件低和教学质量差。拥有好的教学质量与办法条件的往往是那些收费很高的私立学校,这里绝大多数移民家庭所不能负担的。在其中一个贫民区案例中提到,贫民区的公立学校中,5 间屋子却要为 800 名学生提供教学,学校除了实行轮换制外,还有一部分学生不得不在走廊与过道上听课。而在与这个贫民区仅一巷之隔的地方,却有 20~23 所私立学校,但是没有家庭能负担得起。贫困问题也一直是印度城市移民面临的重大问题,因而造成的童工和辍学在城市移民中是普遍的现象。

3. 语言的可接近性。印度在 1950 年制定的宪法附表中承认 15 种语言。宪法第 343 条规定印地语为官方语言，并且规定从 1965 年 1 月 26 日起，发往中央政府和印地语各邦的官方文件要使用印地语。但是这种以印地语为国语的政策伤害了其他民族的感情和自尊心，受到各地方民族主义者的联合抵制，迫使印度政府放弃了推行印地语为国语的方案，以"三种语言的方案"取而代之。其基本精神是以印地语为官方语言，英语为联络语言，各邦的民族语言为本邦的官方语言。因此，在语言学习政策上，小学阶段使用母语进行教学；在中学以上，学生必须学习英语或任何一种现代欧洲语言，并且必须学习印地语；在印地语各邦，学生则必须学习另外一种印度民族语言。印度的这种语言状况和学校课程设置对于外来移民子女来说是相当不利的。事实上，任何一所公立学校都不可能提供所有语种的教学，故而，外来移民的子女被迫接受当地语言的教学，因而影响他们的成绩。

综上所述，印度城市中移民子女在教育问题上都面临很大的困境。印度政府在处理这些困难的时候也做出了很大的努力。但实际情况是，印度对于人口的迁移没有任何的限制，对于外来人口的登记入学上也没有任何限制，但移民子女的教育仍成问题。印度一直以来，从经济、人口政策到教育政策都实行 pull 的机制，尤其是在教育普及化问题上，从来没有强制推行义务教育，在语言问题上更不可能强制推行统一语言。它只是通过不断地优化学校政策来吸引孩子上学，如免费营养午餐，等等（前文都有提及）。但是我们也看到，由于一直以来，印度教育财政向高等教育倾斜，使得印度的高等教育成为世界上最成功的高等教育之一，但初等教育的普及化却步履为艰。我们看到，开放的教育体系与非正规教育中心，一直以来都是解决城市移民子女教育问题的重要策略之一，而且也拥有很好的效果。但这也是与政府的财政支持和 NGO 组织的支持相关的。童工与贫困问题是印度城市移民子女教育所面临的最大问题，因为绝大多数印度人迁移到城市是为了获得更好的生活，他们的迁移具有很大的盲目性。非正规教育系统虽然能够很好地解决童工的教育问题，但毕竟能力有限，而作为根本问题的贫困却不是教育政策所能够解决的。

第十章

城市产业结构与人力资源配置状况分析

在以往的大多数研究中，接受农民工子女入学主要是基于教育机会平等的考虑，舆论和政策都指向启动城市接受农民工子女入学的工作。然而，随着该项工作不断深入，接受农民工子女入学，保证义务教育机会均等逐渐被广泛接受，这时，研究工作和政策的重点就需要从理念的研究和传播，逐渐转为接受机制的研究。这样，在城乡融合过程中，需要加强对城市接受农民工子女的能力、趋势和障碍的研究，提高政策的针对性。

对于一个城市而言，外来农民工子女的教育供给问题，不仅涉及供给的能力，还与城市的供给意愿密切相关，即有资源供给的能力并不必然导致供给行为的发生。在一定程度，城市的供给意愿决定了最终的结果。因此，农民工子女的教育不仅仅涉及城市教育资源的承受能力，事实上还与一个城市的产业结构、城市定位以及市民对外来人口的态度相关。

一、城市资源问题分析

对农民工子女提供教育首先必然受到该城市的教育资源供给能力的约束。郑州市曾经在2004年的1~8月施行户籍新政，实行按固定住所落户、放开亲属投靠的直系限制。新政实施不到1年，郑州市新增入户人口10万人。但到当年秋季新生入学时，郑州发现市内各学校凭户口入学的儿童暴增，很多学校的班级增加到90多人，教育资源急剧紧张，同时在交通、社会保障、治安等方面也承受着巨大的压力,在这样的情况下,郑州市不得不又收紧户籍政策,暂缓人口激增带来的城市压力。可见,一个城市的教育资源供给能力是为外来农民工子女提供教育的前提条件。

一个城市教育资源的供给能力,涉及经济发展水平、土地的人口承载力,以及城市的规划与发展的进程等多方面要素,但是城市的分类不可能对诸多的标准一一进行分析。因此,在资源约束方面,主要依据经济对教育的支撑能力作为城市分类的依据。由于地区生产值水平与财政收入水平总体上呈强正相关,且从根本和长远看,地区的经济发展水平决定地区财政状况。所以具体按中小学生生均经费指数,即中小学生均预算内事业费支出与生均预算内公用经费支出的总值与人均GDP之比作为指标进行城市分类。全国普通小学生均预算内事业费支出为1 327.24元,生均预算内公用经费支出为166.52元;全国普通初中生均预算内事业费支出为1 498.25元,生均预算内公用经费支出为232.88元[①];2005年全国人均GDP为13 950元,因此全国平均的生均经费指数小学为0.107,初中为0.124(生均经费指数的数值越小,则表明人均GDP的负担越轻,从而支撑能力就越强)。

2005年全国地级及以上城市普通小学生均预算内事业经费支出为1 421.43元,生均预算内公用经费支出为135.46元;全国普通初中生均预算内事业费支出为1 597.57元,生均预算内公用经费支出为196.29元,因此,2005年,全国地级及以上城市普通小学生均经费为1 556.89元,普通初中生均经费为1 793.86元,上述两值为平均负担,以各城市的人均GDP为其支撑能力,各城市的生均经费指数[(生均预算内事业费+生均预算内公用经费)/人均GDP]见表10-1。

表10-1　　　　　中小学生生均经费指数(2005年)

城市	人均GDP(元)	小学生生均经费指数	初中生生均经费指数
北京	44 969	0.035	0.040
上海	52 378	0.030	0.034
广州	68 751	0.023	0.026
成都	21 913	0.071	0.082
杭州	44 487	0.035	0.040
义乌	43 100	0.036	0.042
郑州	25 474	0.061	0.070

---

① 教育部,国家统计局,财政部.2005年全国教育经费执行情况统计公告[Z].2006-12-29.

续表

城市	人均 GDP（元）	小学生生均经费指数	初中生生均经费指数
石家庄	20 082	0.078	0.090
沈阳	32 092	0.049	0.056
顺德	44 795	0.035	0.040
乌鲁木齐	27 452	0.057	0.065
厦门	45 758	0.034	0.039
福州	22 388	0.070	0.080
南京	33 050	0.047	0.054
重庆	10 978	0.142	0.163
大连	38 155	0.041	0.047
西安	15 925	0.098	0.113
宝鸡			
大同	11 913	0.131	0.151
太原	26 550	0.059	0.068
深圳	136 071.3	0.027	0.033
珠海	66 550.61	0.025	0.030
保定	15 906.41	0.069	0.083
长春	21 335.72	0.043	0.053
洛阳	13 845.43	0.060	0.073
长治	13 316.66	0.077	0.093
宜昌	14 788.68	0.060	0.073
秦皇岛市	23 279.89	0.041	0.050
盘锦市	46 543.21	0.034	0.041
宁波市	35 446.47	0.026	0.032

* 宝鸡的数据缺失，大同的数据根据大同市 2006 年国民经济和社会发展统计公报估算，太原的数据根据太原市 2006 年国民经济和社会发展统计公报估算。

从表 10-1 可以看出，除重庆和大同外，以上城市的生均经费指标均低于全国平均值。这说明这些城市（重庆和大同除外）都有一定的教育资源供给能力。为了将 20 个城市进行分类，我们以小学生均经费指数 0.05，初中生均经费指数 0.06 为标准①，超过这一数值的城市即认为其教育资源的潜在供给能力不强。分

---

① 之所以选择 5% 和 6% 分别作为判断教育经费供给能力的依据，是因为国际上通过集中趋势分析，普遍认为小学和初中经费超过 4%，若占到 5%～6%，就出现经费紧张状态了。

类结果见表 10 – 2。

表 10 – 2　　　　　各城市教育资源的潜在供给能力

城市	教育资源的潜在供给能力	
	强（小学 < = 0.05，初中 < = 0.06）	一般（小学 > 0.05，初中 > 0.06）
北京	强	
上海	强	
广州	强	
成都		一般
杭州	强	
义乌	强	
郑州		一般
石家庄		一般
沈阳	强	
顺德	强	
乌鲁木齐		一般
厦门	强	
福州		一般
南京	强	
重庆		一般
大连	强	
西安		一般
宝鸡	—	—
深圳	强	
珠海	强	
长春	强	
保定		一般
洛阳		一般
长治		一般
宜昌		一般
秦皇岛	强	
盘锦	强	
宁波	强	

二、城市产业状况分析

20世纪40年代,英国经济学家柯林·克拉克在他发表的《经济进步的诸条件》一书中,根据一些国家的历史统计资料,揭示了劳动力就业结构随着产业结构变化的基本趋势,他指出,当社会经济发展处于第一产业为主导时,人均国民收入比较低,并且第一产业占有绝大多数的社会劳动力;随着社会经济的发展,第二产业逐渐取代第一产业而占据主导地位时,人均国民收入增大,劳动力从第一产业向第二产业转移,使第二产业的劳动力占全社会劳动力的比重迅速提高,与此相应,第一产业的劳动力比重相对下降;随着社会经济的进一步发展,第三产业在国民经济中所占比重将会最大,这时,人均国民收入将大大增加,劳动力从第一产业主要向第三产业转移,使第三产业劳动力占全社会劳动力的比重迅速提高,而第一产业劳动力的比重迅速下降。克拉克的这一发现被称为"配第—克拉克定理"。从理论上讲,第三产业就业人员比重增大是经济社会演化的必然趋势。事实上,美国、英国等发达国家第三产业从业人员的比重已高达70%以上。

2005年我国三大产业生产总值占国内生产总值的比例分别为11.8%、48.71%、39.49%[①],正处于工业化的中期。根据库兹涅茨的研究成果,这一阶段的显著特征是第一产业的国民收入比重和劳动力比重继续减退,第二产业的国民收入比重上升,但其劳动力比重的变化却微乎其微。这说明第二产业对国民收入的增长有很大的贡献,但是发展到一定的水平后,第二产业将逐渐由劳动密集型向资金密集型转变,不可能大量雇用劳动力,尤其是劳动素质比较低下的农民工。因此,第三产业将成为这些城市吸收劳动力的主要领域。

改革开放以来,我国的产业结构发生了很大的变化。产业结构的变化将会导致劳动力就业结构的变化,而在农民工素质条件既定的情况下,一个城市的产业结构将在一定程度上影响其接受农民工的程度,从而影响该城市为农民工子女提供教育资源的意愿。

要分析一个城市的产业结构对农民工的吸纳程度,必须分析农民工的产业适应性以及该城市的产业结构。

---

① 国家统计局. 中华人民共和国2006年国民经济和社会发展统计公报 [N]. 2007-02-28.

(一) 进城农民工所从事的产业

研究表明,目前我国绝大部分农民工仅完成高中及以下阶段的教育,学历低[①],而且得到的培训少,技能低,不具有现代工业社会的工作经验,因此在与城市劳动力的竞争中处于劣势状态,只能从事城市居民放弃的工作。所以农民工的就业有鲜明的行业性特征,主要集中在建筑、运输、饮食服务、家庭保姆、环境卫生、治安保卫等职业。[②] 同时,由于我国户籍制度的限制,农民工也难以进入城市中的国有企事业单位、集体单位就业,他们多数为个体工商或私营企业当雇工。根据《中国统计年鉴2006》提供的数据,可以发现农民工所从事的行业主要集中在制造业、批发零售业,其次是餐饮业和其他服务业,这些行业通常对劳动技能的要求不高,进入门槛较低,符合农民工自身的条件(见表10-3)。

表10-3　　2005年非农产业就业人数分布　　单位:万人

产业	城市职工人数			私营个体从业人数	
	国有单位	城镇集体单位	其他单位	城镇	乡村
采矿业	235.7	23.5	238.4		
制造业	599.0	214.4	2 283.1	1 329.6	1 658.4496
电力、燃气及水的生产和供应业	205.7	5.9	82.1		
建筑业	250.3	173.9	430.2	242.7	136.9686
交通运输、仓储和邮政业	421.8	29.1	128.2	226.5	172.3362
信息传输、计算机服务和软件业	59.3	1.3	56.2		
批发和零售业	204.4	85.1	218.9	2 534.8	1 531.0330
住宿和餐饮业	63.3	13.1	90.1	465.6	254.7164
金融业	154.9	61.6	78.6		
房地产	43.9	7.6	81.1		
租赁和商务服务业	104.8	33.2	60.8	302.6	83.2983
科学研究、技术服务和地质勘查业	179.7	3.0	29.9		
水利、环境和公共设施管理业	152.5	8.8	9.0		
居民服务和其他服务业	21.0	9.5	16.6	427.8	221.7952
教育	1 390.8	39.0	14.9		

---

① 中国社会科学院人口与劳动经济研究所于2003年对5个城市的农民工所做的调查研究表明:绝大多数农民工仅完成高中或高中以下阶段的教育,比例高达96.5%,其中79%的进城农民工的文化程度在初中及以下水平。高文书.进城农民工就业状况及收入影响因素分析中国农村经济[J].2006 (1). pp. 28 – 34.

② 朱力.农民工阶层的特征和社会地位[N].南京大学学报(哲学・人文科学・社会科学),2003,(6). pp. 41 – 50.

续表

产业	城市职工人数			私营个体从业人数	
	国有单位	城镇集体单位	其他单位	城镇	乡村
卫生、社会保障和社会福利业	437.8	46.2	7.4		
文化、体育和娱乐业	106.2	2.4	8.5		
公共管理和社会组织	1 208.3	2.9	2.2		

资料来源：《中国统计年鉴2006》

表中其他行业乡村从业人数不详，但是像金融、保险、房地产、教育、卫生、文化等行业，进入门槛较高，难以吸纳农民工就业。这一点得到了中国社会科学院人口与劳动经济研究所于2003年对5个城市的农民工所做的调查研究的证实（见表10-4）。[①]

表10-4　　　　　　　进城农民工的行业分布

行业分布（%）	全部	北京	石家庄	沈阳	无锡
农林牧渔业	1.2	0.4	0.0	2.8	0.0
制造业	28.8	7.1	57.1	19.8	67.7
电力燃气及水的生产和供应业	0.5	0.9	0.0	0.0	2.2
建筑业	9.5	7.6	3.8	15.6	4.3
交通运输仓储邮电业	4.2	9.3	2.3	1.4	3.2
批发零售餐饮业	33.8	35.6	28.6	44.2	5.4
金融保险房地产业	1.2	3.1	0.0	0.7	0.0
社会服务业	15.7	28.9	4.5	12.0	10.8
卫生体育教育文化科研业	1.4	3.1	1.5	0.4	0.0
国家党政机关和社会团体	0.4	0.9	0.0	0.0	1.1
其他行业	3.3	3.1	2.2	3.1	5.3

资料来源：高文书．进城农民工就业状况及收入影响因素分析［J］．中国农村经济，2006，(1)．pp.28-34．有改动。

以上数据表明，由于农民工自身素质条件以及国家制度的限制，其进入城市以后，所从事的行业主要集中在制造业、批发零售业、住宿餐饮业以及社会服务

[①] 从行业分布来看，进城农民工就业的行业首先是批发零售餐饮业和制造业，在这两个行业里就业的农民工合计占农民工就业总人数的60%以上；其次是社会服务业和建筑业，在这两个行业里就业的农民工约占农民工就业总人数的25%。高文书．进城农民工就业状况及收入影响因素分析［J］．中国农村经济，2006，(1)．pp.28-34．

业等行业。

(二) 城市的产业结构

上述分析指出，农民工所从事的行业主要是第二产业中的制造业、第三产业中的批发零售业、住宿餐饮业和社会服务业，因此为了分析城市产业结构对农民工的接纳程度，需要考察上述四个行业在各城市的发展。根据 2004 年第一次全国经济普查的数据，各城市四大行业的状况见表 10-5。

表 10-5　　2004 年各城市四大行业从业人员比重*（%）

城市	制造业	批发零售业	住宿餐饮业	社会服务业	对城市类型的简单判断
北京	19.61	17.07	7.01	4.26	工业薄弱，消费型城市，服务业发达
上海	36.27	17.61	3.22	2.46	工业强，流通业发达
广州	31.03	13.83	4.79	2.76	工业较强，流通业较发达
成都	25.00	16.84	6.91	4.02	工业一般，服务业较发达
杭州	35.13	10.94	3.70	2.42	工业强
义乌	34.33	13.81	2.52	2.11	工业强
无锡	59.89	13.48	3.18	3.08	工业强，服务业一般
沈阳	31.05	17.69	5.22	2.74	工业较强，流通业和服务业较强
顺德	66.68	10.25	3.6	3.27	工业强
乌鲁木齐	—	—	—	—	
郑州	—	—	—	—	
石家庄	—	—	—	—	
厦门	46.36	15.21	4.85	3.12	工业强
福州	—	—	—	—	
南京	28.32	16.68	5.34	6.16	工业较强，流通业和服务业较发达
重庆	19.49	18.10	5.50	1.40	工业弱，流通业较强
大连	33.41	14.24	4.47	3.40	工业强
西安	24.94	16.95	7.32	2.73	工业一般，流通业较强
宝鸡	—	—	—	—	
大同	15.83	14.01	4.62	—	工业一般
太原	20.58	14.39	5.02	2.70	工业一般
深圳	30.87	4.62	2.19	5.01	工业强
珠海	34.4	18.74	5.56	7.0	工业强
长春	19.7	26.4	4.7	19.5	工业弱，流通业强
宜昌	34.8	16.8	11.2	4.1	工业强，流通业和服务业强

* 表中指标分别是制造业、批发零售业、住宿餐饮业和社会服务业的从业人数占第二、三产业整体从业人数之比。

表10-5数据显示，各个城市四大行业的从业人员比重有所不同，除了北京、重庆、大同、无锡、顺德五地的制造业从业人员比重相差比较悬殊之外，其余的数据差异并没有达到显著的程度。究其原因，我国在建国后向苏联学习，在全国建立起以工业为主导的产业结构，即使在北京、上海等原材料缺乏的城市，也大力发展工业。长期发展下来，各地产业结构雷同，制造业在各地的生产总值和从业人员中必然都占很大的比重。而山西是我国煤矿矿藏最为丰富的省份，大同作为我国重要的煤矿资源基地，其产业结构之中必然是采矿业等与煤矿相关行业而非制造业占据了更大比重。另外，在制造业内部所包含的行业也是相当的丰富，既有劳动密集型的行业，如食品加工业、纺织业、工艺品制造业等，也包含资本密集型和技术密集型的行业，如通讯设备制造业、医药制造业等。显而易见的，农民工从事的制造业必然集中于劳动密集型的行业。然而我国的统计数据中，并没有将劳动密集型企业、资本和技术密集型企业的数据分开统计，这样，即使一个城市的制造业在经济中占有相当的比重，也不能由此推断该城市的制造业可以大量吸纳农民工。因此，根据现有的数据难以判断各个城市的产业结构是否能够大量吸纳进城农民工。

为此，我们必须对各个城市的产业结构进行更加细致的分析。由于现有统计数据不可用，因此，我们选择对各个城市的支柱产业进行质性分析。我国在发展了多年的大而全的工业体系后，各地开始因地制宜地发展各有特色的工业，而一个城市的第三产业也会随着经济的发展，呈现出不断高级化的发展态势[①]。因此，事实上，各个城市由于各自的地理特点和经济发展程度不同，其支柱产业是各具特色的（见表10-6）。

根据表10-6的分析我们可以看出，在我国一些比较发达的城市，如北京、上海等，其产业发展的趋势将导致难以持续地、大量地吸纳农民工进城经商、务工。在这样的情况下，即使该城市教育资源充足，其政府也必然不愿意为不是该城市目标群体的农民工提供包括教育在内的公共服务。

[①] 根据国家统计局对中国第三产业四个层次的划分，第一层次是流通部门：交通运输、仓储业、邮电通信业、商贸业及餐饮业等；第二层次是为生产和生活服务的部门：金融业、保险业、房地产管理业、居民服务业、公用事业、旅游业、咨询信息服务业、综合技术服务业等；第三层次是为提高居民素质和科学文化水平服务的部门：科研、教育、广播、电视、文化、卫生、体育、社会福利业等；第四层次是为社会公共需要提供服务的部门：国家机关、社会团体、警察、军队等。研究发现，第一层次作为传统的就业部门，其吸纳的第三产业就业人数最多，但是随着经济的发展，已经呈现明显的下降趋势

表 10-6　　各城市支柱产业对农民工的接受程度

城市	支柱产业	对农民工的接受程度
北京	金融保险、商贸物流、信息服务、商务服务、软件、汽车	低
上海	信息产品制造、金融、商贸流通、汽车制造、成套设备制造、房地产、生物医药、现代物流	低
广州	生物医药产业、电子信息制造业、汽车及零部件产业、服务业、石化工业	低
成都	非金属矿制品业、交通运输设备制造业、烟草制品业、批发零售业、建筑业	高
杭州	机械制造、纺织服装、食品饮料加工、电子信息	低
无锡	机械装备、高档纺织、电子信息、新材料、汽车零部件等行业	低
义乌	著名的小商品批发城，民营企业主要是劳动密集型企业，对劳动力素质要求不高	高
郑州	农副食品加工业、食品制造业、纺织业、造纸业、煤炭开采和洗选业	高
石家庄	纺织业、非金属矿物制品业、制药业、食品加工、建材	高
沈阳	著名的重工业城市和国家装备工业基地。以机械工业、交通运输设备制造业、电器机械及器材制造业为主，同时也是东北地区最大的物资集散地和贸易中心	低
顺德	著名的家电之都、家具王国，以家电、纺织、家具、食品等行业为主	高
乌鲁木齐	是我国向西开放的重要门户。以商贸经济为主体，由于中亚五国工业基础薄弱、粮食、肉类不能供给，轻工业落后，因此乌市成为重要的商品集散地	高
厦门	高新技术产业、电子、机械、化工行业	低
福州	电子信息产业、汽车及配件产业、纺织产业、冶金及冶金制品产业、建筑建材产业、外商投资企业	低
南京	电子、石化、钢铁、汽车、电力	低
重庆	重庆工业轻重并举，门类齐全，制造业发达，摩托车、汽车、仪器仪表、精细化工、大型变压器、中成药等，是全国重要的生产基地。重庆拥有亚洲最大的铝加工厂，有规模以上汽车、摩托车企业 382 家，摩托车产量占全国的 1/3，出口超过 1/2。重庆已成为全国十大机电产品出口基地之一	高
大连	装备制造、石油化工和电子信息、旅游业	低

续表

城市	支柱产业	对农民工的接受程度
西安	机械制造业、电子及通讯设备制造业、交通运输设备制造业、电气机械及器材制造业、专用设备制造业、普通机械制造业、仪器仪表、石油化工、纺织、医药、食品加工及制造业、饮料制造业、金属制品业、非金属矿物制品业、轻工、航空和军工。西安制造业比重较大，占工业的97%	低
宝鸡	工业基础雄厚，是西部工业重镇。装备制造业优势突出，重型汽车、数控机床、精密磨床、电子仪器仪表、石油钻采设备、铁路桥梁及钛材等60多个产品销量居全国或世界同行业前列	低
大同	煤炭、电力、冶金、医药化工、机械制造、建材	高
太原	冶金工业、机械装备制造业、清洁能源工业、化工工业、电子信息产业、新材料产业、现代医药业	高
深圳	高新技术、物流、金融、文化产业是深圳市的四大支柱产业，计算机软件产业、通信产业、微电子及基础元器件产业、视听产业、机电一体化产业、重点轻工产业和能源产业七大主导行业制药、医疗器械、生物技术、新材料等新兴行业发展迅猛	低
珠海	电子信息、家电电气、石油化工、电力能源、生物医药、精密机械制造	低
长春	汽车制造、粮食加工和光电子产业	高
保定	汽车产业、建筑业、光电一体化、新材料、新能源，以及电子信息业可以作为保定高新区支柱产业的依据	低
洛阳	房地产业、制造业、旅游业、金属与材料工业	高
长治	煤炭是长治市的支柱产业，电子工业基础雄厚。煤炭深加工转化和综合利用	高
宜昌	电力、化工、食品医药、食品加工、纺织服饰加工、电子制造	低
秦皇岛	玻璃建材、金属压延、机械电子、粮油食品	高
盘锦	渔业、畜牧业、旅游业、食品加工、天然气化工、石油化工和轻纺化工	高
宁波	电、汽、水生产和供应业，电气机械及器材制造业，石油加工及炼焦业、服装及其他纤维制品制造业，普通机械制造业和烟草加工业	高

三、市民待遇提供状况分析

在我国的城镇化过程当中,农民工为城市的发展做出了巨大的贡献,他们在城市生活、工作,已成为城市发展不可缺少的一员。但是长期的城乡隔绝和二元经济结构,使市民在心理上形成了很大的优越感,很多城市居民都认为,农民工进城,享有市民待遇,会损害到市民的利益,巨大的特权意识使城市居民并不愿与他人分享其所有的特权与福利。虽然农民工为城市经济的发展做出了重要贡献,但是他们却难以得到市民的待遇,他们为城市作贡献,但是城市却拒绝为他们提供公共服务,如不接受农民工子女入学、不把他们纳入城市社会保险的范围,不为他们提供公共培训和就业服务等。如果给予农民工和当地居民一样的待遇,城市就必然要为他们承担提供各种公共服务的费用,这就意味着城乡利益格局的巨大变化。可以预料的是,这种变化的发生必然伴随着城市和地方的各种形式的抵制和阻挠。一个城市的市民待遇越好,其市民必然越排斥更多的农民工入城享受市民待遇。因此,一个城市的市民待遇在一定程度上会影响其接纳农民工的意愿,从而影响其为农民工子女提供教育的意愿。

市民待遇作为一个制度体系,是在社会保障、就业、医疗、住房、教育等方面全方位的社会福利制度保障,我们难以一一考察,为了将城市分类,我们试图选择最能代表一个城市福利水平的社会发展支出作为分类指标(见表 10-7)。

表 10-7　　　　　　　各地 2005 年社会发展支出

城市	社会发展支出(%)
北京	32.4
上海	38.94
广州	33.06
成都	19.34
杭州	32.31
义乌	33.67
沈阳*	23.2
顺德*	28.02
无锡	27.28
石家庄	—

续表

城市	社会发展支出（%）
郑州	—
乌鲁木齐	—
厦门	—
福州	—
南京	18.12
重庆	27.39
大连*	31.21
西安	24.4
宝鸡	—
大同	—
太原	—

数据来源：根据各地 2006 年统计年鉴计算所得。

*沈阳的数据来源于沈阳 2005 年统计年鉴；顺德的数据来源于顺德 2005 年统计年鉴；大连的数据来源于大连 2004 年统计年鉴。

社会发展支出是指财政用于文教科卫、社会福利的事业费和基建投资，与一个城市的福利水平有紧密的联系。城市越发达，其社会发展支出占财政支出的比重应该越大，居民享受的福利水平越高。然而表 10 - 7 数据显示，结果与我们的预期并不相符。原因在于，在我国相对发达的城市，如北京、上海、广州等，城市里的大学相当大部分是部属或省属院校、科研项目也有相当大部分是国家级或省级课题，这些费用是由中央政府支出的，并不计入当地政府财政支出的统计范围。而教育和科研投入在社会发展支出中占了一半的比重，因此，在我国相对不发达的城市，其社会发展支出比重反而高于相对发达城市。在这样的情况下，我们难以根据统计数据用量化的方法对城市进行分类。

为了考察城市福利待遇对农民工进城的影响，我们转而采用描述的方法研究城市的进入门槛。根据福利经济学的理论，一个城市的福利、待遇越高，必然就有越严厉的进入限制。在我国，城市的福利是与居民的户口相联系的，由于户籍制度改革的滞后，外来的农民工是无法获得这些福利的。因此，城市的进入门槛在我国就表现为户籍的限制，我们需要对各个城市户口获得的难易程度进行描述，据此对城市进行分类。

我们考察了各个城市关于户口迁移的限制条件，与农民工相关的政策主要集中在学历限制、资本（投资和购房）限制以及外来务工人员户口迁移政策三方面。一个城市对迁入人口的学历限制显然与该城市产业结构的发展趋势相关，产业结构越高的城市越需要高学历的人才。例如，北京、上海，需要最低有学士学位的人才能落户，而且在实施的过程中，连硕士落户都相当的困难，可见这两个城市产业结构所需要的人才定位较高；而广州、杭州、沈阳、无锡、大连、厦门、西安、太原等城市对落户的学历限制较北京、上海松动，虽然也是需要本科及以上学历，但是有专业技术职称的专科甚至中专学历也可以落户，例如沈阳还限制需为理工科的专业人员，大连限制为计算机相关专业人员，从中可见其城市产业发展的重点；剩下的几个城市则对落户人员的学历没有太高的限制，例如成都，市区需要大专以上学历，郊区则只需中专学历，宝鸡则只需要中专以上学历，这说明这些城市产业结构的发展尚未对人才的学历提出较高的限制。

除了学历限制以外，另一个能够获得城市户口的途径是各城市制定的凭资本（投资和购房）落户的政策。北京和上海、广州没有此类政策，这虽然不能说明它们不需要外来资本，但是至少我们可以发现这3个城市的落户限制十分严苛，通过资本已经不能够成为这两大城市愿意接纳的目标群体；而杭州、沈阳、大连、厦门等城市，它们虽然制定了通过资本落户的政策，但是所规定的数额都较高，是普通的务工人员难以达到的，这说明这些城市的目标群体是有较为雄厚的资本条件能够经商或者是个人能力非常突出的群体；而从无锡、福州的资本落户政策则能够看出，这些城市只要个人能有较高的稳定收入或是能够购买一定条件的房屋就能够成为该城市愿意接纳的群体；而剩下的几个城市则对资本落户没有太高的要求。

获得城市户口的第3个途径是各城市制定的针对外来务工人员的户口迁移政策。北京、上海是没有制定此类政策的，虽然不能说明它们不需要外来务工人员，但是至少可以从中发现以务工为目的的人员并不是这两大城市愿意接纳的目标群体；而广州、杭州、沈阳、无锡、大连、太原、西安、南京等城市，虽然制定了外来务工人员户口迁移的政策，但是基本都是对3~5年之内累计纳税程度的限制，而且所规定的数额是普通务工人员难以达到的，或者要求是获得市级以上荣誉称号的人员，这些说明这些城市的目标群体并不是普通的外来务工人员，而是那些个人能力突出、收入较高的外来务工人员，如西安虽然没有要求纳税额度，但是却要求是具有一定规模的企业中管理骨干并有合法居住住所的人员才能够迁入户口；剩下的城市如顺德、义乌、成都、郑州、石家庄、乌鲁木齐等属于最后一类城市，这类城市对外来务工人员有较高的接纳程度，说明其产业发展的阶段尚处于需要大量劳动人员的阶段。他们一般以"具有合法固定住所、稳定职业或生活来源"为基本落户条件，虽然有的城市也有累计纳税额的限制，但那并不是唯一的一条道路，例如顺德，除了纳税额的限制之外，连续居住并缴纳社会保险费5年以上也可以获得城市户口。

根据以上三大条件的限制，我们可以将各城市进行分类。

根据表10-8，我们对城市做出如下分类：

表10-8 城市门槛和对农民工的市民身份限制

城市	凭学历和技术落户的条件	资本（投资和购房）落户条件	外来务工人员户口迁移政策
北京*	1. 具有学士学位且成绩突出者；2. 具有中级专业技术职称的业务骨干；3. 在国外获得学士学位并取得一定研究成果的留学人员		
上海	1. 本科学历层次：本科有学位，高新技术企业做技术方面的工作，毕业3年以上；2. 硕士学历层次：硕士有学位，理工科类专业，毕业2年以上；3. 高级职称层次：本科有学位，高级职称已评上3年以上者；4. 博士、两院院士，享受国务院特殊津贴的高级人才；5. 省、市级奖项的特殊人才		
广州	各类企事业单位急需的本科以上学历或取得中专以上专业技术职称的专业技术人才和管理人才		凡在本市连续居住、就业和缴纳社会保险的年限达到3年以上，且在3年内个人累计缴纳个人所得税达到10万元的非本市常住户口人员，可申请其本人、配偶和未成年子女入非农业户口

续表

城市	凭学历和技术落户的条件	资本（投资和购房）落户条件	外来务工人员户口迁移政策
杭州	1.具有普通高校大学本科（含大学本科）以上学历（含在校硕士研究生、博士研究生）；2.具有中级以上专业技术职务任职资格者；3.普通高校紧缺专业大专学历；4.拥有发明专利者	外地来杭州市区的个私企业营业者，从2000年开始凡连续两年内缴纳地税满10万元人民币的，业主本人可办理落户手续；缴纳地税连续两年每年满15万元的，业主本人及配偶、未成年子女可办理落户手续	
无锡	具有全日制本科以上学历，年龄在35岁以下，我市急缺的其他各类优秀人才	被我市企业合法录用并参加（聘）我市基本养老保险实际缴费累计满10年，在本市自购商品建筑面积达20平方米以上住房的外来务工人员，准予本人、配偶及未成年子女来锡落户	
沈阳	公派或自费出国获得学士及学士以上学位的留学人员，回国定居，博士后入出站人员；具有硕士学位或中级以上专业技术职称资格的人员，国家普通院校大学本科学历并具有学士学位的理工专业人员	民营企业、个体工商户，从领取营业执照之日起，连续两年纳税3万元以上，或年纳税5万元，在沈阳有固定住所的，可办理本人、配偶及未婚子女落户	

283

第十章 城市产业结构与人力资源配置状况分析

续表

城市	凭学历和技术落户的条件	资本（投资和购房）落户条件	外来务工人员户口迁移政策
顺德			在我市经商、就业的非本市户籍人员，在市内有合法固定居住地，且符合下列条件之一的可申请入户：（1）连续在我市经商、就业，暂住7年以上；（2）连续在我市居住并缴纳社会保险费5年以上；（3）连续3年在我市居住，并已缴纳社会保险费，累计缴纳个人所得税5万元以上，经济建设做出贡献；（4）为我市社会治安、经济建设做出贡献，受到区级以上政府部门表彰、嘉奖或获得区级以上劳动模范、优秀员工称号及科研成果奖
义乌			40周岁以下，高中以上文凭，拥有合法固定居所，稳定的收入，务工经商3年以上，且近3年无违法犯罪记录的人员及其配偶、未成年子女可登记为本地城镇户口
成都	在成都市中心城区需具有大专以上学历，中级技术职称或技师以上职业资格，在郊区（市）县需具有中专以上学历、初级技术职称或高级技工职业资格		暂住满3年，拥有合法固定住所，与用人单位签订劳动合同并不间断缴纳社会保险3年以上的市外人员，可登记本人、配偶和未成年子女的常住户口

续表

城市	凭学历和技术落户的条件	资本（投资和购房）落户条件	外来务工人员户口迁移政策
石家庄			外地公民被市内机关、团体、企业事业单位、工商服务业聘用为管理人员或专业技术人员，工作满一年以上者或招聘为合同制工人就业满两年者，可以凭单位证明迁入本市
乌鲁木齐			有合法固定住所的外地人员，有稳定工作的外地人员及退休外地驻乌鲁木齐单位工作人员及退休人员，持有效证明文件并在缴纳城市增容费（3 000～8 000 元）后，即可在乌市落户
郑州		一、购买商品房落户 （一）市外人员及本市农业人口，在下列区域购买单套商品房（指依法取得大连市《商品房预售许可证》后首次出售的商品房，下同）达到相应标准的，购房者本人、配偶及未婚子女可以迁入： （1）在主城区购买商品住宅，购房款 80 万元以上；购买公建商品房，购房款 100 万	凡与郑州市企业单位签订劳动合同，并缴纳社会统筹金半年以上的，准予迁郑
大连	凡具有中等专业技术学校以上文凭的毕业生，准予迁郑 对于非大连生源应届毕业生，本科学历不受限制；专科学历的，专业必须是计算机专业或计算机相关专业（包含"计算机"三个字），但是不包括计算机美术、计算机英语和计算机会计专业		

续表

	凭学历和技术落户的条件	资本（投资和购房）落户条件	外来务工人员户口迁移政策
城市		元以上的。（2）在大连经济技术开发区、金石滩国家旅游度假区购买商品住宅，购房款50万元以上；购买公建商品房，购房款70万元以上。（3）在旅顺口区、金州区购买商品住宅，购房款30万元以上；购买公建商品房，购房款50万元以上的。（二）外省、市及我市农村人员在小城镇购买房屋（不含动迁规划区内的住房）符合下列条件，且有稳定的职业和生活来源的，其本人、配偶及未婚子女可办理小城镇常住户口：（1）在主城区小城镇购买住宅，购房款20万元以上；购买公建房，购房款30万元以上的。（2）在新城区小城镇购买住宅，购房款8万元以上；购买公建房，购房款10万元以上的。二、办理人员落户办理条件：在主城区投资兴办企业，在主城区投资150万元以上（人民币，含本数，下同），年纳税额8万元以上；在新城区投资100万元以上，年纳税额5万元以上，在卫星城投资50万元以上，年纳税额2万元以上，其本人、配偶及未婚子女可迁入	

续表

城市	凭学历和技术落户的条件	资本（投资和购房）落户条件	外来务工人员户口迁移政策
太原	具有国家承认的大学本科以上学历、中级以上职称或具有太原市短缺的特殊技能，愿来太原市工作并依法参加各项社会保险的外地公民，准予落户。凡被太原市用人单位招用的具有国家规定的技术等级（职称），连续工作两年以上，依法参加各项社会保险的职工，应准予落户	外地公民在太原市辖区内购买成套新建商品住房、足额付款，取得《中华人民共和国房屋所有权证》，并实际居住，有稳定收入者，准予其本人和共同生活的直系亲属落户。在太原市当年纳税3万元以上，依法参加各项社会保险的民营企业，准予法定代表人本人和与其共同生活的直系亲属落户	
大同			
西安	1. 获硕士以上学位的研究生，可以"先落户后就业"；2. 全日制普通高等院校（含科研院所）本科及以上毕业生（不含定向生、委培生），与西安市市区用人单位签订劳动合同或协议（招）协议或依法签订劳动合同的，可迁入西安市市区非农业户口。3. 全日制普通高等院校大专（含高职）毕业生，与西安市市区用人单位依法签订劳动合同并参加本市社会保险的，可迁入西安市市区非农业户口；4. 全日制普通中等专业学校毕业生，与西安市市区用人单位签订劳动合同并就业2年以上，依法参加本市社会保险实际缴费满1年以上的，可迁入本市市区非农业户口		在西安市市区依法注册登记的国有独资或国有控股公司以及其他国有法人企业在最近连续3个纳税年度内缴纳的税款累计在300万元人民币以上，依法为员工申办了缴纳社会保险费手续的，其企业法定代表人和中层以上管理骨干在本市连续任职3年以上并在本市市区有合法固定住所的，其本人及其配偶和未成年子女可迁入本市市区非农业户口

续表

城市	凭学历和技术落户的条件	资本（投资和购房）落户条件	外来务工人员户口迁移政策
宝鸡	凡具有国家承认的中专以上学历前来我市就业的人员，户口可以迁入我市城镇和市区。对无合法固定住所的，可将户口迁入人单位集体户。对暂时未找到工作岗位的，可持相关文凭（职称证书）和户口证明，申请落入我市、县人才交流中心集体户	凡来我市投资兴办实业的人员不受投资金额和上缴利税额的限制，均可根据本人意愿申请办理城镇或市区常住户口	凡在我市具有合法固定住所和较稳定职业的人员，均可根据本人意愿申请办理城镇或市区常住户口，与其共同居住生活的直系亲属可以随迁
福州	进城务工、就业人员在我市市区及闽侯、长乐等8县（市）城镇连续居住并办理"暂住证"满5年，年龄45周岁以下，无违法犯罪记录，具有合法固定住所，取得高级技工、技师资格，本人要求办理户口迁入的，公安机关准予办理户口迁入手续	凡在福州市区购买成套商品住房（含合手住房、房改房），并取得该房屋所有权证或申办有关证件的，房屋产权人及随其共同居住的直系亲属人均建筑面积达到25平方米的，可以申请将户口迁入居住地。放宽企业驻榕设立集体户条件，凡在福州市区投资兴办的非公有制企业，市外企业驻榕代表处、办事处，其在岗员工达到20人以上者，可凭企业房屋所有权证或租赁合同申请准入条件的迁入人员，允许其将户口籍关系亲属入亲戚家庭户内挂靠	1. 进城务工、就业人员在市区及闽侯、长乐等8县（市）城镇连续居住并办理"暂住证"满5年，年龄40周岁以下，无违法犯罪记录，具有合法固定住所，并与企事业单位依法签订3年以上劳动合同或实际在企事业单位工作满3年，自己办理社保手续，本人要求办理户口迁入手续的，公安机关准予办理户口迁入手续。 2. 进城务工、就业人员在我市市区及闽侯、长乐等8县（市）城镇已办理"暂住证"，并获得县级以上表彰奖励的外来务工人员，先进工作者荣誉称号的，或取得我市市级以上劳动模范、见义勇为，本人要求迁入户口的，公安机关准予办理户口迁入手续

续表

城市	凭学历和技术落户的条件	资本（投资和购房）落户条件	外来务工人员户口迁移政策
厦门	具有研究生学历或高级职称（含高级技师），年龄距法定退休年龄10年以上的；具有大学本科学历或中级职称（含技师），年龄距法定退休年龄15年以上的；具有大专或中专学历或初级职称，本市急需的高级技工，年龄原则上限制在35周岁以下的。享受国务院或省政府特殊津贴、国家或省级学科带头人，不受年龄年限制。属本市紧缺专业或重点人才的人员按本市有关规定办理	在开元区、思明区、湖里区、鼓浪屿区实际投资额3年度起连续从1995年度实际纳税税额在30万元以上（扣除地方各项附加税和费，免、退税款，下同）、兴办高科技型企业、科学研究单位的实际投资额达100万元以上或从1995年度起连续3年实际纳税税额在20万元以上的，可一次性迁入3人户口（投资者及其直系亲属或企业骨干均可，由企业自定）。每增加实际投资金额达100万元（高科技企业及科研单位50万元）或年实际纳税额每增加20万元以上的，迁入名额增加1人。在同安区、集美区、杏林区以及海沧台商投资区实际投资额3年度起连续从1995年度以上或投资区实际投资额100万元以上或投资区实际投资额3年度起连续从1995年以上，兴办高科技型企业、科学研究单位的实际投资额在50万元以上或从1995年度起连续3年实际纳税税额在10万元以上的，可一次性迁入3人户口（投资者及其直系亲属或企业骨干均可，由企业自定）。每增加实际投资金额达50万元	

续表

城市	凭学历和技术落户的条件	资本（投资和购房）落户条件	外来务工人员户口迁移政策
		（高科技企业及科研单位30万元，年实际纳税额每增加10万元以上的，迁入名额增加1人。 凡在开元区、思明区、湖里区内购买2003年4月25日之后（不含当日）取得建筑主体工程施工许可证的商品住房，其成套商品住房建筑面积在150平方米以上（含150平方米）的购房者，可一次性办理房屋产权人或其共同居住的配偶、父母或成年子女不超过3人的常住户口（有多名成年子女的，只能办理1名成年子女的常住户口）。 凡在同安区、集美区、杏林区及海沧台商投资区购买2003年4月25日之后（不含当日）取得建筑主体工程施工许可证的商品住房，其成套商品住房建筑面积在80平方米以上（含80平方米）的购房者，可一次性办理房屋产权人或其共同居住的配偶、父母或成年子女不超过3人的常住户口（有多名成年子女的，只能办理1名成年子女的常住户口）	

续表

城市	凭学历和技术落户的条件	资本（投资和购房）落户条件	外来务工人员户口迁移政策
南京	外地大中专毕业生已被我市单位录用，聘用，累计工作满2年、中专校和技校毕业生累计工作满3年，缴纳社会劳动保险2年以上，有合法固定住所	在我市购买成套住宅商品房（含二手房）达到60平方米。外省、市个人在我市投资100万元以上，有合法固定住所。私营企业主连续2年每年纳税2万元以上，有合法固定住所。个体工商户连续2年每年纳税1万元以上，无偷税漏税行为，有合法固定住所	获市级以上荣誉称号的外来人员，有合法固定住所
重庆	有大学本科以上、中级专业技术职称以上和回国留学以及从市外引进的专业技术人员，只要在合法固定住所、允许本人及配偶和未成年子女在常住地入户。无合法固定住所的上述人员，可在聘用单位所在地落社会人才集体户	凡在我市各区、县（自治县、市）的街道、镇（乡）从业的本市或外个体工商户、私营企业的法人，在渝连续经营3年以上，并在本地3年累计上缴20万元或连续经营5年以上，每年上缴税款4万元以上或1年内上缴税款达10万元的，本人及业主属市外城镇和农业户口，可申请本市城镇户口。以此类推，每多2人转为城镇户口的，可迁入我市城镇和农业户口人数2人，按超过上缴税款额度相应增加入户人数	凡具有高中以上文化程度的农民工，在主城区务工就业了成套商品房住房并实际居住，或者在务工部门公房和私房管理部门公房并实际居住3年以上的，本人及配偶、子女可申请迁入主城区。其中，被评为省部级以上的劳动模范、先进工作者，具有高级技工、技师等技术职称，及其他有突出贡献的农民工，则不受文化程度和居住年限的限制

续表

城市	凭学历和技术落户的条件	资本（投资和购房）落户条件	外来务工人员户口迁移政策
		来渝投资、兴办实业和在城镇购买商品房的人员及其共同居住的直系亲属，可以申请个人的合法固定住所实际居住，在城镇落户	
深圳	1. 只要具有大学以上毕业文凭，并在深圳某一个单位（无论民营或外资企业）连续工作两年以上，都可获深圳户口的落户指标。2. 凡具有电子、电气、生物等专业大学本科以上、工作期限满1年以上的专业技术和管理人才，均不受指标限制	1. 在广东省范围内购买成套商品房自建合法住宅的，可迁入户口；在此之前已购买商品房，并已入住尚未入户的，各地可根据实际情况，在2年内逐步予以解决。商品房成套住宅、商品房和自建住宅，必须是合法报批兴建的成套住宅，不包括商铺、厂房、仓库或其他用途的房产。申请人入户的房产应具备其他入住的基本条件，并已编号码牌（楼）的。商品房可以是一次性付款购买或是银行按揭的，银行按揭购房的，一次性付款购买的凭房产证入户；银行按揭的凭房产证复印件入户。1套商品房只允许所有的商品房在原家庭户口全部迁出后，才可准予迁入新购买的成套商品房，只允许其中的1个家庭入户。具体入户条件由各市、县确定	1. 具有高中级专业技术职称和职业资格人才，特殊技能型人才和特殊专业技术人员申请入户时，应提供相应的学历证书、资格证书或技术证明以及工作合同，经市、县公安机关批准后予以办理户口迁移手续。2. 在小城镇（含县城镇、建制镇）有固定住所或相对稳定的居民，自建或长期租住所购买、自建的房产应有房产部门出具的房产证明，长期租赁的租赁合同，相对稳定的房管部门提供的租赁合同；相对稳定的租赁合同提供指指务工经商、兴办第二、三产业及被当地机关、团体、企事业单位聘用，具有稳定的经济收入

续表

城市	凭学历和技术落户的条件	资本（投资和购房）落户条件	外来务工人员户口迁移政策
珠海	1. 根据国家、省、市规定调入或招收的干部、职工、国家统一安置的转业、退伍军人、大中专大中技校毕业生、本市大中专和技校按国家计划统一招收的新生（不含自费生）等，职工经人事、劳动部门办理工作调动的，准予入户	2. 外商、华侨和港澳台同胞在广东省投资兴办实业、捐办公益事业，投资及捐赠在一定数额以上的，可准予其境内亲属落户。外地居民前来投资兴办实业、捐办公益事业，有一定投资额或纳税年纳税本人及其直系亲属落户，可准许其本人及其直系亲属人户。具体的投资、捐赠、纳税人户人数标准由各市、县确定 1. 凡2004年7月30日（含当天）前在我市购买成套商品住宅的，按照《印发关于进一步搞活我市房地产市场若干规定的通知》（珠府[2002]55号）文件规定，允许所有产本人及其配偶、子女和父母落户。购买的成套商品住房属二手商品住宅的，必须在原产家户的户口全部迁出后，才准子迁入新的家庭户；合资购买同一套商品住宅的，只允许其中的一个家庭入户。 2. 凡2004年7月30日之后在我市购买成套新建商品住宅，面积达到75平方米以上（含75平方米）的，允许办理入户手续；	市区各企、事业单位雇用的农村劳动力和市区外城镇待业人员，符合市人民政府《关于企业事业单位招用、调进工人的暂行规定》（珠府字[1988]52号）第三款规定，经劳动部门办理招工手续的，准子入户。其中属农业人口的，在国家下达的招工指标内办理，属商品粮人口的在市下达的招收合同制工人指标内办理。在本市渔、农、牧、果场和海岛工作的，同等条件下优先照顾

第十章 城市产业结构与人力资源配置状况分析

续表

城市	凭学历和技术的落户条件	资本（投资和购房）落户条件	外来务工人员户口迁移政策
长春	2002年以前派回生源所在地的往届专科以上毕业生，在长春市企业单位就业满4年且缴纳社会保险满两年以上的，可在长春落户。2002年（含）以后国家统招的应届专科毕业生，有用人单位接收，可办理长春就业落户审批手续	对于违反计划生育户，已经计生部门处理，且购买的商品住宅面积达120平方米以上（含120平方米）的，允许办理人户手续。办理购房入户人员的范围为：业主本人，配偶和18周岁以下（含18周岁）子女（独生子女、大专以上学历的未婚子女不受年龄限制） 2. 外商投资超过10万美元可为其境内亲属，本人和配偶及未成年子女办理落户，凭银行进账单、会计事务所出具的验资报告、户口人身份证及亲属关系证明办理落户	1. 外地人员在长固定资产投资10万元人民币以上，有合法固定住所，人意愿为其配偶、未成年子女办理落户，凭营业执照，税务登记证副本，固定资产投资银行进账单，会计师事务所出具的验资报告，落户人身份证及家庭关系证明办理落户
保定	对具有国家承认的大学本科以上学历的人员，具有中级以上专业技术职称的人员，留学回国人员，各类专家、各学科领域带头人，以及为保定经济和社会发展作出特殊贡献的其他各类人才，办理其本人及直系亲属落户手续，不受无固定住所限制；自愿到农村基层任职（财政供养单位除外）、领办创办科研机构和农村经济实体满1年的大中专毕业生，可将户口迁入本市	1. 外商、华侨和港、澳、台同胞投资、兴办实业，其境内亲属也可在保定市落户 2. 凡2001年1月1日以后到西部地区投资、兴办实业的人员可以不迁户口；户口迁入西部地区的，如果今后返回原迁出地工作、生活，可以将户口迁回	

续表

城市	凭学历和技术落户的条件	资本（投资和购房）落户条件	外来务工人员户口迁移政策
洛阳	大中专毕业生被本市单位聘用或拟在本市就业，并由政府人事部门所属人才交流服务中心实行人事代理的，可将户口落入本市	外地公民在本市购买成套商品住宅或投资兴办实业，年上缴税收达到1万元以上的，本人及其直系亲属户口可直接迁入本市	只要在县城或建制镇的建成区内拥有合法固定住房，即可办理小城镇非农业户口
长治	1. 对本科以上学历毕业生实行先入户后择业的优惠政策；2. 对具有中级以上技术职称人员，在本市已经聘用，本人及其直系亲属户口可直接迁入本市	1. 在市区、县城及乡镇购买商品房、集资房或租赁房屋1年以上的；2. 在市区、县城及乡镇投资、经商、兴办实业及务工的	夫妻投靠、父母投靠子女、子女投靠父母以及农村学生投靠在市区、城镇有固定住所所属的亲属就学的
宜昌	1. 被国家机关、团体、企事业单位录用、聘用；2. 各类大中专院校（含技校）毕业生，愿来我市工作	1. 在小城镇购买了住房或已有合法自建房的人员及其配偶和共同居住的直系亲属；2. 外商、华侨和港澳合同胞在小城镇投资兴办实业，并在小城镇购买了住房或已有合法的自建房，要求将其亲属落户小城镇的人员	1. 从农村到小城镇投资办厂、兴办实业的人员及其配偶和共同居住的直系亲属；2. 经工商部门登记注册在小城镇从事工商、服务业等经营的人员及其配偶和共同居住的直系亲属；
宜昌	1. 在国家某一学科、技术领域处于领先水平的学术技术带头人；2. 国家有突出贡献的中青年专家、享受国务院特殊津贴的人员、享受省政府专项津贴人员、国家"百千万人才工程"和湖北省"111人才工程"		

续表

城市	凭学历和技术的落户条件	资本（投资和购房）落户条件	外来务工人员户口迁移政策
秦皇岛	人选及各类省部级专家；3. 国外高级专家及取得学士以上学位的归国留学人员；4. 国内取得博士学位或硕士学位的人员；5. 电子信息、生物工程、新医药、光机电一体化、新材料等高新技术领域的具有高级技术职称或大学本科以上学历的人员；6. 本市急需改造提高的能源、食品、化工、机械支柱产业和优先发展的现代农业、旅游、金融、国际贸易等领域以及重点工程紧缺的高级专业技术人员和高级经营管理人员；7. 拥有国内先进水平的专利、发明并具有知识产权的人员；8. 其他具有特殊才能或重大贡献的专门人才	市区生源的应届大中专、技校毕业生。落实接收单位的市区以外生源的全日制普通高校应届大学本科毕业生和工科类专科学生。各省属驻秦单位接收的行业院校毕业生	3. 被小城镇范围内的机关、团体、企业、事业单位长期聘用的管理人员、专业技术人员及其配偶和共同居住的直系亲属；4. 经人事、劳动部门批准或鉴证，被小城镇范围内的机关、企业、事业单位招收、录（聘）用的职工和农村户口的大、中专、职大、电大、夜大、自修大学毕业生；夫妻一方常住户口人员在市区，分居3年以上的非农业户口人员迁入；夫妻一方为市区常住非农业人口，另一方为市区以外农业人口，分居满8年或一方年满35周岁，可办理"农转非"迁入；夫妻一方为市区常住农业人口，另一方为市区以外的农业人口，按"农转农"迁入；夫妻双方均系少数民族；30周岁以上大龄婚人和40周岁以上再婚迁入

续表

城市	凭学历和技术落户的条件	资本（投资和购房）落户条件	外来务工人员户口迁移政策
盘锦	1. 继续执行市普通高等学校、中等专业学校录取本省新生不迁移户口政策。按以前政策体已迁移户口，但毕业后户口未从学校集体户迁出的毕业生（包括我市技工学校集体户口），已经人事、教育部门分配录用的，准予其将户口落入工作单位所在地，未分配录用的，并且不符合以上几条规定的，将户口迁回原籍。 2. 有突出贡献的专家和重大科技成果奖获得者；省部级优秀人才和高等院校、科研机构中重点学科技创新领域的带头人。具有高级专业技术职称的人员。 3. 取得有开发效益的专利发明人或专业技术人员实施高新技术成果转化或创办高新技术企业人员。 4. 国家公派或自费出国取得学士以上学位的人员和加入外国国籍的华人学者或专业技术人员。 5. 我市重点工程项目等紧缺急需的专业技术产业、重点发展的支柱产业、高新技术产业人才；带资金和项目的科技或管理人才。	1. 外商、华侨和港、澳、台同胞在我市投资兴办实业，其境内亲属可在我市落户。 2. 在我市城区兴办实业投资超过50万元，并有合法住所的公民，根据本人意愿，准予其本人、配偶、子女在我城区落户。 3. 对年纳税额超过10万元的民营、私营企业法人代表，在城区有合法住所的，根据本人意愿，准予其本人、配偶、子女在城区落户。企业纳税额在10万元基础上，比上一年每年增加4万元，允许1名该企业聘用2年以上的管理者、生产骨干或技术人员在城区落户。	对城区企业聘用2年以上、中等职业专业学校毕业，从事吃、脏、累、险等特殊岗位的员工，根据本人意愿，准予本人在城区落户。其他需迁入城区落户的外省市居民，继续按盘政发〔2002〕10号文件规定执行。

续表

城市	凭学历和技术落户的条件	资本（投资和购房）落户条件	外来务工人员户口迁移政策
宁波	宁波市对已在海曙、江东和江北三区内就业的具有大专以上（含大专）文凭者，允许其在实际居住地落户，不再有其他方面的限制	宁波市从2007年9月起停止了实施7年之久的"购房入户"政策	对夫妻投靠落户，只要在落户地具有合法固定住所和符合结婚年限或年龄条件的，即可落户

资料来源：各地公安局网页。

* 北京市的人才引进限制条件是指办理北京市工作居住证的条件，办理工作居住证持该证工作满3年者，方可由用人单位推荐，经主管人事部门审核后报市人事局批准，办理调京手续。

* 大同资料缺失。

表 10-9　　　　　　　各城市获得户口的难易程度

城市	学历和技术迁移政策	资本迁移政策	外来务工人员户口迁移政策
北京	难	无	无
上海	难	无	无
广州	一般	难	难
杭州	一般	难	难
无锡	一般	一般	难
沈阳	一般	难	难
顺德	易	易	易
义乌	易	易	易
成都	易	易	易
石家庄	易	易	易
乌鲁木齐	易	易	易
郑州	易	易	易
大连	一般	难	难
太原	易	易	难
大同*	—	—	—
西安	易	易	难
宝鸡	易	易	易
福州	易	一般	一般
厦门	易	难	难
南京	易	易	难
重庆	易	易	一般
深圳	易	一般	易
珠海	易	易	易
长春	一般	一般	易
保定	一般	一般	难
洛阳	易	易	易
长治	一般	一般	难
宜昌	易	易	易
秦皇岛	易	易	易
盘锦	一般	易	一般
宁波	易	难	易
深圳	易	一般	易

注 * 大同资料缺失。

表 10-9 的分析证明，越是发达的城市，其户口的获得越是有难度，这也意味着该城市对外来人口越排斥，因此，该城市为农民工子女提供教育的意愿就越低。

四、总结

根据上述分析，一个城市是否能够并愿意为外来农民工子女提供教育资源，受该城市的教育资源、产业结构和市民待遇的约束。综合以上 3 种约束，我们得出 4 种城市类型（见表 10-10）。第一类城市是有充足的教育资源，但是在产业结构和市民待遇方面对农民工的接受程度都不高，包括北京、上海；第二类城市，包括广州、杭州、沈阳、无锡、大连、厦门、南京，它们在产业结构和市民待遇方面对农民工的排斥没有第一类城市严厉，并且也有一定的教育资源供给能力；第三类城市包括福州、宝鸡，这类城市虽然从产业结构上来说对农民工接受程度不高，但是他们的市民待遇方面对农民工的接受度较高，而其教育资源的承载力却不强；第四类城市包括乌鲁木齐、成都、郑州和石家庄，这些城市虽然从产业结构和接受意愿上对农民工并不排斥，但是其教育资源的承载力不强；第五类城市则是在这几方面都不存在约束，对农民工有较高的接纳程度，并且也有一定的教育资源承载能力，包括义乌和顺德两个城市。

新增加的城市有：珠海、深圳、长春、保定、宜昌、洛阳、长治、盘锦、宁波

表 10-10　　　　　　　　城市分类综合

城市类型	城市名称
产业排斥严厉、教育资源充足的城市	北京、上海
产业排斥一般、教育资源充足的城市	广州、杭州、沈阳、无锡、大连、厦门、南京、深圳、珠海、长春
产业排斥一般，教育资源不足的城市	福州、宝鸡、保定、宜昌、
产业接纳度较高，教育资源不足的城市	乌鲁木齐、成都、郑州、石家庄、重庆、大同、太原、洛阳、长治
产业接纳度较高，有一定教育资源的城市	义乌、顺德、盘锦、宁波

第三篇

农村留守儿童及其教育问题研究

第十一章

我国农村留守儿童状况

一、背景

改革开放20多年来，我国流动人口的数量不断增多。到2005年11月1日，流动人口达到14 735万人。在流动人口中，农村青壮年劳动力占绝大多数。他们中的很多人在外出的时候，将子女留在家乡，由此在农村形成了规模巨大的留守儿童。根据2000年人口普查资料估计，全国农村0～14周岁留守儿童规模多达2 000万人。

农村留守儿童面临的各种问题已经受到社会和政府机构的广泛关注。学术界关于留守儿童的研究起始于2002年左右，相关专家在湖北、福建、河南、四川等地的调查揭示了留守儿童这一现象的普遍性，以及留守儿童在家庭教育、学校教育和个性发展方面受到的影响（朱科蓉、李春景、周淑，2002；李庆丰，2002；王艳波、吴新林，2003；林宏，2003）。在留守儿童受到高度关注，但其各项基础信息却十分缺乏的情况下，段成荣和周福林（2005）利用2000年第五次全国人口普查长表抽样资料对全国留守儿童的规模、结构、地区分布、受教育状况等进行了估计。

然而，对于引起了政府乃至全社会如此高度关注的农村留守儿童群体，迄今，学术界还没有开展过系统规范的研究，从而导致对全国农村留守儿童状况的"模糊不清"。这主要表现在：

第一，基本数据有限，而且比较陈旧。

目前所掌握的有关全国农村留守儿童状况的信息，全部源于2000年第五次全国人口普查。但众所周知，近年来，我国流动人口以及留守儿童变动十分迅速，7年前的信息，已经难以准确反映当前的农村留守儿童状况。如果要掌握农村留守儿童的情况，首先必须准确地了解农村留守儿童的规模、分布、性别年龄结构等基本信息。然而，目前针对这些基础性问题的答案却十分有限和陈旧。

第二，调查研究具有"典型性"，缺少"普遍性"。

现有有关农村留守儿童的信息主要来自媒体的新闻报道资料。这些媒体资料基本上是以"典型"个案为依据，它们除了因为其"典型性"能吸引人们的关心和重视之外，却无法从整体上告诉人们我国农村留守儿童这个群体的基本情况。

当然，研究部门也已经开始对"留守儿童"问题进行调查研究。但根据能够收集到的文献可以看到，业已开展过的关于农村留守儿童的调查研究基本上是比较随意的"抽样调查"（李庆丰，2002；林宏，2003；王星、周洋，2004）。这些"抽样调查"本身没有遵循严格的抽样设计，其调查结果也无法说明全国农村留守儿童群体的基本情况。

通过系统、深入的研究，了解和把握农村留守儿童的各种基础信息，是一项十分重要和紧迫的任务。因此，本文利用2005年全国1%人口抽样调查数据，概括和分析全国农村留守儿童的规模、结构、分布、受教育状况等各项特征，以期为农民工随迁子女各方面问题的解决提供基本的人口学依据。

二、资料来源、概念界定及研究方法

（一）资料来源

本文关于农村留守儿童状况的分析，以258万人口抽样数据为依据。此抽样样本数据是采取简单随机抽户的方法从2005年全国1%人口抽样调查数据中抽取的，各地区的抽样比略有差异，本文所有数据资料均为加权之后的结果。

（二）概念界定

农村留守儿童是农民工子女的一部分，但也是留守儿童的一部分。确切地说，留守儿童包含两部分，一部分是属于农民工子女的留守儿童，即农村留守儿童；另一部分是不属于农民工子女的留守儿童，本文称为城镇留守儿童。因此，首先来界定一下留守儿童。

所谓"留守儿童",是指父母双方或一方流动到其他地区,孩子留在户籍所在地并因此不能和父母双方共同生活在一起的儿童。本文所指农民工留守儿童,是14周岁及以下的具有农业户口的留守儿童。

(三) 研究方法

依据人口普查资料开展的农村留守儿童研究是结合家庭成员的特征以及由此形成的家庭背景和儿童本人的特征进行的。由于人口普查数据是以人记录形式(即每人一条数据记录)存在的,我们不能直接利用普查资料进行有关家庭结构的分析。为此,我们将人记录形式的数据转换为户记录形式(即每一个家庭户为一条数据记录)的数据,并以此为基础进行农村留守儿童及家庭结构等特征的分析。

农村留守儿童的鉴别是本研究的关键。2005年全国1%人口抽样调查对每户的调查对象是:2005年11月1日零时居住在本户的人口和户口登记在本户但人不在本户居住的人。也就是说此次调查了本户流出人口的信息,本可以为农村留守儿童的鉴别提供极大的方便,但由于一些调查和抽样上的误差,使得流出人口的个人信息无法使用,只能得到每户有几个流出人口的信息。因此,根据人口普查资料提供的信息,鉴别农村留守儿童和农村留守儿童家庭的思路是:首先查看儿童是否居住在有流出人口的家庭中,再查看儿童是否和父母共同居住(因为有外出流动人口的家庭中外出流动的家庭成员可能是儿童的叔叔、姑姑或哥哥、姐姐等人,而不一定是儿童的父母)。其具体过程如下:

首先,根据普查项目H32判别一个家庭是否有流出人口。凡H32>0的家庭即有流出人口。

其次,从上述家庭中,挑选出有14周岁及以下农村儿童的家庭。这里我们认定的农村儿童是指:"户口性质"(调查项目R11)为"农业户口"的儿童。

最后,根据普查项目"与户主的关系"(R2)和其他相关项目,从上一步挑选出的家庭中进一步挑选农村留守儿童家庭。

根据普查项目R2,一个家庭中的儿童与户主之间的关系只可能是下列5种情况中的一种:(1) R2=0,即该儿童本身就是户主;(2) R2=2,即该儿童是户主的子女;(3) R2=7,即该儿童是户主的孙子女;(4) R2=8,即该儿童是户主的兄(弟)、姐(妹);(5) R2=9,即该儿童是户主的其他家庭成员。

在这5种情况下,确认农村留守儿童和农村留守儿童家庭的方法不尽相同,兹简述如下:

1. 当一个家庭户中儿童与户主的关系为R2=2时,即儿童为户主的子女。

此时，如果此户中缺少"户主"或户主的"配偶"（或两者都缺少），则该儿童为农村留守儿童。同时判别"农村留守儿童和谁生活在一起"。此户中存在的"户主"或户主的"配偶"则为和农村留守儿童一起居住的父母，另外，此户中"与户主关系"为"父母"或"岳父母"的人，则为此农村留守儿童的祖父母。除此以外，此户的其他人被定义为"和农村留守儿童生活在一起的其他人"。

必须注意的是：当儿童只和父母中的一个居住在一起，可能因为其父母亲离异或其中一个去世；当儿童不和父母居住在一起，可能因为其父母亲均已经去世。对于第一种情况，在判别农村留守儿童时，当已经判断此儿童的父母一方不在家时，而其在家的父亲或母亲的"婚姻状况"是离婚或丧偶时，此儿童不能被判断为农村留守儿童；对于第二种情况，我们无法判断此儿童是孤儿还是农村留守儿童，但现实生活中，孤儿的发生概率很小，判断的误差不会太大。下面几种情况也存在同样的问题，均以此为准，就不再重复论述。

2. 当一个家庭户中儿童与户主的关系为 R2 = 7 时，户主是该儿童的祖父母（外祖父母）。此时，要辨别农村留守儿童，情况比较复杂。户主的在家的已婚子女（包括子、女、媳、婿）都可能是儿童的父母，此时我们很难判断儿童究竟是否真的跟父母居住在一起。这时，我们采取比较保守的办法，只要此户中居住着有可能成为儿童父（母）亲的人，就认为此儿童的父（母）亲真的在家。当户中可能成为儿童父亲或母亲的人数都大于零时，则此儿童不是农村留守儿童；当户中可能成为儿童父亲的人数和可能成为儿童母亲的人数任意一个等于零或两个都等于零时，则此儿童为农村留守儿童。①

进一步判别"农村留守儿童和谁生活在一起"。此户中存在的"与户主关系"为"子女"或"媳婿"的人为和农村留守儿童一起居住的父母，另外，此户中的"户主"或"配偶"则为此农村留守儿童的祖父母。除此以外，此户的其他人被定义为"和农村留守儿童生活在一起的其他人"。

3. 当一个家庭户中儿童与户主的关系为 R2 = 0 时，儿童本身就是户主。这种情况下，如果户中"与户主关系"为"父母"的人数小于二，则该儿童为农村留守儿童。而此户中存在的"与户主关系"为"父母"的人就是和农村留守

---

① 从理论上讲，这时可能会发生如下情况：该户主的已婚子女夫妇俩全部亡故或者因故户口不登记在本户，而已婚夫妇的孩子户口登记在本户并生活在本户，同时，该户主的另一个子女（并不是该孩子的父亲或者母）流动外出。如果将这个儿童被认定为农民工留守子女，是错误的。但在现实生活中，发生这种情况的可能性极小，因此，产生这种误差的可能性也很小。

儿童一起居住的父（母）亲。① 同时，此户中存在的"与户主关系"为"祖父母"的人就是和农村留守儿童一起居住的祖父母。

4. 当一个家庭户中儿童与户主的关系为 R2 = 8 时，这种情况实际上是第 3 种情况的扩展。其认定农村留守儿童的方法和第 3 种情况完全一致。

5. 当一个家庭中儿童与户主的关系为 R2 = 9 时，即儿童与户主的关系为"其他"时，我们无法得到该儿童的父母的任何信息。我们将这类家庭和这类儿童全部舍弃，本研究暂不予以考虑。

在现实生活中，这类儿童中实际上包含了一部分农村留守儿童。比如，父母均流动外出后将孩子委托给临近居住的亲戚照顾，这样的孩子实际上属于农村留守儿童，但我们却无法依据人口普查资料对他们进行鉴别。这样一来，舍弃全部这类儿童不予考虑的处理方法可能会丢失一部分农村留守儿童。但是，根据 2005 年 1% 人口抽样调查的抽样样本资料，在全部 14 周岁及以下儿童中，与户主的关系为"其他"者所占比例仅为 2.6%，发生几率很小。因此，这种处理方式发生误差的可能性也很小。

三、农村留守儿童的规模、结构和分布

（一）农村留守儿童的规模

2000 年"五普"数据得出，全国留守儿童数量在 2 290.45 万人。根据 2005 年全国 1% 人口抽样调查的抽样数据，留守儿童在全体儿童中所占比例为 22.87%。2005 年全国 1% 人口抽样调查得到 14 岁及以下儿童总量为 26 478 万人，依次推算，全国留守儿童数量在 6 055 万人。这意味着在 2000~2005 年期间，我国留守儿童的规模不止翻了一番。

但是，必须指出的是，受 2005 年 1% 抽样调查的数据结构的限制②，父母短期外出旅游、出差或父母住在离家不远的另一处居所的这部分儿童也会被认作

---

① 这时可能发生这样的情况：该儿童的父母双方均已经去世或者因故户口不登记在本户，而该儿童的其他亲属（如哥哥、姐姐等）流动外出了。如果将这种家庭认定为留守儿童家庭，是错误的。但这种误差发生的可能性也极小。

② 2005 年 1% 全国人口抽样调查的统计口径和 2000 年全国人口普查有一定差异。2000 年的外出流动人口（H4 + H5）必须是至少跨乡镇（街道）及流动半年以上的流动人口。2005 年人口抽样调查的户外出流动人口是指"户口在本户，调查时点未居住在本户的人"（H32），除了对时间没有限制之外，也没有限制外出流动的距离，即便在隔壁居住也可以算作外出流动人口，而这对辨别留守儿童有一定影响。对于不在家居住，但在同一乡镇街道居住的人，我们通常不把这一类人当成流出人口，但在 2005 年人口抽样调查的留守儿童判别中，我们将这类人的子女也当成农民工留守子女了。

留守儿童,因此,依据2005年全国1%人口抽样调查计算得出的数据可能会高估留守儿童的规模。同时,我们依据另外两个相关部门的全国大型调查数据得出,全国留守儿童的规模在4 300万~4 500万人之间。因此,我们得出的结论是,留守儿童的规模在近年来大幅度增加,比2000年至少翻了一番,超过4 000万人。

与此同时,笔者检验了2005年全国1%人口抽样调查和2000年人口普查及另两套全国调查得到的留守儿童的结构特征(包括地域分布、家庭结构、性别年龄结构等),发现2005年全国1%人口抽样调查得到的留守儿童的结构特征是合理可信的。因此,下文对于农村留守儿童各类结构的分析依然沿用2005年全国1%人口抽样调查数据。

农业户口的留守儿童在全部留守儿童中占92.45%,根据2005年全国1%人口抽样调查数据,全国农村留守儿童数量庞大,规模高达5 598万人。即便依据另两套全国调查数据进行调整,农村留守儿童规模也达4 000万左右。

同时,我们将农村留守儿童分为单亲外出农村留守儿童(简称单亲留守,即该儿童的父母中的一方外出,另一方留在家里)和双亲外出农村留守儿童(简称双亲留守,即父母双方都外出打工)。在全部农村留守儿童中,单亲留守儿童占45.63%,双亲留守儿童占54.37%。依据2005年全国1%人口抽样调查数据,两者规模分别达到2 554万人和3 044万人。

(二) 农村留守儿童的性别与年龄结构

在全部农村留守儿童中,男女各占53.71%和46.29%,性别比为116。从分年龄的性别构成上看(见表11-1,图11-1),各年龄组的男孩数均多于女孩数(各年龄组的最低性别比也达到109),特别是1~6岁儿童的性别比均高于120。从年龄构成上看,0~14岁各年龄组的农村留守儿童数基本呈随年龄增长缓慢上升的趋势,其中0岁农村留守儿童占4.17%,14岁农村留守儿童上升到8.97%。6~14周岁的学龄儿童占全部农村留守儿童的67.30%。

表11-1　　　　　　　全国农村留守儿童的性别年龄构成

年龄	男性年龄构成(%)	女性年龄构成(%)	男女合计构成(%)	性别比
0	4.19	4.15	4.17	117.15
1	5.49	5.03	5.28	126.63
2	5.74	5.43	5.60	122.75
3	5.78	5.35	5.58	125.32

续表

年龄	男性年龄构成（%）	女性年龄构成（%）	男女合计构成（%）	性别比
4	6.16	5.88	6.03	121.60
5	6.17	5.89	6.04	121.60
6	6.06	5.67	5.88	123.98
7	6.87	6.65	6.77	119.75
8	6.78	7.04	6.90	111.75
9	7.01	7.16	7.08	113.66
10	7.85	8.06	7.95	112.99
11	7.15	7.54	7.33	110.04
12	7.92	8.38	8.13	109.74
13	8.11	8.53	8.30	110.26
14	8.73	9.25	8.97	109.62
合计	100.00	100.00	100.00	116.05

资料来源：根据2005年全国1%人口抽样调查的抽样数据计算。如无特别说明，本文以下图、表资料来源同此。

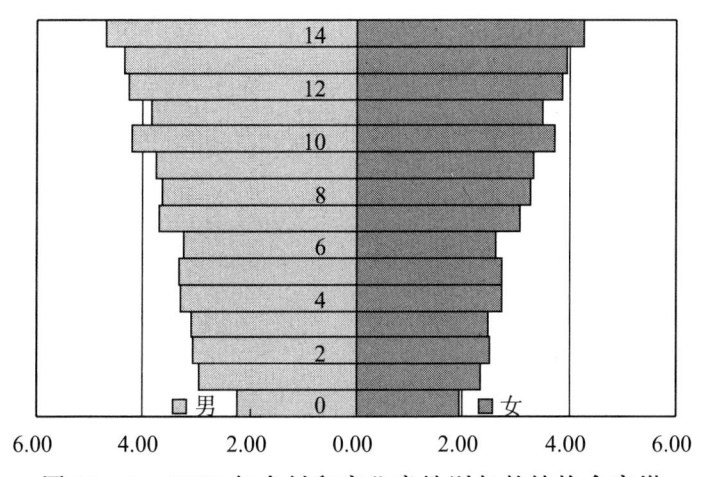

图11-1 2005年农村留守儿童性别年龄结构金字塔

（三）农村留守儿童占全部留守儿童的比例

当前，我国人口流动的主要流向是由乡村到城市的流动。与此相对应，农村留守儿童也主要分布在农村地区。在全部农村留守儿童中，农业户口农村留守儿童所占比例高达92.45%。农村留守儿童问题是留守儿童问题的主要方面。

(四) 农村留守儿童的分布

四川、安徽、广东、河南、江西、湖南和湖北 7 省的农村留守儿童比例高达 57.7%。我国农村留守儿童的分布明显集中在中南部（见图 11-2）。四川、安徽、广东、河南、江西、湖南和湖北 7 个省的农村留守儿童在全国农村留守儿童总量中所占比例超过半数，达到 57.7%。农村留守儿童在各地之间的分布很不均衡。农村留守儿童的主要分布地有两种类型：一类是四川、安徽、河南、江西、湖南、湖北等经济比较落后的农业地区；另一类是省内人口流动较为频繁的经济发达地区。

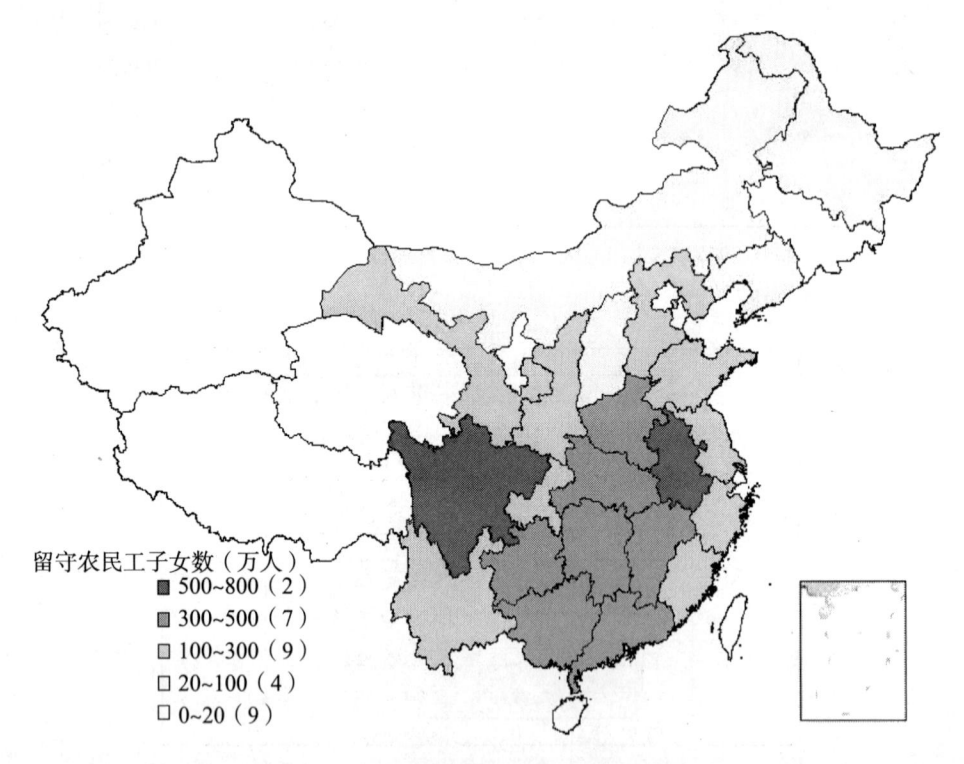

留守农民工子女数（万人）
- 500~800（2）
- 300~500（7）
- 100~300（9）
- 20~100（4）
- 0~20（9）

图 11-2 全国农村留守儿童的分布

近年来，四川、安徽、河南等地区的农村青壮年劳动力大量向沿海地区流动，从而在这些地区形成了为数众多的农村留守儿童。仅四川省的农村留守儿童数量就高达 744 万人，占全部农村留守儿童的 13.3%。安徽、河南、江西、湖南、湖北这 5 个省的农村留守儿童数分别达到 572 万人、420 万人、375 万人、367 万人和 355 万人，在全国农村留守儿童总量中所占比例分别高达 10.2%、7.5%、6.7%、6.6% 和 6.3%（见表 11-2）。

表 11 – 2　各省（市、区）农村留守儿童的人数及所占百分比　（%，万人）

地区	百分比	人数	地区	百分比	人数
北京	0.06	3.3	湖北	6.33	354.9
天津	0.06	3.6	湖南	6.56	367.4
河北	1.89	106.1	广东	7.98	447.4
山西	0.77	43.3	广西	5.89	329.9
内蒙古	0.40	22.1	海南	0.26	14.8
辽宁	0.78	43.8	重庆	3.96	222.1
吉林	0.30	16.9	四川	13.27	744.0
黑龙江	0.40	22.2	贵州	5.73	321.0
上海	0.05	3.0	云南	2.53	142.0
江苏	4.89	274.2	西藏	0.15	8.2
浙江	2.21	123.6	陕西	2.55	143.0
安徽	10.21	572.4	甘肃	2.41	134.9
福建	2.64	147.8	青海	0.18	10.0
江西	6.68	374.6	宁夏	0.23	13.1
山东	2.81	157.6	新疆	0.30	17.1
河南	7.49	420.0	全国	100.00	5 598

第二类地区包括广东、江苏等省。广东省是农民工随迁子女比较多的地区，也是农村留守儿童较多的地区，其农村留守儿童数达到 486 万，占全国农村留守儿童的 7.03%。广东在近 20 年的经济快速发展历程中，成为我国吸引外资最多，吸纳劳动力最多的地区，因此，广东吸引了大批来自全国各地的流动人口。但是，广东省许多地区的发展主要凭借得天独厚的地理条件，这样难免导致省内区域发展的不平衡。广东省在吸收全国各地流动人口的同时，其省内各个地区之间的人口流动也十分活跃，从而导致了作为发达地区的广东也存在大量的农村留守儿童。与此同时，广东省的商贸发展，以及和内地合作的加强，也带动了广东省的人口流出，也因此产生了大量留守儿童。江苏的情况和广东类似，苏南地区在近十几年的经济发展十分迅速，也因此吸引了大量跨省劳动力，而苏北地区和苏南正好相反，苏北不但向苏南输送了大量劳动力，也向上海等其他发达地区输送了大量劳动力，因此，江苏省的农村留守儿童数量也达到 274 万人，占了全国农村留守儿童的 4.89%。

（五）农村留守儿童在当地儿童中所占的比重

全国的儿童中有 22.87% 是农村留守儿童，由于各个地区人口规模以及其人口参与全国流动的频率不同，仅仅考察农村留守儿童在不同地区的分布百分比还不能全面反映农村留守儿童的空间分布情况。为此，尚有必要考察各个地区农村留守儿童在本地区儿童总数中所占比重。在重庆市、四川省，农村留守儿童在当地农业户口儿童总数中所占比重分别高达45.85%和45.17%。农村留守儿童比重较高的省还有安徽（40.67%）、江西（41.12%）、湖北（37.73%）、湖南（36.09%）、广西（34.08%）和贵州（32.40%）等。这意味着，在以上这些地区每3个农业户口儿童中就有一个是农村留守儿童（甚至更多）。见表11-3可知，农村留守儿童比例较高的区域是以我国中部为中心扩展到西部的部分地区。

上述地区的农村留守儿童问题应该成为关注的重中之重。

表11-3　　各省（市、区）留守儿童占该省常住儿童的百分比（%）

地区	农村留守儿童占当地农业户口儿童的比例	非农业户口留守儿童占当地非农业户口儿童的比例	地区	农村留守儿童占当地农业户口儿童的比例	非农业户口留守儿童占当地非农业户口儿童的比例
北京	4.75	7.35	湖北	37.73	14.07
天津	4.24	6.16	湖南	36.09	11.51
河北	9.85	6.87	广东	26.49	7.74
山西	7.52	3.10	广西	34.08	10.47
内蒙古	8.80	6.09	海南	9.49	9.30
辽宁	11.45	6.35	重庆	45.85	13.53
吉林	6.34	3.96	四川	45.17	16.39
黑龙江	6.64	4.71	贵州	32.40	12.53
上海	4.43	6.27	云南	13.26	5.98
江苏	33.52	9.67	西藏	9.70	4.35
浙江	19.86	6.89	陕西	22.64	7.79
安徽	40.67	11.85	甘肃	23.55	8.63
福建	27.24	10.72	青海	9.42	8.01
江西	41.12	14.97	宁夏	10.67	6.47
山东	12.29	4.80	新疆	4.96	6.75
河南	23.01	8.64	全国	26.29	8.79

（六）农业户口儿童中留守儿童的比重

从表11-3中可以看到，在全国农业户口的儿童中，留守儿童（即农村留守儿童）占26.29%，而相比之下，非农业户口儿童中的留守儿童比例比较小，全国非农业户口的儿童中，留守儿童占8.79%。各地非农业户口的儿童中留守儿童的比例几乎都小于农业户口儿童中留守儿童的比例（只有新疆例外），各省非农业户口儿童中留守儿童的比例都比较小，最高的比例才13.53%（重庆），最小的比例为3.10%（山西）。

四、农村留守儿童受教育状况

(一) 农村留守儿童的就学率

父母外出流动以后，农村留守儿童的教育会不会受到影响？这是提出农村留守儿童问题最重要的原因。本研究也非常关心这个问题。鉴于人口抽样调查资料只能提供学校教育方面的基本信息，本文分析主要集中在学校教育方面。

从表 11-4 中我们看到，0~14 岁的农村留守儿童中，在校比例达到 96.19%，但还是有 2.04% 的农村留守儿童从未上过学，0.26% 的农村留守儿童辍学，0.89% 的农村留守儿童只念到小学毕业就终止学业，还有 0.08% 的农村留守儿童小学肄业就终止学业。这 4 项之和是 3.26%，也就是说，未按《义务教育法》规定接受义务教育的农村留守儿童比例高达 3.26%，这一比例不算高，但在全国这类农村留守儿童的人数也高达 100 多万人。

表 11-4　　　　分年龄农村留守儿童受教育状况构成百分比 (%)

年龄	未上学	在校	初中毕业	初中肄业	辍学	仅小学毕业	仅小学肄业	其他	总计	未按规定接受义务教育比例
6	15.35	84.18	0.03		0.05	0.31	0.05	0.03	100.00	15.76
7	2.29	97.06	0.03		0.01	0.54	0.03	0.04	100.00	2.87
8	1.00	98.21	0.03		0.01	0.68	0.01	0.05	100.00	1.71
9	0.52	98.63	0.01		0.03	0.77	0.04	0.00	100.00	1.36
10	0.40	98.47	0.06		0.13	0.86	0.04	0.05	100.00	1.43
11	0.46	98.40	0.09		0.09	0.80	0.10	0.05	100.00	1.46
12	0.53	97.72	0.30	0.05	0.13	1.12	0.10	0.05	100.00	1.88
13	0.46	96.98	0.84	0.15	0.44	1.06	0.07		100.00	2.03
14	0.68	93.98	2.10	0.35	1.13	1.51	0.24	0.02	100.00	3.56
总	2.04	96.19	0.45	0.07	0.26	0.89	0.08	0.03	100.00	3.26

从整个 6~14 岁来看，6 周岁儿童未按规定接受义务教育的比例最高，为 15.76%，7 周岁的这一比例下降到 2.87%；在 8~13 周岁年龄段，在校比例都很高，未按规定接受义务教育者所占比例都很低，大致在 1%~2% 左右；未按规定接受义务教育者所占比例在 14 岁组上升到 3.56%。

农村留守儿童的义务教育问题是多方面的，包括不能按时上学、辍学、仅小学毕业终止学业等，不同年龄农民工随迁子女面临的义务教育问题是不同的。从

表 11-4 中可知，各年龄未按规定接受义务教育的比例差异相当大，6 岁和 14 岁农民工随迁子女的未按规定接受义务教育的比例分别为 15.76% 和 3.56%。但其严重程度却不以比例高低而定。6 岁农民工随迁子女的义务教育问题是未及时上学，这一问题到 7 岁就迅速得到缓解了，未上学的比例从 15.35% 降到 2.29%。而 14 岁农民工随迁子女的义务教育问题是仅小学毕业终止学业和辍学，仅小学毕业终止学业的比例从 11 岁的 0.80% 上升到 14 岁的 1.51%，辍学的比例从 11 岁的 0.09% 上升到 14 岁的 1.13%。相比起来，较高年龄组农民工随迁子女面临的是不能完成义务教育的问题，显得更加紧迫。

从数据上来看，农村留守儿童的受教育状况好于农民工随迁子女，特别是对于高年龄组的儿童，14 岁农民工随迁子女的未按规定接受义务教育的比例为 3.56%，而 14 岁农村留守儿童的未按规定接受义务教育的比例高达 7.38%。事实上，有一些儿童初中毕业，甚至小学毕业就开始外出打工了，因此，未按规定接受义务教育的儿童更可能出现在农民工随迁子女中。

(二) 农村留守儿童与其他儿童的受教育状况比较

在家庭教育中，父母角色对于儿童来说是不可取代的，单亲家庭中成长的儿童往往可能面临很多教育问题。农村留守儿童生活所在的家庭往往是缺少父亲或母亲（或双亲）的隔代家庭，这种状况和单亲家庭类似。但另一方面，父母外出打工能改善家庭的物质条件，能增多儿童接受教育的机会。究竟农村留守儿童和非农村留守儿童的受教育机会有何差异呢？

我们按户口性质对留守儿童与非留守儿童的受教育状况进行比较（见图 11-3）时，可以看到，农村儿童（户口性质为农业户口者）不论留守与否都有其独立的受教育模式，城镇儿童（非农业户口者）不论留守与否也有其独立的受教育模式，农村与城镇之间存在明显的差异。

总体来讲，农村儿童未按规定接受义务教育的比例在各个年龄组都基本高于城镇儿童。从图 11-3 可知，对于各类儿童来说，7~12 岁儿童的在学率都比较好，其未按规定就学的比例都在 4% 以下。但是 6 岁及 12 岁以上的各类儿童的接受义务教育状况就表现出较大差异来了。就 14 岁儿童的未按规定接受义务教育比例这一指标来说，农业户口的非留守儿童的这一指标为 5.55%，农村留守儿童的这一指标为 3.56%，非农业户口的非留守儿童的这一指标为 1.58%，非农业户口留守儿童的这一指标为 1.00%。图 11-3 支持三方面的结论：一是，农村儿童的小学就学率比较好，但初中的就学保持率相比较差一些；二是，非农业户口儿童的受教育状况好于农业户口儿童；三是，也是最重要的一点，在农村，农村留守儿童的受教育状况好于非农村留守儿童，从图 11-3 可以发现，农村留守儿童在各个年龄组的未按规定接受义务教育者所占比例都比非农村留守儿童的这一比例低。因此，在农村，农村留守儿童的受教育状况比非农村留守儿童更多。

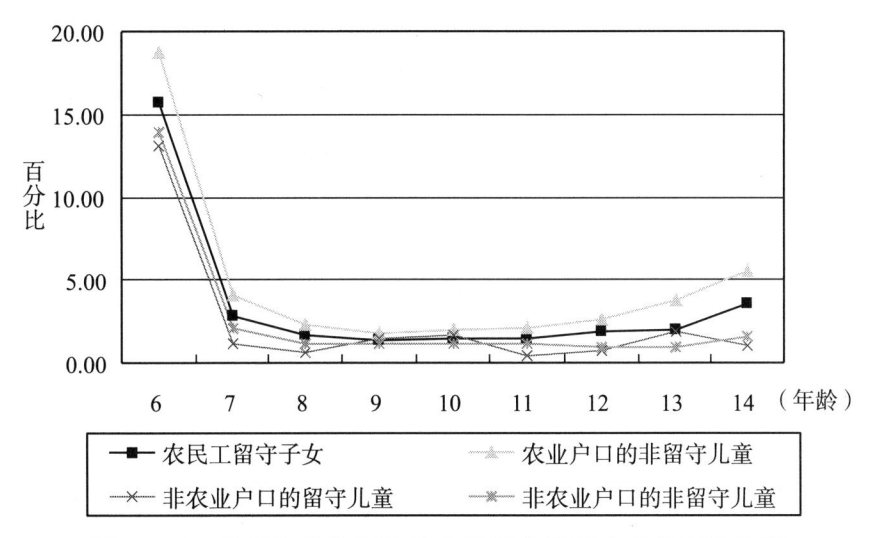

图 11-3　各类儿童分年龄的未按规定接受义务教育的比例

（三）不同家庭结构类型农村留守儿童的受教育状况

留守儿童可以分为两类：一是单亲外出留守儿童（简称单亲留守儿童），即该儿童的父母中的一方外出，另一方留在家里；二是双亲外出留守儿童（简称双亲留守儿童），即父母双方都外出打工。同样地，农村留守儿童也可以分为单亲外出农村留守儿童和双亲外出农村留守儿童两类。一般认为，这两类农村留守儿童存在较大差异，单亲农村留守儿童的家庭教育中只缺少父母亲一方，而双亲农村留守儿童的家庭教育中父母亲双方都缺少。那么他们在接受学校教育方面是否存在差异呢？

从图 11-4 可以看出，这两类农村留守儿童的受教育状况差异非常小，两条曲线几乎是重合的。6~10 周岁的农村留守儿童中，单亲农村留守儿童和双亲农村留守儿童的未按规定接受义务教育的比例相差微乎其微，只是在 11 岁以后，双亲外出农村留守儿童的受教育状况略好于单亲外出农村留守儿童。因此，双亲都外出的农村留守儿童和单亲外出的农村留守儿童在教育机会方面几乎没有区别。

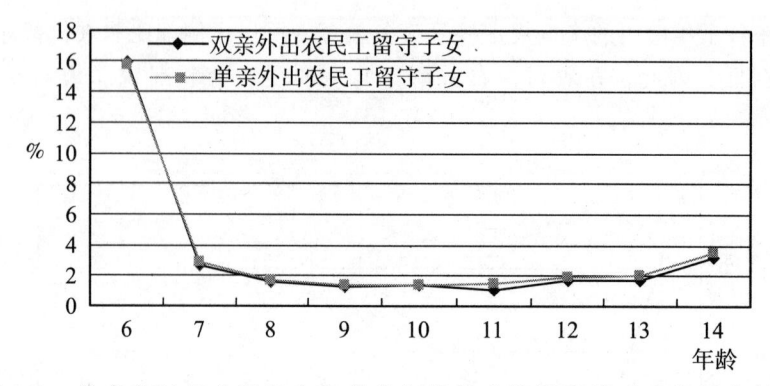

图 11-4 单亲和双亲农村留守儿童分年龄的未按规定接受义务教育的比例

（四）不同地区农村留守儿童的受教育状况比较

各省的农村留守儿童的受教育状况差异很大（见表11-5）。上海、江苏、浙江、安徽、福建、江西、河南、湖北的农村留守儿童的在校比例都在97%以上，而吉林、黑龙江、云南、宁夏、青海和西藏的农村留守儿童在校比例只有90%。西藏、黑龙江、天津的农村留守儿童的辍学比例达到2%以上，而浙江、广东的农村留守儿童的辍学比例不足1%。

值得指出的是，部分省份或地区的农村留守儿童太少（如北京、天津、上海等地），有限的样本量无法反映当地农村留守儿童的真实受教育状况。

表 11-5　　各地农村留守儿童的未按规定就学的比例

地区	未上学	在校	初中毕业	初中肄业	辍学	仅小学毕业	仅小学肄业	其他	总计	未按规定接受义务教育的比例
北京	2.63	94.74	2.63						100.00	2.63
天津	2.00	94.00			2.00	2.00			100.00	6.00
河北	1.64	96.63	0.58	0.16	0.16	0.82			100.00	2.63
山西	0.85	96.45	0.85		0.34	1.52			100.00	2.71
内蒙古	1.03	94.14	2.07	0.34	1.38	0.34	0.69		100.00	3.45
辽宁	2.33	95.70	0.72		0.72	0.54			100.00	3.58
吉林	2.38	90.00	1.90	0.48	1.90	2.38	0.95		100.00	7.62
黑龙江	2.85	90.24	0.41	0.41	2.03	3.66		0.41	100.00	8.54
上海		100.00							100.00	0.00
江苏	0.59	97.78	0.48	0.08	0.14	0.93			100.00	1.65

续表

地区	未上学	在校	初中毕业	初中肄业	辍学	仅小学毕业	仅小学肄业	其他	总计	未按规定接受义务教育的比例
浙江	2.31	97.18	0.26	0.06	0.06	0.06	0.06		100.00	2.50
安徽	0.83	97.67	0.49	0.08	0.11	0.79	0.03		100.00	1.76
福建	1.15	97.11	0.65	0.05	0.40	0.45	0.15	0.05	100.00	2.14
江西	1.30	97.32	0.39	0.02	0.20	0.68	0.09		100.00	2.27
山东	2.29	95.64	0.62	0.17	0.39	0.78		0.11	100.00	3.47
河南	0.91	97.46	0.60		0.28	0.64	0.12		100.00	1.94
湖北	0.41	97.57	0.51	0.19	0.30	0.73	0.09	0.21	100.00	1.52
湖南	1.12	96.87	0.66	0.19	0.19	0.88	0.07	0.02	100.00	2.25
广东	3.21	95.69	0.24		0.06	0.75	0.05		100.00	4.07
广西	3.91	94.00	0.47		0.21	1.33	0.08		100.00	5.53
海南	3.24	95.14	0.54	0.00		1.08			100.00	4.32
重庆	2.17	95.92	0.43	0.03	0.10	1.22	0.13		100.00	3.62
四川	2.43	96.00	0.34	0.07	0.24	0.77	0.13	0.02	100.00	3.57
贵州	4.24	94.60	0.08	0.08	0.25	0.70	0.03	0.03	100.00	5.22
云南	4.99	90.42	0.17		1.26	2.87	0.29		100.00	9.41
西藏	18.60	72.09	1.16		2.33	4.65		1.16	100.00	25.58
陕西	0.86	96.94	0.70	0.05	0.16	1.18	0.05	0.05	100.00	2.25
甘肃	4.29	93.73	0.28		0.51	1.02	0.06	0.11	100.00	5.87
青海	6.84	88.03	0.85		1.71	2.56	0.00		100.00	11.11
宁夏	3.68	93.87	0.00		1.23	1.23			100.00	6.13
新疆	2.83	94.34	1.89			0.94			100.00	3.77
全国	2.04	96.18	0.45	0.07	0.26	0.88	0.08	0.03	100.00	3.27

当我们提起农村留守儿童问题时，我们常常提及的是中西部劳动力流出大省，如四川、河南、安徽、江西等。但以上提及的中西部省份并不是农村留守儿童受教育状况最差地区。

从表11-5中可以发现，各省农村留守儿童的受教育状况差异比较大，基本符合各省社会发展水平的状况，东南发达省份的农村留守儿童受教育状况比较好，而部分中西部省份的农村留守儿童受教育状况较差一些。未按规定接受义务教育的比例超过5%的地区有吉林、黑龙江、广西、西藏、甘肃、青海和宁夏。

这些地区的农村留守儿童教育问题更应该受到重视和关注。

(五) 农村留守儿童家人的留守状况

儿童应该和父母在一起生活，这种共同生活能够为儿童的健康成长和发育提供比较理想的环境。而农村留守儿童的父母双方或至少一方恰恰不能够与这些儿童在一起生活，这可能给农村留守儿童的成长带来不利的影响。这也正是农村留守儿童受到关注的根本原因。那么，父母双方或至少一方流动外出以后，农村留守儿童又生活在怎样的家庭中呢？

2005年1%人口抽样调查资料为我们提供了有关农村留守儿童家庭结构的宝贵信息。我们可以将农村留守儿童分为单亲外出农村留守儿童（简称单亲留守）和双亲外出农村留守儿童（简称双亲留守），即该儿童的父母中的一方外出，另一方留在家里，和父母双方都外出打工。详细分类的话，我们将农村留守儿童的家庭结构分为如下类型：（1）父亲外出流动后，儿童与母亲一起留守；（2）父亲外出流动后，儿童、母亲与祖父母及其他亲戚共同生活在一起；（3）母亲外出流动后，儿童与父亲一起留守；（4）母亲外出流动后，儿童、父亲与祖父母及其他亲戚共同生活在一起；（5）父母双方均外出流动，儿童留下来与祖父母及其他亲戚共同生活；（6）父母双方均外出流动，儿童留下来与（除祖父母以外的）其他亲戚共同生活；（7）儿童单独留守。根据我们对实际生活情况的调查，在现实生活中，可能存在这样的情况：其一，儿童的祖父母或其他亲戚住在邻近的地方，他们实际承担着照顾这个儿童的责任，但在调查表中反映不出来；其二，当一个家庭有两套住所时，子女常常单独被登记为其中一处住所，这种儿童不是真实的独自留守儿童。以上两种情况下的儿童实际上不属于独自留守儿童，但数据无法将其排除。而且，在实际生活中，这两种情况比较常见，因此，必须谨慎对待数据的结论。

农村留守儿童的家庭结构如表11-6所示。从表11-6可以看到，单亲农村留守儿童占45.63%，从儿童的角度看，如果父母选择一人外出流动一人留在家乡的流动模式，则父亲外出流动的比例大大高于母亲外出的比例，父亲外出的比例为33.44%，而母亲外出的比例为12.18%。父母双方都外出流动、儿童不能与父母在一起生活的情况在全部农村留守儿童中超过了半数，双亲农村留守儿童占54.37%，这其中和祖父母生活在一起的占28.44%，和其他人生活在一起的占14.89%，值得注意的是，还有11.05%的农村留守儿童是单独留守的。农村留守儿童和非农业户口的留守儿童的家庭结构状况不一样。非农业户口的留守儿童中，单亲留守占56.48%，双亲留守占43.52%，其中和其他人一起留守的比例为5.78%，明显小于农村留守儿童的这一比例。

表 11-6　农村留守儿童的家庭结构类型构成百分比（%）

农村留守儿童的家庭类型	该类农村留守儿童家庭在全部农村留守儿童家庭中所占%	
	农村留守儿童	非农业户口留守儿童
和母亲一起留守	21.46	23.75
和母亲及祖父母一起留守	11.98	13.29
和父亲一起留守	7.64	11.29
和父亲及祖父母一起留守	4.54	8.15
和祖父母一起留守	28.44	25.98
和其他人一起留守	14.89	5.78
独自留守	11.05	11.76
合计	100.00	100.00
单亲留守	45.63	56.48
双亲留守	54.37	43.52
合计	100.00	100.00

通常，每个家庭内部都有一定的角色分工。在培养孩子的过程，父亲和母亲常常担负不同的角色。从表 11-6 可以看到，在全部农村留守儿童中，能够与父母亲中一方在一起生活的儿童只占 45.63%，在这些家庭中，父亲和母亲的角色由一个人承担起来了，难免会对孩子的成长产生一定的影响。

农村留守儿童能够与父亲一起生活的比例更低，只占 12.2%。长期以来，我国形成了家庭教育中父亲承担"严父"的教育职责的传统，如此大面积的父亲"缺位"的情况，对于农村留守儿童的教育和成长将产生更大的影响。

更为重要的是，超过半数的农村留守儿童不能和父母中的任何一方在一起生活，他们只能与祖父母、外祖父母或者其他亲属在一起生活。这种状况，对农村留守儿童的教育、心理发展等都会产生巨大的影响。

五、结论和建议

（一）主要研究结论

我国农村留守儿童的基本情况：

1. 农村留守儿童规模巨大，已经形成一个需要予以高度重视的群体。据 2005 年全国 1% 人口抽样调查推算，全国农村留守儿童数量为 5 598 万人。

2. 在全部农村留守儿童中，男女各占 53.71% 和 46.29%，性别比为 11∶6，性别比偏高，各年龄组所占比例随年龄增长缓慢上升。6~14 周岁的学龄儿童占全部农村留守儿童的 67.30%。

3. 农村留守儿童问题是留守儿童问题的主要方面，农村留守儿童占全部留守儿童的 92.5%。

4. 农村留守儿童集中在我国的中南部，四川、安徽、广东、河南、江西、湖南和湖北 7 省的农村留守儿童比例高达 57.7%。农村留守儿童的主要分布地有经济比较落后的农业地区，也有省内人口流动较为频繁的经济发达地区。

5. 全国的儿童中有 22.87% 是农村留守儿童，在重庆、四川等省市，农村留守儿童在当地农业户口儿童中所占比例高达 45%。农业户口儿童中留守儿童的密度大大高于非农业户口的儿童。

6. 农村留守儿童的小学就学率比较好，但初中的就学保持率稍差，但好于农民工随迁子女。在农村，农村留守儿童的受教育状况比非农业户口的留守儿童更好。单亲农村留守儿童和双亲农村留守儿童的差异不大。

7. 吉林、黑龙江、广西、贵州、云南、西藏、甘肃、青海和宁夏等部分中西部地区的农村留守儿童教育问题应该受到重视和关注。东南发达地区农村留守儿童的受教育状况好于西部地区的农村留守儿童。

8. 半数以上的农村留守儿童不能和父母生活在一起，双亲农村留守儿童占 54.37%。这其中还有 11.05% 的农村留守儿童是单独留守的。这些儿童在成长过程中，不能直接得到父母的温暖和照顾，对他们的健康成长可能会产生不利的影响。

（二）对策建议

1. 大规模农村留守儿童的存在，且数量急剧增加，预示着农村留守儿童将是一个长期存在的群体，必须对此群体给予足够的重视，采用长远的策略积极应对。

2. 河南、四川、安徽、江西、湖南、湖北等省的农村地区集中了大量留守儿童。当前要重点关注这些地区的农村留守儿童。与此同时，西部省份的农村留守儿童数量虽然不多，但生存状况却更差，也应该受到关注。

3. 农村留守儿童的大量产生和存在，是我国现行户籍制度以及与此相关的就业、教育、保障等体制的产物。家庭成员团聚在一起，这是每个家庭以及每个家庭成员的基本权利和要求。和父母生活在一起，更是每个儿童的基本权利和健康成长的基本条件。由于现行体制的限制，目前，数以千万计的年轻父母在外出打工时，不得不做出与自己的孩子相分离而将孩子交给年迈的父母照管的选择。这是迫不得已的选择。农村留守儿童的大量出现，也是无奈的结果。要从根本上解决农村留守儿童问题，必须从户籍制度以及其他相关体制的改革入手，消除农村留守儿童产生的条件。这是解决农村留守儿童问题的治本之策。当然，这需要较长的时间。

4. 农村留守儿童群体内部存在较大差异。在制定有关留守儿童的相关政策和对留守儿童提供帮扶措施时，希望能充分考虑这种差异，不能过分夸大农村留守儿童的弱势地位，也不能忽略少数农村留守儿童面临的困难处境。

5. 要重点关注独自留守的农村留守儿童。这是农村留守儿童群体中生活和受教育状况问题最突出的群体。这类儿童除了要照顾自己的生活外，有些还要照顾弟弟妹妹，生活、学习均没有保障，身心健康状况堪忧。相关部门应该制定切实可行的措施解决这些孩子的实际困难。

6. 在大力推行农村地区 9 年制义务教育的基础上，要重点关注农村留守儿童的初中教育和高中教育。同时，小学或初中毕业就无法继续学业的大龄留守儿童的出路问题也应该及早得到关注。

第十二章

我国农村留守女童状况研究

农村留守女童作为留守儿童中的一个更加特殊的群体,却始终没有得到研究者足够的重视。我国广大农村地区还普遍存在"重男轻女"的传统社会观念,农村留守女童可能面临更严重的问题。解决好当前农村地区存在的留守女童问题,不仅关系到我国妇女事业的发展,也关系到农村社会的稳定和发展。但针对农村留守女童基础信息的研究却极少,农村留守女童的规模、分布、性别年龄结构等基础信息以及他们的生活状况、受教育情况等还不为我们所知。

如果要为农村留守儿童提供更多的帮助,出台更多真正能有利于农村留守女童成长的政策或措施,就必须掌握农村留守女童的情况,必须准确地了解农村留守女童的规模、地域分布、受教育状况等基本信息。本文将对农村留守女童的基本情况加以阐述。

一、概念界定和数据资料

(一) 数据来源

本文关于农村留守女童的分析,以 2005 年全国 1% 人口抽样调查数据为依据。本文使用的样本数据是采取简单随机抽户的方法从 2005 年全国 1% 人口抽样调查数据中抽取的,各地区的抽样比略有差异,本文以下所有指标均为加权之后的结果。本文所用数据的样本规模为 258 万人。

（二）概念界定

所谓"留守儿童"，是指父母双方或一方流动到其他地区，孩子留在户籍所在地并因此不能和父母双方共同生活在一起的儿童。而"农村留守女童"，则是指父母双方或一方从农村流动到其他地区，孩子留在户籍所在地的农村地区，并因此不能和父母双方共同生活在一起的女童。本文对儿童的年龄界定是17周岁及以下。

（三）数据处理和筛选

留守儿童和留守儿童家庭的鉴别，是本研究的关键。根据2005年1%人口抽样调查提供的信息，鉴别留守儿童和留守儿童家庭的思路和过程如下：

第一，根据调查项目H32判别一个家庭是否为留守家庭。凡H32>1的家庭即为留守家庭。由于居住在集体户中的儿童与户主的关系不明确，无法进行识别，本文忽略了居住在集体户中的儿童[①]，而只分析生活在家庭户中的儿童。

第二，在全部留守家庭中，挑选出有17周岁及以下儿童的家庭。

第三，根据调查项目"与户主的关系"（R2）和其他相关项目，从上一步挑选出的家庭中进一步挑选留守儿童家庭。

根据普查项目R2，一个家庭中的儿童与户主之间的关系只可能是下列5种情况中的一种：（1）R2=0，即该儿童本身就是户主；（2）R2=2，即该儿童是户主的子女；（3）R2=7，即该儿童是户主的孙子女；（4）R2=8，即该儿童是户主的兄（弟）、姐（妹）；（5）R2=9，即该儿童是户主的其他家庭成员。

在这5种情况下，确认留守儿童和留守儿童家庭的方法不尽相同，简述如下：

（1）当一个家庭户中儿童与户主的关系为R2=2时，该儿童为户主的子女。此时，如果户主和户主的配偶中的一方或双方不在户内，则该儿童为留守儿童[②]。

（2）当一个家庭户中儿童与户主的关系为R2=7时，户主是该儿童的祖父母（外祖父母）。此时，要辨别留守儿童，情况比较复杂。户主的在家的已婚子女（包括子、女、媳、婿）都有可能被认做是该儿童的父（母）。为了准确判别

---

① 这样做，可能会丢失一部分留守儿童。但此次调查数据表明，农村儿童生活在集体户中者所占比例只有0.2%，因此，因这一方法而丢失的留守儿童完全可以忽略不计。

② 当儿童只和父母中的一方居住在一起时，可能是因为其父母离异或其中一方已去世。如果将这样的儿童认定为留守儿童，是错误的。但在判别留守儿童时，可以依据其父亲或母亲的"婚姻状况"信息将这样的儿童排除掉。因此，产生这种错误识别的可能性完全可以避免。

留守儿童，我们选取相对保守的方法，即只有当户主的已婚男性子女（子、婿）全部外出或已婚女性子女（女、媳）全部外出时或这两类子女都全部外出时，该儿童才被认定为留守儿童①。

（3）当一个家庭户中儿童与户主的关系为 R2 = 0 时，儿童本身就是户主。这种情况下，如果户主的父母双方或一方不在户内，则该儿童为留守儿童②。

（4）当一个家庭户中儿童与户主的关系为 R2 = 8 时，这种情况实际上是第（3）种情况的扩展。其认定留守儿童的方法和第（3）种情况完全一致。

（5）当一个家庭中儿童与户主的关系为 R2 = 9 时，即儿童与户主的关系为"其他"时，我们无法得到该儿童的父母的任何信息。我们将这类家庭和这类儿童全部舍弃，本研究暂不予以考虑③。

第四，从以上挑选出的留守儿童中，进一步挑选出农村留守女童。本文认定的农村留守女童是指其居住地类型为"县"、性别为"女"的留守儿童④。

在鉴别留守家庭和留守儿童的过程中，我们还可以依据调查项目 R2 及其他相关项目识别留守儿童和与其生活在一起的亲属的关系类别。

二、规模和分布

（一）农村留守女童的规模

根据 2005 年全国 1% 人口抽样调查的抽样数据，可以得出 0~17 周岁留守儿童在全体儿童中所占比例为 21.72%，据此推算，2005 年全国留守儿童规模达到 7 326 万人。其中，农村留守儿童在全部留守儿童中占 80%，其规模达到

---

① 按此种方法，可能会低估留守儿童的数量。比如：当与户主同住一户的户主的已婚儿子和已婚女儿没有外出流动，而户主的儿媳与女婿外出流动时，这个已婚儿子或已婚女儿留在家中的子女实际上是留守儿童，却没有被确认为留守儿童。但现实生活中此种情况并不多见，产生误差的可能性很小。

② 这时可能发生这样的情况：该儿童的父母双方均已经去世或者因故户口不登记在本户，而该儿童的其他亲属（如哥哥、姐姐等）流动外出了。如果将这种家庭认定为留守儿童家庭，是错误的。但这种误差发生的可能性也极小。

③ 在现实生活中，第（5）类儿童中实际上包含了一部分留守儿童。比如，父母均流动外出后将孩子委托给临近居住的亲戚照顾，这样的孩子实际上属于留守儿童，但我们却无法依据调查资料对他们进行鉴别。这样一来，舍弃全部这类儿童不予考虑的处理方法可能会丢失一部分留守儿童。但是，根据 2005 年 1% 人口抽样调查的抽样样本资料，在全部 14 周岁及以下儿童中，与户主的关系为"其他"者所占比例仅为 2.6%，发生儿率很小。因此，这种处理方式发生误差的可能性也很小。

④ 从上述各个步骤中可以看到，当无法确切认定一个儿童是否为留守儿童时，我们总是选择最保守的方案，将那些可能是也可能不是留守儿童的儿童全部舍弃了。因此，本研究得到的留守儿童数量，是一个相对保守的数量。

5 861 万人。

而在全部农村留守儿童中,男孩占 53.71%,女孩占 46.29%,性别比为 114∶75。据此推算,目前我国农村留守女童规模已经高达 2 713 万人。

本文按年龄将农村留守女童划分为 4 组,分别是 0~5 周岁组、6~11 周岁组、12~14 周岁组和 15~17 周岁组。其中 0~5 周岁组儿童绝大多数没有入学,代表学龄前儿童,这部分儿童占全部农村留守儿童的 26.0%;6~11 周岁儿童则大多数在上小学,代表小学儿童,这部分儿童所占比例为 34.79%;12~14 周岁儿童大多数在上初中,其所占比例为 21.30%;15~17 周岁儿童大多数已经初中毕业,她们有的继续深造,有的走上工作岗位,她们所占比例为 17.91%。这 4 个年龄组的农村留守女童规模分别是 705 万人、944 万人、578 万人和 486 万人。

(二) 农村留守女童的分布

来自四川、安徽、河南、河北、湖南、湖北和江西的农民工组成了我国的流动劳动力大军,这些省份大多在我国的中部,因此,在这些省份的农村地区也形成了规模巨大的留守儿童。四川是农村留守儿童数量最多的省份,也是农村留守女童数量最多的省份。见表 12-1 可知,仅四川的农村留守女童的规模就达 374 万人。其次,安徽和河南的农村留守女童也比较多,其农村留守女童数量分别都超过了 200 万人。

我国农村留守女童的分布表现出了集中趋势。四川、安徽、河南、广东、湖南和江西 6 个省的农村留守女童在全国农村留守女童总量中所占比例超过半数。除了上述 6 个省份以外,农村留守女童数量较多的还有广西、湖北、贵州和江苏。

在农村留守女童分布集中的省份中,四川、安徽、河南、江西、湖南、湖北属于典型的劳动力输出大省,每年都有大量农村青壮年劳动力大量向沿海地区流动。而这些农村劳动力的子女就有可能被大量留在家乡由父母的留守一方或其他亲属照料。这些地区的农村留守女童问题应该成为关注的重中之重。

广西和贵州虽然不是传统意义上的劳动力外流大省区,但这些地区邻近广东等发达省份,外流劳动力也不少,从而农村留守女童数量均超过 160 万人。而且,这些西部省份社会发展水平较低,农村社会的卫生基础设施、教育条件都比较匮乏,可能会使农村留守女童面临更多的问题。这些地区的农村留守女童也应该受到重视。

广东、江苏是吸引劳动力流入的地区,但也是农村留守女童较多的地区,其农村留守女童数分别达到 200 万人和 129 万人。广东不但吸引了大批来自全国各地的流动人口,其省内区域发展的不平衡也使得省内劳动力流动频繁,从而产生了一定规模的农村留守女童。江苏的情况和广东类似,苏北、苏南的经济发展速度差异很大,苏北也大量向外输送劳动力,因而在苏北也存在大量留守儿童。

表12-1　各省(市、区)分性别的农村留守女童人数及所占百分比

地区	百分比	人数(万)	地区	百分比	人数(万)
北京	0.07	2.01	湖北	5.99	163.36
天津	0.06	1.53	湖南	6.77	184.68
河北	2.13	58.10	广东	7.34	200.35
山西	0.86	23.38	广西	6.00	163.84
内蒙古	0.50	13.61	海南	0.28	7.70
辽宁	0.75	20.47	重庆	3.87	105.74
吉林	0.31	8.44	四川	13.73	374.85
黑龙江	0.44	11.87	贵州	5.89	160.88
上海	0.06	1.64	云南	2.61	71.13
江苏	4.72	128.80	西藏	0.14	3.80
浙江	2.03	55.35	陕西	2.59	70.71
安徽	9.53	260.14	甘肃	2.78	75.82
福建	2.65	72.45	青海	0.20	5.38
江西	5.97	162.94	宁夏	0.30	8.13
山东	2.92	79.57	新疆	0.46	12.61
河南	8.06	219.98	全国	100.00	2 729

资料来源:根据2005年全国1%人口抽样调查抽样数据计算。如无特别说明,本文以下图、表资料来源同此。

三、家庭结构

(一)家庭成员流动状况

留守儿童之所以受到关注,主要因为留守儿童的成长缺少完整、健康的家庭环境,特别是对于双亲都外出的留守儿童来说。而农村留守儿童的父母双方或至少一方恰恰不能够与这些儿童在一起生活,这一特征和"农村"这一特殊的脆弱环境累加起来,可能给农村留守儿童的成长带来十分不利的影响,这其中的"女童"受到的影响更大。那么我国农村留守女童所生活的家庭环境是怎样的呢?

简单来讲,我们可以将留守儿童分为两类:一类是单亲外出农村留守儿童,简称单亲外出留守,即该儿童的父母中的一方外出,另一方留在家里;另一类是

双亲外出农村留守儿童,简称双亲外出留守,即父母双方都外出打工。但是,留守儿童跟谁住在一起也很重要,因此,我们将留守儿童的家庭结构进行更加详细的分类。包括:(1)父亲外出流动,儿童与母亲单独留守;(2)父亲外出流动,儿童、母亲与祖父母一起留守;(3)母亲外出流动,儿童与父亲单独留守;(4)母亲外出流动,儿童、父亲与祖父母一起留守;(5)父母双方均外出流动,儿童留下来与祖父母及其他亲戚一起留守;(6)父母双方均外出流动,儿童留下来与(除祖父母以外的)其他亲戚或其他人共同生活;(7)儿童独自留守。这其中前四类属于单亲外出留守儿童,而后三类属于双亲外出留守儿童。

表 12-2　农村留守女童的家庭结构类型构成百分比(%)

家庭结构	百分比
和母亲单独留守	22.86
和母亲及祖父母一起留守	10.79
和父亲单独留守	9.43
和父亲及祖父母一起留守	4.31
和祖父母一起留守	25.39
和其他人一起留守	16.76
独自留守	10.45
合计	100.00

由表 12-2 可知,在农村留守女童中,单亲外出留守女童和双亲外出留守女童所占比例差不多,各占一半左右。

对于单亲外出的留守女童,父亲外出流动的比例大大高于母亲外出的比例。1/3 的单亲外出留守女童和留守父(母)亲及祖父母生活在一起。单亲外出留守女童如果和父母单亲及祖父母生活在一起,不但可以有效减轻留守父(母)亲的照顾家庭负担,儿童也可以接受更多的教育和照顾。

对于父母双方都外出的农村留守女童来说,大部分人和祖父母生活在一起,还有少数和其他人生活在一起。留守女童离开父母生活,这对她们的性格培养、心理发展等都会产生巨大的影响。值得注意的是,还有 10% 的农村留守女童是单独留守的。

(二) 留守女童的困境

农村留守女童不能和父母生活在一起,对她们的成长有很大影响。主要表现在:

首先，在家庭教育方面。通常，每个家庭内部都有一定的角色分工。在培养孩子的过程中，父母和母亲常常担负不同的角色。儿童的成长环境中，父亲、母亲缺一不可，何况是两者都缺，超过半数的农村留守女童不能和父母中的任何一方在一起生活，他们只能与祖父母、外祖父母或者其他亲属在一起生活。这种状况，对农村留守女童的教育会产生很大的影响。

长期以来，我国形成了家庭教育中父亲承担"严父"的教育职责的传统，如此大面积的父亲"缺位"的情况，对于留守女童的教育和成长将产生更大的影响。通常来说，留守女童能够与父亲一起生活的比例比和母亲一起生活的比例更低。

其次，在心理发展方面。儿童在学龄前的学习很多来自对父母的模仿，除了言行举止之外，家庭中父亲和母亲的分工合作模式形成了她们对社会性别和社会角色的认识。但留守女童离开父母生活，她们便失去了这样的学习机会。另外，如果留守女童长期与老年人生活在一起，潜移默化的影响，老年人的性格和行为模式就会被儿童模仿，形成老年人的一些心理特征，这对她们都是不利的。

最后，在看护、照料方面。女孩在12～13岁左右就进入生理发育期了，母亲的叮嘱和教育对于她们来说是极为重要的，隔辈的奶奶往往比较保守，女孩也不愿意向她们请教，而且老人的卫生观念通常达不到现代社会的标准。这使得不能和母亲生活在一起的农村留守女孩在青春期碰到了困扰和疑惑，却无处述说和请教，对女孩的身心健康都很不利。

在媒体报道中，留守女童受到性侵害的案例数不胜数。父母不但负责孩子的家庭教育和照料，也起到对外保护子女的作用，缺少父母的保护（特别是父亲的保护），女孩受到侵害的可能性就更大了。

四、受教育状况

父母外出流动以后，留守女童的教育会不会受到影响？这是提出留守儿童问题的最原始的原因，也是最重要的原因。我们也非常关心这个问题。在家庭教育中，父母角色对于儿童来说是不可取代的，单亲家庭中成长的儿童往往可能面临很多教育问题。农村留守女童生活所在的家庭往往是缺少父亲或母亲（或双亲）的隔代家庭，这种状况和单亲家庭类似，因而从理论上讲不利于孩子的教育。但另一方面，父母外出打工能改善家庭的物质条件，能增多儿童接受教育的机会。究竟父母外出流动以后，农村留守女童的受教育机会是否会受到影响，受到什么影响呢？留守男童和留守女童的受教育状况是否有差异？我们希望通过实证资料来回答这一问题。

目前我国农村留守女童中，6~14岁的义务教育适龄儿童规模高达1522万人，根据1%人口抽样调查的数据结构特点，本部分着重考察留守女童是否在校接受学校教育。

（一）农村留守女童各学段的教育状况

见表12-3可知，在小学学龄阶段，农村留守女童的在校率是很高的，6~11岁的农村留守女童绝大部分可以进入小学学习，在校率达到96.13%。但是，我们又必须看到，进入初中阶段以后，留守女童的在校率就大幅度下降了，14周岁农村留守女童的在校率下降到93.7%，15~17周岁农村留守女童的在校率只有79.4%。许多留守女童小学毕业之后就终止学业了，这与我国9年制义务教育的发展目标是严重不相符合的。因此，如何加强和巩固留守女童中初中教育，是一个十分紧迫的任务。

表12-3　　　分年龄的农村留守女童受教育状况和学业完成情况构成百分比（%）

受教育状况和学业完成情况	6~11周岁	12~14周岁	15~17周岁	6~17周岁
未上过学	2.97	0.65	0.96	1.82
在校	96.13	95.88	79.38	92.01
毕业	0.79	2.41	16.68	5.10
肄业	0.02	0.44	1.27	0.44
辍学	0.06	0.61	1.66	0.61
其他	0.03	0.01	0.04	0.03
合计	100.00	100.00	100.00	100.00

在6~14周岁义务教育年龄段农村留守女童中，除了96%左右的女童进入学校接受教育以外，其他女童的受教育状况又是怎样呢？根据2005年全国1%人口抽样调查的数据结构特点，我们可以获得6~14周岁儿童不按义务教育法规入学接受义务教育情况的信息，分为以下4种情况：（1）仅仅小学毕业或肄业就终止学业者；（2）小学辍学者；（3）初中辍学者；（4）未上过学者。上述4种农村留守女童在全部农村留守女童中所占比例如表12-4所示。从表12-4可知，在6~11周岁农村留守女童中，有3.78%的人未按规定接受义务教育，其中，没有读完小学或者只读完小学就终止学业者占0.75%；在12~14周岁农村留守女童中，2.78%的人未按规定接受义务教育，其中没有读完小学或者只读完小学就终止学业或初中辍学者占1.51%。

表12-4　　　　分年龄的农村留守女童中未按规定接受义务
教育者所占百分比（%）

受教育状况和学业完成情况	6～11周岁	12～14周岁
未上过学	2.97	0.65
小学毕业或肄业就终止学业	0.75	1.51
小学辍学	0.06	0.36
初中辍学	0	0.27
未按规定接受义务教育	3.78	2.78

（二）不同性别年龄结构农村留守儿童的受教育状况

本文计算了每个单岁年龄组对应的未按规定接受义务教育比例，由此比较农村留守儿童的性别差异。由图12-1可以发现，在6周岁儿童中，农村儿童未按规定接受义务教育的比例较高，主要是一部分儿童没有在6周岁"及时"入学，农村留守男童的未按规定接受义务教育比例和农村留守女童相差不大。在8～12周岁儿童中，两类儿童的未按规定接收义务教育比例都降到了一个较低的水平。到13岁以后，农村留守儿童未按规定接受义务教育的比例大幅度提高，同时，留守男童未按规定接受义务教育的比例为7.52%，而17岁的农村留守女童的这一比例高达10.27%。由此可以看到，在低年龄段，农村留守儿童的受教育状况的性别差异不大，但到高年龄组，农村留守女童的受教育状况差于农村留守男童。

（三）农村留守女童的教育状况与农村其他女童的比较

为了更好地反映留守对儿童受教育的影响，需要进一步比较农村留守儿童和农村非留守儿童的受教育状况差异。这里的农村非留守儿童是指2005年1%人口抽样调查的农村常住儿童中除留守儿童外的其他儿童。

见图12-1可知，农村留守女童各年龄组的未按规定接受义务教育比例都低于农村非留守女童，而且随着年龄增大，两者之间的差距也在增加。即便从农村留守男童的角度来看，这种现象是同样存在的。

可见，农村留守儿童比农村其他儿童拥有更多的受教育机会。究其原因，一方面，留守儿童的父母外出打工补贴家用，其家庭经济条件好于非留守儿童家庭，使留守儿童在经济上有更好的条件接受教育；另一方面，留守儿童的父母外出之后，教育投资的观念也会有所变化，对子女教育更加重视。

这一结果告诉我们，农村留守儿童的受教育问题，更多的是农村教育的问题。

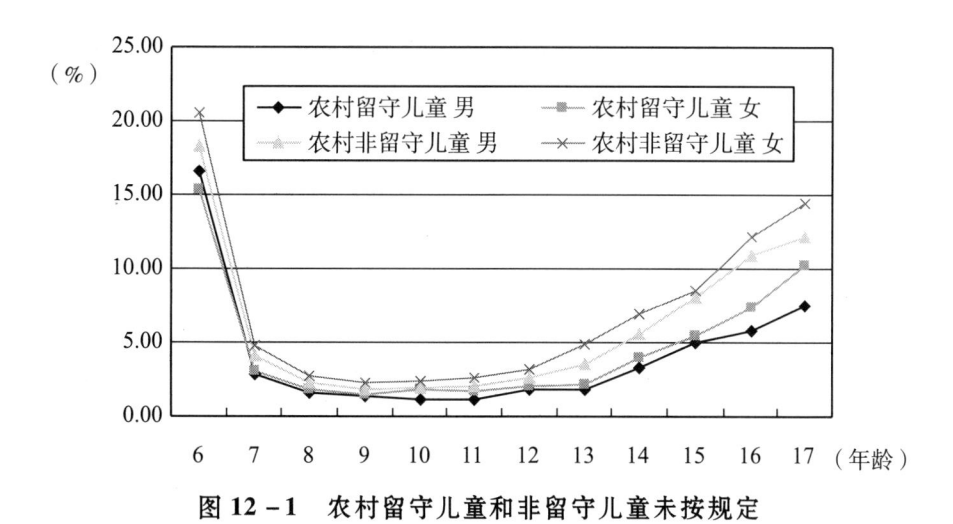

图 12-1　农村留守儿童和非留守儿童未按规定
接受义务教育的比例

五、大龄农村留守女童就业状况

2005 年 1% 人口抽样调查数据还提供了就业信息，这为我们了解 15~17 周岁的大龄农村留守女童的情况提供很多帮助。农村家庭所能提供的教育条件差，加上"重男轻女"的观念根深蒂固，很可能使得农村留守女孩过早进入劳动力市场，承担起照顾家庭、补贴家用的责任。下文将分析农村留守女童在业和不在业的状况。

20% 的 15~17 周岁大龄农村留守女童不在校念书，她们可能没有机会继续学习或从没上过学，而且留守女童在远离父母的生活环境中，可能在初入社会时变成一个弱势的劳动群体。与此同时，女孩在家庭中及就业过程中可能处于更加弱势的地位，她们的就业状况究竟如何呢？

从表 12-5 可知，在全部 15~17 周岁农村留守女童中，在业的女童占 12.36%，不在业的女童占 87.64%。农村留守女童的就业信息包括工作类型、工作时间、就业身份、签订合同状况和收入状况等。具体可以得出以下几点：

1. 绝大部分已经就业农村留守女童依然从事农业工作，81.21% 的农村留守女童的职业为农、林、牧、渔、水利业生产人员，其次有 10.93% 的农村留守女童的职业为生产、运输设备操作人员及有关人员。

表12-5　分性别的15~17周岁农村留守儿童就业状况百分比　　　　　　（%）

就业状况	选项	女	男
是否在业	在业	12.36	12.70
	不在业	87.64	87.30
在业人口的职业	国家机关、党群组织、企业、事业单位负责人	0.00	0.40
	专业技术人员	3.85	2.86
	办事人员和有关人员	0.26	0.32
	商业、服务业人员	3.76	3.65
	农、林、牧、渔、水利业生产人员	81.21	83.72
	生产、运输设备操作人员及有关人员	10.93	9.05
在业人口的工作类型	土地承包者	81.80	84.37
	机关团体事业单位	0.44	0.08
	国有及国有控股企业	0.17	0.48
	集体企业	0.44	0.24
	个体工商户	4.72	4.76
	私营企业	8.05	5.32
	其他类型单位	0.61	0.63
	其他	3.76	4.13
除务农者之外的就业身份	雇员	82.21	72.45
	雇主	0.48	1.02
	自营劳动者	10.10	15.31
	家庭帮工	7.21	11.22
月收入	平均月收入	246.97	252.43
工作时间	平均每周工作时间	40.61	40.53
雇员是否签劳动合同	已签劳动合同	10.53	10.56
	未签劳动合同	89.47	89.44
不在业原因	丧失劳动能力	6.63	6.12
	料理家务	22.85	6.41
	毕业后未工作	51.72	57.73
	失去原工作	0.98	0.58
	承包土地被征用	0.61	0.00
	其他	17.20	29.15

2. 从工作类型方面来说，81.80%在业农村留守女童的工作类型为土地承包者，另外有8.05%在私营企业工作，干个体工商户的占4.72%，在其他单位工作的所占比例都比较少。

3. 对于所有已经参加工作的农村留守女童来说，她们上周平均工作了40.61

个小时，这相当于按 8 小时工作制每周工作 5 天。这意味着她们大多数参加的是全职工作。

4. 在除土地承包者之外的所有在业的农村留守女童中，就业身份为雇员的占 82.21%，自营劳动者占 10.10%，做家庭帮工的占 7.21%，雇主比较少，只占 0.48%。

5. 在所有就业身份为雇员的农村留守女童中，89.47% 的人都没有签订劳动合同，签劳动合同的只占 10.53%。

6. 参加工作的农村留守女童工资十分低，她们（除土地承包者之外）的平均月收入只有 247 元。这还不如许多城市的低保水平。

7. 不在校念书又不在业的农村留守女童中，有 51.72% 的人毕业一直没有工作过，还有 22.85% 的人在家料理家务。

比较男女农村留守儿童的就业状况差异可以发现，就是否在业、职业、工作时间和是否签劳动合同等指标来看，农村留守儿童就业状况的性别差异很小，但是有些指标略有差异。女性的平均月收入小于男性；男性务农者多于女性，而女性进私营企业者多于男性；女性雇员多于男性，而男性自营劳动者多于女性；女性不在业原因为料理家务者显著多于男性。

六、对策建议

1. 农村留守儿童的大量产生和存在，是我国现行户籍制度以及与此相关的就业、教育、保障等体制的产物。家庭成员团聚在一起，这是每个家庭以及每个家庭成员的基本权利和要求。和父母生活在一起，更是每个儿童的基本权利和健康成长的基本条件。由于现行体制的限制，目前，数以千万计的年轻父母在外出打工时，不得不做出与自己的孩子相分离而将孩子交给年迈的父母照管的选择。这是迫不得已的选择。农村留守儿童的大量出现，也是无奈的结果。要从根本上解决农村留守儿童问题，必须从户籍制度以及其他相关体制的改革入手，消除农村留守儿童产生的条件。这是解决农村留守儿童问题的治本之策。当然，这需要较长的时间。

2. 我国农村留守女童规模已经高达 2 713 万人，而且女童是留守儿童中更加弱势的群体，更加应该受到重视和关注。应该对留守女童的问题提出针对性的措施和政策。

3. 农村留守女童分布高度集中，特别是四川、安徽、河南、广东、湖南和江西等地的农村地区。当前要重点关注这些地区的农村留守女童。

4. 西部省份的农村留守女童虽然规模不大，但受社会发展水平的限制，农村留守女童问题却比中东部省份更加突出，西部省份的农村留守女童也应该受到关注。

5. 在大力推行农村地区九年制义务教育的基础上，在农村留守女童比较集中的地区，要重点关注农村留守女童的初中教育。

6. 农村地区的卫生条件有限，青春期的农村留守女童的生理健康也应该受到关注，并从学校教育、社区宣传等渠道给予女童更多的健康知识。

7. 53%的农村留守女童不能跟父母任何一方居住在一起，她们可能缺少足够的保护和引导，不免可能遭受不法分子的侵害，甚至诱导她们犯罪，这样的行为应当受到全社会谴责的。政府应该尽快加强农村地区青少年犯罪预防工作和青少年自我保护教育工作。

第十三章

我国大龄农村留守儿童现状

进入 21 世纪以后，农村留守儿童问题引起了政府和社会的高度关注。但是，人们往往把留守儿童作为一个整体进行研究和分析，针对大龄农村留守儿童基础信息的研究却极少。然而大龄农村留守儿童无疑是农村留守儿童中的一个特殊群体。本文的研究意义正是基于这两方面的考虑：

一方面，大龄农村留守儿童的基础信息缺乏。大龄农村留守儿童的规模已逾千万，然而这一群体却很少受到关注，他们的分布、结构等基本信息还不为我们所知。

另一方面，大龄农村留守儿童这一群体具有特殊性。15~17 周岁的大龄农村留守儿童已经具备基本的生活自理能力，但他们又是一个精力充沛、思想活跃但又远未成熟、十分需要父母的关爱和引导的群体。远离父母的生活现状，对他们的成长和发展，具有极其重要的影响。这是一个需要特别给予关注的群体。

鉴于此，本文利用 2005 年全国 1% 人口抽样调查数据，概括和分析全国 15~17 周岁大龄农村留守儿童的规模、结构、地域分布等各项基本特征，为解决大龄农村留守儿童各方面的问题提供基本依据。同时，本文还将围绕目前备受关注的留守儿童热点问题，重点阐述大龄农村留守儿童的生活状况、受教育情况、家庭状况、就业状况等。

一、概念界定和数据资料

(一) 数据来源

本文关于农村留守儿童的分析,以 2005 年全国 1% 人口抽样调查数据为依据。本文使用的样本数据是采取简单随机抽户的方法从 2005 年全国 1% 人口抽样调查数据中抽取的,各地区的抽样比例有差异,本文以下所有指标均为加权之后的结果。本文所用数据的样本规模为 258 万人。

(二) 概念界定

所谓"留守儿童",是指父母双方或一方流动到其他地区,孩子留在户籍所在地并因此不能和父母双方共同生活在一起的儿童。而"农村留守儿童",则是指父母双方或一方从农村流动到其他地区,孩子留在户籍所在地的农村地区,并因此不能和父母双方共同生活在一起的儿童。

以往的大多数关于留守儿童的研究只涵盖 14 周岁及以下的留守儿童,本文的研究则特别针对大龄农村留守儿童,即 15~17 周岁的农村留守儿童。

(三) 数据处理和筛选

留守儿童和留守儿童家庭的鉴别,是本研究的关键。根据 2005 年 1% 人口抽样调查提供的信息,鉴别留守儿童和留守儿童家庭的思路和过程如下:

第一,根据调查项目 H32 判别一个家庭是否为留守家庭。凡 H32 > 1 的家庭即为留守家庭。由于居住在集体户中的儿童与户主的关系不明确,无法进行识别,本文忽略了居住在集体户中的儿童[①],而只分析生活在家庭户中的儿童。

第二,在全部留守家庭中,挑选出有 15~17 周岁儿童的家庭。

第三,根据调查项目"与户主的关系"(R2)和其他相关项目,从上一步挑选出的家庭中进一步挑选留守儿童家庭。

根据普查项目 R2,一个家庭中的儿童与户主之间的关系只可能是下列 5 种情况中的一种:(1) R2 = 0,即该儿童本身就是户主;(2) R2 = 2,即该儿童是户主的子女;(3) R2 = 7,即该儿童是户主的孙子女;(4) R2 = 8,即该儿童是

[①] 这样做,可能会丢失一部分留守儿童。但此次调查数据表明,农村儿童生活在集体户中者所占比例只有 0.2%,因此,因这一方法而丢失的留守儿童完全可以忽略不计。

户主的兄（弟）、姐（妹）；(5) R2 = 9，即该儿童是户主的其他家庭成员。

在这 5 种情况下，确认留守儿童和留守儿童家庭的方法不尽相同，简述如下：

（1）当一个家庭户中儿童与户主的关系为 R2 = 2 时，该儿童为户主的子女。此时，如果户主和户主的配偶中的一方或双方不在户内，则该儿童为留守儿童①。

（2）当一个家庭户中儿童与户主的关系为 R2 = 7 时，户主是该儿童的祖父母（外祖父母）。此时，要辨别留守儿童，情况比较复杂。户主的在家的已婚子女（包括子、女、媳、婿）都有可能被认做是该儿童的父（母）。为了准确判别留守儿童，我们选取相对保守的方法，即只有当户主的已婚男性子女（子、婿）全部外出或已婚女性子女（女、媳）全部外出时或这两类子女都全部外出时，该儿童才被认定为留守儿童。②

（3）当一个家庭户中儿童与户主的关系为 R2 = 0 时，儿童本身就是户主。这种情况下，如果户主的父母双方或一方不在户内，则该儿童为留守儿童③。

（4）当一个家庭户中儿童与户主的关系为 R2 = 8 时，这种情况实际上是第（3）种情况的扩展。其认定留守儿童的方法和第（3）种情况完全一致。

（5）当一个家庭中儿童与户主的关系为 R2 = 9 时，即儿童与户主的关系为"其他"时，我们无法得到该儿童的父母的任何信息。我们将这类家庭和这类儿童全部舍弃，本研究暂不予以考虑④。

第四，从以上挑选出的留守儿童中，进一步挑选出农村留守儿童。本文认定的农村留守儿童是指其居住地类型为"县"的留守儿童⑤。

---

① 当儿童只和父母中的一方居住在一起时，可能是因为其父母离异或其中一方已去世。如果将这样的儿童认定为留守儿童，是错误的。但在判别留守儿童时，可以依据其父亲或母亲的"婚姻状况"信息将这样的儿童排除掉。因此，产生这种错误识别的可能性完全可以避免。

② 按此种方法，可能会低估留守儿童的数量。比如：当与户主同住一户的户主的已婚儿子和已婚女儿没有外出流动，而户主的儿媳与女婿外出流动时，这个已婚儿子或已婚女儿留在家中的子女实际上是留守儿童，却没有被确认为留守儿童。但现实生活中此种情况并不多见，产生误差的可能性很小。

③ 这时可能发生这样的情况：该儿童的父母双方均已经去世或者因故户口不登记在本户，而该儿童的其他亲属（如哥哥、姐姐等）流动外出了。如果将这种家庭认定为留守儿童家庭，是错误的。但这种误差发生的可能性也极小。

④ 在现实生活中，第（5）类儿童中实际上包含了一部分留守儿童。比如，父母均流动外出后将孩子委托给临近居住的亲戚照顾，这样的孩子实际上属于留守儿童，但我们却无法依据调查资料对他们进行鉴别。这样一来，舍弃全部这类儿童不予考虑的处理方法可能会丢失一部分留守儿童。但是，根据 2005 年 1% 人口抽样调查的抽样样本资料，在全部家庭户中的 15~17 周岁儿童中，与户主的关系为"其他"者所占比例仅为 1.7%，发生几率很小。因此，这种处理方式发生误差的可能性也很小。

⑤ 从上述各个步骤中可以看到，当无法确切认定一个儿童是否为留守儿童时，我们总是选择最保守的方案，将那些可能是也可能不是留守儿童的儿童全部舍弃了。因此，本研究得到的留守儿童数量，是一个相对保守的数量。

在鉴别留守家庭和留守儿童的过程中，我们还可以依据调查项目 R2 及其他相关项目识别留守儿童和与其生活在一起的亲属的关系类别。

二、大龄农村留守儿童的基本情况

（一）大龄农村留守儿童的规模

根据 2005 年全国 1% 人口抽样调查的抽样数据，0~17 周岁农村留守儿童规模达到 5 861 万人。其中，15~17 周岁大龄农村留守儿童占所有农村留守儿童的 17.27%，据此估算，全国大龄农村留守儿童规模高达 1 012.2 万人。规模超过千万的大龄农村留守儿童，急需引起我们的高度关注。

从年龄来看，15 周岁的农村留守儿童占全部大龄农村留守儿童的 45.34%，16 周岁农村留守儿童的相应比例下降到 32.66%，17 周岁农村留守儿童的对应比例进一步下降到了 22.06%。可见，大龄农村留守儿童的各年龄所占比重随着年龄的增加而下降。

从性别结构方面来看，在全部大龄农村留守儿童中，男孩占 51.71%，女孩占 48.29%，性别比为 107.18%，大于相应年龄的农村儿童的性别比（104%）。

（二）大龄农村留守儿童的分布

大龄农村留守儿童在各地之间的分布很不均衡。从表 13-1 可知，四川的农村留守儿童数量最多，规模达 108.22 万人，占全国农村留守儿童的 10.69%。其次，河南和安徽的农村留守儿童规模也分别达到 106.15 万人和 90.07 万人。四川、河南、安徽、湖北、湖南和广东 6 个省的农村留守儿童在全国农村留守儿童总量中所占比例超过半数，达到 50.77%。除此之外，广西、江苏、江西和山东的农村留守儿童数量也排进前十位（见表 13-1）。

四川、安徽、河南、江西、湖南、湖北属于典型的劳动力输出大省，大量农村青壮年劳动力大量向沿海地区流动。而这些农村劳动力的子女就有可能被大量留在家乡由父母中的留守一方或祖父母及其他亲属照料。这些地区的农村留守儿童问题应该成为关注的重点。

广东、江苏不但吸引了大批来自全国各地的流动人口，其省内区域发展的不平衡使得省内劳动力流动也十分频繁，从而也产生了较大规模的农村留守儿童。

表13-1 各地的大龄农村留守儿童人数及在全国大龄农村留守儿童总数中所占百分比和大龄农村留守儿童占本地15~17周岁农村儿童总数的百分比

地区	大龄农村留守儿童人数（万人）	该省大龄农村留守儿童占全国大龄农村留守儿童总数的%	大龄农村留守儿童占本省15~17周岁农村儿童总数的%	地区	大龄农村留守儿童人数（万人）	该省大龄农村留守儿童占全国大龄农村留守儿童总数的%	大龄农村留守儿童占本省15~17周岁农村儿童总数的%
北京	0.94	0.09	7.56	湖北	71.97	7.11	34.42
天津	0.78	0.08	4.84	湖南	72.5	7.16	29.73
河北	27.95	2.76	8.76	广东	64.85	6.41	25.87
山西	8.34	0.82	7.34	广西	63.94	6.32	35.67
内蒙古	6.85	0.68	13.53	海南	4.14	0.41	15.99
辽宁	8.71	0.86	11.29	重庆	27.75	2.74	41.45
吉林	4.59	0.45	6.21	四川	108.22	10.69	40.46
黑龙江	5.59	0.55	6.4	贵州	40.15	3.97	28.57
上海	0.88	0.09	12.88	云南	23.1	2.28	13.7
江苏	56.62	5.60	33.09	西藏	1.06	0.10	6.97
浙江	21.47	2.12	23.9	陕西	32.44	3.21	20.83
安徽	90.07	8.90	35.34	甘肃	27.5	2.72	19.92
福建	32.29	3.19	30.09	青海	1.74	0.17	9.54
江西	49.22	4.86	34.52	宁夏	2.8	0.28	11.45
山东	43.55	4.30	14.61	新疆	5.8	0.57	6.48
河南	106.15	10.49	21.6	全国	1 012	100.00	23.5

资料来源：根据2005年全国1%人口抽样调查的抽样数据计算。如无特别说明，本文以下图、表资料来源同此。

（三）大龄农村留守儿童的比重

在不同地区，农村留守儿童在当地全部儿童中所占份额差异悬殊。重庆的15~17岁留守儿童占当地15~17岁农村儿童的比例最高，达41.45%。四川、广西、安徽、江西和湖北的对应比例也很高，都超过了1/3。也就是说，在这些省份，每3个15~17岁农村儿童中至少有1个是留守儿童。

三、我国大龄农村留守儿童受教育状况

父母外出流动以后，农村留守儿童的受教育状况是否会受到影响？我们一方

面考察这些大龄农村留守儿童过去是否正常接受了义务教育；另一方面，我们也考察他们是否能继续接受高中教育。根据1%人口抽样调查的数据结构特点，本部分着重考察留守儿童是否在校接受学校教育。

（一）接受义务教育状况

由表13-2可知，全部15～17周岁农村留守儿童中，79.38%在校念书，表明他们绝大部分正在学校接受教育，大龄农村留守儿童义务教育状况良好。

分年龄来看，15周岁农村留守儿童的在校比例为88.85%，其中77.41%在念初中，随着许多农村留守儿童初中毕业后终止学业，17周岁农村留守儿童的这一比例下降到了64.48%。尽管许多人不能上高中，但多数大龄农村留守儿童能接受完义务教育。

表13-2　　　　分年龄分性别的农村留守儿童受教育状况和学业完成情况构成（%）

受教育状况		15周岁	16周岁	17周岁	男	女	15～17周岁农村留守儿童	15～17周岁农村儿童
未上过学		0.67	0.94	0.90	0.67	0.96	0.81	1.12
在校	小学	4.77	0.08	0.07	2.20	0.07	2.20	2.10
	初中	77.41	57.29	30.57	60.17	30.57	60.90	50.87
	高中	6.64	20.28	33.65	17.85	33.65	16.17	16.78
	大学专科	0.02	0.14	0.17	0.08	0.17	0.11	0.14
	大学本科			0.02	0.01	0.02		0.01
	小计	88.85	77.79	64.48	80.31	64.48	79.38	69.89
毕业或肄业		8.77	19.43	32.18	16.90	32.18	17.95	26.45
辍学		1.67	1.79	2.39	2.08	1.66	1.87	2.46
其他		0.05	0.05	0.05	0.06	0.04	0.05	0.08
合计		100.0	100.00	100.00	100.00	100.00	100.00	100.00

在15～17周岁义务教育年龄段农村留守儿童中，除了80%左右的儿童进入学校接受教育以外，其他儿童的受教育状况又是怎样呢？根据2005年全国1%人口抽样调查的数据结构特点，我们可以获得15～17周岁儿童不按义务教育法规入学接受义务教育情况的信息，分为以下三种情况：(1)仅小学毕业（或肄业）就终止学业者；(2)小学或初中辍学者；(3)未上过学者。上述3种农村留守儿童在全部农村留守儿童中所占比例如表13-3所示。

表13-3　　　　　分年龄分性别的农村留守儿童受教育
状况和学业完成情况构成（%）

受教育状况	15周岁	16周岁	17周岁	男	女	15~17周岁农村留守儿童	15~17周岁农村儿童
未上过学	0.67	0.94	0.90	0.67	0.96	0.81	1.12
仅小学毕业（或肄业）就终止学业	2.94	4.04	5.66	3.19	5.66	4.65	6.31
小学或初中辍学	1.61	1.58	2.25	1.95	1.52	1.74	2.34
未按规定接受义务教育百分比	5.22	6.56	8.81	5.81	8.14	7.20	9.77

回顾我国九年义务教育政策的发展，《中华人民共和国义务教育法》颁布于1986年，经济、文化比较发达的地区，要求在1990年前后基本实现九年义务教育；中等发展程度的地区要求在1990年前后普及初等义务教育，1995年前后实现九年制义务教育；不发达地区争取在20世纪末大体普及初等义务教育。

15~17周岁的大龄农村留守儿童出生于1988~1990年，并于1994~1996年逐步进入义务教育适龄年龄段，他们正是成长在我国大力普及九年义务教育的年代。但是从表13-4可以看到，17周岁大龄农村留守儿童中，未按规定接受义务教育的百分比达到8.81%，其主要原因是有5.66%仅小学毕业（或肄业）就终止学业。15周岁大龄农村留守儿童中，未按规定接受义务教育的百分比为5.22%，但有4.77%竟然还在小学念书（见表13-2），这些人完成九年义务教育的可能性不大。

以上分析可知，虽然多数大龄农村留守儿童能接受义务教育，但仍然有7.20%未能按规定接受义务教育，在校的留守儿童中超龄就学的现象也很严重。

（二）高中阶段入学状况

目前，普及高中教育已经提上政府工作的日程表了，2003年发布的《国务院关于进一步加强农村教育工作的决定》指出，到2008年，经济发达地区的农村要努力普及高中阶段教育，其他地区的农村要加快发展高中阶段教育。但是，大龄农村留守儿童中接受高中教育的情况比较差，这表现在以下两个方面：

首先，大龄农村留守儿童大多超龄就学。如果农村留守儿童能按照义务教育规定在14周岁完成义务教育，那么他们就能在15周岁进入高中学习。见表13-2可知，在15周岁农村留守儿童中，正在接受高中教育者所占比例只有6.64%，另有77.41%正在接受初中教育；在16周岁和17周岁农村留守儿童中，正在接受高中教育者所占比例也分别只有20.28%和33.65%，而正在接受初中教育者则分别为57.29%和30.57%。

其次，根据2005年全国1%人口抽样调查的数据结构特点，我们还可以获得15~17周岁儿童不能顺利完成高中教育情况的信息，分为以下4种情况：（1）仅小学毕业（或肄业）就终止学业者；（2）仅初中毕业（或肄业）就终止学业者；（3）高中及以下（包括小学、初中）辍学者；（4）未上过学者。上述4种农村留守儿童在全部农村留守儿童中所占比例如表13-4所示。

表13-4　分年龄分性别的农村留守儿童受教育状况和学业完成情况构成（%）

受教育状况	15周岁	16周岁	17周岁	男	女	15~17周岁农村留守儿童	15~17周岁农村儿童
未上过学	0.67	0.94	0.9	0.67	0.96	0.81	1.12
仅小学毕业（或肄业）就终止学业	2.94	4.04	5.66	3.19	5.66	4.65	6.31
仅初中毕业（或肄业）就终止学业	5.78	15.05	25.27	13.3	25.27	12.89	19.51
高中及以下辍学	1.67	1.79	2.39	2.08	1.66	1.87	2.46
不能顺利完成高中教育的百分比	11.06	21.82	34.22	19.24	33.55	20.22	29.40

在15周岁的农村留守儿童中，有77.41%正在接受初中教育，除了这些部分人不能判断他们未来是否能继续接受高中教育外，在剩下22.59%的15周岁农村留守儿童中，有一半（11.06%）人不能顺利完成高中学业。在16周岁的农村留守儿童中，57.29%正在接受初中教育，剩下43%的人中，可以判断也有一半（21.82%）人不能顺利完成高中学业；在17周岁的农村留守儿童中，30.57%正在接受初中教育，剩下70%的人中，也是有一半（34.22%）人不能顺利完成高中学业。

九年义务教育显然已经不能满足现代社会对人们知识的要求，农村儿童要走出农村获得较好的发展机会，至少应该接受高中教育。初中文化程度的农村留守儿童未来就只能像他们大多数的父母一样外出从事低端体力劳动。《中国儿童发展纲要（2001～2010年）》指出，要有步骤地普及高中阶段教育，全国高中阶段毛入学率达到80%以上，大中城市和经济发达地区普及高中阶段教育。从目前大龄农村留守儿童接受高中教育的情况来看，他们的教育状况还需要得到更多的关注。

（三）受教育状况的性别差异

从性别差异的角度来看，大龄农村留守女孩的受教育状况差于大龄农村留守男孩。这主要表现在以下三个方面：

（1）大龄农村留守男孩的在校比例为80.31%，而大龄农村留守女孩的这一比例只有64.48%，大龄农村留守女孩中从未上过学的比重也明显比男孩要高（见表13-2）；

（2）大龄农村留守男孩中，未按规定接受义务教育的比例为5.81%，大龄农村留守女孩的这一比例更高，为8.14%；

（3）大龄农村留守男孩中，不能顺利完成高中学业的比例为19.24%，大龄农村留守女孩的这一比例也更高，为33.55%。

在接受教育方面，大龄农村留守女孩的弱势地位非常明显。

四、大龄农村留守儿童的家庭状况

虽然15～17周岁的大龄儿童不再需要过多生活上的照料，但他们正值青春发育期，可能碰到生理和心理上的许多困扰，他们精力充沛、思想活跃却远未成熟，极容易受到伤害或走入歧途，因此，他们更加需要父母的帮助和指引。然而，大龄留守儿童的父母双方或至少一方恰恰不能够与这些儿童在一起生活，这可能给留守儿童的成长带来不利的影响。这也正是我们关注大龄留守儿童的根本原因。那么，父母双方或至少一方流动外出以后，大龄农村留守儿童又生活在怎样的家庭中呢？

（一）家庭成员的流动状况

2005年1%人口抽样调查资料为我们提供了有关留守儿童家庭结构的宝贵信息。我们将留守儿童的家庭结构分为如下类型：（1）儿童单独留守。根据我们对实际生活情况的调查，这种类型主要有两种情况：其一是儿童年龄已经比较大，父母流动外出后将儿童单独留在家乡，儿童独立生活；其二是父母外出后儿童在户口登记资料上显示为"单独留守"，但在实际上由居住临近的亲属（比如儿童的祖父母、伯伯、叔叔、舅舅等）提供帮助。这两种情况相比较，后一种更为普遍。(2) 父亲外出流动后，儿童与母亲单独留守；(3) 母亲外出流动后，儿童与父亲单独留守；(4) 父亲外出流动后，儿童、母亲和祖父母共同生活在一起；(5) 母亲外出流动后，儿童、父亲和祖父母共同生活在一起；(6) 父母双方均外出流动，儿童留下来与祖父母生活在一起；(7) 父母双方均外出流动，儿童留下来与祖父母以外的其他亲属共同生活。

大龄农村留守儿童的家庭结构如表 13-5 所示。从表 13-5 可以看到，父母一方外出流动另一方留下来与儿童一起生活的占 57.63%。从儿童的角度看，如果父母选择一人外出流动一人留在家乡的流动模式，则父亲外出流动的比例（35.20%）大大高于母亲外出的比例（22.43%）；父母双方都外出流动、儿童不能与父母在一起生活的情况在全部留守儿童中接近半数，比例高达 42.37%。

表 13-5　　　　大龄农村留守儿童的家庭结构类型构成（%）

留守儿童的家庭类型	该类留守儿童在全部留守儿童中所占百分比
儿童单独留守	13.64
与父亲单独在一起	18.88
与母亲单独在一起	29.67
与父亲、祖父母在一起	3.55
与母亲、祖父母在一起	5.53
与祖父母在一起	10.91
与其他亲属在一起	17.82
合计	100.00

父母双方都外出流动、不能与父母在一起生活的情况在大龄农村留守儿童中也很普遍，超过了四成，占所有大龄留守儿童的 42.37%，这其中和祖父母生活在一起、和其他人生活在一起、单独留守三种留守类型分配的比例为 10.91%、17.82% 和 13.64%。

长期以来，我国形成了家庭教育中父亲承担"严父"的教育职责的传统，特别是对于青春叛逆期的儿童更加需要"父亲"角色发挥作用。然而，大龄农村留守儿童能够与父亲一起生活的比例很低，只占 22.43%。如此大面积的父亲"缺位"的情况，对于大龄留守儿童的教育和成长将产生更大的影响。

更为重要的是，接近半数的大龄留守儿童不能和父母中的任何一方在一起生活。15~17 岁儿童正值从青春期到青年初期的过渡，心理学家称为"心理上的断乳"，意指个体将在心理上脱离父母的保护及对其的依恋，逐渐成长为独立的社会成员。这一阶段的成长消极心理成分占有很大比例，例如烦恼突然增多、反抗心理加剧、孤独感和压抑感更严重等，因此，特别需要父母及社会其他教育力量予以悉心指导和帮助。在这种状况下，一旦祖父母或其他人疏于教育或引导，就会使留守儿童丧失继续学业的机会，甚至发生越轨行为，走上歧途。

（二）"隔代照料"状况

大龄农村留守儿童的祖父母能否承担起照管孙子女的任务呢？下文将阐述隔代照料的祖父母的情况，这里的"隔代照料"是指双亲外出流动留守儿童交由祖父母代为照管的情况。

从表13-6可知，绝大部分隔代照料的祖父母年龄在60~80周岁之间，其中60~69周岁的祖父、祖母分别占48.6%和47.61%，70~79周岁的祖父、祖母分别占36.34%和31.58%，甚至还有7.45%的祖母和5.7%的祖父年龄超过80周岁。因此，大龄农村留守儿童的祖父母比较"年迈"。

表13-6　隔代照料的祖父母的年龄结构、健康状况和受教育程度（%）

特征	分类	祖父	祖母
年龄	49岁及以下	0.23	0.28
	50~59岁	7.38	14.84
	60~69岁	48.6	47.61
	70~79岁	36.34	31.58
	80岁及以上	7.45	5.7
	总计	100.00	100.00
健康状况	身体健康	61.96	58.61
	基本能正常生活	21.04	25.3
	生活不能自理	16.07	14.69
	说不准	0.93	1.41
	总计	100.00	100.00
受教育程度	未上过学	25.54	68.8
	小学	58.31	28.95
	初中	13.74	2.11
	高中	2.17	0.14
	大学专科	0.23	0
	平均受教育年限	5.02年	1.94年
	总计	100.00	100.00

而且，在隔代照料的祖父母中，有61.96%的祖父和58.61%的祖母身体健康，但还有16.07%的祖父和14.69%的祖母生活不能自理。总体来说，虽然半数留守儿童的祖父母算不上"体弱"，但也要看到，祖父母生活不能自理的留守儿童可能不仅得不到祖父母的照顾，相反还需要负担照顾祖父母的责任，这部分儿童是留守儿童中最需要关注的群体。

特别值得一提的是，留守祖父母的受教育程度非常低，他们的受教育程度主要为小学或者未上过学。祖父中未上过学的比例为25.54%，祖母的该比例为68.8%，只念过小学的祖父占58.31%，只念过小学的祖母占28.95%。祖父母的平均受教育年限分别只有5.02年和1.94年。

15~17岁儿童在生理、心理方面均发生着巨大的改变，正值从青春期到青年初期的过渡，此时的父母承担着更重要的责任，他们需要帮助子女调整和适应生理和心理的变化，树立正确的人生观和价值观。从上文分析可知，年迈的祖父母没有足够的体力和精力来承担父母角色，再加上他们受教育水平的限制，这些祖父母在教育大龄留守儿童时将面临更多的挑战。

五、大龄农村留守儿童就业状况

15~17周岁大龄农村留守儿童中有20%的人不在校念书，人数达202.4万人，这些人离开学校，有一部分人进入劳动力市场就业，有一部分人则闲散在家。他们可能没有机会继续学习或从没上过学，而且留守儿童在远离父母的生活环境中，可能在初入社会时变成一个弱势的劳动力群体。与此同时，女孩在家庭中及就业过程中可能处于更加弱势的地位，他们的就业状况究竟如何呢？

由表13-7可知，在全部不在校念书的15~17周岁农村留守儿童中，62.52%的儿童已经就业了，不就业的儿童占37.48%，下文将更为详尽的介绍大龄农村留守儿童的就业和不就业状况。

（一）大龄农村留守儿童的就业

农村留守儿童的就业信息包括工作类型、工作时间、就业身份、签订合同状况和收入状况。具体可以得出以下几点：

1. 绝大部分已经就业农村留守儿童依然从事农业工作，83.15%在业农村留守儿童的工作类型为土地承包者，另外有6.62%在私营企业工作，干个体工商户的占4.74%，在其他单位工作的所占比例都比较少。

2. 对于所有已经参加工作的农村留守儿童来说，他们上周平均工作了40.57个小时，这相当于按8小时工作制每周工作5天。这意味着他们大多数参加的是全职工作。

3. 在除土地承包者之外的所有就业的农村留守儿童中，就业身份为雇员的占 77.48%，自营劳动者的占 12.62%，做家庭帮工的占 9.16%，雇主比较少，只占 0.74%。

4. 在所有就业身份为雇员的农村留守儿童中，89.46% 的人没有签订劳动合同，签劳动合同的只占 10.54%。

5. 参加工作的农村留守儿童工资十分低，他们（除土地承包者之外）的平均月收入只有 250 元。这还不如许多城市的低保水平。

6. 在劳动力市场上，大龄农村留守女孩可能处于更加弱势的地位，具体见表 13-7。女性的平均月收入小于男性；男性务农者多于女性，而女性进私营企业者多于男性；女性雇员多于男性，而男性自营劳动者多于女性。

从以上结论可知，大龄农村留守儿童从事的是低工资、不稳定的工作，他们是劳动力市场上的弱势群体，应该受到更多的保护。

表 13-7　　　分性别的 15~17 周岁农村留守儿童就业状况　　　（%）

就业状况	选项	男	女	总
不在校念书的大龄农村留守儿童是否在业	在业	64.96	60.00	62.52
	不在业	35.04	40.00	37.48
在业人口的职业类型	国家机关、党群组织、企业、事业单位负责人	0.40	0.00	0.21
	专业技术人员	2.86	3.85	3.33
	办事人员和有关人员	0.32	0.26	0.29
	商业、服务业人员	3.65	3.76	3.70
	农、林、牧、渔、水利业生产人员	83.72	81.21	82.52
	生产、运输设备操作人员及有关人员	9.05	10.93	9.95
在业人口的工作类型	土地承包者	84.37	81.80	83.15
	机关团体事业单位	0.08	0.44	0.25
	国有及国有控股企业	0.48	0.17	0.33
	集体企业	0.24	0.44	0.33
	个体工商户	4.76	4.72	4.74
	私营企业	5.32	8.05	6.62
	其他类型单位	0.63	0.61	0.62
	其他	4.13	3.76	3.95

续表

就业状况	选项	男	女	总
除务农者之外的就业身份	雇员	72.45	82.21	77.48
	雇主	1.02	0.48	0.74
	自营劳动者	15.31	10.10	12.62
	家庭帮工	11.22	7.21	9.16
月收入	平均月收入	252.43	246.97	249.83
工作时间	平均每周工作时间	40.53	40.61	40.57
雇员是否签劳动合同	已签劳动合同	10.56	10.53	10.54
	未签劳动合同	89.44	89.47	89.46

（二）失业大龄农村留守儿童

下文主要阐述没有在校念书又没有参加工作的大龄农村留守儿童的失业状况。失业信息包括未工作原因、是否找过工作、能否工作等。具体可以得出以下几点：

1. 不在校念书又不在业的农村留守儿童中，58.58%的人毕业一直没有工作过，在家料理家务的人占15.42%，还有1.73%的人丧失了劳动能力。

2. 不在学校念书的和没有失去劳动能力的不在业农村留守儿童中，71.23%从未找过工作，17.60%委托亲友找工作，还有8.34%通过"其他"途径找工作。农村劳动力市场不成熟，这些大龄儿童找工作的渠道非常窄，就业机会也很少。

3. 不在业的大龄农村留守女孩中，在家料理家务的比例高达23.53%，大大高于留守男孩的这一比例。

表13-8　　分性别的15~17周岁农村留守儿童失业状况（%）

失业状况	选项	男	女	总
不在业原因	丧失劳动能力	0.92	2.45	1.73
	料理家务	6.27	23.53	15.42
	毕业后未工作	61.81	55.72	58.58
	失去原工作	0.18	0.33	0.26
	承包土地被征用	0.55	0.82	0.69
	其他	0.00	0.65	0.35
失业后找工作状况	在职业介绍所求职	0.36	0.81	0.60
	委托亲友找工作	18.64	16.69	17.62
	参加招聘会	0.18	0.00	0.09
	为自己经营做准备	2.51	1.78	2.13
	其他	8.78	7.94	8.34
	未找过工作	69.53	72.77	71.23

从大龄留守儿童的失业信息可知，由于农村社会的就业渠道不通畅，71.23%有劳动能力、不在学、不在业的大龄农村留守儿童从未找过工作。这些儿童就自然成为了农村社会的闲散人员。大龄农村留守儿童远离父母，本来就不能得到足够的关爱和指导，如果他们离开学校教育后不能就业，就不能顺利承担起社会角色、受社会规范的约束，那么他们很有可能成为社会上的危险人群。这些留守儿童急需引起社会的广泛关注。

六、对策建议

大龄农村留守儿童目前处于一种尴尬的境地：一方面，父母和长辈认为他们已经有足够的生活自理能力，不需要关注和照料了；另一方面，他们精力充沛却远未成熟，急需父母和长辈的引导和教育。基于上文阐述的大龄农村留守儿童现状，下文提出以下几点对策建议：

（一）青春期教育与心理教育

15~17岁的大龄农村留守儿童正值从青春期到青年初期的过渡。这一阶段的烦恼突然增多、反抗心理加剧、孤独感和压抑感更严重，因此，特别需要父母及社会其他教育力量给予悉心指导和帮助。然而，这些儿童远离父母的呵护，他们身边的同伴也多半是面临相同困境的留守儿童，与其共同生活的单亲或者祖父母却通常存在代沟不能有良好的沟通，于是，内心的郁闷很难有效的疏导排遣。

与此同时，15~17岁的青少年在生理上也会发生很大变化，会面临一些青春期的困扰。如果儿童长期和长辈缺乏沟通，他们将无从获得相关健康知识，也就不能保护好自己，甚至可能走入歧途，造成严重的后果。

学校应该负起主要职责，加强农村青少年儿童的青春期教育和心理教育。同时，对农村父母的教育也是必须的，应该让他们意识到青春期教育的意义和重要性，做好协助工作。

（二）提高农村地区高中入学率，改善农村高中教育状况

15~17岁的儿童初步确立了自己的价值观，对未来人生的道路也有了一个初步的认识，他们普遍面临着就学、就业方面的选择。对于大龄农村留守儿童来讲，他们的选择又有其特殊性和局限性，表现出种种矛盾：一方面，部分大龄农村留守儿童初中毕业以后希望继续深造以改变自己的命运，但是他们在学习上面临很多的困难，生活环境较差，学习得不到有力的支持和辅导，农村高中较低的

升学率让他们看不到考大学的希望，却要付出相对较多的教育成本；另一方面，身边外出打工的同伴和长辈们却能明显获得在农村看似较多的收入。于是，他们往往念完初中便急切地外出打工。事实上，由于文化和技能的限制，他们通常只能从事较底层的工作。

面对这样的问题，只能期望教育部门能做好农村高中教育的工作，提高农村地区高中入学率，改善农村高中教育状况，让农村儿童获得平等的上升机会。

（三）保障年轻劳动者的权益不受侵害，发展农民职业教育

大龄农村留守儿童初入社会，走上就业之路的大龄农村留守儿童的工作普遍不稳定，就业层次低、风险较大，容易面临失业威胁。刚从学校走出来的这些儿童心智还不甚成熟、对社会的认识还不充分，极易受骗上当，成为黑心老板压榨的对象。因此，应该保障初入社会的农村留守儿童的合法权益。

从本质上来讲，大龄农村留守儿童就业层次低、收入低是由于他们学历低、没有一技之长。任其发展下去，他们将步其父母的后尘，只能成为城市的低收入者。发展职业教育对新时代的农民有极其重要的意义，他们可能没有机会接受高等教育，但他们只有获得基本的职业技能，才能在以后社会中立足。

（四）加强农村地区青少年犯罪预防工作和青少年自我保护教育工作

大龄农村留守儿童缺少父母的保护和引导，不免可能遭受不法分子的侵害，甚至诱导他们犯罪，这样的行为应当受到全社会谴责的。政府应该尽快加强农村地区青少年犯罪预防工作和青少年自我保护教育工作。

第十四章

中国五省农村留守儿童状况调查

改革开放以来，随着中国城市化进程加快，大量农村富余劳动力进入城市务工就业。据第五次人口普查资料显示，我国的流动人口总量超过1亿人，其中15岁以下流动儿童1 200万人，属于义务教育年龄段的儿童有870多万人（农业户口占74%）。另据测算，托留在农村的留守儿童有2 200多万人[①]。留守儿童人口总体特征和基本状况如何？留守儿童与非留守儿童有哪些共性和差异？留守儿童在学习和生活中主要面临哪些困难？政府、学校、社区和社会各界应采取什么措施以促进留守儿童健康成长？受教育部基础教育司和世界银行委托，2006年4月～2006年11月，华中师范大学课题组对河北、湖北、安徽、河南、四川等省农村留守儿童教育问题进行了大规模专项调研。下面我们将从7个方面陈述研究结果：（1）文献综述；（2）样本描述；（3）留守儿童现状；（4）对留守儿童问题的基本判断；（5）留守儿童发展面临的问题；（6）对策与建议；（7）研究限制。

一、文献综述

围绕农村留守儿童问题，国内相关研究文献已经相当丰富。这些研究集中于对留守儿童生活、学习、心理与情绪发展等方面展开讨论。

---

① 本研究所指留守儿童，是指因父母一方或双方外出打工，滞留在农村的义务教育阶段适龄儿童，其年龄介于6～15岁。

（一）农村留守儿童规模与监护类型

研究表明：农村留守儿童（包括父母单方和双方外出留守儿童）占农村儿童的比例大约为50%。比如，中央教科所的研究显示，单亲外出打工留守儿童的比例是31.5%，双亲外出打工留守儿童的比例是16.2%，两者合计为47.7%（课题组，2004）；郭少榕的研究显示留守儿童占所有农村学生人数的比例为56.3%（郭少榕，2006）。

农村留守儿童主要有三种监护类型。（1）隔代监护，即由祖辈抚养的监护方式。在父母均外出打工的家庭，基本采取这种方式。这种监护方式对于孩子的发展存在很多弊端，监护人重视对留守儿童物质生活的满足而忽略了对其精神和道德上的管束和引导，造成儿童在行为和习惯等方面形成放纵、任性的性格特点；（2）上代监护，指由儿童父母的同辈人（亲戚或朋友）来监护的方式。亲戚朋友对孩子的关心程度也主要体现在物质上，而对其行为习惯的培养以及心理与精神上的需要却很少关注；（3）自我监护型，即儿童自己管理自己。这种情况一般是父母在金钱上会尽力满足孩子的需要，但容易养成孩子奢侈、浪费、不知勤俭的不良习惯（李庆丰，2002）。

叶敬忠等人对陕西、宁夏、河北和北京10个村的实地调查显示：（1）留守儿童现象在样本社区普遍存在。留守儿童家庭以父亲外出为主，外出打工地点普遍较远，回家频率低；（2）留守儿童与外出打工父母的联系很有限，电话是主要的联系方式；（3）研究社区留守儿童的监护类型以单亲监护为主，隔代监护带来的问题最多（叶敬忠等，2005）。

（二）农村留守儿童生活和学习状况

与非留守儿童比较，农村留守儿童经济状况普遍好一些。比如中央教科所对江苏省沭阳县、宿豫县、甘肃省秦安县、榆中县和河北省丰宁县的调研显示，父母外出改善了家庭经济条件，家庭对留守儿童生活支付能力增强了（课题组，2004）。

关于农村留守儿童学习问题，现有研究结论存在差异。中央教科所课题组研究表明：农村留守儿童与非留守儿童在学习兴趣上没有显著差异，在对自身学习成绩的认识上也没有显著差异（课题组，2004）。

北京师范大学教育学院对留守儿童问题的研究发现：（1）父母在家的学生与留守儿童在学习行为上没有显著差异，儿童学习成绩与父母是否外出没有显著关系；（2）留守儿童在学习信心和学习效能感上略高于非留守儿童；（3）父母外出打工改善了儿童的学习环境和学习条件，但是留守儿童的学习时间减少了

（课题组，2001）。

王艳波和吴新林的研究指出，农村留守儿童成绩存在两极分化现象，其中成绩好的比例偏低。由于缺乏督促与鼓励，大多数留守儿童学习动力不足，没有成就感，成绩一般；只有少数留守儿童能认真学习、成绩优异（王艳波、吴新林，2003）。

叶敬忠等人调查显示：（1）父母外出务工对农村留守儿童的生活、学习和情感带来诸多影响。少数农村留守儿童的学习成绩出现下滑；农村留守儿童普遍思念在外的父母；（2）学校、社区和政府部门对农村留守儿童问题缺乏重视，几乎没有相应措施（叶敬忠等，2005）。

林宏选择福建省泉州、福清和沙县三地抽样调查了0~14岁农村留守儿童3 725个样本。调研结果显示：农村留守儿童考试及格率只能达到60%，而普通学生及格率达到87%（林宏，2003）。

（三）农村留守儿童心理状况

农村留守儿童的心理健康问题最受人关注，争议也最多。林宏的研究表明：（1）55.5%的农村留守儿童表现为任性、冷漠、内向和孤独；（2）大多数孩子思念父母，占总数的71.5%（林宏，2003）。

李宝峰的研究指出，农村留守儿童心理健康问题检出率较高，心理健康状况较差。有各种轻度不良心理反应以及比较明显心理问题的人数占留守儿童总人数的31%（李宝峰，2005）。

王玉琼等人对河南省鲁山、叶县4个乡镇4所学校500名学生的调查表明：留守儿童队伍庞大，半数以上留守儿童认为自己生活得不快乐。此外，部分留守儿童在学习、性格发展、道德教育和安全问题等方面存在问题（王玉琼，2005）。

针对农村留守儿童心理发展与教育问题，周宗奎等人对湖北省英山县、京山县和随州市部分教师、管理人员、村民和学生进行访谈和问卷调查（研究对象涉及1 600多人次）。结果显示，教师对双亲外出打工的留守儿童的认识与孩子的自我知觉之间存在系统性的差异，即教师较多认为留守儿童心理问题严重、难以管教，但学生问卷和测量资料却显示父母是否外出对孩子的影响主要表现在求助对象、自信心和人际关系方面，在学习适应、独孤和社交焦虑等方面并无显著差别（周宗奎等，2005）。

中国社会调查所的调查显示：农村留守儿童渴望与父母生活在一起，同时他们也体谅父母外出打工的辛苦。当在学习或生活中遇到困难时，留守儿童更多地向教师求助；非留守儿童更多地向同伴或家人求助。随着儿童年龄的增长，同伴在留守儿童生活中的重要性越来越明显（中国社会调查所，2004）。

范方、桑标以湖南省隆回县、洞口县农村小学4年级6个教学班66名留守儿童为对象（参照非留守儿童），探讨亲子缺失与留守儿童人格、学习成绩及行为问题的关系。研究发现：留守儿童处于相对不良的家庭环境中。不良的家庭环境因素与不良人格特质、行为问题、学业不良高度相关。所以，留守儿童问题的干预不仅要进行行为矫治和心理辅导，关键是要进行"家庭整合治疗"；同时，应当发动社区、学校、家庭力量共同为留守儿童健康成长建构一个有效的支持系统（范方、桑标，2005）；

在国际比较分析的基础上，叶仁荪和曾国华对国外亲属抚养以及对我国农村留守儿童问题进行了分析。通过比较分析，作者指出我国农村留守儿童与国外亲属抚养存在相似性，农村留守儿童存在许多心理问题。从我国城市化发展趋势看，农村留守儿童规模将进一步扩大。以多元化儿童抚养方式并发挥政府的主导作用是解决农村留守儿童问题必由之路（叶仁荪、曾国华，2006）。

现有文献围绕农村留守儿童学习、生活、心理健康和社会支持等方面进行了广泛研究。上述研究有助于我们了解留守儿童现状和存在问题，但是，从研究方法看现有研究还存在一些不足。

其一，样本量少、大多数研究局限于个案研究。个案研究也是一种重要的研究路径，该研究有助于深入了解研究对象内心体验、生命历程和生活意义。但是，要了解区域内留守儿童群体特征仅仅依赖个案研究是不够的。结合个案研究和量化研究才能更全面地了解留守儿童群体特征；

其二，研究内部效度问题。很多研究没有分清农村留守儿童与非留守儿童的差异和共性，往往将属于儿童正常发展的心理表现（如孤独、叛逆）视为留守儿童所特有的现象，由此导致人们对留守儿童形成某种"刻板印象"——误将留守儿童等同于"问题儿童"。或者，研究者没有将留守儿童与单亲家庭儿童、特困家庭儿童区分开来，由此导致将少数留守儿童身上出现的某些异常现象简单地归之于儿童父母外出；

其三，研究的外部效度问题。有些研究往往将少数农村留守儿童异常表现不负责任地推论到总体。比如，个别或少数留守儿童学习不良，往往被研究者推广到所有留守儿童。考虑到中国区域的差异性以及留守儿童内部分层化趋势，研究者在判断留守儿童群体特征时一定要格外小心，避免以偏概全、挂一漏万。

其四，先入为主的价值取向。当前，关于农村留守儿童问题，媒体渲染得特别火热，很多研究者也乐于参与其中。人们对农村留守儿童抱以同情、关爱和怜悯之心，这是应该的，也是值得大力推崇的。这是中国社会追求公平、正义、和谐发展的时代强音。我们每一个从事社会科学研究的人，也应当具有这种普世情怀和道德关爱。但是，感性不可以代替理性，研究者不应当用先入为主的价值观念主宰自己的研究，并以此取舍数据。否则，研究者所获取的数据和信息一定存在偏差，从而导致人们对农村留守儿童判断缺乏客观、科学的标准。

基于上述考虑，本研究试图在研究方法上予以改进，将农村留守儿童研究向前推进一步。具体表现在以下几个方面：（1）以分层抽样方法提高样本代表性；（2）在考虑取样科学性的基础上，扩大样本量，对留守儿童现象比较普遍的湖北、安徽、河南、四川等省进行大规模问卷调查；（3）采取"留守"与"非留守"比较研究的方法揭示留守儿童群体特征，提高研究的效度；（4）尽量对留守儿童群体特征做理性分析，避免先入为主和价值预设。

二、样本描述

（一）研究方法

本研究采用问卷与田野访谈相结合的方法。样本选择的基本步骤是：（1）在全国选取湖北、河南、安徽、河北、四川5个省作为调研样本省；（2）根据经济发展水平、地理环境差异，在每个省选取2~4个县（市）；（3）在每个县（市）选择3~5个不同发展层次的乡镇，每个乡镇选2~4所农村学校（包括小学和初中）；（4）对选取学校抽取相应的学生（包括留守与非留守）进行整群抽样，同时对教师、家长（监护人）进行访谈和问卷调查。

研究工具是课题组专门设计的"农村'留守儿童'调查问卷（3~9年级）"、"'留守儿童调查'教师问卷"、"农村'留守儿童'家庭调查问卷"（简称"学生问卷"、"教师问卷"和"家长问卷"）。在正式调研前，课题组选择湖北部分县（市）做试调查，根据试调查结果，课题组对问卷进行修订和完善，从而形成正式问卷。2006年5~11月，课题组在5省13个县（市）发放学生问卷8 000余份，回收有效问卷6 953份，有效回收率86.9%，发放教师问卷85份，回收有效问卷82份，有效回收率97%；发放家长问卷8 000余份，回收有效问卷6 358份，有效回收率79.5%。运用座谈、小组访谈和个别访谈等方式，课题组分别对样本县（市）分管教育副县长、教育局行政领导、乡镇教育专干、农村学校校长、教师和学生进行访谈。根据研究需要，课题组成员走访了学校所在地的村干部、村民和学生家长。总计访谈500多人次，收集地方教育政策文件、学校发展规划、留守儿童档案袋、学生作文等文本资料。通过调研，课题组对农村留守儿童群体有了更全面深刻认识。表14-1是5省样本分布信息。

表 14－1　　　　　　　五省调查样本分布情况

样本省	样本县（市）
湖北	钟祥市、沙洋县、长阳县
河南	长葛县、襄城县、禹州县、罗山县
安徽	潜山县、濉溪县
河北	丰宁县、临城县
四川	青神县、彭山县

（二）样本特征

1. 学生总体特征

表 14－2　　　　　　　学生样本基本状况

类别	比例	类别	比例
性别		住校情况	
男	49.2%	住校	36.9%
女	50.7%	不住校	62.8%
平均年龄	12.6（岁）	家庭人口	5.2 个
民族			
汉族	86.1%	父母外出务工情况	
少数民族	13.8%	父亲一人外出务工	19.1%
所在年级		母亲一人外出务工	4.6%
三年级	6.8%	父母双方均外出务工	30.0%
四年级	8.6%	父母均在家	46.2%
五年级	22.3%		
六年级	14.7%		
七年级	20.8%		
八年级	18.7%		
九年级	7.8%	样本量	6 953

表 14－2 是学生总体的基本情况，包含了留守儿童与非留守儿童总体特征。在学生总体中，小学生占 52.7%；初中生占 47.3%。样本中男女学生接近 1∶1。学生总体的平均年龄是 12.6 岁。其中，留守儿童占 53.8%，寄宿生占 36.9%。在所有学生样本中，19.1% 的学生家庭是父亲一人外出打工，4.6% 的家庭是母亲一人外出务工，30.0% 的家庭是父母双方均外出务工，46.2% 的家庭是父母均在家。显然，学生总体样本中 53.8% 的学生是留守儿童。

2. 农村留守儿童样本特征

表 14-3 是留守儿童基本情况。从表 14-3 可以看出，留守儿童家长外出务工的情况为：父亲一人外出务工的占 35.6%，母亲一人外出务工的占 8.6%，父母双方均外出务工占 55.8%。留守儿童男女比例为 51.2∶48.7，少数民族学生占留守儿童的比例是 12.8%，40.6% 的留守儿童在校住宿。父母外出后，儿童主要和谁住在一起？统计显示，和爸爸住在一起的比例是 6.6%，和妈妈住在一起的比例是 27.9%，和爸爸妈妈一起住的比例是 5.1%，和爷爷奶奶或者外公外婆一起住的比例是 52.1%，和其他亲戚一起住的比例是 6.6%；留守儿童一个人住的比例是 0.9%，其他类型的比例是 0.9%。可见，义务教育阶段农村留守儿童超过一半的由祖辈代管，其次是妈妈抚养。其他类型托管方式所占比例都很低。

表 14-3　　农村留守儿童样本分布状况

类别	比例	类别	比例
性别		住校情况	
男	51.2%	住校	40.6%
女	48.7%	不住校	59.2%
平均年龄	13.8 岁	家庭平均人口	5.2 人
民族		父母外出务工情况	
汉族	87.1%	父亲一人外出务工	35.6%
少数民族	12.8%	母亲一人外出务工	8.6%
		父母双方均外出务工	55.8%
所在年级		监护人	
三年级	6.5%	爸爸	6.6%
四年级	9.8%	妈妈	27.9%
五年级	22.6%	爸爸妈妈	5.1%
六年级	14.3%	爷爷/奶奶	43.8%
七年级	20.9%	外公/外婆	8.3%
八年级	18.0%	其他亲戚	6.6%
九年级	7.6%	一个人住	0.9%
		其他	0.9%
		样本量	3 597 个

3. 农村留守儿童监护人情况

表 14-4 是留守儿童监护人基本信息。它包括监护人婚姻状况、家庭平均人口、受教育程度、健康状况、主要工作和家庭年总收入情况。留守儿童家长（监护人）有 77% 的回答他们的受教育程度是初中及以下。在了解家长的身体状况时，有 66.4% 的家长认为他们的健康状况一般或良好。关于这些家长在家从

事什么工作时,有 60.1% 的家长回答他们的主要工作是务农。表 14-4 还反映了留守儿童家庭的经济状况,有 35.9% 的家长回答家庭年总收入在 3 000 元以下,有 25.3% 的家长回答家庭年总收入在 3 001~5 000 元之间。

表 14-4　　　　留守儿童监护人基本信息

类别	比例	类别	比例
性别		健康状况	
男	57.5%	很差	16.0%
平均年龄	45.6 岁	较差	17.6%
		一般	36.2%
民族		良好	30.2%
汉族	87.0%	主要工作	
少数民族	12.9%	务农	60.1%
婚姻状况		经商	10.1%
未婚	4.2%	专门照看孩子	2.5%
初婚有配偶	78.6%	其他	17.2%
再婚有配偶	8.9%		
离婚	2.5%	家庭年总收入	
丧偶	5.7%	3 000 元以下	35.9%
		3 001~5 000 元	25.3%
家庭平均人口	5.2 人	5 001~10 000 元	19.8%
居住在一起的人口	3.89 人	10 001~15 000 元	10.3%
受教育程度		15 001~25 000 元	5.4%
小学毕业及以下	38.5%	25 000 元以上	3.1%
初中	48.5%		
高中(中专)	10.1%	样本量	2 682 个
大专及以上	2.7%		

4. 农村留守儿童父母基本情况

调查发现,留守儿童父母外出打工的平均时间是 4.9 年。总体来看,留守儿童父母属于长期在外打工性质;留守儿童父母每年外出打工的时间:1 个月以内的占 5.8%,1~3 个月的占 10.5%,4~6 个月的占 13.9%,7~9 个月的占 15.2%,9 个月以上的占 54.5%;从留守儿童父母外出打工的地点分布看,绝大多数在省外打工(占 61.6%),省内其他地方打工占 16.6%,在本县打工的占 9.4%,还有 12.3% 的留守儿童不知道父母打工的地点。此外,大约 78% 的留守儿童了解父母在外从事的工作状况。

外出打工的父母与孩子联系的主要方式是打电话(92.0%),以"写信"、"托熟人捎口信"、"自己去看望父母"等形式与父母沟通的比例极少,总计不到

5%；此外，3.6%的留守儿童与父母没有联系。

表 14-5　　　　　儿童平均每个月与父母联系的次数

没有联系	5.4%
1~2 次	24.5%
3~4 次	26.2%
4 次以上	43.9%
总计	100%

从表 14-5 可以看出，父母与孩子联系的紧密程度如何。平均每个月，大约 5.4%的儿童与父母没有联系；24.5%的留守儿童与父母联系 1~2 次；26.3%的留守儿童与父母联系 3~4 次；43.9%的留守儿童与父母联系 4 次以上。总体来看，大多数留守儿童与父母联系比较频繁，少数留守儿童与父母缺乏沟通和联系。

表 14-6　　　　　儿童每次与父母通话时间

少于 1 分钟	3.6%
1~3 分钟	23.0%
4~10 分钟	42.2%
11~20 分钟	19.5%
20 分钟以上	11.5%
总计	100%

从表 14-6 可以看出，留守儿童与父母每次通电话的时间，少于 1 分钟的占 3.6%；1~3 分钟的占 23%；4~10 分钟的占 42.2%；11~20 分钟的占 19.5%；20 分钟以上的占 11.5%。总之，大多数儿童与父母通话时间在 4~10 分钟左右。进一步统计分析表明，当留守儿童与父母交谈时，其主要内容是"孩子学习"、"饮食健康"、"安全"和"外出父母的工作情况"。上述项目各自占比为：88.9%、40.4%、49.0%和 23.2%。所以，外出打工的父母对子女最大的牵挂是孩子的"学习"和"安全"。

三、农村留守儿童现状

（一）五省留守儿童规模与分布

调查显示，在所有农村儿童样本中留守儿童的比例为 53.8%。可见，一半以上的农村适龄儿童是留守儿童，农村留守儿童规模相当庞大。以江西省和湖北省为例。2005 年,江西省总人口为 4 311.24 万人,其中农业人口占 73.72%,外出农民工高达 550 多万人①。粗略估计,江西省农村留守儿童占该省儿童总数 1/5 左右。以此测算,江西省义务教育阶段农村留守儿童数量大约是 117 万人左右(2005 年,江西省普通初中在校学生 201.2 万人,小学在校生 384.1 万人)。湖北省教育厅抽样调查显示②,湖北省义务教育阶段小学留守学生占小学生总数的 18.22%,初中留守学生占初中生总数的 17.15%。截至 2006 年年底,湖北省义务教育阶段在校生 692 万人,其中:小学生 391 万人,初中生 301 万人。据测算,当前湖北省义务教育阶段留守儿童已经超过 130 万人。

留守儿童分布存在地区差异和年段差异。课题组调研发现,农村经济越不发达、地域越偏僻,农村留守儿童的比例越高。比如,地处湖北省鄂西偏远山区的恩施州,农村留守儿童比例超过 32%,有的县、市部分乡镇甚至超过 70%,上述比例远高于湖北省平均水平。农村留守儿童分布的区域差异也是农村劳动力区域流动差异的一个指标。迫于生计压力,贫困和落后地区劳动力向城市流动比例远远高于经济发达地区。

农村留守儿童分布具有学段差异。即小学低年段比小学高年段留守儿童多、小学比初中留守儿童多。统计显示,小学阶段留守儿童比例平均为 55%,初中阶段留守儿童比例平均为 52.9%。可见,小学阶段留守儿童比例普遍高于初中;小学和初中毕业年级(6 年级和 9 年级)留守儿童的比例平均是 52%,小学和初中非毕业年级(3 年级、4 年级、5 年级、7 年级和 8 年级)留守儿童的比例平均是 55%。所以,中小学非毕业年级留守儿童高于毕业年级。具体信息见图 14-1。

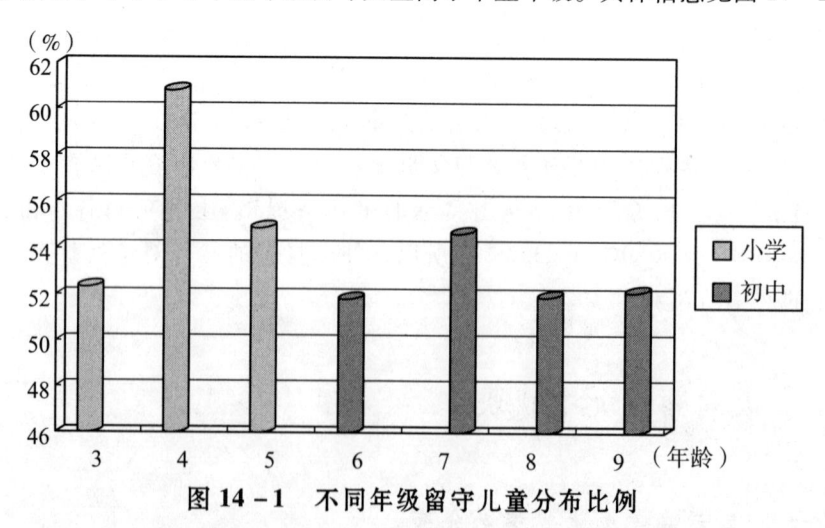

图 14-1 不同年级留守儿童分布比例

① 江西省教育厅. 关于我省开展农村留守儿童教育工作的情况汇报 [Z]. 2006-12-11.
② 湖北省教育厅. 我省农村"留守孩子"教育和管理工作情况的汇报 [Z]. 2006-12.

农村留守儿童分布的学段差异可能与农民工的生态周期有关：农民工往往在壮年时期（比如25~35岁）选择外出打工，当家庭经济条件比较稳固后，他们更愿意和家人团聚——要么返乡，要么将孩子接到城市去生活。

（二）农村留守儿童家庭的流动结构与监护类型

统计显示，样本省留守儿童家长外出务工的情况为：父亲一人外出务工的占35.6%，母亲一人外出务工的占8.6%，父母双方均外出务工占55.8%。可见，超过一半的农村留守儿童家庭是双亲外出。据调查组在湖北省潜江市调查，2006年潜江市渔洋小学在校生是798人，其中留守儿童354人。在这些留守儿童中，双亲外出者262人，单亲外出者92人，双亲外出留守儿童占全部留守儿童的比例为74%；2006年渔洋初中在校生是1831人，其中留守儿童有763人。在留守儿童中，双亲外出617人，单亲外出146人，双亲外出留守儿童占留守儿童总数的80%。

据了解，农民工选择双亲外出的主要原因是：其一，双亲外出有利于婚姻稳定和家庭和睦。其二，双亲外出边际成本低。与单亲外出比较，在吃饭、租房等生活成本方面，双亲外出的边际成本低。同时，夫妻双方分工合作更有利于挣钱。其三，大多数农民工外出打工，心中都有一个"家庭发展计划"——挣够钱后，回乡与家人团聚。其四，如果家庭面临巨大的债务压力，夫妻双双外出的可能性也比较大。

统计显示，父母外出后留守儿童和爷爷奶奶或者外公外婆一起住的比例是52.1%。可见，义务教育阶段农村留守儿童主要交给祖辈托管。大多数祖辈对孙儿的管教尽心尽责，但祖辈年事已高，在管理和教育孩子方面可能力不从心。因此，祖辈身体健康状况、个人受教育程度和教养方式对留守儿童健康成长至关重要。课题组成员在河南省等地访谈发现，目前，农村留守儿童家庭出现了所谓"逆向照顾"的现象。即父母外出后，爷爷奶奶或外公外婆年老多病、身体孱弱，年龄稍长的留守儿童往往肩负着照看和护理长辈的责任，这种现象值得人们关注。

（三）农村留守儿童的学习和安全

"监护人照管孩子时感到比较困难的事是什么"？面对上述问题，近80%监护人回答是孩子的学习；大约60%监护人担心孩子安全。所以，孩子学习和安全是监护人关注的两件头等大事。

至于"生活"、"品行"和"心理"等问题，在监护人心目中被放在相对次要的位置。比较留守与非留守儿童家庭监护人对孩子的关注度，我们发现：在生活关注度方面,留守儿童高于非留守儿童;在心理和品行方面,留守儿童低于非留守儿童。也就是说,留守儿童监护人更重视孩子生活;非留守儿童监护人更重视孩子心理和品行问题。考虑到农村留守儿童大多数是祖辈监护,这种差异是可以理解的。

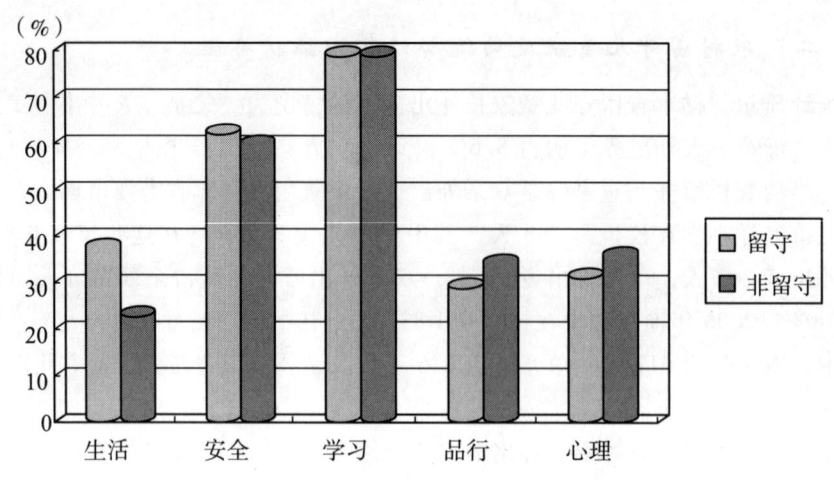

图 14-2 监护人最感困难的事

由于农村留守儿童学习问题,下文将专门展开讨论,这里我们仅仅分析留守儿童安全问题。关于孩子安全问题,课题组主要从两个方面分析。首先,监护人主要担心孩子哪些方面的安全?从表 14-7 可以看出,70% 的监护担心孩子的交通安全,交通安全居于安全之首;后面依次是"校园安全"、"受外人欺负"、"被人拐卖"和其他类型安全事故。比较留守儿童监护人和非留守儿童监护人,他们对孩子安全的担心没有显著区别。

表 14-7 监护人担心的安全类型(%)

安全类型	留守儿童	非留守儿童
交通安全	69.9	70.1
校园安全	48.9	45.5
被人拐卖	28.6	27.9
受外人欺负	41.0	39.0
其他	12.2	12.5

其次,监护人在照看孩子期间,孩子是否出过安全事故?研究显示,84.9% 的留守儿童没有出安全事故;12.6% 的留守儿童出过 1 次安全事故;2.5% 留守儿童出过 2~3 次安全事故。非留守儿童情况是:84% 儿童没有发生安全事故;11.5% 儿童出过 1 次安全事故;4.5% 儿童出过 2~3 次安全事故。上述信息表明:农村儿童的人生安全问题是一个普遍性问题和一个共性问题——无论留守还

是非留守儿童都面临一定比例事故发生率。

(四) 农村留守儿童生活和学习状态

对留守儿童生活情况的分析主要借助两种办法。其一，了解儿童的饮食与零花钱使用状况；其二，通过对留守儿童与非留守儿童面对面访谈和观察，了解留守儿童身体发育和精神面貌。为此，课题组分别调查了留守儿童与非留守儿童每周吃"新鲜蔬菜"和"鱼肉等荤菜"情况。希望在比较中了解留守儿童营养和生活状况。

表 14-8　　儿童本学期每周吃新鲜蔬菜的次数（%）

次数	留守儿童	非留守儿童
0	3.3	5.7
1~2	23.8	21.0
3~4	29.9	29.8
5次以上	43.0	43.3
总计	100	100

从表 14-8 中可以看出，留守儿童本学期每周吃新鲜蔬菜的情况是：3.3%的留守儿童本学期没有吃过新鲜蔬菜，23.8%的留守儿童每周吃 1~2 次，29.9%的留守儿童每周吃 3~4 次，43.0%的留守儿童每周吃 5 次以上。比较留守与非留守儿童，两者的情况基本相似。统计检验表明，留守儿童的每周吃蔬菜的次数与非留守儿童没有显著差异（$t=0.511, P>0.05$）。上述信息表明：其一，留守儿童群体内部存在分化现象，来自不同家庭的留守儿童营养供给存在差异；其二，非留守儿童群体的营养供给也存在差异。所以，农村儿童每周吃新鲜蔬菜的差异主要是组内差异，而不是组间差异（即留守儿童与非留守儿童的差异）。

表 14-9　　儿童本学期每周吃荤菜的次数（%）

次数	留守儿童	非留守儿童
0	13.8	23.7
1~2	51.4	48.2
3~4	21.4	15.8
5次以上	13.4	12.2
总计	100	100

儿童每周吃鱼肉等荤菜的情况如何？统计显示，13.8%的留守儿童本学期没有吃过荤菜，51.4%的留守儿童每周吃 1~2 次，21.4%的留守儿童每周吃 3~4

次，13.4% 的留守儿童每周吃 5 次以上。比较留守儿童与非留守儿童每周吃荤菜的情况，我们发现留守儿童比非留守儿童稍好一些。独立样本 t 检验表明，两者有显著差异（$t=6.33$，$P<0.001$）。也就是说，留守儿童每周吃荤菜的次数比非留守儿童要多。

学生营养摄入的差异反映了留守儿童与非留守儿童家庭经济状况的差异。调查表明留守儿童家庭经济状况普遍好于非留守儿童家庭。此外，儿童零花钱也是反映家庭经济状况的一个指标。从儿童每周零花钱看，留守儿童平均每天为 0.88 元，非留守儿童平均为 0.80 元。另外，大约 63.6% 留守儿童认为父母外出打工后家里经济条件改善了，22.8% 的留守儿童对家庭经济状况变化不置可否，13.6% 的留守儿童认为父母外出对家庭经济条件没有改善。总体来看，父母外出打工对家庭经济状况改善有积极作用。家庭经济条件改善可能转化为儿童营养与生活标准提升。

为了解农村留守儿童身体状况和精神面貌，调查组在安徽、河南、四川、江西、湖北等省农村中小学随机挑选了 200 多个农村留守儿童进行访谈。我们总体的感觉是：绝大多数农村留守儿童身体健康、充满朝气。留守孩子与非留守孩子比较，他们在身高、体重和神态上看不出什么区别。面对调查组成员的询问，这些留守孩子都能和调研人员自主交流、从容回应。令人感慨的是，孩子幼小的心灵对人生充满期盼：孩子们的理想也多种多样，有的想当老师；有的想当医生；有的希望当科学家，搞发明创造。

分析儿童的学习情况，主要从儿童学习兴趣、学习纪律和学习成绩进行比较。儿童对学习的兴趣如何？统计显示留守与非留守儿童都比较喜欢学习。在所有样本中，回答"特别喜欢学习"的比例为 57.5%，回到"比较喜欢学习"的比例为 35.8%，"讨厌学习"和"非常讨厌学习"的留守儿童只有 1.9%。将留守儿童与非留守儿童比较，我们可以看到他们对学习都有高度认同感，二者没有显著差异。

无论是农村留守儿童还是非留守儿童，他们都认为读书很重要。从表 14-10 可以看出，大约 82.7% 留守儿童认为读书"非常重要"，13.9% 留守儿童认为读书"比较重要"。统计检验表明，留守与非留守儿童在评价读书的重要性上没有显著差异。

留守儿童学习纪律怎样？对留守儿童与非留守儿童上课迟到现象的调查表明，大约 1.6% 的留守儿童"经常迟到"，10.7% 的留守儿童"偶尔迟到"。对于非留守儿童来说，上述比例分别是 1.3% 和 15.1%。对学生迟到频率进行等级赋值，独立样本 t 检验表明非留守儿童迟到现象比留守儿童更严重，这种差异具有统计上的显著性（$t=4.468$，$P<0.001$）。考虑到大多数留守儿童在校住宿，这可能表明农村寄宿制学校为农村留守儿童学习提供了便利。

表 14-10　　　　　　留守儿童与非留守儿童学习状况比较

项目	学生类型	样本量	平均值	标准差	P 值
学习兴趣	留守	3 563	1.52	0.714	0.377
	非留守	3 049	1.51	0.690	
读书重要性	留守	3 566	1.22	0.555	0.211
	非留守	3 067	1.21	0.565	
上学迟到	留守	3 573	3.52	0.992	0.000
	非留守	3 063	3.42	0.815	

在有关"父母外出对留守儿童学习影响"的选项中，22.9%留守儿童认为父母外出导致学习成绩下降，54.4%认为学习成绩没有变化，22.7%认为学习成绩提高了。总体来看，留守儿童学习成绩在父母外出后有升有降，且上升与下降的比例相当。

结合访谈资料，我们可以更清楚地理解父母外出后留守儿童学习状况。对湖北、河南等地留守儿童和老师的随机访谈时，许多老师认为留守儿童与非留守儿童学业成绩总体上没有根本差异。受访教师普遍认为，留守儿童成绩的确存在两极分化现象：成绩好的学生占有一定比例，成绩差的学生也占有一定比例，大多数学生处于中间层次。课题组成员在一些学校核对学生花名册上的学习成绩发现，成绩居于前列的学生近一半是留守儿童，在成绩落后群体中非留守儿童也占据相当比例。这种学习呈正态分布的现象在非留守儿童身上也同样存在。因此，从统计学角度看，儿童学业成绩的差异最主要的是群体内差异，而不是群体间（留守与非留守）差异。"在父母外出前后，学生成绩有无明显变化？"一部分教师回答没有变化，另一部分教师认为有变化，比如，父母刚离开后学生容易开小差、思念家人、成绩下滑等。但经过学校的及时帮助，通过与学生谈心、沟通与督促，绝大多数留守儿童能在 1~2 个月后会恢复正常，成绩也会回升。

（五）农村留守儿童的情绪与心理状态

日常生活中留守儿童情绪和心理状况如何？课题组主要从儿童的孤独感及其想念父母的程度进行分析。

在"我经常感到很孤独"的选项中，留守儿童与非留守儿童的态度呈现显著差异。从表 14-11 可以看出，近30%的留守儿童认为自己比较孤独，大约18%的非留守儿童认为自己比较孤独。这说明，孤独感在留守与非留守儿童身上同样存在，但留守儿童表现得更加明显一些。如果以等级法对儿童得孤独感赋值（非常同意 =1，同意 =2，不确定 =3，不同意 =4，非常不同意 =5），独立样本

t 检验表明，留守儿童孤独感与非留守儿童有显著差异（t = −12.49, $P <$ 0.001）。

表 14−11　　　留守儿童与非留守儿童孤独感之比较（%）

（"我经常感到很孤独"）

	非常同意	同意	不确定	不同意	非常不同意
留守儿童	10.5	18.2	22.0	27.9	21.4
非留守儿童	7.5	10.6	18.3	29.8	33.6

儿童的孤独多源于对父母的思念。父/母外出后，留守儿童对他们的思念程度如何？外出打工的父/母与儿童联系后，大约57.5%的儿童感到"很高兴"，13%的儿童感到"很孤独"，11.4%的儿童"和平常一样"，18.1%的儿童认为"不好说"。可见，对大多数儿童来说，和父母的沟通是愉悦的，也是他们所期待的。不过，短暂的沟通与联系，往往会激发儿童对父母加倍的思念。在访谈中，很多留守儿童对课题组成员说："爸爸妈妈和我联系，我怎么能不高兴？但是联系后，爸爸妈妈依然不能回家团员，我感到既高兴又悲伤。"

父母外出打工，留守儿童对父母的思念程度？大约68.2%的儿童表示特别思念父母，29.1%的儿童对父母"有点思念"，2.7%的儿童从不想念父母。可见，绝大部分（97.3%）留守儿童对父母思念情深。留守儿童是否希望与父母在城市生活？56.3%的留守儿童希望和父母一起到城市生活，16.5%的留守儿童不置可否，27.2%的留守儿童不希望随父母到城市生活。调研发现，农村孩子到城市读书还存在很多阻力。课题组在访谈中，不少留守孩子说："我很想念爸爸妈妈，但是我又不能到城里读书；因为城里读书比家里贵，那里也没有好朋友。"

调查显示，56.7%的留守儿童迫切希望父母回家团圆，24.8%的留守儿童没有明确表态，18.5%留守儿童盼父母回家团圆的心情并不迫切。总之，父母外出对儿童直接的影响是骨肉分离与亲人相思。留守儿童强烈的孤独感与希望家人团圆的愿望遭遇现实条件的约束，儿童心中的无奈与难以排遣的情愫溢于言表。

表 14−12　　　　　　　希望父母回家团圆的心情

	百分比（%）
特别迫切	33.3
比较迫切	23.4
不好说	24.8
不迫切	8.2
根本没想过	10.3
总计	100.0

（六）农村留守儿童的同伴交往能力

农村留守儿童身边有好朋友吗？农村留守儿童同伴交往情况如何？统计显示，91.6%的农村留守儿童认为自己有好朋友，8.4%的留守儿童认为自己没有好朋友；与此类似，92.1%非留守儿童认为自己有好朋友，7.9%的非留守儿童认为自己没有好朋友。由此可见，在交友方面，留守儿童与非留守儿童差异不大。

儿童在生活中是否经常受人欺负？大约21.3%的留守儿童认为经常受人欺负，79.7%的留守儿童认为没有受人欺负；大约16%的非留守儿童表示经常受人欺负，84%的非留守儿童表示没受欺负。以上信息表明，留守儿童受他人欺负的比例要高于非留守儿童。卡方检验表明，留守儿童与非留守儿童在受人欺负方面存在显著差异。

在生活中遇到困难时，儿童常常向谁求助？统计结果显示，大约46.7%的留守儿童会向"爸爸或妈妈"求助，依次是"好朋友"（45.0%）、"同学"（28.5%）、"亲戚"（21.8%）、"老师"（14.1%）；对非留守儿童来说，其求助的对象首先是"爸爸或妈妈"（72.7%）、依次是"好朋友"（50.2%）、"老师"（36.6%）、"同学"（29.0%）、"亲戚"（15.4%）。总体来看，"爸爸妈妈"和"好朋友"是留守儿童求助的主要对象。不过，与非留守儿童相比，留守儿童遇到困难时向爸爸妈妈求助的比例大幅度降低。

父母双双外出的留守儿童社会交往如何？大约90.8%的留守儿童认为自己有好朋友。22.3%的留守儿童认为经常受人欺负。可见，在交友与受人欺负方面，双亲外出打工的留守儿童比单亲外出打工者的状况要差一些。在生活中遇到困难时，儿童常常向谁求助？统计结果显示，大约58.7%的留守儿童会向"爸爸或妈妈"求助，依次是"好朋友"（47.2%）、老师（31.9%）、"同学"（28.6%）、"亲戚"（18.7%）。这表明，父母在留守儿童生活中扮演重要角色。对于那些双亲外出打工的孩子来说，当他们在生活上遇到困难时，父母依然是其首要的求助对象。对父母与子女联系频率的统计显示，绝大多数外出打工的父母与孩子联系紧密。调查显示，平均每个月大约5.4%的儿童与父母没有联系；24.5%的留守儿童与父母联系1~2次；26.3%的留守儿童与父母联系3~4次；43.9%的留守儿童与父母联系4次以上。总体来看，大多数留守儿童与父母联系比较频繁。中国社会历来注重家庭伦理，因生活所迫农村人口不得不远走他乡，但一根无形的感情之线总是将孩子与外出打工的父母紧密联系着。

（七）农村留守儿童的"家庭"存在感

统计表明：82.1%的留守儿童认为自己有一个幸福温暖的家，大约9.3%的留守儿童不同意上述观点；90.1%的非留守儿童认为自己有一个幸福温暖的家，大约4.6%的非留守儿童不同意上述说法。总体来看，无论是留守儿童还是非留守儿童，他们对"家"的体验和评价都是积极的。不过，留守儿童与非留守儿童对家的感受存在差异。特别是部分留守儿童（9.3%）对"家"抱有的消极评价应当引起人们的关注。

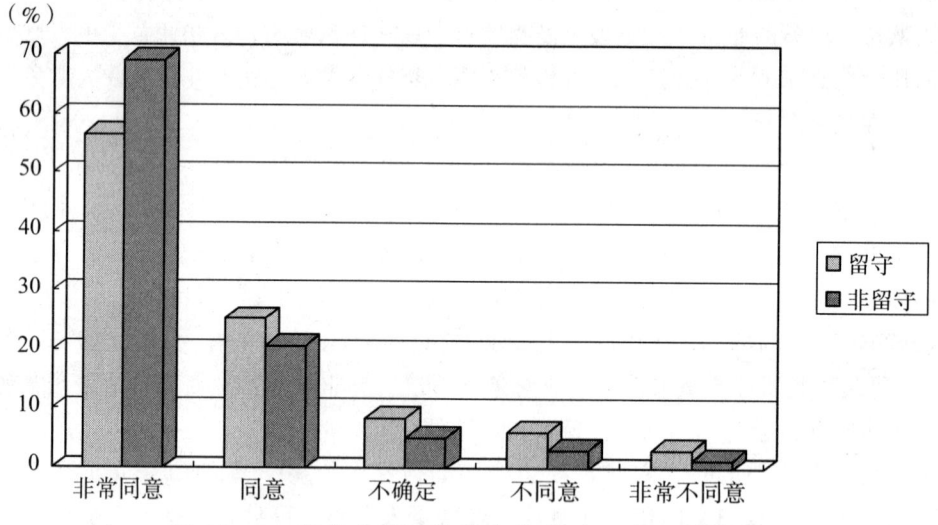

图14-3 留守儿童与非留守儿童对"家"的体验

哪类家庭的留守儿童对"家"的评价会倾向于消极体验？表14-13对四类农村儿童家庭进行比较后发现，留守儿童对"我有一个幸福温暖的家"持否定态度的比例分别是：爸爸一人外出打工占7.1%；妈妈一人外出打工占12.4%，爸爸妈妈均外出打工占10.3%，父母都在家占4.6%。所以，对"家"抱消极评价的留守儿童主要来自两类家庭：一是妈妈一人外出打工的家庭，二是父母双双外出打工的家庭。由此我们似乎可以推断，母亲在留守儿童成长中的重要角色，母亲外出打工让一些留守孩子感到家庭的不完整和不和谐。

比较而言，92.0%留守儿童希望好好学习回报父母，82%的非留守儿童对此表示赞同。需要指出的是，3.6%的留守儿童不认同上述观点，12.2%的非留守儿童不认同上述观点。独立样本t检验表明，留守儿童与非留守儿童在上述观点上有显著差异（$t = -9.96$，$P < 0.001$）。可见，留守儿童比非留守儿童更懂得好好学习回报父母恩情的道理。

表 14-13　　　　　　　儿童对"家"的感受（%）
（"我有一个幸福温暖的家"）

	爸爸一人外出	妈妈一人外出	爸妈均外出	爸妈都在家
非常同意	61.0	54.0	54.2	69.3
同意	24.5	25.2	26.1	20.8
不确定	7.4	8.4	9.4	5.2
不同意	4.9	9.4	6.6	3.2
非常不同意	2.2	3.0	3.7	1.4
总计	100	100	100	100

在访谈中，农村留守儿童的班主任和任课教师告诉我们：尽管有极少数留守儿童品行不端或极端孤僻，但绝大多数留守儿童很懂事、能吃苦、也很开朗，他们大多数能够体会父母外出的艰辛与不易。调研组在翻阅农村留守儿童的日记和作文时，留守儿童对父母的思念与牵挂让人感动；他们立志向学、回报父母的誓言也体现出儿童心理的成熟。"穷人的孩子早当家"，从某种角度看，父母外出也是催生留守儿童早日自强自立的一个诱因。

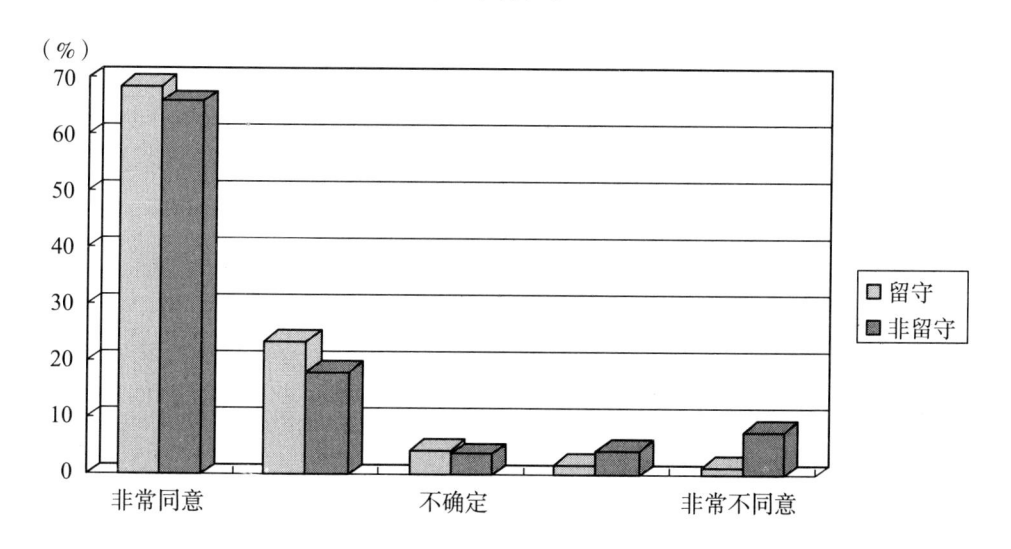

图 14-4　留守儿童与非留守儿童志向比较

可见，绝大多数农村留守儿童与非留守儿童在"家"的观念、学习志向等方面的态度是正面的、积极的和健康的；因家庭结构和家庭背景差异，留守与非留守儿童在某些方面的偏好存在差异——留守儿童对家庭温暖的感受比非留守儿童低，但他们立志求学、回报父母之爱的心情比非留守儿童更强烈。

（八）农村留守儿童的人生的期望

父母外出后，农村留守儿童对生活的感受、人生志向和自我概念呈现怎样特点？研究显示，绝大部分农村留守儿童的人生期望是积极向上的、健康的。与非留守儿童比较，留守儿童的人生期望和人生态度是相当正常的。

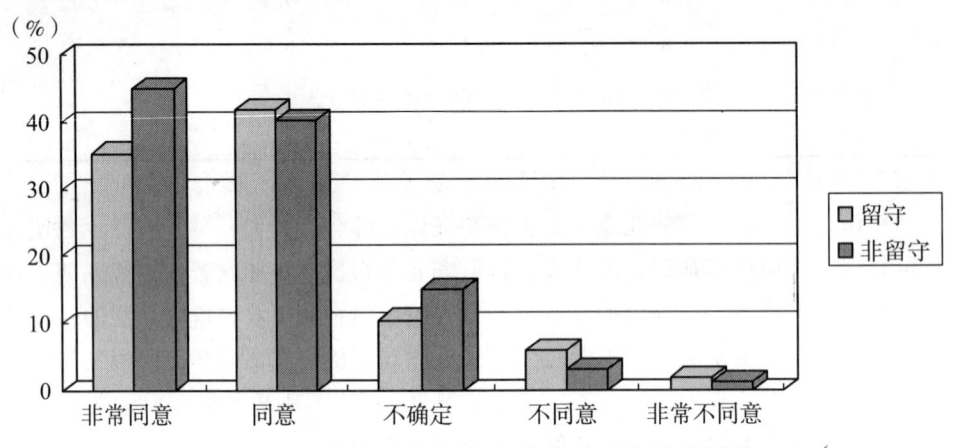

图 14-5　留守儿童与非留守儿童对生活的评价

大多数儿童（包括留守与非留守儿童）对生活持积极性评价。大约 77.2% 的留守儿童认为生活很美好；大约 81.1% 的非留守儿童认为生活很美好。约 7.8% 的留守儿童对生活持消极评价，约 4.3% 的非留守儿童对生活持消极性评价。

表 14-14　　　　　　　　　儿童的人生期望（%）
（"我对生活充满希望"）

	留守	非留守
非常同意	48.8	54.3
同意	38.8	35.4
不确定	9.3	8.5
不同意	2.0	1.0
非常不同意	1.1	0.8
总计	100	100

在儿童的人生期待中，绝大多数对生活抱积极的信念。大约 87.6% 的留守儿童认为"生活充满希望"，只有 3.1% 的留守儿童不同意上述观点。与此类似，

大部分非留守儿童（89.7%）对生活充满积极期待，只有1.8%的非留守儿童对人生的看法比较消极。留守儿童与非留守儿童的生活期待没有显著差异。

绝大多数留守儿童相信自己会成功。在"我相信自己会成功"的选项中，57.9%的留守儿童非常同意上述说法，31.1%的留守儿童同意上述说法。16.7%的留守儿童不确定，1.8%的留守儿童不同意上述说法。总体来看，留守儿童对未来抱有极强的自信。在人生自信方面，留守儿童与非留守儿童没有显著差异。

表14-15　　　　农村留守与非留守儿童自信心（%）

（"相信自己会成功"）

	留守	非留守
非常同意	57.9	62.5
同意	31.1	28.7
不确定	16.7	13.3
不同意	1.1	0.6
非常不同意	0.7	0.9
总计	100	100

四、对农村留守儿童问题的基本判断

对比农村留守儿童与非留守儿童在生活、学习、同伴交往和人生期待等方面的差异，课题组发现：农村留守儿童生活状态是一个多面、多维的复合体。

表14-16　　　　留守儿童与非留守儿童差异比较[a]

比较的维度	留守儿童	非留守儿童
（1）安全	没有差异	没有差异
（2）营养	+	-
（3）学习	没有差异	没有差异
（4）孤独	+	-
（5）好朋友	没有差异	没有差异
（6）受人欺负	+	-
（7）家的温暖	-	+
（8）回报父母	+	-
（9）人生期待	没有差异	没有差异

a 表格中"+"代表强；"-"代表弱。

表14-16是对农村留守与非留守儿童群体特征的比较，其结论来自前面的

分析。从表中可以看出，从群体角度看，留守儿童与非留守儿童具有某些共同的年龄特征和表现；在另一些方面，农村留守儿童与非留守儿童存在差异。其中，留守与非留守儿童之间呈现的差异并不一定对留守儿童不利，或者说，它不一定具有消极的含义。比如，在"希望好好学习将来回报父母"方面留守儿童比非留守儿童更懂事、更认同此理。

因此，对农村留守儿童群体特征的判断很难用"好"或者"不好"等词汇轻易下结论，因为农村留守儿童群体特征具有多样性和复杂性。总体来看，本研究对农村留守儿童的基本看法与当前某些媒体，甚至一些学术研究的结果存在一定差异。在我们看来，留守儿童存在很多问题，但留守儿童并不等于是"问题儿童"。针对留守儿童问题，由于人们关注问题的重心、价值取向、研究样本的代表性以及研究方法等方面的差异，人们对留守儿童问题的基本判断存在差异。同时，大规模留守儿童现象的出现在中国是一个新鲜事物，人们对此现象的评价和分析面临许多困难和不确定性，社会对此问题的认识也需要一个过程。

基于对五省农村留守儿童问卷调查和田野考察，课题组认为农村留守儿童问题具有两面性：一方面，父母外出对农村留守儿童成长带来了不利影响。因父母外出，留守儿童与父母情感交流受到阻碍，家庭亲情缺失对留守儿童健康发展带来潜在伤害，由此导致某些留守儿童在同伴交往、家庭归属感等方面有消极体验；另一方面，在儿童营养、学习兴趣、儿童人格发展与心理特质等方面，留守儿童与非留守儿童并没有显示出显著差异。作为群体现象，某些留守儿童所表现出的心理品质，如孤独、自卑、沉默寡言或叛逆等在非留守儿童身上也普遍存在；少数留守儿童遭遇的人身伤害、性情孤僻、自闭等症状并不能代表所有留守儿童。基于调研，课题组对农村留守儿童的基本判断体现在五个方面：

（1）相对非留守儿童，农村留守儿童是一个"弱势群体"。父母外出后，农村留守儿童不安全感更强、心灵更加孤寂、对父母的思念更切。长此以往，这种生存和生活状态对儿童健康成长极为不利。因此，留守儿童内心的孤独需要社会共同关心、关爱和支持，留守儿童幼小心灵应当得到更多亲情抚慰。

（2）农村留守儿童并不是一个"问题群体"或"问题儿童"。问卷调查和实地访谈表明，农村留守儿童发展中存在的某些心理特征，如孤独、忧郁、自卑和逆反等现象在非留守儿童身上也同样存在。留守儿童与非留守儿童一样也在健康成长。少数留守儿童的学习不良、心理素质低下或品行不端的表现并不能代表农村所有留守儿童。

（3）儿童成长是一个过程，亲情缺失本身就是对儿童正常情感需求的剥夺和伤害。从儿童生命成长的过程看，即使这种伤害还没有达到严重影响儿童正常学习和生活秩序的程度，或者它还没有对儿童发展带来可以度量的、外显的影响。所以，对留守儿童成长的关注，过程比结果更重要。如何弥补父母外出后，留守儿童情感缺失是目前留守儿童发展面临的一个重要议题。

（4）农村留守儿童需要社会关爱和干预，但这种干预不能脱离儿童成长的自然环境。我们对那些不做科学评估和测量却武断地将留守儿童归于"另类群体"，并贴上"留守儿童综合症"的做法持保留意见。毕竟，大多数农村留守儿童处于儿童发展的常态之中。大多数留守儿童在亲情呵护、教师关心和同伴交往中健康地成长。在缺乏确凿证据的情况下，人们不宜给留守儿童贴标签。否则，留守儿童将被人为地排斥在正常儿童之外。这将对留守儿童角色认同、自我概念和人格发展带来无法估量的伤害。

（5）农村留守儿童问题是农村教育固有矛盾的反映。农村人口流动只是激化、加剧了这种矛盾。留守儿童问题往往与单亲家庭、特困家庭或特殊儿童家庭产生交互作用。当某一问题出现时，人们一定要很清楚地分辨出哪些问题的出现与儿童留守有必然的关联？哪些与留守儿童没有本质联系？因此，人们既不要过分夸大留守儿童问题的严重性，也不能低估留守儿童发展中面临的困难。

五、农村留守儿童发展中面临的问题

留守儿童发展面临的主要问题是——父母外出后留守儿童面临亲情缺失与家庭不完整性。家庭结构与家庭氛围的改变对留守儿童成长带来潜在的影响。面对留守儿童成长环境的变化，当政府、学校和社区对留守儿童支持和干预力度不够时，由此导致留守儿童教育出现某些真空、影响了留守儿童健康成长。

（一）农村留守儿童安全保障问题

研究显示，外出打工父母对留守儿童关注的头等大事是儿童安全问题。与非留守儿童比较，父母外出后留守儿童发生安全事故可能性更大：其一，父母不在孩子身边，孩子生活学习缺乏父母及时关注和关心，孩子安全缺乏有效的预防机制；其二，父母外出后，留守儿童一旦出现安全事故，家里缺乏有效的应急机制。

调查表明，农民工外出打工，留守父亲或母亲家务活和农活压力更重，他们照顾孩子发展往往有心无力；而双亲外出对孩子的影响更严重。课题组成员在分析某留守儿童溺水死亡的个案时发现，导致这场悲剧出现的主要原因是祖辈年事已高、身体孱弱，他们无暇、无力照顾孩子。如前所述，在儿童面临的诸多安全隐患中留守儿童监护人最担心的是交通安全。通过分析相关数据，课题组进一步认为：与非留守儿童比较，留守儿童上学的交通隐患问题应当值得引起关注。从家—校距离看，留守儿童到校的路程普遍较远；从是否有人接送上学的方面看，留守儿童上学大部分没有家人接送，上述比例比非留守儿童高。

表 14-17　　　　　　　　儿童步行到学校的时间

时间	留守（%）	非留守（%）
20 分钟以内	39.9	47.0
20~40 分钟	26.3	24.8
40~60 分钟	13.9	12.9
1~2 小时	10.1	7.9
2~3 小时	4.8	3.5
3 小时以上	5.0	3.9

表 14-17 是儿童步行到校所需时间分布情况。从表中可以看出：步行到校少于 1 小时的比例，留守儿童占 80.1%，非留守儿童占 84.7%。步行到校需要 1~2 小时的比例，留守儿童占 10.1%，非留守儿童占 7.9%；步行到校需要 2 小时以上的比例，留守儿童占 9.8%，非留守儿童占 7.4%。总体上讲，留守儿童家庭与学校的距离更远。

农村留守儿童上学时家人或亲戚接送的机会少。统计显示，89.6% 的留守儿童上学没人接送，5.2% 的留守儿童是爸/妈接送，5.1% 的留守儿童是亲戚接送；非留守儿童的情况是：82.3% 无人接送，14.9% 由爸/妈接送，2.7% 由亲戚接送。

课题组成员在农村学校调研时经常看到的情景是：很多农村孩子边跑边追急速行驶的拖拉机或汽车，然后扒在车上"搭便车"；或者在学校放假的时候，一辆辆破旧的巴士满载着住宿生回家。安全问题既是农村留守儿童面临的问题，也是整个农村教育面临的重大问题。

（二）留农村守儿童的家庭教育

调查显示，85.9% 的农村留守儿童认为监护人对自己比较好；12.3% 的农村留守儿童认为监护人对自己态度一般，1.9% 的农村留守儿童认为监护人对自己态度较差或很差。总之，绝大多数农村留守儿童对监护人持积极性评价。此外，大约 88.1% 的农村留守儿童认为他们与监护人关系融洽。但是，农村留守儿童家庭教育缺位与偏差现象依然比较明显。

以监护人辅导和检查孩子家庭作业为例。统计资料显示，46.1% 的留守儿童家里没人辅导或检查孩子家庭作业，而非留守儿童中的比例只有 35.6%。留守儿童比非留守儿童高 10 个百分点。双亲外出留守儿童家庭教育缺位现象更加严重——53.6%双亲外出家庭没人辅导或检查留守儿童家庭作业。

监护人家庭负担重，照顾孩子精力不济是导致留守儿童家庭教育缺失的重要原因。通常情况下，父母外出打工后，家里的农活和劳务活由滞留在家的爸爸、妈妈或老人们承担。繁重的劳动导致监护人无暇顾及儿童家庭教育。此外，农村多个留守儿童现象也不可忽视。调查显示，平均每个留守儿童家庭有留守儿童1.53个。从留守儿童数量分布看，56.6%监护人代管1个留守儿童，35.9%家庭代管2个留守儿童，6.1%家庭代管3个留守儿童，1.4%家庭代管4个及4个以上的留守儿童。代管的孩子越多，监护人的时间和精力将更加难以保障。"一家多个留守儿童"现象值得引起重视。

监护人教育程度不高，辅导孩子功课勉为其难。通常情况下，老人们只能照顾孙子孙女的生活起居，指导孩子的学业是心有余而力不足。对大多数双亲外出的留守儿童来说，上述现象尤其明显。从监护人教育程度看，小学及小学以下的比例是32.1%，初中教育程度的占52.3%，高中（中专）教育程度的比例是12%，大专及大专以上的比例是3.6%。比较留守与非留守儿童监护人的教育程度我们发现，留守儿童监护人的教育程度低于非留守儿童。其中，监护人是小学及小学以下教育程度者在留守儿童家庭高达38.5%。这对留守儿童学习和成长显然不利。

最后，监护人的教养态度和观念也很重要。访谈中发现，部分监护人认为，孩子教育主要是管好生活和身体、不生病。至于孩子的心理发展和品行问题，监护人表示无能为力；此外，部分"代理家长"照顾孩子不细心、不周到，他们甚至不知道孩子读书的年级、班级，监护人与学校教师的沟通普遍不够。

（三）学校和老师的管理

父母外出打工后，农村留守儿童教育和管理责任往往转移给学校和教师。从教师对儿童学习关注、家访和儿童求助三个维度看，有部分留守儿童没有得到老师的关注和关爱。

课题组发现，大部分学生（72.6%）认为老师在学习和生活上经常关心他们。相对而言，更多比例（27.4%）的留守儿童认为教师对其关心不够，上述比例高于非留守儿童（22.7%）。从老师家访的情况看，大约45%的留守儿童认为老师从不家访，相对而言，老师对非留守儿童家访的比例更高一些。当儿童在学习上遇到困难时，留守儿童主要向同学（56.6%）、好朋友（55.3%）和老师（50.5%）求助，非留守儿童主要向老师（60.8%）、同学（57.5%）和好朋友（55.6%）求助。可见，当留守儿童学习遇到困难时，同伴的作用比老师的作用似乎更大。

为什么农村教师对部分留守儿童不能给予更多的爱和关心？这固然与个人素养和职业道德有关，但是最根本的问题是农村教育发展的困境导致农村教师在照顾留守儿童方面力不从心、自顾不暇。在中国农村教育投资持续性短缺、教师编制紧缺以及农村教师面临巨大工作压力的背景下，农村教师对农村留守儿童的关爱缺乏有效的激励机制。

课题组对中西部六省农村教师调研表明，农村教师任教科目平均是3.1门，每周上课17.4节，每天花费在教育教学上的时间（上课除外）是4.4小时。以一周5天计算，农村教师每天工作时间是8小时左右。小学教师平均每人授课4.2门，初中教师平均1.8门，小学教师比初中教师每人平均多2.4门课程。小学教师比初中教师兼课严重得多。其中，村小教师平均每人兼课4.5门，乡镇小学教师兼课1.67门（雷万鹏，2006）。教师兼任科目的类型越多，其花费的时间和精力也越多。此外，从农村教师工资福利、生活压力、工作环境等方面看，农村教师生存状况不容乐观。以疲惫之师，怎能承担农村教育发展的重任？当前，一系列制度性障碍制约了农村学校和农村教师对留守儿童的教育和管理。(1) 农村学校办学条件差，难以满足所有留守学生寄宿求学的需要；(2) 农村教师编制偏紧，教师教学任务繁重，没有精力照顾每一个学生；(3) 受"一费制"政策限制，学校办学经费紧张。对教师在管理留守儿童中的加班加点费用，学校没有财力进行奖赏和补偿，这直接影响了教师工作积极性；(4) 农村教师整体素质不高，年龄老化、思想观念陈旧，教育方法单调，这些因素对农村学生（包括留守儿童）的发展极其不利。

笔者对湖北省英山县杨柳镇"留守儿童"的田野考察发现，在"留守儿童"教育方面，学校、社区和家庭之间还缺乏有效合作机制。在访谈中，湖北省某乡镇初中的余老师的话比较有代表性。他说："我们每天和这些'留守儿童'接触，也比较关注这些孩子的成长；但学校没有专人负责，教师只能凭个人意愿和热情做事"；"现在许多农民外出打工也不和学校老师打招呼，学校很难及时了解孩子的情况"；"如果将来教育部门有这方面的要求，我相信学校还是能抓好这件事；不过，这需要相应的配套措施"（雷万鹏，2006）。

规模庞大的农村留守儿童是中国义务教育发展中出现的新鲜事物，它也是中国工业化和城市化发展过程中必然要面对的问题。农村留守儿童对现有义务教育管理体制、财政体制和学校教育模式提出了新的挑战。如何建立学校和教师关爱留守儿童动力机制，显然需要从教育制度和政策上寻求突破。

（四）社区支持与基础信息收集

在五省调研中，我们发现当地基本建立了农村留守儿童的基本信息，但这些基础信息还不完备。比如，每个省到底有多少留守儿童？双亲外出与单亲外出打工分别占多少？离异家庭留守儿童数量和比例？农村留守儿童的区域结构、性别结构和年龄结构如何？过去几年留守儿童变动规律？未来留守儿童数量和结构变动趋势如何？农村留守儿童家庭结构和亲属关系？上述信息对留守儿童公共政策的制定非常重要，目前，湖北、安徽、河南等省只有少数几个县市和部分学校建有比较完备的留守儿童信息表，大多数地区缺乏留守儿童的基本信息。

目前，获取有关留守儿童的信息主要依靠教育部门。但是，农村人口频繁流动，学校教师不可能追踪和收集有关本村、本乡镇所有留守儿童异动的信息。造成留守儿童信息不完备的一个重要原因是当地社区的作用没有充分发挥出来。解决留守儿童问题被视为教育部门的责任，这固然没错；但是，在促进留守儿童发展方面教育部门承担了无限责任，当地社区缺乏参与和支持。

（五）农村留守儿童中的"弱势群体"

研究发现，留守儿童不是铁板一块，而是一个多元分化的群体。留守女童、小学阶段留守儿童、离婚家庭、双亲外出家庭以及特困家庭的留守儿童可以看成是留守儿童群体中的"弱势群体"。这些留守儿童成长尤其应当引起人们关注。

以父母外出后学生学习成绩变化为例。统计分析表明，妈妈一人外出打工的留守儿童学习下降的比例为25.3%，父母双方外出打工留守儿童学习下降的比例是23.5%，而爸爸一人外出打工中，留守儿童学习下降的比例是20.4%。这说明：相比父亲外出打工的留守儿童，母亲外出打工对儿童学习影响更大。父母外出后，小学与初中留守儿童学习成绩变化差异如何？统计分析表明，24.6%的小学生认为自己学习成绩下降了，21.3%的初中生认为自己学习成绩下降了。以上信息表明，父母外出后，留守儿童群体的学习成绩有升有降，二者大致相等；但是，对于小学阶段的留守儿童以及母亲外出的留守儿童，其成绩受影响的程度要高于其他类型留守儿童。如果将父母双双外出的留守儿童与其他儿童比较，此类留守儿童的孤独感更加强烈。大约32.4%的留守儿童（父母双双外出）经常感到比较孤独；只有20%的儿童（父母双双外出除外）经常感到比较孤独。

访谈发现，很多涉及留守儿童安全问题、行为不良问题、心理素质不健康问题，往往与父母不和或者双亲外出打工等因素有关。因此，关注留守儿童中的特殊群体和弱势群体应当是解决留守儿童问题的重点。

（六）心理健康

面对父母外出务工的事实，留守儿童大多充满了无限的惆怅、思念和孤独。同龄孩子与父母的亲密关系是他们最羡慕的。由于亲情的缺失，留守儿童比非留守儿童更容易产生孤独感，他们对父母的思念更加热切。尽管孤独并不一定代表心理是异常，但是，经常性地陷入孤独中，不利于儿童健康发展。

访谈发现，很多留守儿童的生活世界很单调：除了学习还是学习，留守儿童对这样的生活方式感到很厌倦。特别是那些在校住宿的留守儿童，由于担心儿童安全问题，寄宿制学校往往采取全封闭式管理，儿童24小时被关在学校。在这种"军事化"的管理模式中，不少留守儿童精神生活很贫乏、很焦虑、很压抑，由此导致他们深深的孤独感。如何丰富校园文化生活、回归孩子本真的率性？这是一个教育问题，也是一个重大的社会问题。

（七）法律法规保护

留守儿童与非留守儿童的最大区别是留守儿童因亲情缺失，导致身心发展受到一定程度影响，这种不利影响如果得不到有效控制，它将对儿童健康成长带来严重后果。社会各界对留守儿童的关爱固然必要，但这都不能替代父母对子女的影响，孩子最需要的还是父母的亲情和温暖。调研组发现，极少数农民工外出打工后，数年不回家，对孩子的学习和生活不闻不问；有的家庭夫妻双方感情不和，一走了之，将几个孩子扔给爷爷奶奶。当然，每个家庭都有困难和苦楚，农民工尤其如此；但父母对子女的爱、父母对子女的抚养责任是每个公民应该履行的义务。"养不教，父之过"，中国社会的文化传统和道德伦理难以容忍家长对子女疏于管教的行为。如何规范父母对子女的抚养责任值得人们深思。

六、对策与建议

（一）权益保障制度

社会应重视家长对儿童的监护责任，建议在《未成年人保护法》和相关法律法规中突出父母亲情的重要性，相关部门要出台保护儿童享受父母亲情和关爱的明确条文，并制定强制措施，保障儿童身心健康发展。

同时，要加强宣传力度，营造和谐温馨氛围。以动员全社会关注、帮助留守儿童健康成长为目标，发挥报刊、广播、电视、互联网等传媒优势，利用宣传橱窗、标语画册、公益广告等宣传载体，宣传国家保护儿童权益的法律法规和有关政策，宣传关爱留守儿童的先进典型，积极营造留守儿童健康成长的和谐氛围。

（二）信息收集机制

以社区（村委会）为主，收集、整理和完善留守儿童基础信息表，及时了解留守儿童去向，以社区为主导加强家庭、学校和社区联系，及时了解留守儿童的规模和结构变化趋势，为政府决策提供信息基础。

在政府统一领导下，组织人员深入基层，对留守儿童、外出务工父母和临时监护人的基本情况进行摸底汇总，建档造册，建立健全留守儿童信息管理库；开展留守儿童问题研究，及时发现问题，寻找对策。

（三）部门协作机制

政府在留守儿童发展中应该担负主要责任。建立公安、教育、劳动、卫生、农业、民政等部门分工合作、相互协作的工作机制。为留守儿童健康成长建构立体式社会保障网络。由政府牵头，以教育为主体，民政、共青团、妇联等参与，以条件较好学校为载体建立区域性的"留守子女关爱教育中心"，让留守子女以学校为中心，在学校的管理组织下，开展健康有益的活动，让留守子女健康快乐地成长。

湖北、安徽等地探索实施了"三线""四级"留守儿童教育管理立体网络。"三线"即学校一线，家庭二线，社会三线；"四级"即党政为一级，社会群团为一级，学校为一级，家庭为一级。各级文明办利用贯彻中央8号文件的实际，积极协调相关部门，把农村留守儿童的教育和管理作为未成年人思想道德建设的重要内容，抓紧抓实；妇联系统充分发挥家庭教育的优势，依托家长学校，开展有益于留守儿童健康成长的活动。比如，湖北省宜昌市广泛发动社区、村组和家庭力量，启动"留守儿童关爱工程"，通过下发倡议书等形式，使全社会都来关心留守儿童，基本形成政府、社区（村）、学校、家庭四级联动的教育网络。

（四）教育部门主渠道作用

建立寄宿制学校运行保障机制。在经费投入、教师编制等方面向寄宿制学校倾斜。加大对寄宿制学校经费支持力度，增加寄宿制学校生活管理教师编制；在学校中建立留守儿童档案和联系卡制度，鼓励教师与学生结对帮扶，以学校为主建立关爱留守儿童应急机制。

湖北省在帮扶留守儿童方面也做了大量工作：比如建立留守儿童档案、开展师生结对帮扶、开展校园文化教育活动、开展心理咨询活动、加强监护人培训等。特别值得一提的是，湖北省宜都市2005年春季开展"三千名教师帮扶三千名留守子女"的关爱教育活动。动员和组织全市教职工对留守儿童进行"一对一"的结对帮扶，既对孩子的思想品德和学习状况给予关爱帮扶，也对他们给予生活和经济上的资助。仅2005年春季开学，教育局机关干部和教研室教研员为留守子女资助金额7 000余元。目前，全市3 525名留守儿童全部有了编外家长。宜都市聂河中学在留守子女与编外家长之间开展了"五同"活动，即每学期共同开展一次郊游活动，每周共同进一次餐，每天共同汇报一下情况，每月共同与在外地父母通一次电话，每学期全校共同组织一次大型集会。此外，宜都市建立了关爱留守儿童应急机制。课题组建议推广湖北省宜都市"三千名教师帮扶三千名留守子女"关爱教育活动经验。动员和组织各地教职工对留守儿童进行"一对一"结对帮扶。

（五）校园文化活动

丰富农村寄宿制学校校园文化生活，让学校成为留守儿童温暖的新家。江西省铜鼓县的主要做法是以创办和建设农村寄宿制学校为基点，促进农村留守儿童健康发展，将学校营造成"温暖的家"。(1) 聘请生活老师。为帮助寄宿小学低年级学生适应学校生活，铜鼓县政府每年为寄宿制小学聘请生活老师，截至 2006 年已聘请 22 名生活老师，生活老师每年工资为 4 000 元，由县财政专项支持。生活老师的职责是指导帮助住宿生铺床叠被、洗脸洗澡、洗衣服等生活事务，以提高学生自我生活能力。(2) 建立"留守儿童"档案。每学期开学时，将留守儿童家庭状况、父母务工地点、联系方式、临时监护人姓名、住址及联系电话等方面进行详细登记，学校打印成册备案。(3) 开展丰富多彩的校园文化活动、丰富留守儿童的精神世界。为合理安排寄宿制学校下午 16：30~21：30 之间的漫长时间，寄宿制学校普遍实施课外"四个一"活动。即"一小时文体活动"、"一小时处理个人事务"、"一小时观看电视节目"、"一小时学习书本知识"。(4) 指导留守儿童给父母打电话、写信，加强与家长的亲情交流活动。(5) 实行家长代理制。

课题组建议推广江西省铜鼓县寄宿制学校丰富多彩的校园文化活动以及"四个一"模式，让寄宿在校的留守儿童感受到生活的多姿多彩和学校的温馨。

（六）寄宿学校经费保障机制

寄宿制学校较好地解决了留守儿童接受教育的问题，但学校办学成本堪忧。由于受"一费制"限制，住宿生一学期收 40 元住宿费、少量的搭膳费。除此之外，学校不能多收任何费用。住宿生在学校生活一星期 5 天，学校水电费、住宿费、柴火费等费用开支较大；老师早晚辅导、监管也费时费力，学校没有财力给教师发放津贴，激励老师努力工作。考虑到寄宿制学校在农村留守儿童生活和学习中扮演的重要角色。建议建立寄宿制学校经费保障机制。在核算学校成本的基础上，由公共财政保障寄宿制学校正常运转。

（七）监护人培训工作

注重对留守儿童监护人的培训。充分利用乡镇学校、村小、家长学校等阵地，通过举办培训班、召开座谈会等形式，加强对留守儿童家长或其监护人的教育和培训，提高家长或监护人教育水平。

家庭教育对儿童健康成长至关重要。考虑到父母外出打工后，农村留守儿童孤独感及其对亲人的思念极其强烈。家长学校应多开展儿童心理发展和亲子教育方面的培训。利用城市、高校等优质教育资源，聘请优秀教师到农村家长学校授课。让留守儿童监护人了解儿童生理发育和心理发展的基本规律，以正确的教育方式方法帮助和促进孩子的健康发展。

（八）科学研究

为科学了解留守儿童身心发展特点和规律，应加强研究的规范性、科学性和实效性。建立政府相关部门立项，组织教育、心理、社会等学科领域专家对留守儿童问题进行长期性跟踪研究，以此获得有关留守儿童发展的真实完备信息，为人们正确认识和评价留守儿童提供参考，也为留守儿童政策制定提供坚实的依据。这些研究包括：留守儿童人口学特征研究、留守儿童心理发展研究、寄宿制学校校园文化研究、农村寄宿制学校经费保障制度研究、留守儿童"代理家长"现象研究等。

第十五章

农村留守儿童心理发展与道德成长

一、农村留守儿童研究概况

心理健康是儿童健康成长的关键要素之一。本文通过 Cnki 学术期刊网,以 2002 年 1 月至 2009 年 2 月为时限,分别以"留守儿童心理"为篇名,搜索文章 131 篇;为主题,搜索文章 132 篇;为摘要,搜索文章 84 篇。试图通过对这些研究成果的述评,梳理出留守儿童心理发展的研究现状。学术界对留守儿童心理发展的研究,可以说经历了从先入为主的主观判定,到客观的理性解读;从笼统的简单概述,到复杂的细致分析;从认为由于家庭教育的缺失导致留守儿童心理问题的普遍存在,到对留守儿童内部不同类型的详细分析,发现并非留守儿童都有心理问题,而是因人、因时各有不同。这表明,对于留守儿童心理健康发展的研究正在逐步细致、深入地展开。

(一)农村留守儿童存在心理问题

对留守儿童心理发展研究可以分为两个阶段,2002~2006 年为第一阶段。这一阶段对留守儿童心理发展的研究,在研究方法上多从人口学、社会学、教育学等学科视角审视农村留守儿童心理问题,研究关于农村留守儿童人格、自我概念、心理健康等实证研究,虽然在某种程度上注重实证研究,但更多地以理论分析为主。因此,得出的结论多认为留守儿童普遍存在焦虑、自卑、懦弱、胆小等心理问题。如范方、桑标对农村留守儿童心理发展的研究中发现：一是乐群性低，表现为冷淡、孤独；二是情绪不稳定，易心烦意乱，自控能力不强；三是自卑拘谨，沉默寡言；四是比较圆滑世故，少年老成；五是抑郁压抑，忧虑不安；六是冲动任性，自制力差；七是紧张焦虑，心神不定。在使用 SCL-90 量表对农村留守儿童的测验中发现，他们的总均分及躯体化、抑郁、焦虑、敌对、恐怖等方面明显高于其他正常群体。课题组认为：留守儿童这一群体的出现，多是由于家庭较为贫困，父亲或者母亲，甚至父母双方外出务工，孩子相对缺少父母的关爱，导致大多数农村留守儿童有内心压力。许方则认为价值偏差也是留守儿童心理问题的表现之一，并指出，部分留守孩子产生了厌学情绪，认为读书无用，自己父母也没读什么书，同样天南地北挣钱，部分学生开始把人生发展方向定位为打工挣钱，学习中不求上进，成绩普遍较差。湖北省广水市长岭镇中心小学 2004 年 4 月对 681 名留守学生进行过一次心理问卷调查，结果显示全校有 659 名学生存在不同程度的心理问题，占总人数的 96.7%；严重存在心理问题的 258 人，占 37.89%；有自杀轻生、离家出走等严重心理障碍的学生 33 人，占总人数的 4.84%。

在这一阶段，也有学者发现留守儿童心理问题具有特殊性和差异性的特征。周宗奎得出这样的结论：从不同角度对留守儿童心理问题的评估是不一致的。从某些极端案例来看，农村留守儿童的心理问题是非常严重的；学校校长和教师一般认为留守儿童有比较多的心理问题，对他们的一般印象、学习、品行、情绪等方面的评价都较差；从学生自我报告结果来看，留守儿童的心理问题主要是在人际关系和自信心方面显著地不如父母都在家的儿童，而在孤独感、社交焦虑和学习适应方面与其他儿童没有显著差异。

（二）农村留守儿童心理发展因人、因时而异

2007 年以后，对留守儿童心理发展的研究进入到第二阶段。这一阶段在研究方法上更注重从心理学学科的视角，审视农村留守儿童心理问题，更加注重心理诊断测量法、访谈法、问卷调查法等，并对这些测验和问卷进行统计分析，最后根据各种相关的分析得出结果。可以说这一阶段的研究在注重实证研究基础上进行理论分析。因此，这一阶段得出的结论也多是留守儿童心理发展因人、因时各有不同。正如申继亮所言："从质性研究所得出的结果来看，在情绪和行为上，有一些留守儿童确实存在一定的问题，但从整个群体的角度来说，这种问题并非十分显著。与非留守儿童相似，留守儿童内部的差异较大，因此虽然有一些留守儿童产生了不良的适应结果，但尚不足以代表农村留守儿童的整体特征。"胡心怡等调查研究认为：留守儿童在安全、学习、心理、行为上的问题，其表现

复杂、多样、个体性强的特征,也表明这些问题实质上是由多方面导致的,正如本次访谈中那位王老师说的,孩子有无问题是因他所在的家庭情况而异的。监护人不管是祖父辈、父母还是其他身份,只要他有爱心、有文化、懂教育、善疏导,就能促进儿童的健康成长,反之,即使监护人是亲生父母,也难免"造就"出"问题儿童"。因此,从本质上讲,留守儿童的问题并非由父母外出务工而直接造成,它们与非留守儿童的问题有很多相近之处。高亚兵把留守儿童按监护人的种类不同而分为四种,即隔代监护、上代监护、单亲监护、同辈监护,对于这四种不同类型的留守儿童,其心理发展也略有不同。同普通儿童相比,隔代和上代监护的留守儿童心理健康问题较多,并且隔代监护留守儿童有较多的消极人格特征,如乐群性、聪慧性、稳定性低,而兴奋性、忧虑性、紧张性、焦虑感、神经过敏性高,相比而言,单亲和同辈监护留守儿童心理发展状况与普通儿童差异较小。黄艳苹、李玲亦把留守儿童分为隔代、父辈、单亲、同辈或无人监护四类,与非留守儿童进行比较,发现:同辈或无看护下的留守儿童心理健康状况最差,单亲看护下的儿童在心理健康状况相对来说较好,同时在学习焦虑倾向、对人焦虑倾向、过敏倾向、身体症状、恐怖倾向、冲动倾向6个维度,单亲看护的留守儿童与非留守儿童并无差距。

(三) 农村留守儿童的心理弹性

值得说明的是,在第二阶段,学者们在注重留守儿童内部差别的同时,也注意到有很多留守儿童并没有因为亲子分离而导致行为不端、心理健康水平的下降,反而更能适应不利环境,并养成了勤劳、节俭、自力更生等的良好品格。李永鑫就从心理弹性的研究视角对留守儿童心理进行了细致分析。心理弹性越高,适应外界的能力越强。研究结果表明,不同性别的留守儿童的心理弹性存在显著差异,留守女童的得分显著高于男童。父母外出情况不同的留守儿童在心理弹性方面存在极其显著的差异,父亲外出,母亲在家看护的留守儿童的心理弹性最高。父母在外时间不同的留守儿童在心理弹性上存在极其显著的差异,这种差异表现为:2年以内最高,2~5年次之,6~10年再次,10年以上最低。表明父母外出时间越短,孩子的心理弹性越高。与父母团聚频率不同的留守儿童在心理弹性方面存在极其显著的差异,其心理弹性有随着与父母团聚频率的降低而降低的趋势。对于留守儿童而言,父母如果经常回家探望的话,就给他们增加了亲子交流的机会,减少了由于对父母的思念而引起的孤独感,这有利于他们健全人格的培养、心理健康水平的提高以及心理弹性的提高。

二、农村留守儿童心理问题的成因

(一) 家庭教育不明确

由于父母外出务工,已导致亲子教育缺失,而留守儿童监护家庭教育同样面临问题。如王东宇、王丽芬认为:代养人的文化程度、教育观念、教养方式对留守儿童的心理也存在很大影响。高亚兵认为:留守儿童心理发展与其家庭教育存在以下几方面的问题有关。一是隔代和上代监护家庭教育内容狭窄,50.89%隔代监护和24.49%上代监护家庭教育只涉及儿童的生活,对儿童的学习和品德等方面较少关心。同时,隔代监护人中68.98%是农民,学历层次普遍很低(51.09%为小学学历,35.60%为初中学历),隔代监护人的文化水平很低,不可能对儿童的学习进行指导、督促和管理,又由于年岁较大,力不从心,对儿童的个性、道德品质、行为表现等方面无精力管教。二是隔代监护和上代监护在与留守儿童沟通交流方面存在沟通交流不足和对儿童情绪情感接纳不够等问题,如53.35%隔代监护人和50%上代监护人平时不能倾听儿童的烦恼,导致能主动向监护人倾诉的留守儿童也较少(隔代监护14.21%,上代监护14.29%),而19.30%隔代监护儿童和24.49%上代监护儿童有了烦恼选择沉默忍受。在与留守儿童的访谈中发现:90%上代监护儿童有寄人篱下的感觉,遇到烦恼容易选择自行解决或压抑的方式。三是两种监护人的家庭教养方式存在问题,如隔代监护人较多采取溺爱、迁就,上代监护人较多采取不管不问。

(二) 学校教育不足

周宗奎认为农村留守儿童的心理问题实际上是与农村基础教育的一些问题纠缠在一起而相互影响的,如农村学校师资力量薄弱,班级过大,留守儿童在学校很难得到学习以外的关怀;农村学校某些教育措施和机制失当,影响了农村儿童的教育;学校外部条件差,留守儿童分散寄养多于在校寄宿,管护形成"空档";郑哲认为,学校教育缺失,也是留守儿童心理出现问题的主要原因。胡小爱认为:由于我国农村地区办学条件、教育理念、师资力量等多方面的欠缺,在很大程度上并不利于留守儿童心理健康发展。目前,对于留守儿童较好的管护措施是实行寄宿制,但大部分农村学校缺乏寄宿条件,即使有,条件也相对较差。绝大部分教师忽视了与留守儿童的交流与沟通,75%的留守儿童反映教师没有家访过,这种被忽视、被遗弃的感觉严重影响着留守儿童身心健康发展。李佳认为:学校因素中学校教育缺乏针对性,对于留守儿童,不论是学校还是老师,都没有引起重视，对于他们的学习、生活以及心理都没有给予特殊的照顾与指导，也没有加强与留守儿童家长的沟通，使得孩子的学习成绩不断下降，心理渐渐变得不健康，表明学校教育的作用不明显。

（三）社会关爱缺乏

对农村留守儿童心理发展的关注，不仅是家庭、学校的责任，也有社会的责任。虽然在某些地区，已有来自社会某些方面对留守儿童心理健康成长的关心，但从整体上看并没有形成合力，因此仍显不足。纪中霞认为：留守儿童由于缺乏父母的管教，缺乏及时的引导，很容易受不良环境的影响而误入歧途，政府对某些场所缺乏有效管理，都对留守儿童产生一定的影响。李佳认为：留守儿童生活在社会当中，受社会的直接影响较大。然而就目前中国的情况来看，社区教育还是个新鲜事物，人们甚至还没有这种意识：社会也是一个教育机构，也要承担教育的责任，而不仅仅是学校和家庭。特别在广大农村地区，这些现象更为突出。思想意识不到位，再加上落后的经济水平，目前中国广大的农村几乎没有任何形式的社区教育组织，使得农村未成年人的社区教育处于"真空"状态。郑哲在调查研究中指出：大多数村干部认为，留守儿童的教育管理是农民工自己家的私事，家长外出务工，自然要把家里的事情安排好。由于村干部这种意识的存在，自然也没有针对留守儿童心理健康等问题采取相应的措施。从县级政府部门来看，他们鼓励农民外出务工，并实施了相关的鼓励政策和措施，但对留守儿童问题却了解甚少，更没有针对留守儿童心理健康问题相应的措施。

三、留守儿童的道德成长问题

预防留守儿童问题，关注其道德成长显得尤为重要。一方面，因为留守儿童情感缺失、是非观念淡漠，容易出现道德问题。另一方面，解决好留守儿童价值观、人生观问题，也有助于坚定留守儿童积极向上的人生态度，从而为他们提供一种积极生活和努力学习所必不可少的健康心态。留守儿童是一群缺少父母关心和教育的特殊的青少年。他们的成长既体现了一般儿童的成长规律，同时也有自己的特殊性。因此，以儿童的道德发展规律为依据，探寻留守儿童道德成长的现状，是缓解和解决留守儿童问题最为科学和有效的途径。

（一）科尔伯格道德发展理论及评析

1. 科尔伯格的道德发展理论

科尔伯格的道德发展理论（Kohlberg's Theory of Moral Development）在我国

影响颇为深远。科尔伯格的道德发展理论是在继承英国心理学家麦独孤（W. McDougall）和瑞士心理学家皮亚杰的部分学说基础上，就道德教育的哲学和心理学基础进行专门的探讨，对儿童道德认知发展和道德教育提出了个人的主张。科尔伯格采用纵向法，连续测量记录72个10~26岁男孩对道德两难（moraldilemma）问题"海因茨难题"（heinz's dilemma）故事作出道德判断并陈述自己判断的理由，研究时间长达10年之久。此后又将研究结果推广到世界各国去验证。最后于1969年提出了他的三水平六阶段道德发展理论。

第一水平：前习俗水平。大约出现在学前至小学低中年级阶段。此水平又分两个阶段。

第1阶段：惩罚和服从的取向。根据行动的有形的结果判定行动的好坏，凡不受到惩罚的和顺从权威的行动都被看做是对的。

第2阶段：工具性的相对注意取向。正确的行动就是能够满足本人需要的行为。虽然发生了互惠关系，但主要表现为实用主义方式。

第二水平：习俗水平。大约自小学高年级开始，此水平又分两个阶段。

第3阶段：好孩子的取向。好的行为是使人喜欢或被人赞扬的行为。十分重视顺从和做"好"孩子。

第4阶段：法律和秩序取向。注意中心是权威或规则。所谓正确即指完成个人职责、尊重权威和维护社会的秩序。

第三水平：后习俗水平。大约自青年末期接近人格成熟时开始。此水平又分两个阶段。

第5阶段：社会契约的取向。这个阶段有一种功利主义的、墨守法规的情调。正确的行为是按社会所同意的标准来规定的。重要的是意识到个人主义的相对性以及需要与舆论一致。

第6阶段：普遍的道德原则的取向。道德被解释为一种良心的决断。道德原则是自己选定的，根据抽象概念而不根据具体规则。

2. 评析

科尔伯格重视把研究成果应用到教育上去，从而形成了自己的道德教育观点。

（1）道德教育的首要任务是提高儿童的道德判断能力，培养他们明辨是非的能力。科尔伯格认为，"儿童道德的成熟与否，其标准是其作道德判断的能力，以及形成自己的道德原则的能力，而非他顺应在他们周围的成人的道德判断的能力。"在他看来，儿童道德的成熟首先是道德判断，然后是与道德判断一致的道德行为上的成熟。"虽然，我们还不能确定地说，道德判断的促进，会在道德行动上产生效果，但是，研究结果显示，儿童在判断层次和实际行动之间，有相当高的关联，这为我们带来相当乐观的信息。"鉴于道德判断和道德行为相当高的关联性，道德教育的终极目的是通过道德判断促进道德思维的提高和行为的完善才成为可能。

（2）儿童的道德发展是有阶段性的，掌握受教育者的发展阶段是实施道德教育的基础和前提。科尔伯格认为："道德认知的发展具有阶段性的特征，它是根据道德认知发展的阶序进行的，一个阶段的道德认知成熟之后才能顺利地达到下一阶段的道德水平。可以通过道德两难问题中学生对于问题的判断角度和其分析问题的价值取向，测量学生的道德认知水平，因材施教，推动其道德水平向前发展。"因此，在对儿童进行道德教育时，应随时了解儿童所达到的发展阶段，根据儿童道德发展阶段的特点，循循善诱地促进他们的发展。

（3）学校、家庭和社会要创造良好的条件，广泛开展各种道德教育活动，提供略超出儿童发展水平的社会道德问题让他们讨论，以激发他们去实现更高阶段的道德水平，使他们的思维模式向更高水平发展。科尔伯格的道德发展理论对学校道德教育具有一定的启发作用，但也存在着某些局限性。

第一，人们在肯定他的道德发展阶段论为学校道德教育提供理论根据的同时，却容易陷入"年龄歧视论"的窠臼。北京师范大学檀传宝教授分析指出："年龄歧视论"对道德发展解释的缺陷不仅在于它的不公正，而且在于它的简单化和宿命论倾向。这一缺陷可能导致的不良后果至少有两个。一是优越感或居高临下的关系会恶化年长者和年轻人之间的关系，对教育来说就是恶化师生之间、亲子之间的关系，从而影响德育的效果。二是由于假定某一年龄段的儿童不能胜任某种道德义务，我们往往会非常主观地抑制或放弃了某些重要的道德教育的机会。

第二，人们在运用"道德两难法"提高儿童的道德判断能力，改变传统道德教育中刻板灌输、强迫执行、盲目顺从、机械重复等教学方法的同时，却容易忽视道德情感、道德意志和道德行为在道德品质形成和发展中的作用，而片面强调道德判断。事实上，个体的道德发展虽然可以分析为认知、情感、行为三个方面，但在现实的道德生活中并没有完全离开道德认知的情感或行为，也没有离开情感的认知或道德行为。儿童的道德品质不只是要具备道德认识，还要有丰富的道德情感、坚强的道德意志和良好的道德行为，并使之成为习惯。他过分强调儿童的道德判断能力的作用，而忽视了道德行为的训练以及习惯在儿童道德发展中的重要作用。

（二）启示

从道德判断这一角度认识儿童道德品质的形成，对于指导儿童道德成长具有积极意义，尤其对促进留守儿童道德成长及其问题的解决具有指导价值。

1. 科尔伯格道德发展理论强调儿童道德成长的阶段性，不仅为预防留守儿童道德问题的出现提供了理论依据，同时也有助于指导留守儿童父母根据儿童的成长阶段注意变化与孩子的沟通方式和内容并尽量避开孩子道德成长的关键期外出。科尔伯格提出的"三水平六阶段"是交叉混合使用的，个体在一定的发展阶段往往不是处于单一的阶段。尽管儿童的生理年龄并不必然与其道德判断水平成正比，每个人的道德发展速度也不是同步的，但是儿童道德成长仍然具有一定的年龄趋向，具有明显的阶段性。这种阶段性主要表现在个体道德认知由低级向高级阶段发展的一般趋势，并受儿童自身的逻辑认知发展和社会认知发展的条件制约。而儿童自身的逻辑认知发展水平却是具有一定的年龄特征的。

当儿童的道德发展处在前习俗水平时，儿童缺乏对自己行为结果的判断能力，第1阶段，将不受到惩罚的和顺从权威的行动看做是对的。第2阶段，则将能够满足本人需要的行为视为正确的行为。完全缺少对是非、善恶行为准则及其执行意义的认识能力。由此可见，在前习俗水平的两个阶段的儿童，需要成人尤其是亲人以及外在良好环境的支持，通过合理的奖惩以及权威的树立来指导儿童养成良好的道德习惯和品质。刺激源对于儿童来说，主要是自己亲密的人，如父母兄弟姐妹等。上学之后还有来自同伴、教师的影响。对于留守儿童的道德成长来说，学前教育阶段，父母的离开对儿童的成长会产生重大的影响，可能会妨碍儿童形成正确的是非观、善恶观。由于疏于指导和监督，儿童的行为往往会趋向于对自己需要的满足，久而久之可能养成自私自利、是非不分、善恶不明等劣习。因此，从儿童道德成长的需要来讲应该强化父母的责任，倡导父母尽量避开儿童成长的关键期外出，在学前教育阶段，父母应指导儿童形成良好道德习惯和一定道德判断能力，为儿童道德成长打下一个坚实的基础。而在习俗水平阶段，儿童有了成为"好孩子"的需要，被人赞扬和喜欢的行为成为他们心目中的好的行为，并对权威和规则产生了浓厚的兴趣。这一阶段的儿童可以通过多种渠道满足其"好孩子"的需要，获得别人的赞扬。但是父母仍然是主要的刺激源。因此，要求留守儿童的父母一定要注意保持在孩子心目中的权威形象，加强与孩子的联系与沟通，给予儿童成长的全方位关心，使儿童在父母身上满足做好孩子的需要，获得必要的赞扬和关心，从而在感情、心理发展上得到满足。

2. 科尔伯格道德发展理论重视通过创造良好条件，激发儿童实现更高阶段的道德发展水平，这一理论对于我们具体改善留守儿童道德成长的软硬环境具有重要的启示作用。

朱小曼教授指出："人有道德学习的潜能，但是这种潜能很脆弱，需要在不同的生命成长时期为其提供一种支持性的环境和引导。以德性品格为核心和基础的道德学习与德育，是一个复杂的人脑与社会环境、文化生态之间的多因素、多方式交互作用的复杂的过程。"对留守儿童而言，由于亲情缺失、成长环境恶劣，在他们成长的整个阶段缺少外界良好环境的支持，致使留守儿童的道德学习潜能更加脆弱。因此，为了增强留守儿童道德学习的潜力，良好环境的创造必不可少。科尔伯格的理论启示我们，留守儿童道德成长的良好条件的创造主要包括以下三个方面。

第一，重视监护人的选定与培训。儿童在前习俗水平，依赖于避免惩罚和服从权威来判断自己的行为。因此，奖惩刺激的给予以及权威的树立，对这一阶段儿童的道德成长很是关键。已有研究指出：儿童学前甚至是尚未形成一定自主判断的小学低年级阶段，其道德发展处在前习俗水平。在这一阶段，与儿童接触最亲密的人势必成为奖罚的给予者和儿童主要服从的权威对象。因此，他们的道德水平、教育意识以及行为习惯，对于儿童道德成长发展至为关键。

第二，学校教育要扬长避短，发挥自身优势，加强对留守儿童道德认知水平和判断能力的培养，使其对纷繁复杂的社会现象具有一定的判断能力，对不良的外界诱惑具有较强的抵抗能力。

朱小曼教授指出："人类婴幼儿研究、脑科学研究不断地发现，人当有人际情感信息的沟通，有恰当的情感应答关系时，才能够产生诸如联系感、依赖感、安全感、对情绪反应的敏感性、同情心等，这些对德性品质形成是非常重要的情感条件。因为人与人之间的连接是由情绪信息沟通的，所以有什么样的情绪应答关系，就会决定人能否产生有助于德性形成的一些情感。"只有自己感受到了关爱，生活于温暖中，才会形成好的道德品质。而留守儿童问题的症结则在于父母职责缺位而导致在成长过程中儿童出现情感孤独、行为缺乏指导等现象。情感与道德的密切关系正是人们关心和担忧留守儿童道德状况的主要理论依据。为了弥补儿童的情感孤独与行为的无助，学校对于留守儿童的教育基本都是以给予他们情感上关爱、生活的照顾以及行为的指导为主的。就这一方面而言，寄宿制学校成为解决留守儿童问题的有效模式之一。但是，学校通过扩展教育功能来解决问题的同时，自身的已有功能的发挥却遇到了资金、师资等各方面的困难。目前，寄宿制学校的发展，尤其是贫困地区寄宿制学校的发展不容乐观。事实上，学校教育在解决留守儿童问题上的职责是有限的，能力也是有限的。学校教育只能尽量弥补父母缺位带给儿童发展的不良影响，但不可能实现对父母职责的完全替代。

另一方面，道德固然与情感密不可分，情感的缺失对人的道德品质的养成会产生负面的影响。根据伦理学和心理学，人的道德成长是一个多端的发展过程。在良好的外界环境的支持下，儿童的道德成长可以道德认知、道德情感、道德意志或道德行为任何一个为起点开始。因此，情感的缺失固然会阻碍人的道德成长，但并不必然造成人的道德发展的缺陷。在这方面，科尔伯格道德发展理论注重儿童道德认知和判断能力的研究给予了学校教育重大启示。因为发展儿童道德认知水平正是学校教育的长处，学校没必要通过弥补自己的短处来艰难地应对社会发展提出的新问题，更应该通过发挥自身的长处以积极应对。因此，我们强调学校教育要重视通过"道德两难情境"的设置、社会道德问题的讨论等培养留守儿童道德认知水平和判断能力。

第三，净化学校周边的环境，减少大众传媒的负面影响。在儿童尚未形成一定道德认知水平和道德意志力时，净化学校周边环境，减少大众传媒的负面影响是非常必要的。净化学校周边环境，减少大众传媒的负面影响，不仅对解决留守儿童道德成长问题有重要作用，同时对于所有儿童的成长都具有重要的意义。从这个意义上讲，留守儿童的许多问题并不是父母外出这一单因素原因造成的，而是在其他不良的外在因素的作用下才最终导致的。

简而言之，科尔伯格道德发展理论强调道德判断能力在儿童道德成长中的重要作用，为解决留守儿童问题开辟了有别于以往注重补充情感缺失的另一条途径。与此同时，其"三水平六阶段"的道德发展理论，也有助于学校和家庭关注留守儿童道德成长的不同阶段及其特征，进行有针对性的指导和教育。

四、对策与建议

（一）家庭教育责任

就家庭教育而言，学者们多建议强化父母及监护人的家庭教育责任。孟爱玉认为：父母要树立正确的教育责任观，明确教育子女是自己的应尽之责。父母应主动与子女的任课老师、班主任联系，加强沟通，共同商讨教育孩子的策略和方法。父母应加强与代理人的联系及亲子间的沟通。一方面，加强与代理人的联系，及时掌握孩子的学业、品行及身体健康状况，寻求多种途径和与方式对孩子的学习和生活进行指导。另一方面，加强与孩子的沟通与交流。高亚兵研究发现：母亲在家看护的单亲留守儿童的心理发展与非留守儿童的差距最小，因此建议最好母亲可以在家看护孩子，尽管可能面临"父爱缺失综合症"，但只要加强与父亲的沟通，留守儿童的心理还是可以健康成长的。针对隔代和上代监护的留守儿童，高亚兵认为监护人要在以下三方面改善家庭教育状况：一是对儿童的学习和品德等方面更多地给予关心、关注；二是加强与留守儿童的沟通交流，主动关心和接纳留守儿童的情绪情感；三是改善不当的家庭教养方式，既不能溺爱，也不能不管不问，对留守儿童既要提出合理的要求，同时又能表现出对儿童成长的关注和爱，会耐心倾听儿童的观点，创设理性、严格、民主、耐心和爱的家庭教育氛围。陈香指出：父母应有完整的责任意识，要定期与子女沟通交流，更多关爱子女，通过多种方式和途径来表达对子女的爱，同时取得社会和学校的支持。周宗奎建议：父母应强化自身监护和教育子女的意识，如不能亲自监护，要妥善安置孩子，在将孩子交由父母或亲戚看管时，除交代日常吃穿外，更应强调对于孩子的教育和监护问题，让父母、亲戚承担起这份职责。同时，如条件允许，可带上孩子打工或避免双亲外出打工。

（二）学校教育的作用

就学校教育而言，申健强希望通过学校教育的主渠道作用，建议实施以下策略：第一，建立"留守儿童"档案和联系卡制度；第二，配备心理健康教师，设立"倾诉箱"，开通心理咨询热线电话；第三，热情关怀，使"留守儿童"融入集体生活之中；第四，交流协作，加强对监护人的指导，做到"五必访"（即："留守儿童"情绪不好必访；身体不佳必访；成绩下降必访；迟到早退旷课逃学必访；与同学争吵必访）。周宗奎建议：学校教育工作中要采取综合措施来帮助留守儿童克服面临的各种困难。应重视留守儿童的心理咨询与辅导，建立留守儿童心理与教育发展档案，及时发现和诊治学生出现的教育及心理健康问题。学校应以丰富多彩的有益身心的活动来引导学生的兴趣和爱好，以良好的教育来留住学生的人和心，从而避免留守儿童受到社会消极因素的影响。同时，加强寄宿制的管理，利用学校的现有条件，为学生建立"夏令营"之类学习活动。姚计海、毛亚庆认为：关注留守儿童的学业心理是建设和谐校园和促进学生良好发展的重要内容。学校管理者有必要对留守儿童给予更多的关注，对留守儿童的学业自我概念、师生关系、学校态度等方面的发展予以积极的鼓励和引导，使其学业心理获得良好发展。

（三）社会教育体系

就社会教育而言，学者们认为要通过教育部门的政策引导，加强社会各界对留守儿童心理健康成长的关注。孟爱玉建议：建立农村社会化的未成年人教育监护体系。建立社会化教育和监护体系，这些社区机构可由离退休教师、青年志愿者等人员构成。这是家庭、学校之外的另一种与孩子们互动的关系，同时也起到了一种沟通家庭、学校与孩子们之间关系的桥梁作用。周青云建议：留守儿童心理健康成长需要社会多方的支持，共同形成合力，促进留守儿童的身心健康。因此，要协调多方力量，建立由基层教育部门牵头，联合共青团、妇联、关工委等相关群众性组织，共同搭建爱心教育平台，构建农村中小学生的社会化教育和监护体系。农村基层组织在管理机制上督促家长关注留守儿童的道德建设，与家长签订儿童道德建设责任状，实行预警机制和失范追究机制。周宗奎建议：加强农村乡镇文化建设，为农村未成年人的健康发展创造一个良好的社会环境，为农村留守儿童的道德发展提供良好的氛围。通过法规和宣传教育等手段，对农村地区出现的不良社会现象（如赌博）进行治理；对游戏室、网吧的营业活动进行规范，防止其给未成年人的身心健康发展造成不良的影响；组织针对留守儿童或未成年人的各种活动等。同时，社区可以通过举办留守儿童代养人学习培训班，提高代养人的素质，使其真正担负起监护人的职责，更好地完成对留守儿童的监护工作。组织各种形式的"志愿者下乡"活动，配合农村留守儿童的教育。可以结合大学生的社会实践开展对留守儿童的健康教育，这样既能使留守儿童接受到丰富多彩的健康教育，培养他们的学习兴趣，避免其在脱离父母和学校视线的情况下表现出各种问题行为，还能使大学生的社会实践具有实际的意义。

（四）促进家庭、学校、社会教育的协调发展

在学者们针对留守儿童心理健康发展面临家庭、学校、社会等问题提出可行性建议的同时，研究者们也一致认为农村留守儿童心理健康教育必须采取社会、学校和家庭全方位协调配合的途径。姚云提出以教育部门为中心，对农村留守儿童问题做出全面、系统、客观的分析，以寻找事实基础，充分重视和发挥学校教育的优势，政府主动担负相应的责任，以实现社会关怀的构想。殷世东、张杰指出了"留守"学生失范行为的矫正需要社会、国家、社区、教育部门和家庭的共同努力和相互配合，共同为留守儿童的健康成长建构一个有效的支持系统。叶曼等在全面分析了影响留守儿童心理健康因素的基础上，提出了心理健康教育需要多元互动模式，即加强社区、学校、父母、监护人与留守儿童的互动，促进留守儿童心理健康发展。

综此而言，研究者们通过采取实证研究的方法，试图使学术研究与现实问题紧密结合起来，以为政府制定相应的政策服务。我们相信，通过全社会的共同努力，留守儿童的心理健康问题必将能够很好地解决。

第四篇

研究结论与对策建议

第十六章

简要研究结论与主要对策建议

一、简要研究结论

（一）农民工随迁子女

1. 农民工随迁子女规模巨大，年龄分布均匀，独生子女较多

根据 2005 年全国 1% 人口抽样调查样本数据推算，全国 14 周岁及以下流动儿童规模达到 1 833 万人，在 0～14 岁的全部流动儿童中农民工子女数量达到 1 314 万人。

农民工随迁子女年龄分布均匀，男孩多于女孩。农民工随迁子女性别比为 113.02%，各年龄组的农民工随迁子女基本呈均匀分布，0 岁组儿童比例略低，6～14 周岁学龄儿童占全部农民工随迁子女的 62.11%。

43.17% 的农民工随迁子女是独生子女，43.48% 的农民工随迁子女有一个兄弟姐妹，两者相加为 86.6%。10.32% 的农民工随迁子女有两个兄弟姐妹，3.03% 的农民工随迁子女有三个及以上的兄弟姐妹。

2. 农民工随迁子女地区分布高度集中，多来自于人口多、经济欠发达的地区

广东、浙江、江苏、福建四省的农民工随迁子女占全国总量的 36.8%，数量高达 484 万人。

五省（市）接收了全国 57.52% 的跨省农民工随迁子女。跨省农民工随迁子女中，17.73% 流入广东省，13.59% 流入浙江省。另外，江苏、上海、北京等省

（市）的跨省农民工随迁子女也比较多，以上五省（市）接收了全国跨省农民工随迁子女总数的57.52%。

跨省农民工随迁子女占全部农民工随迁子女的38.09%，省内跨县农民工随迁子女占32.11%，县内农民工随迁子女占29.80%，远距离流动的农民工随迁子女多于近距离流动者。安徽、四川、河南、湖南、重庆、江西和贵州等七省（市）输送了全国64.2%的跨省农民工随迁子女。

3. 农民工随迁子女多属长期流动，迁移原因主要是"随迁家属"或"投亲靠友"

农民工随迁子女离开户口所在地在外流动的平均时间为3.52年。各年龄组农民工随迁子女的平均流动时间是随着年龄增长而增加。

在0~14岁农民工随迁子女中，59.44%是"随迁家属"，21.97%的迁移原因是"投亲靠友"。另有2.29%和7.57%的农民工随迁子女分别因"拆迁搬家"和"学习培训"而到流入地。

4. 不同类型农民工随迁子女的受教育状况不同，各地区农民工随迁子女就学状况差异较大

农民工随迁子女未按要求入学接受义务教育的比例为4.59%。全国适龄农民工随迁子女中未按要求接受义务教育的比例为4.59%，这一比例比流动儿童中的非农民工随迁子女对应比例高1.5个百分点。

各地区不同学段的农民工随迁子女净入学率有较大差异。各省农民工随迁子女的小学入学情况都比较好，但初中毛入学率差异很大，其中最高的是山东（127.60%），最低的是西藏自治区（42.39%）。

不同类型农民工随迁子女的受教育状况不同。跨省农民工随迁子女接受义务教育的情况比较差，其未按规定接受义务教育者所占比例为5.81%，明显高于县内跨乡镇农民工随迁子女和省内跨县农民工随迁子女的对应比例（分别为3.29%和4.66%）。

不同年龄的农民工随迁子女面临的义务教育问题不同。从整个6~14岁来看，6周岁儿童未按规定接受义务教育的比例最高，为19.31%，7周岁的这一比例下降到3.28%，在8~12周岁年龄段大致在1.5%~2.5%，13岁组上升到3.58%，14岁组达到7.38%。

各地区农民工随迁子女就学状况差异较大。中西部部分省份农民工随迁子女的未按规定接受义务教育者的比例也比较高，需要给予更多的关注。

5. 当前的"两为主"政策仍然存在一些问题，打工子弟学校在教学质量、师资队伍、学校管理、审批建设、硬件配置方面等方面存在明显不足

农民工子女入学阻碍重重，编班原则尚未明晰，公办教育资源短缺问题日益突出，经费投入责任主体不明，地方教育财政压力巨大；对公办学校的财政支持力度不够，对打工子弟学校的监管问题仍缺乏有效的手段，流出地政府责任不明，教育行政部门面临重大的考验，义务后教育衔接问题凸显体制性障碍。

农民工随迁子女学籍管理混乱，由于农民工随迁子女流动频繁、随意，很难建立一套持续、常规的学籍档案，致使不能清楚掌握农民工随迁子女流动去向，学籍管理混乱。

城市公办学校入学门槛的制定限制了农民工随迁子女的入学，教育布局不够合理，教育规划缺乏前瞻性。

有转学意愿的农民工随迁子女比例在未获准打工子弟学校最高，在公办学校最低。

农民工随迁子女的家庭学习环境不如当地学生，农民工家长对子女学习的关注度和家庭教育均不如当地学生家长。

6. 农民工随迁子女的学习成绩受个体与家庭层次的影响

在公立学校内，农民工随迁子女与本地儿童之间享受着相同的教育产出，而两者之间的差异最主要的是来自于个体或家庭层次，而并不是来自于学校层次的影响。

学校层次的影响因素对于公立学校和农民工随迁子女学校的作用不尽相同，且作用途径也不同。

公立农民工随迁子女与本地常住儿童之间有着几乎相同的心理水平和发展过程，但农民工随迁子女却有着其独特的令人担忧的发展过程。

7. 家庭经济状况及教育需求对农民工随迁子女的迁出影响较大

家庭是否携带子女，以及携带哪类子女的影响因素中，最为关键的变量是：对老家教育资源与质量的评价以及老家是否有人照顾子女。

携带子女的家长将携带子女原因主要归结为家庭团聚的需要、接受更好的教育和老家没有照顾；对城市更好生活和学习条件的追求是携带子女迁移的重要原因，在城乡二元格局下这种动力和原因将长期存在。

父母职业不同携带子女的倾向不同，父亲是个体户、普通职员、专业人员携带子女的比例较高，产业工人携带子女的情况较少。母亲的无业在家或者从事个体户将有利于子女的随迁，母亲的其他就业不利于子女的随迁。父母职业不同影响与父母亲在家庭内部的角色分工不同有很大关系。

老家的社会经济状况较好的家庭携带子女可能性更大，而社会经济情况一般或较差的地区迁出的家庭携带子女倾向并不特别高。相对于没有携带子女的家庭，携带子女的家庭中来自乡镇的比例比较大，来自农村和城市的比例比较小；也就是说，来自乡镇的家庭携带子女的倾向更大。

(二) 农村留守儿童

1. 农村留守儿童规模巨大，性别比偏高

2005年全国农村留守儿童数量为5 598万人，各年龄组所占比例随年龄增长缓慢上升，大龄农村留守儿童规模达到1 012.2万人，成为一个急需关注的群体。

农村留守儿童男女各占53.71%和46.29%，性别比为116%。农村留守女童规模高达2 713万人，应该受到重视和关注。

6~14周岁的学龄儿童占全部农村留守儿童的67.30%。

农村留守儿童问题是留守儿童问题的主要方面，农村留守儿童占全部留守儿童的92.5%。

2. 农村留守儿童集中在我国的中南部，半数以上的农村留守儿童不能和父母生活在一起

农村留守儿童的主要分布地有经济比较落后的农业地区，四川、安徽、广东、河南、江西、湖南和湖北7省的农村留守儿童比例高达57.7%。农村留守女童分布高度集中，特别是四川、安徽、河南、广东、湖南和江西等地的农村地区。

双亲农村留守儿童占54.37%，有11.05%的农村留守儿童是单独留守的，53%的农村留守女童不能跟父母任何一方居住在一起。

3. 农村留守儿童的小学就学率比较好，初中的就学保持率稍差，并不是一个"问题群体"或"问题儿童"

大龄农村留守女孩的受教育状况差于大龄农村留守男孩，逾四成大龄农村留守儿童不能同时和父母一起生活。

相对非留守儿童，农村留守儿童是一个"弱势群体"。绝大多数农村留守儿童与非留守儿童在"家"的观念、学习志向等方面的态度是正面的、积极的和健康的，不宜为农村留守儿童贴标签。

4. 农村留守儿童的留守与否在很大程度上取决于家庭在迁出地和迁入地的相对状况

在市场制度以及国家对劳动力的再生产介入有限的条件下，是否能够携带子女进城很大程度取决于上家庭在迁出地和迁入地的相对状况，从根本上取决于家庭的能力——家庭在一定的劳动力市场中获得好的就业机会争取高收入的能力以及在一定的社区环境下建立社会关系、找到价廉物美的消费资料（包括住房、伙食以及教育和医疗等消费子女）的能力。

未携带子女的受访者他们认为自己未将小孩带在身边的主要原因为：工作太忙无法照顾、老家更适宜小孩成长、我家在城市生活水平还较低等家庭社会经济原因和政策限制无法在本地继续升学等制度原因。

携带子女和未携带子女的家长在受教育水平上并没有太大的差异，父母的受教育水平对携带子女与否没有太大影响，甚至教育水平低的人携带子女的倾向更强。

从教育资源、教育制度以及子女教育预期上看，无论是否携带子女迁移，家长普遍认为城市公立学校好于农村公立学校，城市流动儿童学校比农村学校要差。

城镇人口对于迁出地教育资源与质量的评价相对肯定要高于农村地区，从而使城镇地区的迁出人口相对不会携带子女。

5. 农村留守儿童的照料存在着诸多突出的问题

义务教育阶段农村留守儿童主要交给祖辈托管。大多数祖辈对孙儿的管教尽心尽责，但祖辈年事已高，在管理和教育孩子方面可能力不从心。孩子学习和安全是监护人关注的两件头等大事。至于"生活"、"品行"和"心理"等问题，在监护人心目中被放在相对次要的位置。

留守儿童群体内部存在分化现象，来自不同家庭的留守儿童营养供给存在差异。

农村留守儿童问题是农村教育固有矛盾的反映。农村人口流动只是激化、加剧了这种矛盾。留守儿童问题往往与单亲家庭、特困家庭或特殊儿童家庭产生交互作用。农村留守儿童需要社会关爱和干预，但这种干预不能脱离儿童成长的自然环境。

二、主要对策建议

（一）农民工随迁子女

针对农民工随迁子女的现状，特别是他们在接受义务教育过程中面临的问题，本报告提出对策建议如下：

1. 全社会要提高认识和重视程度，强化政府领导

要关心支持农民工随迁子女生存和发展，要发动各种社会力量，为农民工随迁子女提供各种帮助。

要在认真贯彻和执行中央政府所制定的法律法规的同时，结合本地区的特点制定出切合实际需求的方针政策，解决农民工随迁子女的教育、卫生保健等方面的问题。

各级政府要立足长远看待流动人口以及农民工随迁子女问题，在政策的制定和流动人口的管理上要高瞻远瞩,在流动人口集中的地方增设办事机构,发挥乡镇、街道、社区在流动人口管理中的作用,健全农民工随迁子女登记制度和管理规定,制定解决农民工随迁子女教育、卫生保健的具体实施办法。

各级政府应该分别着重解决不同类别农民工随迁子女的有关问题。中央政府更多地承担起解决跨省农民工随迁子女的教育等问题的职责;省级政府更主要地承担解决省内跨县农民工随迁子女相关问题的职责;县级政府承担解决县内农民工随迁子女相关问题的职责。各级政府在分配相关资源时,也要以实际的农民工随迁子女分布数据为依据。

2. 适当调整"两为主"政策,设立农民工随迁子女教育专项资金,探索实施教育券制度

以成本分担为原则,在强调以"流入地政府为主"的基础上,适当认定和加大中央政府、流出地政府的责任。在强调以"公立学校为主"的基础上,充分利用民办学校的力量解决农民工子女入学问题,政府可向民办学校购买学额,并给与其他扶持。强化流出地政府责任,尤其应做好农民工随迁子女的信息登记与传达工作,为流入地提供准确、及时的学生流动信息。

中央应设立农民工随迁子女教育专项资金,以流入地农民工随迁子女的规模为依据,划拨相应的教育经费、公用经费,分担流入地政府财政压力。各级政府要将公办中小学接收的农民工随迁子女计入学校在校学生数,核定学校的教职工编制。

探索实施教育券制度,保障农民工子女在流动过程中的政府经费支付到位。"教育券"的经费来源可采用中央财政拨一点、流出地政府出一点、流入地政府补一点的"三位一体"的方法来解决,以矫正户籍制对学生自由流动的不利影响,实现学校凭学生缴纳的教育券在当地政府兑换,教育经费的分配与流动学生规模相匹配。

3. 制定科学、合理的入学门槛,扩大公办学校接收规模,建立全国性的电子学籍管理系统,拓宽农民工随迁子女"初中后"教育出路

简化入学手续,提高效率。降低入学门槛应从两个方面入手,一是降低农民工随迁子女的入学条件,减少需要提交的证明材料的种类,尤其是不易办理的证明材料;二是简化农民工随迁子女的入学手续,提高办理各种证明的效率。

继续挖掘现有公办学校潜力,扩大公办学校接收规模,保障农民工子女接受教育的质量。将农民工随迁子女学校建设列入城乡建设规划,根据实际需要预留教育发展用地,新建扩建中小学校。同时,公办学校布局调整中闲置的校舍要优先用于举办农民工随迁子女学校。此外,还应进一步简化农民工随迁子女的就学程序，合情、合理、合法地规定农民工随迁子女的入学条件，尽可能地降低农民工随迁子女的入学门槛。

推广打工子弟学校"国有民办"的办学模式，提倡政府与社会共同解决农民工子女教育问题。"国有民办"由政府投资，校长由教育局指派或从公办学校中选举，工资由财政统发；教师一部分为事业编制，一部分为社会招聘。学校全部招收农民工随迁子女，收取的费用主要用于支付社会招聘教师的工资及福利待遇。此外，政府按照学校实际在校生人数拨付生均公用经费。

对农民工子女进行全口径的统一动态学籍管理，建立电子学籍制度，规范电子学籍管理系统，建立全国统一标准的电子学籍管理系统，实现全国电子学籍管理系统联网，尽快为农民工随迁子女入学、转学、升学提供"一条龙"服务，全程跟踪每个学生的发展水平、学习情况、辍学情况，保证农民工随迁子女受教育的权利。

创新义务教育后招生制度，拓宽农民工随迁子女"初中后"的教育出路。鼓励流入地城市向农民工随迁子女开放中等职业教育，并使进入中等职业学校的贫困农民工随迁子女平等享受职教助学金，增加农民工随迁子女"初中后"的选择机会。充分发挥流入地城市所属成人教育组织的作用，招收农民工随迁子女就学，保证这部分农民工随迁子女利用成人教育组织进行中等教育。

4. 探讨对现存的打工子弟学校的有效监管措施，扶持民办打工子弟学校的健康发展，规范其办学行为，完善农民工子女教育政策体系

鼓励各地积极探讨对现存的打工子弟学校的有效监管措施，以确保对打工子弟学校的管理。鼓励各地成立专门的工作小组，专人负责摸清打工子弟学校的数量、规模以及办学水平，寻求各方支持，积极探索打工子弟学校的监管措施。同时，建立有效的奖罚制度，以防止各地对打工子弟学校的消极管理。

鼓励和支持社会投资和公益捐赠举办民办农民工子女学校，政府及教育主管部门应在闲置校舍的使用、建校用地政策等方面上给予优惠，在师资招聘、校长选派、教育教学的提高等方面给予扶持，国家有关部门要出台有关民办农民工子女简易学校设置标准的指导性意见，在分类指导、区域协调的前提下，规定房屋安全要达到建筑部门的审核标准、卫生达到卫生部门的标准、师资达到办学层次的标准，在这三个前提下，适当放宽这类学校的占地面积、设备等条件。对《民办教育促进法》进行适当修订，增补民办农民工子女学校设置标准的有关条款。

以法律手段来保障政策的贯彻执行力度，尽快修订《义务教育法实施细则》，使相关的规定更为具体化并具有可操作性，尽快制定《进城务工就业农民子女就学办法》，以更好地保护农民工子女的教育权益。

5. 进一步加大农村寄宿制学校的建设力度,鼓励各地给予现存的打工子弟学校在经费、校舍、师资等方面的支持

在现有的基础上,进一步加大农村义务教育阶段寄宿制学校的建设力度,尤其是不断改善寄宿制学校的办学条件,加强对"留守儿童"的生活、学习、教育指导,尽可能防止现有的留守儿童大规模转变为农民工随迁子女。

对打工子弟学校给予经费支持,提高打工子弟学校的生均公用经费。建议中央政府尽快将"两免一补"政策推及到打工子弟学校,使教育优惠政策真正能够与农民工随迁子女共享。鼓励各地政府统筹规划,向获准打工子弟学校甚至是未获准打工子弟学校提供布局调整后闲置的校舍,以改善打工子弟学校的教育环境。加强对打工子弟学校师资的培训,以改善打工子弟学校的师资水平。政府应号召社会各界志愿向打工子弟学校输送智力资源,鼓励名师和教育专家义务为打工子弟学校教师开办讲座;同时,政府可以指定一定数量的公办学校、高等院校与打工子弟学校结对子,建立良好的人力资本互动协助关系。

6. 充分认识心理辅导的重要作用,改善农民工随迁子女家庭教育环境

重点加强未获准打工子弟学校农民工随迁子女的心理辅导。政府必须提高对打工子弟学校农民工随迁子女开设心理课程、进行心理辅导的认识,刚性规定获准打工子弟学校开设、开足心理课程,并为其配备一定数量的专业的心理辅导教师。与此同时,政府应鼓励未获准打工子弟学校教师注重对学生心理发展的观察、心理问题的解决,并定期为未获准打工子弟学校教师提供形式多样的心理专业知识讲座与辅导,以提高教师解答学生心理疑惑、心理问题的能力。

组织家长培训,提高农民工家长素质。适当强调农民工随迁子女家长的义务与责任,将参加家长培训作为公办学校接收农民工随迁子女就读的一个基本条件。在每学期开学前夕,组织农民工随迁子女家长参加免费培训,以减少学校在学籍管理、与家长沟通等方面的困难,改善公办学校的管理现状,并初步提高农民工家长进行家庭教育的意识与能力。

(二) 农村留守儿童

1. 重视农村留守儿童问题,建立政府主导、各部门协作的工作机制

农村留守儿童规模巨大,社会影响深远,需要高度重视。应从户籍制度以及其他相关体制的改革入手,制定合理的战略、规划,并有配套保障措施,消除农村留守儿童产生的条件。

建立由政府主导、各部门协作的工作机制,由政府牵头,以教育为主体,民政、共青团、妇联等参与,以条件较好学校为载体,建立区域性的"留守子女关爱教育中心",建立公安、教育、劳动、卫生、农业、民政等部门分工合作、相互协作的工作机制。

以社区(或村委会)为主建立和完善农村留守儿童信息表。在政府统一领导下,以社区(村委会)为主,收集、整理和完善留守儿童基础信息表,对留守儿童、外出务工父母和临时监护人的基本情况进行摸底汇总,建档造册,建立健全留守儿童信息管理库;开展留守儿童问题研究,及时发现问题,寻找对策。

进一步发挥教育部门主渠道作用。以教育部门主渠道,在学校中建立留守儿童档案和联系卡制度,鼓励教师与学生结队帮扶,以学校为主建立关爱留守儿童应急机制。

2. 充分考虑农村留守儿童群体内部存在较大差异,重点关注这一群体中的独自独自留守儿童、大龄农村留守儿童

在制定有关留守儿童的相关政策和对留守儿童提供帮扶措施时,不能过分夸大农村留守儿童的弱势地位,也不能忽略少数农村留守儿童面临的困难处境。

独自留守的农村留守儿童是农村留守儿童群体中生活和受教育状况问题最突出的群体,生活、学习均没有保障,身心健康状况堪忧。相关部门应该制定切实可行的措施解决这些孩子的实际困难。

及早关注大龄农村留守儿童的出路问题。在大力推行农村地区九年制义务教育的基础上,要重点关注农村留守儿童的初中教育和高中教育,提高农村地区高中入学率,改善农村高中教育状况。

3. 建立寄宿学校经费保障机制

建议建立寄宿制学校经费保障机制。在核算学校成本的基础上,由公共财政保障寄宿制学校正常运转。在经费投入、教师编制等方面向寄宿制学校倾斜。加大对寄宿制学校经费支持力度,增加寄宿制学校生活管理教师编制。

4. 加强农村留守儿童监护人培训,开展丰富多彩的校园文化活动

以乡镇学校、村小、家长学校等阵地,充分利用城市、高校等优质教育资源,聘请优秀教师到农村家长学校授课,通过举办培训班、召开座谈会等形式,加强对留守儿童家长或其监护人的教育和培训,提高家长或监护人教育水平。

丰富农村寄宿制学校校园文化生活,让学校成为留守儿童温暖新家。江西省铜鼓县的主要做法是以创办和建设农村寄宿制学校为基点,促进农村留守儿童健康发展,将学校营造成"温暖的家"。

5. 加强儿童权益法律保障制度建设,开展对农村留守儿童科学研究,特别是长期性跟踪研究

重视家长对儿童的监护责任,建议在《未成年人保护法》和相关法律法规中突出父母亲情的重要性，相关部门要出台保护儿童享受父母亲情和关爱的明确条文，并制定强制措施，保障儿童身心健康发展。

建立由政府相关部门立项，由教育、心理、社会等学科领域专家组成的研究队伍对留守儿童问题进行长期性跟踪研究，以此获得有关留守儿童发展的真实完备信息，为人们正确认识和评价留守儿童提供参考，为留守儿童政策制定提供坚实的依据。

参考文献

1. 段成荣，周福林．我国留守儿童状况研究［J］．人口研究，2005，(1)．

2. 段成荣，孙玉晶．我国流动人口统计口径的历史变动［J］．人口研究，2006，(4)．

3. 段成荣，梁宏．我国流动儿童状况［J］．人口研究，2004，(1)．

4. 段成荣，杨舸．我国农村留守儿童状况研究［J］．人口研究，2008，(3)．

5. 岳慧兰等．"留守儿童"心理健康状况调查研究［J］．教育实践与研究（小学版），2006，(10)．

6. 许方．农村留守子女心理健康状况与校本课程开发［J］．中国农村教育，2006，(6)．

7. 胡朝阳．千万农村留守儿童现状报告［J］．决策与信息，2005，(8)．

8. 郑哲．农村留守儿童心理问题及对策探究［J］．中小学心理健康教育，2006，(6)．

9. 王益峰．台州农村地区留守儿童心理状况的调查与思考［J］．东北农业大学学报，2007，(1)．

10. ［美］珀文等著，黄希庭译．人格手册：理论与研究［M］．华东师范大学出版社，2003，429．

11. 徐梅．对农村留守儿童家庭教育的思考［J］．文教资料，2007，(15)．

12. 赵新泉．农村留守儿童教育问题研究——以湖北襄樊市襄阳区八镇十村"留守儿童"为个案［J］．山东省团校学报，2007，(1)．

13. 莫艳清．家庭缺失对农村留守儿童社会化的影响及其对策［J］．内蒙古农业大学学报（社会科学版），2006，(1)．

14. 黄晓慧．关于农村留守儿童家庭教育缺失的思考［J］．当代教育论坛，2006，(5)．

15. 李化树．留守儿童亲子教育缺失的道德成长问题探讨［J］．现代教育科学，2007，(4)．

16. 迟希新. 留守儿童道德成长问题的心理社会分析 [J]. 江西教育科研, 2006, (2).

17. 温铁军. 分三个层次解决农村留守儿童问题 [J]. 河南教育（基础版）, 2006, (5).

18. 吴霓. 关注农村千万留守儿童的成长 [J]. 教育科学研究, 2006, (2).

19. 姚云. 农村留守儿童的问题及教育应对 [J]. 教育理论与实践, 2005, (4).

20. 李桃. 转变农村"留守"学困儿童的四个策略 [J]. 中小学教学研究, 2007, (2): 57.

21. 申健强. 发挥学校教育的主渠道构建"留守儿童"的监护网 [J]. 教学与管理, 2007, (4).

22. 周福林, 段成荣. 留守儿童研究综述 [J]. 人口学刊, 2006, (3).

23. 陆清华. 西部农村留守儿童教育问题有望较好解决——以重庆南川区为例谈留守儿童教育的有效模式 [J]. 今日教育, 2007, (1).

24. 毕娟娟. 陶行知家乡的爱心行动——安徽歙县探索留守儿童保护工作机制纪实 [J]. 中国农村教育, 2007, (5).

25. 张永. 解决留守儿童问题的对策分析 [J]. 辅导员, 2007, (4).

26. 赵嘉骥. 构建绿色家园 [J]. 生活教育, 2006, (11).

27. 中央教育科学研究所教育发展研究部课题组. 农村留守儿童问题调研报告 [J]. 教育研究, 2004, (10).

28. 蔡昉. 迁移决策中的家庭角色和性别特征 [J]. 人口研究, 1997, (2).

29. 陈贤寿, 孙丽华. 武汉市流动人口家庭化分析与对策思考 [J]. 中国人口科学 1996, (5).

30. 戴慧思, 边燕杰, 王绍光. 市场社会主义时代多元资本的物质回报, 译自 "Material Rewards to Multiple Capitals under Market-Socialism" D Davis, Y Bian, S Wang-Social Transformations in Chinese Societies, 2005 research. yale. edu/sociology/faculty/docs/davis/davis_multipcap. pdf.

31. 周宗奎等. 农村留守儿童心理发展与教育问题 [J]. 北京师范大学学报（社会科学版）, 2005, (1).

32. 郭志刚. 中国90年代的家庭户变迁. 第五次全国人口普查科学讨论会会议论文, 2003.

33. 国家统计局. 关于1990年人口普查主要数据的公报（第一号）, 1990 - 10 - 30.

34. 洪小良. 城市农民工的家庭迁移行为及影响因素研究——以北京市为例

[J]. 中国人口科学, 2007, (6).

35. 郇建立. 村民外出打工对留守家人的影响：一份来自鲁西南 H 村的田野报告. 青年研究, 2007 年.

36. 吕邵清. 农村儿童：留守生活的挑战——150 个访谈个案分析报告 [J]. 中国农村经济, 2006, (1).

37. 乔晓春. 从"五普"数据分析城市外来人口状况 [J]. 社会学研究, 2003, (1).

38. 万向东. 农民工非正式就业的进入动机、条件与效果——广州市非正式就业农民工调查, 2006 年中山大学农民工会议论文集.

39. 杨菊华, 段成荣. 农村地区流动儿童、留守儿童和其他儿童教育机会比较研究 [J]. 人口研究, 2008, (1).

40. 翟振武等. 跨世纪的中国人口迁移与流动 [M]. 中国人口出版社, 2006 年.

41. 中华人民共和国国家统计局. 2005 年全国 1% 人口抽样调查主要数据公报, 2006 – 03 – 16. http：//www.stats.gov.cn/tjgb/rkpcgb/qgrkpcgb/t20060316_402310923.htm.

42. 周皓. 从迁出地、家庭户的角度看迁出人口——对 1992 年 38 万人调查数据的深入分析 [J]. 中国人口科学, 2001, (3).

43. 周皓. 中国人口迁移的家庭化趋势及影响因素分析 [J]. 人口研究, 2004, (4).

44. 周皓. 中国人口迁移与家庭户研究, 北京大学社会学系博士后出站报告, 2003 年 9 月.

45. 周皓. 流动儿童心理状况及讨论 [J]. 人口与经济, 2006, (1).

46. 周皓, 巫锡炜. 流动儿童的教育绩效及其影响因素：多层线性模型分析 [J]. 人口研究, 2008, (4).

47. 周皓. 流动儿童心理状况的比较分析 [J]. 人口与经济, 2008, (6).

48. 史耀芳. 小学生学习能力性别差异之表现、成因及对策研究 [J]. 江西教育科研, 1995, (4).

49. 钟天平等. 小学生个性对学习成绩的影响 [J]. 健康心理学杂志, 2001, (1).

50. 李明教等. 小学生个性特征与成绩关系的研究 [J]. 中国心理卫生杂志, 2000, (4).

51. 类淑河等. 小学生学习成绩的年龄与性别差异分析 [J]. 教育理论与实践, 2004, (11).

52. 翁小萍等. 儿童学习成绩与智力、气质、家庭环境因素的相关研究 [J]. 中国儿童保健杂志, 2000, (5).

53. 何宏灵等. 家庭环境和个性对小学生学习成绩的影响研究 [J]. 中国儿童保健杂志, 2006, (2).

54. 朱金富等. 父母教育方式对小学生学习成绩的影响 [J]. 健康心理学杂志, 1998, (4).

55. 李燕芬等. 父母教育方式与个性对小学生学习成绩影响研究 [J]. 中国学校卫生, 2005, (3).

56. 冯丽雅. 大、小班课堂教学中教育机会均等的比较研究 [J]. 江苏教育学院学报（社科版）, 2004, (3).

57. 陈黎明, 郑天虹, 王炳坤. 农民工子女心理健康不容忽视. http://www.snxhw.com.cn/content/2006-11/1/2006111162548.htm, 2006-10-18. 转引自青年文摘, 2006, (6).

58. 顾唯页. 城市流动儿童心理问题分析和对策 [J]. 教育研究, 2006, (1).

59. 胡进. 流动人口子女心理健康存在的问题及教育干预 [J]. 教育科学研究, 2002, (11).

60. 段丽华, 周敏. 流动人口子女义务教育问题研究 [J]. 现代中小学教育, 1999, (2).

61. 贾红涛. 武汉市中小学民工子女心理状况调查报告 [EB/OL]. 中国乡村研究网, 2006-08-25.

62. 林芝, 翁艳燕. 民工子弟学校初中生心理健康状况调查 [J]. 中国心理卫生杂志, 2004, (2).116.

63. 肖娟. 武汉市洪山区民工子女自卑心理调查报告 [EB/OL]. 中国乡村研究网, 2006-08-25.

64. 杨林锋, 王勇剑, 冯现防, 唐筱. 苏州市270名民工子弟的心理健康研究 [J]. 中国社会医学, 2007, (2).

65. 朱明芳. 农民工职业流动带动家庭人口迁移的实证分析——以杭州为例 [J]. 中共杭州市委党校校报, 2007, (3).

66. 上海: 专款改善农民工子女学校的基本设施条件 [N]. 解放日报, 2007-3-15.

67. 北京市教育委员会, 等. 关于印发北京市中小学校办学条件标准的通知 [Z]. 2005-12-29.

68. 刘小雪. 中国与印度的城市化比较 [EB/OL]. http://www.usc.cuhk.

edu. hk/wk_wzdetails. asp？id＝2383.

69. 许建美. 影响印度基础教育决策的因素［J］. 比较教育研究, 2005, (10).

70. 吴念香. 国外教育投资概况［J］. 高教探索, 1988, (3).

71. 苏迪普·玛朱姆达. 印度：教育配额与政治等级. 美国新闻周刊 2006 - 1 - 23. 商卫星译.

72. 刘艳华. 印度20 世纪50 年代以来的义务教育普及与保障情况［J］. 经济研究参考, 2005, (46).

73. 陈前恒. 印度克拉拉邦基础教育制度考察［J］. 当代亚太, 2005, (8).

74. 赵中建. 印度基础教育［M］. 广东教育出版社, 2007.

75. 赵中建. 印度的初等教育普及化目标［J］. 外国教育研究, 1995, (1).

76. 赵中建. 中印教育发展的若干比较［J］. 教育评论, 1996, (2).

77. 零点研究咨询集团. 印度大学生失业率高达17％. 2006 - 8 - 15.

78. 谷峪, 邢媛. 印度农村基础教育述评［J］. 外国教育研究, 2004, (3).

79. 王晓丹. 童工、童婚与义务教育——印度青少年问题［J］. 南亚研究, 1994, (3).

80. 尹玉玲. 免费义务教育, 各国在行动［N］. 中国教育报. 2005 - 12 - 16 (006).

81. 张乐天. 发展中国家农村教育补偿政策实施状况及其比较——中国、印度、马来西亚、尼泊尔四国案例［J］. 比较教育研究, 2006, (11).

82. 惠巍. 印度的非正规教育［J］. 外国教育研究, 1997, (1).

83. 白景山. 印度：三类学校三种收费［N］. 环球纵览. 2003 - 09 - 01 (006).

84. 李茂. 走进印度穷人的私立学校［N］. 中国教师报. 2004 - 04 - 14.

85. ［美］R. 阿诺维. 中国和印度教育制度的比较［J］. 刘霓译美国《比较教育评论》1984 年第28 卷第3 期.

86. T. 哈克. 印度农民工的权益保护［J］. 陈传显译. 城市管理, 2004, (1).

87. 看印度如何让穷人也上得起大学［N］. 就业时报. 2006 - 05 - 04.

88. 印度农民工拥挤在大城市［N］. 环球时报. 2003 - 09 - 08 (8).

89. 林宏. 福建省"留守孩"教育现状的调查［J］. 福建师范大学学报（哲学社会科学版）, 2003, (3).

90.《人口研究》编辑部. 聚焦"386199"现象, 关注农村留守家庭［J］. 人口研究, 2004, (4).

91. 卢利亚. 农村留守儿童的心理健康问题研究 [J]. 求索, 2007, (7).

92. 李庆丰. 农村劳动力外出务工对留守子女发展的影响——来自湖南、河南、江西三地的调查报告 [J]. 上海教育, 2002, (9).

93. 范方, 桑标. 亲子教育缺失与"留守儿童"人格、学绩及行为问题 [J]. 心理科学, 2005, (4).

94. 申继亮, 武岳. 留守儿童的心理发展：对环境作用的再思考 [J]. 河南大学学报, 2008, (1) pp. 9 – 13.

95. 胡心怡等. 生活压力事件、应对方式对留守儿童心理健康的影响 [J]. 中国临床心理学. 2007, (5).

96. 高亚兵. 不同监护类型留守儿童与普通儿童心理发展状况的比较研究 [J]. 中国特殊教育, 2008, (7).

97. 黄艳萍. 不同留守类型儿童心理健康状况差异比较 [C]. 国际中华应用心理学研究会第五届学术年会论文集, 2007.

98. 李永鑫等. 农村留守儿童心理弹性研究 [J]. 河南大学学报, 2008, (1).

99. 王东宇, 王丽芬. 影响中学留守孩心理健康的家庭因素研究 [J]. 心理科学, 2005, (2).

100. 胡小爱. 影响留守儿童心理健康状况因素分析 [J]. 卫生职业教育, 2008, (5).

101. 李佳, 冯丽婷. 影响农村留守儿童心理发展的环境因素 [J]. 贵州师范大学学报, 2008, (5).

102. 纪中霞. 留守儿童心理问题的成因及对策分析 [J]. 基础教育, 2008, (10).

103. 孟爱玉. 不同教养方式对农村"留守儿童"心理、道德成长的影响 [J]. 云南财经学院学报, 2008, (2).

104. 若水. 德国和日本的"父爱缺乏综合症" [J]. 社会, 1998, (11).

105. 陈香. 农村留守儿童的心理健康问题及家庭应对策略 [J]. 教学与管理, 2007, (4).

106. 周宗奎. 农村留守儿童心理发展问题与对策 [J]. 华南师范大学学报, 2007, (6).

107. 姚计海, 毛亚庆. 西部农村留守儿童学业心理特点及其学校管理对策研究 [J]. 教育研究, 2008, (2).

108. 周青云. 留守儿童心理现状及对策干预 [J]. 开封教育学院学报, 2008, (1).

109. 殷世东，张杰. 农村"留守"学生行为：失范与矫正［J］. 教育导刊，2006，(11).

110. 叶曼. 留守儿童心理健康状况影响因素分析及对策思考［J］. 医学与哲学（人文社会医学版），2006，(6).

111. Alberto Palloni, Douglas S. Massey, Miguel Ceballos, Kristin Espinosa, Michael Spittel, Social Capital and International Migration：A Test Using Information on Family Net, *The American Journal of Sociology*, Vol. 106, No. 5, (Mar. 2001), pp. 1262 – 1298.

112. Alden Speare, Jr., Frances Kobrin, Ward Kingkade, The Influence of Socioeconomic Bonds and Satisfaction on Interstate Migration, *Social Forces*, Vol. 61, No. 2, (Dec., 1982), pp. 551 – 574.

113. Asher, S., Parkhurst, J. T., Hymel S. &Williams, G. A. 1990. Peer Rejection and Loneliness in Childhood. In S. R. Asher & J. D. Coie (Eds.) Peer RejectioninChildren. NewYork：Cambridge University Press：pp. 253 – 273.

114. Brenda Davis Root and Gordon F. De Jong, Family Migration in a Developing Country, *Population Studies*, Vol. 45, No. 2, (Jul., 1991), pp. 221 – 233.

115. Blatchford, P., Goldstein, H., Martin, C. and Browne, W. 2002. A study of class size effects in English school reception year classes. British Educational Research Journal, 28 (2).

116. Curtis C. Roseman, Migration as a Spatial and Temporal Process, *Annals of the Association of American Geographers*, Vol. 61, No. 3, (Sep., 1971), pp. 589 – 598.

117. ChenX., Rubin, K. H., & L, iB. 1995. Depressed Moodin Chinese Children：Relations with School Performance and Family Environment. Journal of Consultingand Clinical Psychology, 63：pp. 938 – 947.

118. Douglas S. Massey, Joaquin Arango, Graeme Hugo, Ali Kouaouci, Adela Pellegrino, J. Edward Taylor, Theories of International Migration：A Review and Appraisal, *Population and Development Review*, Vol. 19, No. 3, (Sep., 1993), pp. 431 – 466.

119. Douglas S. Massey, Social Structure, Household Strategies, and the Cumulative Causation of Migration, *Population Index*, Vol. 56, No. 1, (Spring, 1990), pp. 3 – 26.

120. Dahl, G. B. and Lochner, L. 2005. The impact of family income on child achievement. National Bureau of Economic Research Working Paper 11279.

121. Davis-Kean, P. E. 2005. The Influence of parent education and family income on child achievement: the indirectrole of parental expectations and the home environment. Journal of Human Psychology, 19 (2).

122. Dong, Q., Yang, B., & Ollendick, T. H. 1994, Fearsin Chinese Childrenand Adolescentsand Their Relationsto Anxietyand Depression. Journal of Children Psychology and Psychiatry. No. 2: pp. 351 – 363.

123. G. Hyman and D. Gleave, A Reasonable Theory of Migration, *Transactions of the Institute of British Geographers*, New Series, Vol. 3, No. 2, (1978), pp. 179 – 201.

124. Gordon L. Clark, Dynamics of Interstate Labor Migration, *Annals of the Association of American Geographers*, Vol. 72, No. 3, (Sep., 1982), pp. 297 – 313.

125. Graeme J. Hugo, Circular Migration in Indonesia, *Population and Development Review*, Vol. 8, No. 1, (Mar., 1982), pp. 59 – 83.

126. Glass, G. V. and Smith, M. L. 1979. Meta-analysis of research on class size and achievement. Educational Eval-uation and Policy Analysis, 1 (1).

127. Goldberg, M. D. 1994. A developmental investigation of intrinsic motivation: correlates, causes, and consequencesin high ability students. Dissertation Abstract International, 55 – 04B, 1688.

128. Goldstein, H. and Blatchford, P. 1998. Class size and educational achievement: a review of methodology with par-ticular reference to study design. British Educational Research Journal, 24 (3).

129. Gottfried, A. E. 1990. Academic intrinsic motivation in young elementary school children. Journal of EducationalPsychology, 82 (3).

130. Gerard Oonk, "Elementary Education And Child Labour In India", Committee in the Netherlands, July1998.

131. Hanushek, E. A. 1986. The economics of schooling: production and efficiency in public school. Journal of Eco-nomic Literature, 24 (3).

132. Ibtesam Halawah 2006. The effect of motivation, family environment, and student characteristics on academic a-chievement. Journal of Instructional Psychology, 33 (2).

133. Ian Gordon, Migration in a Segmented Labour Market, *Transactions of the Institute of British Geographers*, New Series, Vol. 20, No. 2, (1995), pp. 139 – 155.

134. Jacob Mincer, Family Migration Decisions, *The Journal of Political Econo-*

my, Vol. 86, No. 5, (Oct., 1978), pp. 749 – 773.

135. Kovas, M. 1992. The Children's Depression Inventory (CDI). Manua. IToronto: Multi-HealthSystems.

136. Long, Larry H (1972) "The Influence of Number and Ages of Children on Residential Mobility." *Demography* 9 (August 1972): pp. 371 – 82.

137. Leibowitz, A. 1977. Parental inputs and children's achievements. Journal of Human Resources, 12 (2).

138. Ma. Reinaruth D. Carlos, On the Determinants of International Migration in the Philippines: An Empirical Analysis, *International Migration Review*, Vol. 36, No. 1, (Spring, 2002), pp. 81 – 102.

139. Marcela Cerrutti and Douglas S. Massey, On the Auspices of Female Migration from Mexico to the United States, *Demography*, Vol. 38, No. 2, (May, 2001), pp. 187 – 200.

140. Marjorie Faulstich Orellana, Barrie Thorne, Anna Chee, Wan Shun Eva Lam Transnational Childhoods: The Participation of Children in Processes of Family Migration, *Social Problems*, Vol. 48, No. 4, Special Issue on Globalization and Social Problems, (Nov., 2001), pp. 572 – 591.

141. Marks, G. . N. 2006. Family size, family type and student achievement: Cross-National differences and the roleof socioeconomic and school factors. Journal of Comparative Family Studies, 37 (1).

142. Mitchell, J. V., Jr 1992. Interrelationships and predictive efficacy for indices of intrinsic, extrinsic and self-as-sessed motivation for learning. Journal of Research and Development in Education, 25 (3).

143. Min Zhou. 1997. Segmented Assimilation: Issues, Controversies, and Recent Researchonthe New Second Genera-tion. International Migration Review, No. 4 (Winter, 1997): pp. 975 – 1108.

144. Min Zhou; Carl L. Bankston Ⅲ. 1994. Social Capitalandthe Adaptationof the Second Generation: The Caseof Viet-namese Youthin New Orleans. International Migration Reviews, No. 4, Special Issue: The New Second Generation: pp. 821 – 845.

145. "National Policy on Education1986 (as modified in 1992) – with National Policy on Education, 1968", New Delhi, 1998.

146. "National Policy on Education, 1968".

147. "National Policy on Education 1986" May, 1986.

148. Oded Stark and J. Edward Taylor, Relative Deprivation and International Migration, *Demography*, Vol. 26, No. 1, (Feb., 1989), pp. 1–14.

149. Odden, A. 1990. School funding changes in the 1980s. Educational Policy, 4 (1).

150. Pratham Resource Center, "Education for All in India's Mega-Cities: Issues from Mumbai and Delhi", January 20, 2005.

151. R. Paul Duncan and Carolyn Cummings Perrucci, Dual Occupation Families and Migration, *American Sociological Review*, Vol. 41, No. 2, (Apr., 1976), pp. 252–261.

152. Robert L. Bach and Joel Smith, Community Satisfaction, Expectations of Moving, and Migration, *Demography*, Vol. 14, No. 2, (May, 1977), pp. 147–167.

153. Raudenbush, S. W. and Bryk, A. S. 2002. Hierarchical liner models: applications and data analysis methods. (2ndedition). Thousand Oaks: Sage Publications. 中译版：郭志刚等译．多层线性模型：应用与数据分析方法．北京：社会科学文献出版社，2007.

154. Rivkin, S. G., Hanushek, E. A. and Kain, J. F. 2005. Teachers, schools and academic achievement. Econometri-ca, 73 (2).

155. Seong Woo Lee and Curtis C. Roseman, Migration Determinants and Employment Consequences of White and Black Families, 1985–1990, *Economic Geography*, Vol. 75, No. 2, (Apr., 1999), pp. 109–133.

156. Sjaastad, L. A. 1962. "The Costs and Returns of Human Migration." *Journal of Political Economy* 70S: pp. 80–93.

157. Saini, Asha, Vakil, Shernavaz, "Migration in India: Education and outreach for street children", "Childhood Education", winter 2001/2002.

158. Shantha Sinha, "Child Labour and Education Policy in India", The Administrator, Vol: XLL, July-September 1996, pp. 17–29.

159. Taylor, J. E. 1986. "Differential Migration, Networks, Information and Risk." pp. 147–171 in *Migration Theory, Human Capital and Development*, edited by O. Stark. Greenwich, CT: JAI. 1987.

160. William Kandel and Douglas S. Massey, The Culture of Mexican Migration: A Theoretical and Empirical Analysis, *Social Forces*, Vol. 80, No. 3, (Mar., 2002), pp. 981–1004.

161. Woessmann, L. 2003. Educational production in East Asia: the impact of

family background and schooling policeson student performance. Kiel Working Paper, No. 1152.

162. Xiushi Yang and Fei Guo, Gender Differences in Determinants of Temporary Labor Migration in China: A Multilevel Analysis, *International Migration Review*, Vol. 33, No. 4, (Winter, 1999), pp. 929 – 953.

163. Zai Liang and Michael J. White, Internal Migration in China, 1950 – 1988, *Demography*, Vol. 33, No. 3, (Aug., 1996), pp. 375 – 384

164. "Education in India-Fundamental Rights for 6 – 14 year olds", http://www.newsviews.info/education01.html.

后 记

教育部哲学社会科学研究重大课题攻关项目"农民工子女教育问题研究"于 2007 年 11 月开始,课题组进行了 4 年的艰苦研究,历经种种磨难和人员变动,均未停歇和后退。"农民工子女教育问题研究"这一课题从申请立项到成果的出版,得到了教育部基础教育司原司长姜沛民同志,原副司长杨进、杨念鲁同志以及教育部基础教育一司司长王定华同志、基础教育一司综合处处长王民养同志、荣雷同志的大力支持和鼓励,教育部社科司司长杨光同志、成果处处长魏贻恒同志对课题的研究和结题给予了细致的指导。

"农民工子女教育问题研究"这一课题的顺利结束和著作的完成,得益于各分课题组的共同协作和努力攻关,其中,中国教育科学研究院吴霓研究员,中国人民大学段成荣教授,华中师范大学雷万鹏教授,北京师范大学刘复兴教授、曾晓东教授,北京大学周皓副教授作为各子课题首席专家,为课题研究的顺利实施和完成,做出了突出贡献。尤为值得一提的是,中国教科院教育政策研究中心作为课题研究的秘书处,承担了大量的沟通协调工作,付出了大量的心血和汗水。他们在现中国教科院领导的支持下,始终坚持着对研究动态和进度的把握,并在中国教科院网页上,设立了"农民工子女教育问题研究"专栏,从"动态信息"、"研究报告"、"相关文献"三个方面,反映农民工子女教育的现状,对这一问题的解决起到了积极的推动作用。在课题研究的前期重要阶段,中国教科院院办副主任张宁娟副研究员作为课题专职秘书,在撰写课题简报、沟通各分课题组、协调教育部有关司局等方面,做了大量的细致工作。在后期课题成果汇总和结题工作中,中国教科院教育政策研究中心朱富言博士付出了辛苦的劳动。中国教科院教育政策研究中心主任吴霓研究员作为国内较早关注和开展农民工子女教育问题研究的专家,带领团队始终不懈地坚持研究,并作为课题研究秘书处负责人,对课题的最后完成付出了艰辛的劳动。

全书框架由课题负责人设计,并经课题组成员多次讨论确定,各部分执笔者如下:

前言、后记：袁振国、吴霓

摘要：朱富言

第一章、第二章、第四章：中国教育科学研究院课题组（课题组组长田慧生，课题组首席专家吴霓，课题组成员包括中国教育科学研究院教育政策研究中心全体人员及相关部门人员）；

第三章、第十一章、十二章：段成荣、杨舸；

第五章：周皓、李丁；

第六章：刘复兴（第一、二节）、中国教育科学研究院课题组（第三节）、吴霓（第四节）；

第七章：周皓、亚锡炜；

第八章、第九章：周皓；

第十章：曾晓东；

第十三章：段成荣、杨舸、吕利丹；

第十四章：雷万鹏；

第十五章：高慧斌（第一、二节）、张宁娟（第三节）；

第十六章：项目秘书处朱富言整理。

全书由吴霓、朱富言进行统稿，袁振国、吴霓、田慧生进行审定。中国教科院院长袁振国教授、原副院长田慧生研究员作为课题的直接领导者，对课题研究给予了多次直接指导，并在协调中国教科院研究力量参与课题研究、保障课题研究的顺利进程上提供了必要的支持和鼓励。

回顾这一艰巨而又难忘的研究历程，我们唯有百尺竿头再进一步，不断将研究进行下去，为决策提供更多的、科学的研究成果作为参考，以推动我国农民工子女教育问题的不断解决，才是我们至诚的希望。

教育部哲学社会科学重大课题攻关项目"农民工子女教育问题研究"秘书处
2012年4月

教育部哲学社会科学研究重大课题攻关项目成果出版列表

书　名	首席专家
《马克思主义基础理论若干重大问题研究》	陈先达
《马克思主义理论学科体系建构与建设研究》	张雷声
《马克思主义整体性研究》	逄锦聚
《当代中国人精神生活研究》	童世骏
《弘扬与培育民族精神研究》	杨叔子
《当代科学哲学的发展趋势》	郭贵春
《面向知识表示与推理的自然语言逻辑》	鞠实儿
《当代宗教冲突与对话研究》	张志刚
《马克思主义文艺理论中国化研究》	朱立元
《历史题材创新和改编中的重大问题研究》	童庆炳
《现代中西高校公共艺术教育比较研究》	曾繁仁
《楚地出土戰國簡册［十四種］》	陳　偉
《中国市场经济发展研究》	刘　伟
《全球经济调整中的中国经济增长与宏观调控体系研究》	黄　达
《中国特大都市圈与世界制造业中心研究》	李廉水
《中国产业竞争力研究》	赵彦云
《东北老工业基地资源型城市发展接续产业问题研究》	宋冬林
《转型时期消费需求升级与产业发展研究》	臧旭恒
《中国民营经济制度创新与发展》	李维安
《中国现代服务经济理论与发展战略研究》	陈　宪
《中国转型期的社会风险及公共危机管理研究》	丁烈云
《人文社会科学研究成果评价体系研究》	刘大椿
《中国工业化、城镇化进程中的农村土地问题研究》	曲福田
《东北老工业基地改造与振兴研究》	程　伟
《全面建设小康社会进程中的我国就业发展战略研究》	曾湘泉
《自主创新战略与国际竞争力研究》	吴贵生
《转轨经济中的反行政性垄断与促进竞争政策研究》	于良春
《面向公共服务的电子政务管理体系研究》	孙宝文

书　名	首席专家
《中国加入区域经济一体化研究》	黄卫平
《金融体制改革和货币问题研究》	王广谦
《人民币均衡汇率问题研究》	姜波克
《我国土地制度与社会经济协调发展研究》	黄祖辉
《南水北调工程与中部地区经济社会可持续发展研究》	杨云彦
《产业集聚与区域经济协调发展研究》	王　珺
《我国民法典体系问题研究》	王利明
《中国司法制度的基础理论问题研究》	陈光中
《多元化纠纷解决机制与和谐社会的构建》	范　愉
《中国和平发展的重大国际法律问题研究》	曾令良
《中国法制现代化的理论与实践》	徐显明
《农村土地问题立法研究》	陈小君
《生活质量的指标构建与现状评价》	周长城
《中国公民人文素质研究》	石亚军
《城市化进程中的重大社会问题及其对策研究》	李　强
《中国农村与农民问题前沿研究》	徐　勇
《西部开发中的人口流动与族际交往研究》	马　戎
《中国边疆治理研究》	周　平
《中国大众媒介的传播效果与公信力研究》	喻国明
《媒介素养：理念、认知、参与》	陆　晔
《创新型国家的知识信息服务体系研究》	胡昌平
《数字信息资源规划、管理与利用研究》	马费成
《新闻传媒发展与建构和谐社会关系研究》	罗以澄
《数字传播技术与媒体产业发展研究》	黄升民
《教育投入、资源配置与人力资本收益》	闵维方
《创新人才与教育创新研究》	林崇德
《中国农村教育发展指标体系研究》	袁桂林
《高校思想政治理论课程建设研究》	顾海良
《网络思想政治教育研究》	张再兴
《高校招生考试制度改革研究》	刘海峰
《基础教育改革与中国教育学理论重建研究》	叶　澜
《公共财政框架下公共教育财政制度研究》	王善迈

书　名	首席专家
《农民工子女教育问题研究》	袁振国
《中国青少年心理健康素质调查研究》	沈德立
《处境不利儿童的心理发展现状与教育对策研究》	申继亮
《学习过程与机制研究》	莫　雷
《WTO 主要成员贸易政策体系与对策研究》	张汉林
《中国和平发展的国际环境分析》	叶自成
*《改革开放以来马克思主义在中国的发展》	顾钰民
*《西方文论中国化与中国文论建设》	王一川
*《中国抗战在世界反法西斯战争中的历史地位》	胡德坤
*《近代中国的知识与制度转型》	桑　兵
*《中国水资源的经济学思考》	伍新林
*《京津冀都市圈的崛起与中国经济发展》	周立群
*《中国金融国际化中的风险防范与金融安全研究》	刘锡良
*《金融市场全球化下的中国监管体系研究》	曹凤岐
*《中部崛起过程中的新型工业化研究》	陈晓红
*《中国政治文明与宪法建设》	谢庆奎
*《地方政府改革与深化行政管理体制改革研究》	沈荣华
*《知识产权制度的变革与发展研究》	吴汉东
*《中国能源安全若干法律与政府问题研究》	黄　进
*《我国地方法制建设理论与实践研究》	葛洪义
*《我国资源、环境、人口与经济承载能力研究》	邱　东
*《产权理论比较与中国产权制度变革》	黄少安
*《中国独生子女问题研究》	风笑天
*《当代大学生诚信制度建设及加加强大学生思想政治工作研究》	黄蓉生
*《中国艺术学科体系建设研究》	黄会林
*《边疆多民族地区构建社会主义和谐社会研究》	张先亮
*《非传统安全合作与中俄关系》	冯绍雷
*《中国的中亚区域经济与能源合作战略研究》	安尼瓦尔·阿木提
*《冷战时期美国重大外交政策研究》	沈志华

……

* 为即将出版图书